创新的资本逻辑

用资本视角思考创新的未来

● 田轩 ◎ 著 ●

图书在版编目（CIP）数据

创新的资本逻辑：用资本视角思考创新的未来 / 田轩著. —— 北京：北京大学出版社，2018.7

ISBN 978-7-301-29619-6

Ⅰ.①创… Ⅱ.①田… Ⅲ.①企业管理–研究 Ⅳ.①F272

中国版本图书馆CIP数据核字(2018)第111643号

书　　　名	创新的资本逻辑：用资本视角思考创新的未来 CHUANGXIN DE ZIBEN LUOJI
著作责任者	田　轩著
责任编辑	裴　蕾
标准书号	ISBN 978-7-301-29619-6
出版发行	北京大学出版社
地　　　址	北京市海淀区成府路205号　100871
网　　　址	http://www.pup.cn　　新浪微博：@北京大学出版社
电子信箱	em@pup.cn　　QQ：552063295
电　　　话	邮购部62752015　发行部62750672　编辑部62752926
印　刷　者	涿州市星河印刷有限公司
经　销　者	新华书店 720毫米×1020毫米　16开本　23.25印张　342千字 2018年7月第1版　2018年7月第2次印刷
定　　　价	78.00元

未经许可，不得以任何方式复制或抄袭本书之部分或全部内容。
版权所有，侵权必究
举报电话：010-62752024　电子信箱：fd@pup.pku.edu.cn
图书如有印装质量问题，请与出版部联系，电话：010-62756370

目录
CONTENTS

序 // 1
前言 // 5

导论

第1章 金融与创新学术前沿：一个崭新的框架

创新激励：概览 // 001

微观企业特征 // 007

中观市场特征 // 013

宏观国家和社会的制度特征 // 014

创新的未来研究方向 // 015

上篇
微观企业篇

第2章 拥抱风险，宽容失败：风险投资与创新

谷歌背后的沙丘路：风险投资对企业创新的影响 // 021

失败容忍，对创新者最好的激励 // 026

　　　　风险投资失败容忍度的影响因素 / / 035

　　　　分阶段投资对企业创新的影响 / / 039

　　　　风险投资的辛迪加模式 / / 044

第 3 章　**股票流动性的利弊辩**

　　　　如何度量股票市场流动性 / / 055

　　　　流动性，企业创新杀手？ / / 058

　　　　美国股市十进制报价改革 / / 065

　　　　流动性的作用机制 / / 071

　　　　在中国场景中的应用 / / 076

第 4 章　**收购与反收购条款："宝万之争"的启示**

　　　　敌意收购：董明珠击退"野蛮人" / / 081

　　　　收购防御与反收购条款：万科的"白衣骑士" / / 083

　　　　反收购条款与企业创新 / / 087

　　　　反收购条款的作用机制 / / 098

　　　　"收购"创新 / / 102

第 5 章　**发挥人的作用：激励还是保护？**

　　　　饱受争议的工会 / / 111

　　　　工会与企业创新：保护 or 冲突 / / 113

　　　　工会的作用机制 / / 121

　　　　人力资本与创新：人和平台谁更重要？ / / 123

　　　　股权激励与创新：中国的经验 / / 128

第 6 章　**把创新沿着企业供应链进行到底**

　　　　企业供应链与公司金融 / / 137

　　　　供应商和客户的地理距离会影响创新？ / / 140

　　　　客户的作用 / / 145

　　　　杭州东部软件园：中国的经验证据 / / 150

中篇
中观市场篇

第 7 章　金融分析师的罪与罚
金融市场的信息中介——分析师 // 161
金融分析师与企业创新 // 164
分析师具体作用机制 // 172
东风汽车的弊病：中国的经验证据 // 175
负责任的信息搜集：分析师现场调研 // 177

第 8 章　来自机构投资者的干预
机构投资者介入 // 185
对冲基金的积极主义 // 188
银行的介入 // 196
做空者的"威胁" // 203
中国经验 // 206

第 9 章　银行竞争谁受益：大企业？小企业？
银行业发展与企业创新 // 211
银行竞争的作用 // 213
银行竞争对企业创新的作用机制 // 222
来自中国的证据 // 228

第 10 章　企业风险投资：激励创新的最优形式
CVC，一种新的创投组织形式 // 235
企业风险投资 VS. 传统风险投资 // 238
企业风险投资与企业创新 // 241
CVC 的具体作用机制 // 252
企业风险投资的中国经验证据 // 255

下篇
宏观制度篇

第 11 章 金融市场的发展：股权市场与信贷市场

股权市场和信贷市场 // 263

两种机制假说：外部融资依赖、高科技密集行业 // 267

中国金融市场 // 281

新兴市场国家金融市场与企业创新 // 283

第 12 章 国外机构投资者与资本市场的开放

国外机构投资者 // 289

国外机构投资者与企业创新 // 293

监督渠道、保险渠道、知识溢出渠道 // 301

金融市场的开放 // 304

第 13 章 政策不明朗惹的祸：政策稳定与创新

实物期权、政府购买视角下的政策不确定性 // 309

政策倾向性假说 VS. 政策不确定性假说 // 312

创新激励与创新密集型行业 // 322

中国的经验证据 // 324

政策不确定性与 VC 投资 // 326

第 14 章 制度创新与企业创新：国企改革之路

国有企业改革的初步探索 // 332

资本市场与国企民营化 // 340

国企激励与信息 // 350

国企技术创新 // 352

序
FOREWORD

  成为一名大学教师本不是我人生规划的一部分。从童年开始，在相当长的一段时间里，我的理想是成为一名钢琴家。从五岁开始习琴，每周二下午去中央音乐学院的琴房见我的钢琴老师是小学里印象最深刻的记忆之一。后来因为我的手掌不够大，手指不够修长，我又改学演奏小号，继续着我的音乐梦想。在报考中央音乐学院附中失败后，我"被迫"走上了一个13岁普通少年常规的求学之路：上中学，考大学直至出国留学。

  即使在2001年北大毕业后开始出国求学，我也从未想过要在大学任教，搞学术研究。那时的想法很简单：从小一直生活在北京，我想看一看外面更大的世界。我与同学们一起申请了二十几所美国大学的博士项目。历经波折，我很幸运地拿到了位于西雅图的华盛顿大学的offer，开始了远涉重洋赴美求学之路。之后，我又辗转来到位于美国东部的波士顿学院，继续攻读金融学博士学位。

曾经，我以为读博士就是读更难的书、做更难的题、考更难的试，但我很快就发现自己对博士的理解是错误的。博士是训练一个学生从知识的消费者（学习知识）变成知识的创造者（发现知识）的过程，这个转变是攻读博士学位中最"惊险的一跃"。在"炼狱"般的蜕变中，无数优秀且聪明的学生最终却未能顺利毕业。这些学生虽然可以迅速理解各种概念、定理，甚至可以在考试中轻松获得满分，但当他们自己需要"创造"知识、发现一些新东西的时候，却无法完成，最后只能以ABD（All but Dissertation，特指完成了全部课程但是没有完成博士论文，因此未能获得博士学位的学生）的身份黯然退出。

也许是由于导师的谆谆"洗脑"，我不断被灌输并最终认同了这样的理念：博士的使命是探索未知、发现真理、拓展人类知识的边界，而成为大学教师是博士毕业后的"正途"。渐渐地，我发现自己对科研有了兴趣，开始找到了一些做学术的感觉，并且领会到了其中的美妙。随着博士论文的顺利完成，我获得了金融学博士学位。更加幸运的是，我收到了美国印第安纳大学凯利商学院的聘书，在而立之年成为了一名金融学助理教授，正式开始了我的学术生涯。

学术研究的过程很像本书的主题：企业的创新活动。它是一个对新现象、新问题，或者新数据背后本质的探索与发现的过程。首先，你需要知道自己知道什么，也知道自己不知道什么。其次，要在未知中保持凝视，因为可以做的事情太多，如果不够专注很容易会迷失方向。最后，也是最重要的，你需要有恒心和韧性。真正的学术研究对于纵向的深度有着非常苛刻的要求。从问题的提出、模型的推导、数据的采集和分析、稳健性的检验、其它可能假说的排除、最后结论的得出，到论文的写作完成，整个过程非常漫长而枯燥。更可怕的是，这只是论文发表过程万里长征的第一步。这之后作者需要在学术讲座和会议上反复地宣讲论文，并收集反馈意见，然后根据同行和审稿人的意见多次修改，直到论文最终被主编认可接受发表。这个过程短则两到三年，有时甚至要等待十几年。这是一个充满挫败感的修炼过程，也是对一位学者恒心和韧性的考验。

自我2008年博士毕业至今已经整整十年。在这十年里，除了研究风险投资和并购重组，我一直专注于对企业创新这一领域的研究，探讨如何运用金融手段帮助初创企业和成熟企业进行技术创新。技术创新本身其实并不是一个新领域，它在管理学、战略学里已经被很多学者研究过。我所做的是从一个新的角度切入，研究金融与企业技术创新这样一个交叉学科。记得最早是在 2009 年 3 月，在一个非常偶然的机会下，我接触到金融与企业技术创新这个交叉领域，那时关于这个领域的研究基本还是一片空白，大量有趣且极为重要的课题尚未被研究和发掘。我像是误入所罗门宝藏的挖矿人，一头扎了进去，连续数年一直在这个领域里不断挖掘，不能自拔。随着这个领域被主流金融学界认可，我的研究成果也一篇篇发表在国际顶级学术期刊上，也有越来越多的学者加入，和我一起在金融与企业创新这个领域共同耕耘。我自己也很幸运地在 36 岁的时候晋升为终身教授，两年之后成为教育部"长江学者"特聘教授。

关于金融与企业技术创新，我们的研究主要涉及两大主题：一是如何运用金融手段激励企业进行技术创新；二是如何更有效地为企业创新进行融资。这本书是对我过去十年研究成果的回顾，也是对未来的展望。应该说，它是国内第一部基于原创成果系统介绍金融与创新前沿理论与实践的学术参考书。本书重点介绍了金融与创新领域前沿的理论、重要的研究问题、核心的研究思想和精巧的研究设计与方法。全书共十四章，每一章为一个专题，以我的一至两篇论文为核心展开。每章初始会以美国资本市场为依托，研究特定的要素如何激励企业创新，这是因为美国资本市场对企业技术创新的支撑作用，在全世界范围来看，具有较强的参考价值，所以借鉴和参考美国经验具备直接的现实意义。当然，我们的研究最终还是要落脚中国，无论是从市场角度还是政策角度，本书都着力引入大量中国数据和案例，探索在中国场景下如何学习美国的经验，吸取美国的教训，避免其走过的弯路，更好地利用金融手段激励企业创新，并不断优化创新所需的融资安排。

同时，本书也为企业创新的资本逻辑提供了一个崭新的理论框架，它涵盖了：微观的企业层面上的要素，比如股票流动性、兼并收购、供应链等；中观的市场层面的要素，比如金融分析师、机构投资者和银行业等；以及宏观的国家层面的要素，比如金融市场的发展、政策不确定性和体制改革等。从学术的角度来讲,这一框架可以为学者们提供更多的研究思路,从而更深刻地理解创新激励的路径和机制。从实践的角度来讲,本书也为政策制定者、市场监管者和参与者以及企业管理者在激励技术创新等方面提供了现实可行的参考方案。当前,我国经济发展进入新常态,在大力推进供给侧结构性改革、强化资源配置效率,以科技创新助力经济腾飞的大背景下,金融要回归其本源,实现为实体经济服务的使命,通过资本激励企业创新,助力经济增长,从而带动资本市场健康发展。这一良性循环,是我国"创新驱动发展战略"的实践,也是实现中国经济结构转型、提升经济发展层次的必经之路。

"十年磨一剑",终成此书。在本书即将付梓之际,我要感谢众多前辈、师长和同行对我持续的关怀、指导和支持。我要感谢我的研究团队(博士生和研究助手们)在本书撰写中所付出的辛勤努力,他们是:赵海龙、丁娜、孟清扬、赵文庆、欧阳方家、隗玮、杨元辰、李响、钱佳琪、张诏、叶静、张澈、赵影、任庆东、季诗朋、陈战光和魏昊。我很感谢这些年来所有选修清华大学五道口金融学院"高级金融问题前沿研究"课程的学生,特别是很多外校的教师和学生。他们在秋季学期的每个周一,风雨无阻地赶到五道口的红色小院,在萧瑟的秋风或寒冷的冬夜中和我们一起研读经典,他们对知识的渴求和对学术的热情鼓励了我对本书的撰写。我要感谢我的导师 Thomas Chemmanur 教授:他引领我进入学术的殿堂,并且鼓励我在荆棘的学术道路上坚持下去。我要感谢我所有的论文合作者:他们带给我灵感,和我一同忍受文章被无情拒绝时的挫败感,也和我一同分享文章最终发表时的成就感。我还要感谢北京大学出版社林君秀主任,特别是我的责任编辑裴蕾女士,她们细致而卓有成效的工作使本书的出版过程平稳、顺利。本书的写作和出版得到了国家自然科学基金委重大项目(项目号71790591)和清华大学自主科研基金(项目号 20151080451)的资助。

最后,也是最重要的,我要感谢我的太太。没有她二十多年持续、无私、坚定的支持,我今天的一切皆无可能。

前言
PREFACE

本书包括总论和三篇，共14章。每章内容自成体系，讨论一个重要的创新驱动要素。

本书导论（第1章），是对金融与技术创新这一领域的一个鸟瞰式的综述，梳理了本领域的重要文献，并搭建了一个崭新的逻辑框架。

微观企业篇（第2章至第6章），主要从微观层面探讨企业内部和外部特征及要素对创新的影响：第2章关注风险投资和其对失败的容忍度对创新的影响；第3章讨论股票流动性的利弊；第4章通过"宝万之争"探讨反收购条款对创新的作用；第5章论述了人力资本的发掘和激励；第6章讨论供应链上下游企业的相互影响和创新。

中观市场篇（第7章至第10章），主要在中观资本市场的层面上厘清市场运行机制对技术创新的作用：第7章剖析了金融分析师在激励创新中所扮演的特殊角色；第8章关注来自机构投资者的干预；第 9 章从银行竞争的角度研究债务资本提供者的作用；第 10 章讨论了一种新的组织形式——企业风险投资——对技术创新的影响。

最后，宏观制度篇（第 11 章至第 14 章）从宏观层面上，主要利用跨国数据，研究了制度和政策对创新的影响：第 11 章比较了各国股权市场和债务市场的不同发展程度对创新的不同影响；第 12 章讨论了资本市场的开放和自由化对创新的促进作用；第 13 章对比了政策和政策不确定性给创新带来的不同后果；最后，第 14 章落脚于中国，探讨了我国制度创新给企业技术创新带来的新机遇。

本书的主要观点和结论均来自国际顶级金融学和经济学期刊中发表的论文，都经过了严格、严谨甚至苛刻的反复论证。在写作中，我们尽量注意兼顾严谨性和可读性，去掉了原论文中大量的技术细节而只保留其核心内容，对于普通读者不太熟悉的计量方法和著名经济学家也做了简短的介绍。同时，本书大量加入基于中国场景的迷你案例和数据分析，紧密联系我国的金融实践，把学术研究和实践结合起来。可以说，本书是对资本与创新这一领域感兴趣读者的案头必备书籍。

当然，尽管我们在写作过程中十分关注可读性，但是仍然不可避免会有一些普通读者不熟悉的专业术语和计量统计方法的表述。所以，对不同类型的读者，我的建议如下：对于不熟悉相关学术术语和文献的普通读者，可以重点阅读每章的研究背景、案例讨论、分析结论和在中国场景的运用；对于专业人士和学者，可以更多地关注每章的逻辑阐述、假说推导和技术细节。本书可以作为高校与研究机构的学者、博士研究生、硕士研究生、MBA（EMBA）和有余力的高年级本科生的学术参考书或教材，亦可作为相关行业从业人员与政府机构工作人员等专业人士的参考读本，也可作为一般读者的专业入门读物。

导 论

FINANCE
AND
INNOVATION

第1章
金融与创新学术前沿：一个崭新的框架

近年来，金融与企业创新已成为学术研究者关注的重要课题。对这个新兴领域的研究主要包括两个主题：一是如何更好地激励企业管理者投资创新；二是如何有效为创新融资。

创新是发展的第一动力，是建设现代化经济体系的战略支撑。中国正在走上以创新驱动和创新发展为主导的创新强国之路，对加快建设创新型国家提出明确要求。

如今世界各国创新产业竞争日趋激烈，信息技术、生物技术、新能源和新材料等技术交叉融合，同时以互联网、云计算、人工智能、大数据为代表的新一轮科技革命也如火如荼地进行着。我国政府充分认识到创新对国家发展的重要性，反复强调"加强国家创新体系建设"，致力于培育以新技术、新产品、新业态、新模式为代表的"四新经济"，打造中国经济升级版。

创新激励：概览

众所周知，创新非常重要。美国著名经济学家索洛教授在他经典的"内生增长模型"中提到了创新对一个国家经济增长的重要作用。哈佛商学院的波特教授也说过：

在战略管理中，创新对一家企业保持竞争优势地位非常重要，技术创新对一家企业保证优势地位也十分关键。据统计，一个国家平均85%的经济增长源自技术创新，技术创新对经济增长的重要性不言而喻。

同时，激励技术创新却又非常困难。我们日常中的工作主要分为两大类：一类是常规工作（routine tasks），相当于我们对已知的方法、已知的模式不断、反复地进行运用；另一类是创新活动，是从0到1、从无到有的过程。创新活动需要探索出新的方法、新的模式、新的手段、新的视角，必须是"something new"（新的东西）。所以我们用传统意义上的工作方法去激励企业创新是没有效果的。

以高校工作为例，大学教师的工作主要有两个：一是教学，二是科研。有人说大学教师的工作很轻松，一个礼拜上几小时的课，还有寒暑假，其实事实并非如此。除了教学，科研工作占据了我们大部分的时间。科研就是进行学术研究（research）。研究者通过科研发现新知，把人类知识的边界向前推进一步，使我们对自然、对社会的了解不断增加。由此，教学就是常规工作（routine tasks）。在我看来，教学其实是体力活，一旦学会如何教，教学就变得非常简单。2008年，我获得金融学博士学位，第一份工作是在美国印第安纳大学凯利商学院做金融学助理教授。通常，教授的职业发展路径是：博士毕业后做助理教授，然后是副教授，接着是正教授。助理教授要在六至九年内在顶级学术期刊发表足够数量的论文后，才能拿到终身教职并且晋升为副教授。然后再用若干年的时间，继续在顶级期刊发表论文，再晋升为终身正教授。印第安纳大学为了保证助理教授们有足够的时间做科研，制订了一个优惠政策：助理教授可以将全年需要教授的课程压缩在一个学期上完。这样加上寒暑假，我每年有八个月不用教书，可以专心做科研。而在唯一需要教书的学期，我只需教三个班级同一门课。更幸运的是，我所教的三个班的课程全部被安排在同一天。于是，我集中时间上完课，剩下的时间就可以专心科研。

我在印第安纳大学第一学期只做了一件事，就是学习怎么教书。这个学习曲线非常陡峭，刚开始我并不知道怎么教书，怎么跟学生互动，怎么调动大家的学习兴趣。大家可以想象，在美国的课堂里坐着各种各样的学生，对我来说英语并不是母语，要用英语给美国学生上课是件多么困难的事情。第一个学期确实很辛苦，但是当我用一个学期学会了如何教书以后，事情就变得非常简单了。我在之后的第二年、第三年、第四年……每一年的授课基本都在重复，这是因为教学几乎不需要创新（尤其在一个助理教授还没拿到终身教职，需要在科研上下大力气的时候）。所以后来

第1章 金融与创新学术前沿：一个崭新的框架

我只需上课前10分钟看看讲义就可以了。第一个班讲完了，休息半个小时，到第二个班基本上就是重复，包括板书，也是重复一下。我在第一堂课的第15分钟讲了一个笑话，大家哈哈大笑；到第二堂课的第15分钟，我把同样的笑话重复一下，大家又哈哈大笑，学生们的情绪能够被我精准调动。最后我的教学评估反馈也非常好，还被提名为"年度最佳教授"。

我举这个例子是想说明，当我们做常规工作时，一旦知道如何做，工作就会变得非常简单。再举一个例子，我有一个博士学生，本科毕业于沃顿商学院。毕业后第一年，她进入了一家对冲基金。这位学生很聪明，两年后却不想继续在基金公司工作了，她想要读博士、做教授、做科研。我感到有些奇怪，博士生收入很低，她在对冲基金第一年的分红就有100多万美元。我问她为什么继续读博士，她说：我在对冲基金做了两年，发现每天的工作都是重复性的，没有任何智力上的挑战，甚至一只猴子都可以做这些事情。这就是常规工作，没有创新，只有重复，一旦你掌握了怎么去做，工作就变得非常简单。

而创新则类似于科研工作。如何进行科研工作呢？首先，你需要掌握某一个学术领域最前沿的研究成果。美国犹他州立大学的助理教授马特·迈特（Matt Might）是这样形容学术研究的：比如在一张白纸上，画一个圆圈，这个圆圈里面是已知的，外面是未知的。学者要达到圆圈的边界，这相当于人类知识的边缘，我们做的事情就是不断向外推，当有一天在某一个点有了新的变化，我们就把人类的知识在一个非常窄的范围向前突破了一点，我们所知道的更多一点，不知道的更少一点。正是有千千万万的学者在不同领域做着这样的事情，我们所知越来越多，未知越来越少。所以科研是一个非常漫长，常常令人感到疲惫和沮丧的过程。你可能有十个研究想法（research ideas），但不知道它们能不能被实际数据所支持，于是你要搜集数据，做很多严谨的分析。而最后很可能只有一个想法能够被实际数据证实，得以写出一篇论文，而十篇论文可能只有一篇能发表在顶级学术期刊上。所以，科研的过程非常漫长，失败的风险是非常高的。

所以我们在激励创新的时候，就不能用激励传统重复性工作的方法，比如说绩效（pay-for-performance）评估的方法。再举一个例子，类似于"新东方"或"学而思"的培训机构，如果想激励一个老师更好地教学，其实很简单，只需在合约规定根据课程评估结果来付课时费就可以了。这样就可以激励老师花更多的时间备课，达到更好的教学效果。但对科研人员我们却没有办法这样做。我们从不与年轻的助理教授签订这样的合约：在 Journal of Finance 发表一篇文章后你的薪酬是多少，或者在《经济研究》上发表一篇文章后你的薪酬是多少。因为我们知道以绩效为基准的合约是没有办法激励创新的。

那么如何激励创新呢？2011 年，当时还在美国 MIT 任教的一位教授 Gustavo Manso 在发表于 Journal of Finance 的一篇文章中提出了一个非常重要的观点："Tolerance for failure is necessary for motivating innovation"（对失败的容忍是激励创新的必要条件）。他基本的观点是：对失败的容忍非常重要，如果要想创新，必须要容忍失败。他的核心理论是：创新契约（contract）应该这样制订：在短期内对失败容忍，允许试错和失败；同时对长期的成功给予回报。这样的契约组合是最能够激励企业创新的。这篇论文对整个金融与企业创新领域的研究起到了奠基性的作用，它第一次让我们理解究竟什么能够激励企业创新。我们知道传统意义上的绩效为主的评估方法是不能激励企业创新的；如果想激励创新，就要用"短期对失败的容忍，加上长期对成功的回报"，这样的组合是激励企业创新的最佳组合。我们所有的研究工作几乎都以这个理论为基础。

下面我们看一组统计结果。本节全部图表和统计数据均来自我和美国佐治亚大学副教授 Jie He 合作的论文 Finance and Corporate Innovation: A Survey。德州大学达拉斯分校列出了 24 本商学院顶级学术期刊，包括商学院所有的科目：会计、财务、金融、营销、战略、管理……我只挑出其中六本，包括金融类三本：*Journal of Finance*、*Journal of Financial Economics*、*The Review of Financial Studies*；会计类三本：*The Accounting Review*、*Journal of Accounting and Economics*、*Journal of Accounting Research*。我从自 2000 年年初至 2017 年第三季度的时间段中，从这六本期刊发表的论文的标题和关键词中搜索"Innovation"，我发现一共有 68 篇论文包含"Innovation"这个词。如图 1-1 所示，在这些文章中有 61 篇是发表在金融类期刊上的，发表在会计类期刊上的非常少。

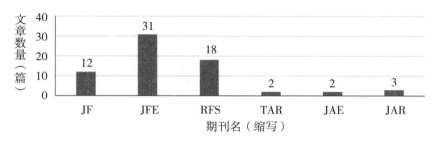

图 1-1 创新相关文献发表情况（按期刊统计）

如图 1-2 所示，早期在这些期刊中，关于企业创新的文章只有零零星星的几篇，但是从 2010 年、2011 年开始，相关文章数量爆发式增长，这表明学术界对金融和企业创新领域研究的重视程度在不断加深。这些研究成果囊括了企业微观、市场中观，以及宏观各要素对企业创新的影响。

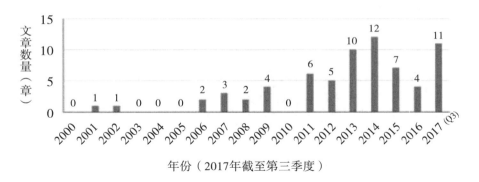

图 1-2 创新相关文献发表情况（按发表时间统计）

如图 1-3 所示，研究企业创新的论文分为理论模型和实证研究两种，主要分为三个研究方向。一是资产定价（Asset Pricing），关于这方面创新的论文非常少，只有 9 篇。这些论文主要研究企业创新作为风险因子怎样解释股票的横截面回报差异。二是公司金融（Corporate Finance），这部分文章最多，一共有 59 篇。三是宏观经济学（Macroeconomics），这部分论文很少，只有 6 篇。

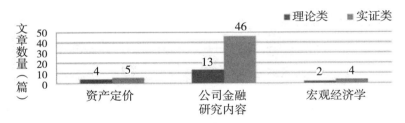

图 1-3 创新相关文献发表情况（按研究内容统计）

在公司金融这个领域的 59 篇文章中，绝大多数都是以上市公司作为研究对象。由于实证研究必须有数据支持，而上市公司的数据比较容易得到，所以绝大多数研究都是基于上市公司开展的。当然也有一部分研究是关于在上市过程中的公司，因为这些公司的信息也会部分披露。还有一些论文是关于风险投资（VC）的，由于研究人员可以取得一些其他研究者无法获取的数据，因而进行了相关的研究。具体领域分布如图 1-4 所示。

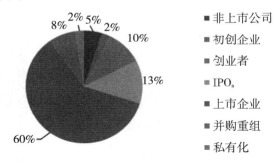

图 1-4 公司金融方向创新相关文献发表情况

彩色"公司金融方向文献发表情况"图，请扫描二维码

接下来，我将分别为大家介绍从微观企业到中观市场，直至宏观跨国，各种各样已经发现的要素对企业创新的影响。

微观企业特征①

我们首先回顾研究企业层面创新决定因素的文献，这些决定因素包括：风险投资支持和所有权结构，股东可以控制的因素如公司治理和薪酬计划，以及股东不能控制的经济因素，如分析师报告、机构投资者和股票流动性等。

企业的上市状态

企业一般可以分为两类：一类是上市企业，一类是非上市企业。那么，哪类企业进行创新更有优势呢？现有研究发现非上市企业进行创新更有优势。其背后的逻辑是：一旦企业上市，就会有各种各样的短期资本市场压力。在聚光灯下，金融分析师会关注你，媒体会关注你，投资者会关注你。分析师会预测公司下一季度每股收益、每股盈利等，一旦企业达不到这些盈利预测，股价就会下跌。同时，门外有很多"野蛮人"也在关注你，如果你的股价下跌，他们很可能会通过敌意收购（Hostile takeovers）将你替换掉，轰动一时的"宝万之争"就是一个典型的例子。相对来说，非上市的企业其实是"被保护"的，它们并没有这么多的短期压力，不需要做披露，没有受到那么多关注。这样，非上市企业就可以专注于企业的长期创新。所以要想激励创新，必须让企业管理者在一定程度上被"保护"起来，然后让他们能够专注于企业长期创新。

2011年，美国哈佛大学商学院的讲席教授Josh Lerner和他的合作伙伴在*Journal of Finance*上发表的文章中比较了两类企业——上市企业和非上市企业，主要关注通过杠杆收购（LBO）私有化的企业，采用实证检验的方法分析如下问题：通过杠杆收购使一个上市企业变成非上市企业，这个过程是否可以缓解管理者的短期压力，促使他们在长期创新项目上投入更多资金？他们发现当企业通过杠杆收购，从上市企业转变为非上市企业以后，企业创新的质量提高了。

四年以后，Lerner的学生Shai Bernstein（现在是斯坦福大学助理教授），发表了一篇与此相关的论文。他发现非上市企业在上市后创新水平会下降，这篇论文也发表在*Journal of Finance*上。他发现了很多很有意思的内在机理，例如为什么一家企业上市以后，它的创新数量反而减少了？这不仅因为它有短期的压力，还因为企业的早期员工（那些做创新的发明者和科研人员）拥有原始股，他们在企业上市后变成百万富翁、千万富翁，

---

① 本节部分内容参考了我在多所大学和学术会议主旨演讲的速记稿。

因此不再继续做科研，所以企业的创新水平就下降了。

接下来我们看风险投资（VC）对企业创新的影响。2000年，Josh Lerner 和他的合作伙伴在 *RAND* 上发表的文章发现，风险投资对企业创新总体上有正面作用。2014年，我和 Thomas Chemmanur 教授及 Elena Loutskin 副教授在 *Review of Financial Studies* 上发表的文章进一步把风险投资分成两类：一类是传统意义上的 VC，即 IVC（Independent Venture Capital）；另一类 VC 是 CVC（Corporate Venture Capital），即企业风险投资。CVC 是那些主业为非金融企业的风险投资，跟传统风险投资有所不同。很多大公司像微软、甲骨文、Facebook 都有自己的风险投资部。这些风险投资部隶属于一家企业，而不是独立的 VC 实体。中国现在也有很多 CVC，联想、海尔、新希望、BAT 等都有自己的 CVC。我们看到所谓 CVC，就是背后有一家大型企业支持它，它实际是大型企业下面的风险投资。我们对比这两类 VC，研究哪类对企业创新更有帮助。答案是 CVC。为什么是 CVC？因为 IVC 的存续期是有限的，在中国一般为"5+2"，二级市场表现好的时候存续期会更短，有的时候甚至是"3+2"。2015年股灾之前，存续期甚至短到"1+2"。美国的 VC 基金存续期比较长，有"10+2"。但是这么长的存续期也有终结的一天，最长到12年的时候这个基金也要清算，所有企业都要退出。但是 CVC 不一样，CVC 不是独立的实体，背后依靠母公司，只要母公司存在，CVC 就可以一直存在，所以它的存续期超长，能够允许企业不断试错，不断尝试，然后再去发展、创新，能够很好地吻合创新型企业需要非常长的存续期的特点，能够支持企业长期创新。同时，CVC 背后的母公司也能够提供支持和激励支持。所以在这篇论文里，我们发现 CVC 相比于 ICV 更能支持创新。

2014年，我和 Tracy Wang 副教授在 *Review of Financial Studies* 发表的另一篇文章，探索了风险投资对失败的宽容如何激励企业创新。应该如何衡量 VC 对失败的容忍度呢？我们找到了一种度量方式。VC 在投资的时候一般需要分阶段注资，比如 A 轮、B 轮、C 轮，一步一步进行投资。如果一位创业者需要 VC 投资 1 亿人民币，没有任何一家 VC 会一次性将 1 亿元全部投给他。VC 一定分阶段注资，先投一点，设立阶段性目标，如果阶段性目标实现了再进行后续投资。我们利用 VC 投资的特点，关注已知投资结果是失败的项目，看 VC 在这个创业失败项目中等待了多长时间才最终退出。我们的逻辑是：VC 等待的时间越长，其对于失败的容忍度越高。用这个方法度量 VC 对于失败的容忍度，我们发现，创业企业背后支持的 VC 失败容忍度越高，这些创业企业在上市以后，它们未来的创新水平也会越高。这直接验证了 Gustavo Manso 的理论：想要激励企业创新，就要对失败有较高的容忍度。

还有一类文献是关于企业的边界对于创新的影响。企业边界主要体现在并购重组中。2014年，斯坦福大学教授Amit Seru发表在 Journal of Financial Economics 上的论文主要研究了企业的跨界并购对于企业创新的影响。跨界并购相当于把企业边界向外扩延，他发现跨界并购对企业创新其实是有抑制作用的。企业有外部的资本市场，同时企业也有内部的资本市场。在企业内部的资本市场中，CEO会在不同的部门间做内部资本市场的资源配置。如果企业有各种各样的跨界部门，那么每一个部门都可以向CEO争取稀缺的资源，因此这些部门就会更关注短期业绩，而不是长期的创新，这对创新非常不利。如果企业只经营一个主业，那么就能够为创新营造一个好的环境。

2014年，加拿大大不列颠哥伦比亚大学的两位教授Bena和Li发表在 Journal of Finance 上的论文和我的一篇工作论文，不约而同地研究了并购对企业创新的影响。两篇文章得到了一致的结论：大企业创新实际是依靠对创新型小微企业的收购来实现的。小微企业创新做得好，大企业直接把它买过来，这样小微企业的很多创新（专利）就为大企业所有。

企业的外部因素

接下来我们讨论企业的外部因素对企业创新的影响。首先看金融分析师。2013年，我和佐治亚大学教授Jack He发表在 Journal of Financial Economics 上的论文研究了金融分析师对企业创新的影响。大家对分析师的印象都很好——分析师能够探索企业的发展方向，能够发现对企业有用的信息，减少企业融资成本。但是，这篇论文却挑战了传统观点，我们发现分析师对企业创新起负面作用。其原理是什么呢？为什么有更多分析师追踪的企业的创新成绩更差？分析师会给企业设定很多短期的盈利目标，比如下一个季度每股收益率是多少，从而给管理者造成较大的短期业绩压力，所以他们只能关注企业的短期业绩而没有办法专注于长期的创新。基于这个逻辑，我们这篇论文发现分析师对企业创新具有负面作用。这篇论文的结论出人意料，在发表后引起了很大的关注，多次被列为ESI世界排名前1%的高影响力论文。①

---

① 基本科学指标（Essential Science Indicators，简称ESI）是由世界著名的学术信息出版机构美国科技信息所（ISI）于2001年推出的衡量科学研究绩效、跟踪科学发展趋势的基本分析评价工具，是基于汤森路透所收录的全球12 000多种学术期刊的1000多万条文献记录而建立的计量分析数据库。ESI已成为当今世界范围内普遍用于评价高校、学术机构、国家/地区国际学术水平及影响力的重要评价指标工具之一。

机构投资者对企业创新也有影响。中国机构投资者相对较少，美国 80% 以上的投资者都是机构投资，中国则主要以散户为主。2013 年，美、英几位著名学者 Aghion、Van Reene 和 Zingales 在 *American Economic Review* 上发表了一篇论文。这篇论文发现，如果一家美国企业的机构投资者占股比重较大，那么这家企业的创新情况一般会更好。这个发现的逻辑是什么？相对于散户，机构投资者更加"聪明"（sophisticated），更能理解这些企业在做什么。如果他们发现这些企业在做技术创新，就不会给企业过多的短期的压力。而散户则不同，他们大多不懂行业，只要企业业绩下滑，就会直接撤资。而创新需要一个长期的过程，可能投资后很长时间看不到直接的业绩反馈，只有最后才突然爆发，企业表现才会变好。所以这篇论文的观点是散户并不理解企业创新，但是机构投资者是明白的，一旦一家企业有很多机构投资者投资，这些机构投资者就会为企业提供"保护"，使企业更专注于创新。

对冲基金也是影响企业创新的一个重要外部因素。我和 Alon Brav 教授、Wei Jiang 教授和 Song Ma 助理教授的一篇已经被 *Journal of Financial Economics* 接收的论文，探索了对冲基金对企业创新的影响。对冲基金在进入 21 世纪后有一个很重要作用，就是它们会介入到企业中去干预企业的治理和运营。20 世纪八九十年代，美国因为垃圾债券的起步，敌意收购现象非常多。后来很多企业在公司章程中加入了反收购条例，因此进入 21 世纪，敌意收购基本消失了。代替敌意收购的是什么呢？主要是对冲基金的干预（也被称为 Shareholder Activism，即"股东的积极主义"）。对冲基金一旦购买了企业超过 5% 的股票，便需要举牌并且披露其下一步的意图。一些对冲基金会披露它们下一步要干预企业，帮助企业提升公司治理和运营效率等。它们就像企业的医生，帮助企业调整运营和策略，在企业价值提升后它们获利退出。这篇论文发现，对冲基金进入企业后做的最重要事情就是 cut、cut、cut（削减、削减、削减），把各种各样与企业主营业务不相关的创新裁掉，让企业更关注与其主营业务相关的创新和投资，这样企业就能更加专注于创新，更能促进企业提升创新效率。

国外机构投资者也会影响企业创新，尤其是来自技术更发达的国家和地区的机构投资者。我和我的合作者发表在 *Journal of Financial and Quantitative Analysis* 上的论文发现，国外机构投资者能够对企业创新起到正面作用，它的原理是：来自技术先进国家和地区的机构投资者，能够带来新的技术从而促进企业创新。

银行的介入会促进企业创新。我和我的合作伙伴 Connie Mao 副教授和 Yuqi Gu 助理教授在一篇被 *Journal of Law and Economics* 接收的论文中提出了银行对企业的影响规律。银行一般并不干预企业，是比较消极的投资者。那么我们怎样研究银行的作用呢？当企业发生银行债务违约，银行就会介入，企业控制权就会转移到银行手中。这样银行就可以帮助企业重新规划发展战略，把不相关的人遣散，不相关的企业创新去掉，从而使企业更关注主营业务创新。

企业的内部因素

在这部分，我们将注意力转向上市公司的创新活动。我们回顾并探讨关于企业创新的企业层面决定因素的文章。首先看一看 CEO 的个人特征之一——CEO 的过度自信（CEO overconfidence）。在现有研究中，一个共识是过度自信的 CEO 做出的很多企业决策（比如并购）都是不好的，会减少企业的价值。但是对于企业创新，研究者发现过度自信的 CEO 却能激励企业创新，因为 CEO 过度自信的特质正好是克服创新困难所需要的。如同科研工作，要成为好的研究者，就需要"过度自信"一点儿——十篇论文中有九篇被拒绝发表，90% 的拒稿率，这对任何一位学者都是很大的打击。因此我们需要有锲而不舍的精神，要非常自信，才能继续学术之路。

接下来的话题是关于一篇颠覆性的论文——我和 Vivian Fang 助理教授、Sheri Tice 教授关于企业股票流动性（Stock liquidity）对企业创新影响的论文。这篇论文于 2014 年发表在 *Journal of Finance* 上。什么是股票流动性？直观上来说，买卖股票的价差越低，代表交易成本越低，所以股票流动性就越好。过去几十年中，有很多文献发现，股票流动性强对企业的方方面面都会起到积极作用，比如对企业的发展、对降低信息获取成本和融资成本等。但这篇论文得出的结论和现有文献的共识恰恰相反：我们发现股票流动性对企业创新有非常强烈的，而且是非常稳健的负面作用。当时得出这个结果时，我们团队的压力很大，因为这个结论太离经叛道了。我们每写出一篇论文，都要在学校的学术午餐会上向大家介绍研究成果。大家一边吃午饭，一边听你讲，然后给你提出一些建议。我在美国印第安纳大学工作后的第一个学术午餐会上讲的就是这篇论文。当时我还很年轻，资历也很浅，我所在的系里有很多教授整个学术生涯中都在论证股票流动性有多么好。于是当我硬着头皮向大家介绍股票流动性对企业创新会起到负面作用时，遭到了强烈的批评。而在美国评选教授、终身职称，都需要资深教授投票，因此当时我的压力很大。后来事实证明我们是对的，股票流动性对企业其他方面确实会起到积极的作用，但是对创新却有负面作用，因为股票流动得太快，投资者忠诚度就会降低。因为买卖成本很低，投资者能够快进快出，就会造成企业短期业绩压力过大，以至于高管们不能专注于长期创新。这篇论文也因为其对传统观点的挑战，在发表后引起了不小的轰动，多次被列为 ESI 世界排名前 1% 的高影响力论文。

同时，现有文献发现对劳动者保护得越好的国家的企业创新越好。这其中的逻辑很清楚：企业创新的失败率很高，因此不能因为员工一次的失败尝试就将其开除。如果不能保护员工，就没有人愿意进行创新实践，所以对劳动者的保护会对企业创新起到正面作用。但是，我和我的合作伙伴 Daniel Bredley 教授和 Incheol Kim 助理教授于 2017 年发表在 *Management Science* 上的论文发现，对劳动者保护得太好，反而会鼓励他们偷懒并导致"敲竹杠"的问题，不利于激励企业创新。

报酬和激励机制对企业创新也会产生影响。有学者发现：如果企业高管的报酬对企业股价比较敏感，对企业创新会起到负面作用；但如果报酬对股价的波动比较敏感，则会对创新起到正面作用。这其中的经济学直觉非常简单：我们希望激励企业创新，那么高管必须冒风险，而股价波动也是一种风险，因此只有甘愿冒风险，才能更好地激励创新。

企业高管层第二梯队的竞争也是影响企业创新的一个重要因素。COO、CTO、CMO 等第二梯队的成员是潜在的 CEO 人选，第二梯队的竞争、合作关系对企业创新也会产生影响。如果能够更好地激励他们，让他们更好地竞争，对企业创新也会起到正面作用。我和我的合作伙伴张维宁副教授和贾宁副教授在一篇工作论文中对这个问题展开了研究。我们发现企业管理团队内部的竞争确实有利于激励企业创新。

供应链（Supply chain）金融也会影响企业创新，我和我的合作伙伴 Yongqiang Chu 副教授和 Wenyu Wang 助理教授的一篇已经被 *Management Science* 接收的论文发现，供应链下游客户给上游企业提供的反馈，对上游企业的创新会起到正面作用。也就是说，上游供应商能够从下游客户那里学习有用的知识，得到有价值的反馈，并以此促进上游供应商的技术创新。

最后我们探究了对企业创新来说，究竟是人力资本更重要，还是组织资本更重要，即究竟是企业本身更重要，还是创新的发明者更重要。区分二者是非常困难的，英特尔公司有很多发明者申请了很多专利，我们不知道究竟是英特尔公司更厉害，还是发明者更厉害，那么该怎么区分呢？我和我的学生、康奈尔大学的 Yifei Mao 助理教授和在沃顿商学院攻读金融学博士学位的刘通，利用发明者的跳槽情况，将二者的作用区分开来。我们发现，其实人更重要。

中观市场特征

研究中观层面市场要素对创新的影响,首先要探索产业市场上的竞争。哈佛大学 Aghion 教授和他的合作伙伴发现,产业竞争对企业创新的作用曲线呈倒 U 形。当竞争不是很激烈的时候,增加一些竞争,对企业创新有正面作用,但是当达到一个均衡点以后,过度竞争则不利于企业创新。所以想要激励创新,我们需要一些竞争,但又不能过度竞争。哈佛大学教授 Nanda 和 Rhodes-Kropf 发现,当市场较"热"时,企业创新情况比较好;当市场较"冷"时,企业创新情况比较差。

银行业竞争(Banking competition)对企业创新也有很大的影响。美国历史上对银行业的监管比较严格,从 20 世纪六七十年代开始,才展开了去监管化运动。美国早期监管严格到什么程度呢?银行不能跨州开设营业点,更不能跨州并购其他银行。20 世纪六七十年代至七八十年代,美国实行了一系列去监管化措施,导致银行业竞争不断加剧。我和 Jess Comaggia 副教授、Yifei Mao 助理教授和 Brain Wolfe 助理教授 2015 年发表在 *Journal of Financial Economics* 上的文章研究了银行业竞争对大型企业创新的影响,结果令我们感到非常惊讶。我们一直认为银行业竞争加剧后,有大量低成本的银行信用被释放出来,能够激发企业创新,企业创新水平应该会有所提高。但是,我们得出的结果却是大企业创新水平在银行业竞争加剧后反而会降低。应该如何解释这个看似非常"反直觉"的结果呢?这篇论文停滞了很长时间,因为我们不知道如何解释这个结果。突然有一天,我脑中灵光一闪,一下子想出了该怎样解释这个结果。我前面介绍的另一篇论文提到,大型企业是通过收购创新型小微企业来实现创新的。那么,会不会由于银行业竞争加剧,很多低成本的银行信贷被释放出来,而这对小微企业创新起到了正向作用。通过研究,我们发现答案是肯定的。这是逻辑的第一步,也就是说银行业竞争加剧对小微企业创新是有正面作用的。逻辑的第二步,因为小微企业能够获得低成本信贷,因此可以保持独立而不被大企业收购。这样,依靠收购小微企业进行创新的大企业失去好的标的企业,因此它们的创新水平也会下降。经过后续实证检验,这个猜想也得到了证实。这篇论文在发表后也引起了众多关注,多次被列为 ESI 世界排名前 1% 的高影响力论文。

企业信息披露也会影响企业创新。1934 年美国证监会要求企业发布年报,1955 年改为半年报,到 1970 年则改为要求企业披露季报,即一年披露四次。我和我的合作者研究了企业披露的频率对其创新的影响。我们发现,披露频率越高,企业创新情况越不理想。这个发现的内在逻辑和前面是一样的：一家企业不断进行披露，企业管理者就会有过高的短期业绩压力，因此失去了进行长期创新投资的动力。

企业面临的税收对创新也有影响。已有文献发现，减税对企业创新没有明显的正向作用，但增税对企业创新却具有负向作用。因此，我们建议如果想要激励企业进行技术创新，政府在做出增税决策时一定要非常谨慎。

宏观国家和社会的制度特征

我们首先探讨宏观金融市场的发展对企业创新的影响。2014年我和香港大学的Po-Hsuan Hsu副教授和Yan Xu副教授发表在 *Journal of Financial Economics* 上的文章，用32个发达和发展中国家的跨国数据来研究金融市场发展对企业创新的影响。我们发现一个国家的资本市场越发达，它的企业创新情况就越好。但是，一个国家的信贷市场越发达，它的企业创新情况反而更不好，尤其对那些依赖外部资本的行业和高科技行业更是如此。所以，可以得到一个结论就是要想发展创新，必须大力发展直接融资的资本市场。

2017年，我和Utpal Bhattarcharya教授、Po-Hsuan Hsa副教授、Yan Xu副教授在一篇发表在 *Journal of Financial and Quantitative Analysis* 上的论文中用了43个国家的跨国数据，研究究竟是政策本身还是政策的不确定性对企业创新有影响。我们发现从国际角度来说，一个国家的政策对创新本身没有影响。也就是说，无论一个国家的政策是偏左一点，还是偏右一点，企业家都可以调整适应。但是，一个国家的政策不确定，也就是不知道未来政策导向如何，企业家就只能采取观望的态度，因此会减少创新的投入。就像2016年美国大选，希拉里和特朗普的成绩很接近，都在等最后的结果，没到最后一刻大家都不知道谁会赢，所以所有人都在观望。但一旦政策确定下来，按照我们的理论，企业家都是可以快速适应和调整的，可以调整他们的投资和研发策略，根据新的政策进行企业投资和创新。

接下来我们来看法律和制度因素。有学者研究发现一个国家的法律、制度、宗教和文化都会对创新产生影响。比如，我们发现越腐败的国家，创新水平越低；法律制度越健全的国家，创新水平越高。我国这些年反腐败工作，对我国企业创新是有正面作用的，这个有待学者继续研究和验证。

总体来说，关于国家宏观层面的研究由于受数据可获得性的限制，目前和微观企业层面、中观市场层面相比，研究还不十分充分。这个领域还有很多尚待挖掘和研究的课题。

创新的未来研究方向

关于企业创新的研究，随着数据的可获得水平不断提升，发展十分迅速。美国学者在 20 世纪 90 年代末，开始大规模整理专利数据，并把这些专利数据放到互联网上，每位研究者都可以通过公开渠道获取这些数据。这极大地促进了企业创新研究领域的发展。我认为，未来企业创新研究会向三个方向延伸和发展。

第一，寻找更好的外生冲击，从而更好地解决识别问题。我们在进行实证研究时，最难解决的就是变量的内生性问题。我们需要证明确实是某个要素导致了企业创新，而不是其他要素。例如每天早晨公鸡都会打鸣，公鸡一打鸣，太阳就升起来了，天天如此。如果我们收集这些数据，便会发现公鸡打鸣和太阳升起有一个非常强的正相关性。但是，我们能不能因此得出结论，正好是因为公鸡打鸣，太阳才升起来了？显然不能！再举一个例子，我们发现平均来说，红酒消费量大的个人事业成功指数往往更高，我们可能会得出这样的结论：喝红酒能够促进一个人的成功。但事实显然并非如此。还存在另一种可能性：成功人士为了显示品位更爱喝红酒。这些就是我们需要解决的识别问题。我们需要找到更好的外生冲击（比如监管政策的变化或者自然灾害等），运用精巧的检验设计和计量方法来实现。

第二，寻找更好的变量，从而更深刻地描述创新的数量和质量。早期学术界使用国家或企业的研发投入衡量企业创新。但学者们很快发现，用研发投入衡量创新有很大的弊端。目前主流的研究方法是用专利的数量衡量创新的数量，用专利的引用次数衡量创新的质量。但不可否认的是，用专利衡量企业创新也有其弱点和局限性。我们希望能够找到更好的变量，从而更深刻地描述企业创新的数量和质量，这将帮助我们更好地理解企业创新。

第三，更好地理解企业创新带来的经济和社会后果。目前研究者更关注如何寻找激励企业创新的要素，但对企业创新给社会和企业带来的后果却鲜有关注。企业创新是否可以提升企业的业绩水平和股票表现？企业创新是否可以刺激就业？企业创新是否可以促进国家经济发展和社会福利水平的改善？诸如此类，不一而足。对于这些问题的深刻探究是未来企业创新学术研究的一个重要方向。

上篇
微观企业篇

FINANCE AND INNOVATION

本篇介绍了风险投资对失败的容忍度、风险投资的分阶段注资，以及风险投资辛迪加对企业创新的影响。由于初创企业难以从传统金融机构取得融资，风险投资是其重要的融资来源。风险投资对于企业创新有正向影响，本书第2章介绍了我和我的合作者对风险投资和企业创新的研究。其中一项研究发现，风险投资对企业创新的影响机制之一是风险投资对于失败的容忍度，领投机构的失败容忍度和辛迪加风险容忍度均与被投上市公司的创新产出数量和质量呈显著正相关关系，风险投资对失败的高容忍度能够促进被投资公司的创新活动。另一项研究发现，当风险投资采用分阶段注资的方式向企业投入资金时，投资的阶段数对企业创新的数量和质量均产生了负向影响，这是因为实现风险投资机构设置的短期目标的压力，会使企业管理者不得不投入大量精力，而忽略了企业的长期经营，这会降低初创企业进行创新研发的积极性。同时，我们还发现风险投资辛迪加，即两个或更多个风险投资机构在同一轮投资中同时投资一家公司的投资模式，能够提高初创企业在金融市场的价值。辛迪加模式相较于单独投资，具有更多样的专业技能、关系网络和信息来源，因此能更好地激励和培育企业创新，提高公司的市场价值。

股票投资者在选择股票时会考虑上市公司的研发实力，因为公司的技术创新会给公司带来在行业内的竞争优势，从而提高公司的长期价值。而公司股票的流动性也会对企业创新产生影响。过往研究发现股票流动性提高会导致更多大股东持股，大股东对公司高管进行的监督会增加公司高管进行创新研发等长期投资的意愿。然而若股票流动性提高导致公司面临被收购的风险，则会导致公司高管的短视行为，从而降低公司的创新研发等长期投资活动数量。本书第3章介绍了针对上述争议进行的研究，我们的研究发现公司股票的流动性越高，其创新产出数量和质量也会越低。股票流动性提高时，敌意收购者更容易伪装自己，增加上市公司面临的被收购压力，进而抑制上市公司的创新活动。而且，股票流动性提高会对不同类型的机构投资者的投资决策产生不同影响。投机型以及指数型投资者的持股比例会大幅上升，而其中的中短期投资者会给管理者带来更多的短期业绩压力，进而抑制公司的创新。

上文提到了股票流动性给企业带来的被收购压力会抑制企业的创新，这主要是由于只考虑短期收益的资本市场投机分子会阻挠公司的长期经营战略，伺机收购公司股权以取得控制权并撤换管理层。为了避免成为这些投机分子的目标，上市公司不得不放弃企业创新研发等长期投资。与此同时，外在的收购压力能够对上市公司内部管理层起到监督作用，面临市场竞争威胁的公司管理层不得不认真经营公司，避免沦为敌意收购的猎物。本书第 4 章介绍了对反并购条款和企业创新关系的研究。我们的研究结果表明反收购条款数量越多，公司专利产出数量越多，专利质量也越高，即反收购条款对公司的创新产出数量和质量有正向影响。这说明反收购条款能够保护公司管理层远离来自资本市场的短期投资者的压力与被收购的威胁，允许管理层将精力集中于长期发展上，从而促进企业创新。

工会和人力资本也会对企业创新有所影响。本书第 5 章介绍了对工会和企业创新关系问题的研究。研究结果表明企业成立工会后企业的创新产出显著下降，进一步的研究发现工会影响企业创新的三个传导机制分别是：成立工会对企业的研发费用占比带来显著的负向影响；对于企业的新老员工来说，在成立工会后创新产出都有显著的下降；工会成立会导致一些优秀的研发者离职。第 5 章还介绍了我关于人力资本对于企业创新的重要性的研究，研究发现研发人员固定效应在解释创新产出的作用上比公司固定效应占比更大，即人力资本至关重要。

供应链将供应商及其客户连接为一个整体，下游客户不仅会在财务决策上影响供应商，其自身的需求也会影响供应商的技术创新。本书第 6 章介绍了下游客户反馈对于上游供应商创新影响的研究。研究结果表明，供应商与其主要客户之间的距离对供应商的创新产出有显著影响。在距离缩短的情况下，供应商技术创新的数量、质量和效率都有显著提高。这种影响的传导机制包括客户反馈以及客户需求。

第 2 章
拥抱风险，宽容失败：风险投资与创新

风险投资被视为成熟的金融市场投资者，在创业创新融资中扮演了重要角色，被誉为企业背后的英雄。谷歌、脸书和苹果等高科技企业都是在风险投资的助推下，不断发展壮大。创新能力是企业长期经营的核心竞争力，但不同于企业常规经营活动，技术创新具有长期、高风险和不确定的特点，所以激励和培育创新需要足够的失败容忍度和风险承受力，而这正是风险投资相较于其他金融机构的优势所在。现有理论证明企业创新投资需要长期回报与短期失败容忍相结合的激励手段。那么风险投资怎样才能地激励企业创新？风险投资的失败容忍度是否越高越好？具体到投资行为与投资结构方面，分阶段投资是否可能扭曲对企业的创新激励，组建辛迪加投资模式能否缓解这种扭曲？通过讨论这些问题，本章将重点分析风险投资的失败容忍与企业创新之间的关系，这对于更好地营造创业创新失败容忍环境具有重要理论和现实意义。

谷歌背后的沙丘路：风险投资对企业创新的影响

以人工智能、大数据为代表，新一轮技术革命在世界范围内迅速蔓延，科技创新成为推动国家经济可持续增长的动力,而要提高自主创新能力,必须从微观层面提升企业的创新能力。中小型初创企业是科技创新最活跃的群体,在国家创新活动和经济运行中起到极为重要的作用。但初创企业的自有资金往往不足以支撑公司运行,急需外部融资。

与此同时,初创企业的发展前景并不明朗,企业与投资者之间存在较大的信息不对称问题[①]。美国著名经济学家、2001 年诺贝尔经济学奖获得者 Joseph E. Stiglitz 提出,在信息不对称的市场中,道德风险[②]发生的几率大大提高。因此,传统金融机构对初创企业望而却步,初创企业几乎不可能获得银行贷款或其他债务融资。另一方面,一些私人投资者和机构投资者会寻求在其投资组合中加入流动性较差、风险较高的长期投资,以获取较高的收益,但这些投资者却没有足够的专业技能来进行长期股权投资。

经济学家小传
MINI BIOGRAPHY

约瑟夫·E. 斯蒂格利茨(Joseph E. Stiglitz, 1943 年 2 月 9 日 –),美国著名经济学家,2001 年因其在"对充满不对称信息市场进行分析"领域所做出的重要贡献而荣获诺贝尔经济学奖,1979 年被美国经济学会授予奖励青年经济学家的"约翰·贝茨·克拉克奖"(John Bates Clark Medal)。斯蒂格利茨为信息经济学的创立做出了重大贡献,他将信息不对称理论应用于保险市场。由于被保险人与保险公司之间存在信息不对称问题,车主在购买车险后会疏于保养汽车,从而使保险公司承担较大损失。斯蒂格利茨博士通过构建理论模型,提出让购买保险者在高自赔率加低保险费及低自

---

① 信息不对称问题(Asymmetric Information Problem),在市场活动中,不同经济主体事前对信息的了解存在差异。掌握信息较多的一方相较于信息贫乏的一方,处于有利地位。

② 道德风险(Moral Hazard),在事后信息不对称的情形下,交易一方不能完全观察另一方的行动,或当观察成本太高时,一方做出增进自身效用但不利于他人的行为。

赔率加高保险费两种投保方式间做出选择，从而解决了逆向选择和道德风险的问题。同时，斯蒂格利茨博士对宏观经济学、货币理论、发展经济学、公司金融、产业组织及福利经济学等领域均做出突出贡献。

斯蒂格利茨博士在本科毕业仅三年后便获得麻省理工学院博士学位，26岁即被耶鲁大学聘为经济学正教授，先后任教于耶鲁大学、普林斯顿大学、牛津大学、斯坦福大学和哥伦比亚大学，现任美国哥伦比亚大学教授和哥伦比亚大学政策对话倡议组织主席。除学术任职外，在克林顿总统任内，他曾担任克林顿总统经济顾问委员会委员，并于1995—1997年任该委员会主席。1997—2000年任世界银行首席经济学家及高级副总裁。

在这种情况下，风险投资应运而生。风险投资基金多采用有限合伙的架构，包括资金提供者（有限合伙人，Limited Partners，LP）和进行投资、监督和管理的个体（普通合伙人，General Partners，GP）。风险投资机构多扮演普通合伙人的角色，从机构和高净值人群中筹集资金，然后投资于高风险、高回报的初创项目。为了解决信息不对称的问题，风险投资机构通过投资前集中审核、投资后严格监管等方式积极地参与投资，尽可能地提高公司的股权价值。最终，风险投资机构出售其所持有的公司股权，并将收益分给相应的投资者们，实现各方共赢。

风险投资机构与二级市场投资机构存在很多不同，最根本的区别在于风险投资的主动性。风险投资机构会积极深入地参与被投资公司的管理和运营，帮助公司提高经营业绩、完善公司治理，在推动公司不断成长之外，也有效地推动了经济的发展。

当前，中国经济处在重大转型阶段。在过去的近三十年间，中国依靠人口红利、大量资本投入等保持经济高速增长，但这种发展模式消耗了大量的能源、资源，人口红利也逐渐消失。因此，经济转型、产业升级和企业竞争力提升成为未来中国经济发展的新模式。在中国转型升级的过程中，风险投资面临着良好的发展机遇。在经济新常态下，风险投资如何适应新形势的需要，促进国家创新活动和经济良好运行，是我们需要认真思考的问题。因此，在本章中，我们将集中探讨风险投资对企业技术创新的影响。

风险投资影响企业创新的历史

说到创新，人们最先想到的是硅谷。谷歌、脸书和苹果等高科技企业层出不穷的创新不断改变着世界。而在硅谷的门洛帕克（Menlo Park），有一条不长的街道——沙丘路，里面汇集了全世界最大、最多的风险投资机构，这些风险投资机构为初创公司的发展做出了不可忽视的贡献，沙丘路也因此被称为"创业者的圣地"。以谷歌为例，其背后的两家风险投资机构——红杉资本和凯鹏华盈，为谷歌带来了公司治理经验、资源和声誉，在一定程度上促进了谷歌的创新与发展。

而风险投资行业的诞生，则要追溯到美国研究与发展公司（American Research and Development Company，ARD）的诞生。1946年，为解决美国创新型中小企业融资难的问题，时任波士顿联储主席Ralph Flanders和哈佛商学院教授George Doriot主持成立了ARD公司，用风险资本支持企业家将科研成果商品化。1957年，ARD公司向数字设备公司（Digital Equipment Corporation，DEC）投资7万美元，拥有其77%的股份，而到1971年，ARD所持有的DEC股份价值已上升至3.55亿美元，较投资额增加了五千多倍，这也成为风险投资发展史上的经典案例。

为了真正回答风险投资究竟会对企业创新产生何种影响，经济学家们设法找到更系统、更具说服力的证据。美国经济学家Sam Kortum和Josh Lerner的研究表明，风险投资对企业创新具有显著的积极影响，风险投资活动使企业专利数大幅增加，而且风投支持的企业的专利引用数更高，研发活动也更加密集。Thomas Chemmanur、Karthik Krishnan和Debarshi Nandy用全要素生产率[①]的增长来衡量技术创新，发现有风险投资支持的企业在得到风险融资之前的TFP高于没有风险投资支持的企业，并且二者之间的差距在得到融资之后不断扩大，从而证明风险投资能够筛选出更具有创新性的企业，并通过投资后的监督和辅导进一步促进企业创新。

1985年，中国第一家风险投资机构——中国新技术创业投资公司正式成立，随后IDG、软银、红杉等海外风险机构纷纷进入中国市场，很多地方政府、民营企业也成立了以孵化科技为目的的风险投资公司。风险投资规模的不断扩大催生了一批优质的高科技公司，如腾讯、阿里巴巴、百度和京东等。伴随着风险投资的蓬勃发展，国内学者也就风险投资对企业创新的影响展开了研究，发现风险投资的进入对企业创新投入产生显著的正向影响，同时也促进了企业创新产出的增加。

---

① 全要素生产率（Total Factor Productivity，TFP），是剔除要素（资本、劳动等）投入的产出贡献后的产出增加，最早由索洛（Solow, 1957）提出，又称为索洛残差。全要素生产率的增长一般是由技术进步、组织创新等带来的，故被视为科技进步、技术创新的指标。

风险投资影响企业创新的作用机制

根据经验，风险投资对企业创新通常有正向影响，那么风险投资影响企业创新的作用机制是什么呢？通过分析初创企业的特征我们可以发现，初创企业难以获得融资，一方面是因为技术创新具有高风险、长周期的特点；另一方面是由于初创企业管理经验缺乏，没有有效的监督和激励机制，而且初创企业在行业内的资源有限，承担风险能力较弱。这些特征均阻碍了初创企业的技术创新，而风险投资正是通过缓解这些问题来促进企业的发展。

风险投资能够为企业创新提供资金支持。初创企业一般具有高风险、高收益的特征，这与风险投资的投资模式相契合。而且风险投资相较于其他传统金融机构，具有较强的专业性，能够筛选出优质的投资项目。因此，风险投资可以为企业创新提供资金支持，在一定意义上成为企业与投资者之间的信息中介，有效解决信息不对称的问题。风险投资的注资方式并非一次性提供所有资金，而是采用分阶段投资的方式。企业要想获得风险投资持续的资金支持，必须提高自身的研发能力和经营能力，以达到风险投资每一阶段预设的要求。另外，风险投资为企业提高了声誉，也会为企业提供后续的融资安排，大大提高企业的资金融通能力，从而解决企业创新的资金问题。

风险投资积极参与企业经营管理，培育企业的创新能力，并为企业提供关系网络等增值服务。风险投资的最终目的是价值创造，而这是通过积极参与企业经营管理实现的。Hellmann 和 Puri（2000）研究发现，风险投资不仅能够为企业创新提供货币资本，还可以为企业的经营管理带来珍贵的"知识资本"。在投资后，风险投资会对创新项目进行监督和管理，帮助企业建立管理团队、确定市场定位。风险投资还可以获得董事会席位，通过行使投票权来加强对企业的约束。同时，风险投资能够帮助企业完善创新激励机制，通过利益一致激励、奖金支付和股权激励等方式提高雇员的主人翁精神，促进创新。除此之外，风险投资还可以利用其广泛的关系网络为被投资企业提供增值服务，实现技术成果的商业化，提高企业创新绩效。风险投资广泛的关系网也能够为企业牵线搭桥，帮助公司寻找到合适的投资者、上下游厂商、管理人才甚至买家。

正如 Josh Lerner、Ann Leamon 和 Felda Hardymon 在《风险投资、私募股权与创业融资》一书中所说："风险投资支持的企业的治理水平可能是最强的，这类企业拥有专业且积极的投资者，投资者会选择最优策略、组织资源并联合管理层以实现企业的成功。股东、董事会和管理层之间几乎没有断层。"风险投资在企业的创新研发、日常运营中起到至关重要的作用，其理念和行为直接影响企业的最终命运。因此，下面几节将重点讲述风险投资的失败容忍理念与企业创新之间的关系，并用风险投资的投资行为和投资结构加以验证，具体包括常用作监督手段的分阶段投资行为和多机构联合投资的辛迪加投资模式。

失败容忍，对创新者最好的激励

创新能力是企业长期经营的核心竞争力，但对于绝大多数企业来说，激励和培育创新是极富挑战的。不同于常规经营活动，技术创新具有长期性、高风险性和不确定性的特点，传统的基于业绩的薪酬合约并不足以激励创新。有效激励企业创新需要对创新活动给予足够的失败容忍。宽容失败，能够激励创新者敢于走别人不敢走的路，从失败中积累经验教训。2017年，美国加州大学伯克利分校教授古斯塔沃·曼索在其发表在 Journal of Finance 上的论文中，通过对企业创新过程进行建模，发现短期内对失败的容忍能够有效激励企业创新。

经济学家小传
MINI BIOGRAPHY

古斯塔沃·曼索（Gustavo Manso），加州大学伯克利分校哈斯商学院教授，他的主要研究兴趣是公司金融、初创企业和企业创新。曼索教授本科和硕士阶段在巴西学习经济学和数学，最后在斯坦福大学商学院获得金融学博士学位。博士毕业后，曼索教授进入麻省理工学院斯隆管理学院担任助理教授和副教授，随后在加州大学伯克利分校哈斯商学院任教至今。曼索教授是创新理论领域的领军人物，他于2011年在《金融学》上发表的一篇开创性文章"激励创新"中，构建了一个理论模型来研究创新的激励问题。在这篇文章中，他指出最优的创新激励契约需要容忍早期失败并为长期的成功提供回报。曼索教授的理论对公司的经营环境

第2章 拥抱风险，宽容失败：风险投资与创新

如何影响企业创新具有重要借鉴意义，许多学者纷纷就曼索教授的理论展开后续研究。

曼索教授获得了大量学术奖励，包括雷曼兄弟金融研究一等奖学金、《金融研究评论》年轻学者奖、创业金融和创新会议最佳学术论文奖。他于2016年荣获 Poets & Quants 评选的"世界上40岁以下的40个最佳商学院教授"荣誉。

创业创新离不开社会环境的滋养。2015年5月6日李克强总理在全国科技活动周提出要培育尊重知识、崇尚创造、追求卓越的创新文化，营造良好的创新氛围，而对失败容忍的文化便是良好创新氛围最重要的组成部分。在硅谷，"失败可以创造机会和更好的创新"是人们普遍接受的理念，失败者受到的是"大多是鼓励，很少是惩罚"。如红杉资本的合伙人 Doug Leone 所说："成功和失败应该是平衡的。如果你还没有失败过，那说明你还没有尝试；但如果你只是失败过，那说明你还不知道怎样正确地做事。"

迷你案例
MINI CASE

京东的危机与梦想

2007年，京东拿到第一笔融资，投资方为今日资本，融资额为1000万美元。拿到融资后，刘强东决定将京东从售卖3C产品转为一站式全品类消费平台，并自建仓配一体的物流体系，这个决定使京东的运营成本急剧上升，很快用完了第一轮融到的1000万美元。而就在即将开始第二轮融资时，2008年初的雪灾压坏了京东在上海的仓库，更严重的是，金融危机来了，京东的估值从2亿美元一路下降到了3000万美元。物流持续亏损、找不到投资人、资金无法到位，京东几乎走到了命运的尽头。但今日资本始终没有放弃京东，而是极尽所能地利用自己的关系网为刘强东联系投资人、耐心地持有和等待，终于通过今日资本年会的契机帮助京东拿到了2100万美元的第二轮融资。这笔资金依旧被刘强东用于提升物流平台、服务技术创新等方面。正是刘强东的决定和今日资本的坚持让京东拥有了商品种类全、正品多、货运速度快的优势，在竞争激烈的电商行业中杀出一条血路，陆续获得了老虎基金、高瓴资本、红杉资本等机构的投资。2014年京东以286亿美元的市值登陆纳斯达克，并在2016

年首次实现盈利。

风险投资的失败容忍度

2014 年我和美国明尼苏达大学副教授 Tracy Yue Wang 在发表于 *Review of Financial Studies* 的"失败容忍度与企业创新"一文中,基于 Manso(2011)的理论,首次提出了度量风险投资失败容忍度的指标,实证检验了风险投资机构的失败容忍度对企业创新的影响。风险投资的数据主要来自于 Thomson Venture Economics 数据库,样本区间为 1980 年到 2006 年。

Manso(2011)指出,管理者往往通过观察创新项目的业绩来判断是否终止此项目,因此可以用管理者终止项目的临界业绩来衡量失败容忍度。对失败较为容忍的管理者能够接受较低的业绩表现,因此会选择比较低的业绩作为退出投资的临界值,而不容忍失败的管理者会选择比较高的临界值。这个设定能够被完美地应用到风险投资的运行框架中。风险投资积极参与到被投公司的日常运营中,通过分阶段注资来实现对项目的监督,并最终决定是继续投资还是终止投资。因此,如果被投公司在得到前几轮投资后并没有达到投资者的阶段性目标,这时投资者会选择继续投资还是终止投资,在一定程度上能够反映出其失败容忍度。

在实证中,由于初创企业的数据并不是强制披露的,我们无法得到被投企业每一阶段的业绩数据,也就无法直接观察到投资者选择终止投资的临界值,但我们可以通过观察风险投资在最终失败的项目上持续的时间来衡量其风险容忍度。从事后看,一个最

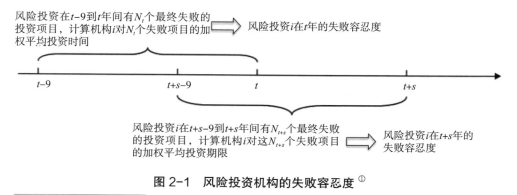

图 2-1 风险投资机构的失败容忍度 ①

---

① Tian Xuan and Tracy Yue Wang. Tolerance for failure and corporate innovation [J]. *The Review of Financial Studies*, 2011, 27(1): 211-255.

终失败的项目在运营期间的表现一定不是一帆风顺的,如果风险投资在这种项目上坚持的时间越长,则说明它具有更高的失败容忍度。因此,我们用风险投资在最终失败的项目上的平均投资时间来度量失败容忍度。具体来讲,如图 2-1 所示,某一风险投资机构在 t 年的失败容忍度为该机构从 t–9 年到 t 年间,对所有最终被清算的投资项目的投资额加权平均投资时间。同样,该风险投资机构在 t+s 年的失败容忍度为该机构从 t+s–9 年到 t+s 年间,对所有最终被清算的投资项目的投资额加权平均投资时间。因为我们用 10 年期滚动窗口进行计算,所以失败容忍度是随时间而变化的。

接下来,为了检验失败容忍度对企业创新的影响,我们需要将风险投资的失败容忍度与其所投资的最终上市的公司进行匹配。如图 2-2 所示,假设某一风险投资在 t 年对某初创公司进行了首轮投资,这家公司随后在 t+k 年成功上市,那么风险投资对此公司的失败容忍度为该风险投资在 t 年时的失败容忍度。换言之,风险投资对所投资的 IPO 公司的失败容忍度为首轮投资该公司时的风险容忍度。在现实中,风险投资多以辛迪加方式进行投资(辛迪加投资占到本文总样本的 91%),其中领投的风险投资起主要监督决策作用,因此我们将领投机构的失败容忍度作为主要指标。除此之外,我们还构建了 IPO 公司的辛迪加失败容忍度,即辛迪加中所有风险投资在首轮投资时的投资额加权平均失败容忍度。在我们的研究样本中,领投机构的平均失败容忍度为 3.25 年,最长可达 7.75 年,辛迪加失败容忍度平均为 2.97 年,这反映出领投机构比辛迪加内其余机构对失败更为容忍。

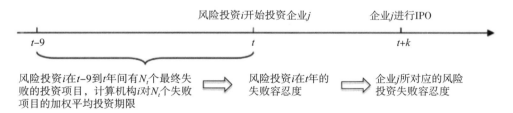

图 2-2　IPO 企业所对应的风险投资失败容忍度[①]

实证研究发现

在论文中,创新的度量数据主要来自美国国家经济研究局(NBER)所提供的专利引用数据库,数据库中包括年度的授予专利名称、数量,每个专利被引用的次数,

---

① Tian Xuan and Tracy Yue Wang. Tolerance for failure and corporate innovation [J]. *The Review of Financial Studies*, 2011, 27(1): 211–255.

专利的申请年份和授予年份等。本文用专利申请年份作为衡量基准年，因为申请年份更能反映企业当年的创新活动。

为了度量上市公司的产出状况，我们从创新产出的数量和质量两个维度进行了测量。第一个维度是企业申请且最终被授予的专利数量，主要测量企业创新产出的数量。虽然这一测量比较直观且容易实施和理解，但是却难以反映专利与专利之间的区别，比如专利是属于领域内突破性的成果还是对已有技术的部分改善。因此为了更加全面地度量企业的创新产出活动，我们在文中使用上市公司专利受到其他公司引用专利的次数度量企业的创新产出质量。将专利数据与风险投资支持的 IPO 公司进行匹配后，我们发现平均每家公司有 3.1 个专利、平均每个专利有 2.5 次引用。

之后，我们用普通最小二乘法（OLS）分析了风险投资失败容忍度与上市企业创新之间的回归模型。在回归模型中加入了上市公司的规模、盈利能力、成长性、研发投入、资本支出等控制变量，同时对行业固定效应以及年份固定效应进行了控制，回归模型如下：

$$\text{企业创新产出} = \alpha + \beta \times \text{失败容忍度} + \gamma \times \text{控制变量} + \text{固定效应} + \varepsilon \qquad (2\text{-}1)$$

其中，α 为截距项，β、γ 为系数，ε 为随机扰动项。

回归结果如表 2-1 所示。

表 2-1 失败容忍度与企业创新[①]

因变量	专利数量		专利引用次数	
	（1）	（2）	（3）	（4）
领投机构失败容忍度	0.409***		0.346***	
	（0.095）		（0.079）	
辛迪加失败容忍度		0.343***		0.317***
		（0.129）		（0.098）
控制变量	是	是	是	是
固定效应	是	是	是	是

① Tian Xuan and Tracy Yue Wang. Tolerance for failure and corporate innovation [J]. *The Review of Financial Studies*, 2011, 27(1): 211-255.

（续表）

因变量	专利数量		专利引用次数	
	（1）	（2）	（3）	（4）
样本量	11 239	11 239	11 239	11 239

注：计量结果括号内为稳健性标准误，***、**、* 分别表示1%、5%和10%的显著性水平。

计量方法介绍
ECONOMETRICS

普通最小二乘法

普通最小二乘法（Ordinary Least Squares，简称OLS）是单一方程线性回归模型最常见、最基本的估计方法，广泛地用于研究解释变量（自变量）对被解释变量（因变量）的影响。最小二乘法是一种线性估计，通过求解一个目标为最小化残差的平方和的最优化问题，得到每个解释变量对应的回归系数。应用最小二乘法，需要随机误差项和自变量满足四个基本的统计假设，这样得到的估计才是线性的、无偏的、有效的。由于最小二乘法的假设非常严格，现实中的数据常常违背某些假设，由此人们在最小二乘法的基础上进行了拓展，以便更好地解决异方差、序列相关等问题。在回归中，一般用对单个系数进行假设检验的方法来检验经济理论及其推论。假设检验的步骤如下：首先根据研究内容做出原假设，记作 H_0，回归中常作假设为变量系数 $\beta=0$；随后，选取合适的统计量，由研究样本计算出统计量的值；最后，根据预先给定的显著性水平进行检验，做出拒绝或接受原假设 H_0 的判断。

从回归结果可以发现，领投机构失败容忍度和辛迪加失败容忍度均与被投上市公司的创新产出数量和质量显著正相关。这一结果在我们更换回归模型、失败容忍度构建区间、样本或行业分类标准，加入地区控制变量，以及采用截面回归后仍然稳健。因此，风险投资对失败的容忍能够提高被投资公司的创新活动，支持了Holmstrom（1989）和Manso（2011）的结论。

因果推断

目前我们还不能将失败容忍度和企业创新之间的关系归为因果关系，因为可能存在遗漏变量，同时影响风险投资的投资期限和被投企业的创新活动。为解决潜在的内生性问题①，我们首先找出可能存在的遗漏变量，然后利用三种不同的策略实现因果推断。

除了失败容忍度之外，风险投资的投资周期还受其他两个因素的影响。首先，投资周期与风险投资筛选项目的能力有关。风险投资的筛选能力越强，被选择项目事后的创新表现也会越好，而风险投资也有足够的信心等待更长的时间。其次，投资周期受被投资项目运营表现的信息含量影响。被投资项目通过运营表现向投资者传达的信号越清晰，投资者的学习和更新速度会更快，投资期限也会相应缩短，而创新项目的高度不确定性使其传达的信号比较嘈杂、信息含量低。

解决内生性问题的关键在于，被投项目和风险投资的某些特征可能会同时影响风险投资过去的失败项目的投资时间和未来成功项目的创新表现，因此我们可以用风险投资过去的成功项目的投资时间来缓解内生性问题。一家风险投资在同一时期所投资的项目在事前看往往具有相似的特征，不论这些项目最终是成功还是失败，但风险投资过去的成功项目的投资时间并不能反映出它的失败容忍度。因此，如果是被投项目和风险投资的某些特征导致了表2-1的结果，而非失败容忍度，那么用风险投资过去成功项目的投资时间替代失败容忍度进行回归，也应该得到同样的结果。因此，我们采取的第一个识别策略是看风险投资过去对成功项目的投资时间是否影响企业创新。用与失败容忍度相似的方法得到"成功项目投资时间"变量，两个变量的相关系数高达0.5。构造成功项目投资时间与企业创新产出的线性模型，回归结果见下表：

---

① 内生性问题（Endogeneity Problem）在统计学中指解释变量与随机扰动项有相关性。在经济学研究中，内生性问题的存在，可能导致"伪回归"等问题，即虽然回归结果显著，但解释变量对被解释变量并无实质影响。常见导致内生性问题的原因有遗漏变量、反向因果等。

第 2 章 拥抱风险，宽容失败：风险投资与创新

表 2-2 成功项目投资时间与企业创新 [①]

因变量	专利数量		专利引用次数	
	（1）	（2）	（3）	（4）
成功项目投资时间	0.087	−0.074	0.045	−0.087
	（0.115）	（0.126）	（0.091）	（0.102）
失败容忍度		0.416***		0.369***
		（0.115）		（0.100）
控制变量	是	是	是	是
固定效应	是	是	是	是
样本量	10 956	10 956	10 956	10 956

注：计量结果括号内为稳健性标准误，***、**、* 分别表示 1%、5% 和 10% 的显著性水平。

回归结果表明，风险投资对过去成功项目的投资时间与被投上市公司的创新活动并没有显著相关性，而在控制了成功项目投资时间后，风险容忍度的回归系数仍然显著为正。因此，除失败容忍度之外，其余同时影响成功项目与失败项目投资时间的特征并不能影响被投企业的创新活动。

风险投资的某些特征能够影响其筛选项目的能力，因此我们采取的第二个识别策略是直接控制风险投资和被投企业的特征。本文进一步控制了领投机构的固定效应，以及领投机构随时间变化的累积投资经验。我们从三个角度衡量风险投资的投资经验：一般投资经验、成功投资经验和专业度。具体而言，用投资机构过去十年间投资的企业数、过去十年间募集资金额和从成立开始的经营年数来衡量一般投资经验，用投资机构过去十年间 IPO 退出的项目数占总投资项目数的比重来衡量成功投资经验，用投资机构过去十年间的投资项目在行业上的集中度和在早期阶段的集中度来衡量专业度。加入这些特征变量后，回归结果如表 2-3 所示。我们发现在加入这些控制变量后，失败容忍度的回归系数仍然显著为正。

[①] Tian Xuan and Tracy Yue Wang. Tolerance for failure and corporate innovation [J]. *The Review of Financial Studies*, 2011, 27(1): 211–255.

表 2-3 控制风险投资的筛选能力[①]

分表 A：专利数量

因变量	专利数量		
	（1）	（2）	（3）
失败容忍度	0.676***	0.655***	0.558**
	（0.235）	（0.210）	（0.229）
投资企业数	−0.026		
	（0.136）		
募集资金额		0.009	
		（0.071）	
经营年数			0.251
			（0.174）
IPO 退出比例	1.759*	1.758*	1.459*
	（0.910）	（0.956）	（0.872）
行业集中度	−0.793	−0.733	−0.686
	（1.047）	（0.882）	（0.923）
阶段集中度	−0.297	−0.278	−0.145
	（0.820）	（0.769）	（0.814）
控制变量	是	是	是
固定效应	是	是	是
样本量	11 239	11 239	11 239

分表 B：专利引用次数

因变量	专利引用次数		
	（1）	（2）	（3）
失败容忍度	0.445**	0.423**	0.353**
	（0.176）	（0.174）	（0.177）
投资企业数	−0.054		
	（0.112）		
募集资金额		−0.015	
		（0.061）	
经营年数			0.148
			（0.132）

---

① Tian Xuan and Tracy Yue Wang. Tolerance for failure and corporate innovation [J]. *The Review of Financial Studies*, 2011, 27(1): 211-255.

（续表）

因变量	专利数量		
	（1）	（2）	（3）
IPO 退出比例	1.176	1.188	1.004
	（0.778）	（0.777）	（0.782）
行业集中度	−0.634	−0.562	−0.502
	（0.719）	（0.667）	（0.650）
阶段集中度	−0.603	−0.545	−0.479
	（0.577）	（0.582）	（0.570）
控制变量	是	是	是
固定效应	是	是	是
样本量	11 239	11 239	11 239

注：计量结果括号内为稳健性标准误，***、**、* 分别表示 1%、5% 和 10% 的显著性水平。

最后，我们用初创企业所面临的失败风险来识别失败容忍度的影响。高失败风险是指，给定企业的创新能力，实现创新目标的可能性较低。在高失败风险的情况下，初创企业更加需要风险投资对失败宽容的态度，即更高的失败容忍度的边际效用。因此，如果我们所定义的失败容忍度确实能够反映风险投资对于失败的态度，而且对失败的容忍能够帮助企业实现创新目标，那么当企业面临更高的失败风险时，风险投资失败容忍对企业创新的边际激励效果应该更强。我们从初创企业的成立初期、发展阶段和所属行业三个角度来界定失败风险。具体而言，企业处于经济衰退时期、运营处于初级阶段，以及所属行业为制药行业等创新难度和成本较高的行业，均可认为企业面临高失败风险。我们得到，在面临高失败风险的企业样本中，失败容忍对企业创新的边际激励效果更强，这个结果验证了我们的观点。

风险投资失败容忍度的影响因素

通过上文的分析，我们发现在美国的资本市场中，风险投资对失败的宽容态度能够促进企业创新。既然失败容忍能够激励创新，那么为什么并不是所有的风险投资都选择容忍失败呢？有哪些因素能够影响风险投资的失败容忍度呢？我们对此问题进行了进一步的研究。

资本约束

绝大多数风险投资基金有一定的存续期。在美国，一只风险投资基金的存续期为 10 年，并且有两次延期 1 年的机会。因此，风险投资机构经常面临资金受约束的问题，需要定期向有限合伙人寻求后期资金支持。已有研究表明，风险投资机构的资金约束会扭曲其投资决策，影响被投项目的上市决策。资本约束同样会影响到风险投资的失败容忍度，容忍失败需要投资者对表现不尽如人意的初创企业持续注资，而资金受到约束的风险投资机构一般没有足够的流动性和能力完成注资。因此，我们认为资本约束的存在会降低风险投资的失败容忍度。

尽管我们无法得到风险投资机构的资金约束情况，但是我们可以看到风险投资募集资金的事件，在获得有限合伙人的大规模资金后，风险投资机构的资本约束问题会得到缓解。我们通过观察风险投资机构在获得大规模资金后的失败容忍度变化，来检验资本约束的影响。结果如图 2-3 所示，获得大规模资金后，风险投资的失败容忍度大幅上升，从而验证了我们的假设。

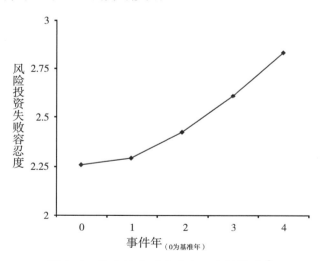

图 2-3　资本约束对失败容忍度的影响[①]

更进一步，Gompers 和 Lerner（1998）发现，成立时间越长、越有经验的风险投

---

① Tian Xuan and Tracy Yue Wang. Tolerance for failure and corporate innovation [J]. *The Review of Financial Studies*, 2011, 27(1): 211–255.

资机构面临资本约束问题的可能性越低，因为凭借过往的经验、关系积累和声誉，这些机构能够更容易地从市场上融通到资金。因此，我们认为资本约束对失败容忍度的影响在年轻、缺乏经验的风险投资机构样本中更为明显。我们分别根据成立年数和投资经验进行分样本对比，结果如图2-4所示，在获得资金后，新风险投资和缺乏经验的风险投资机构的失败容忍度上升幅度更为明显。

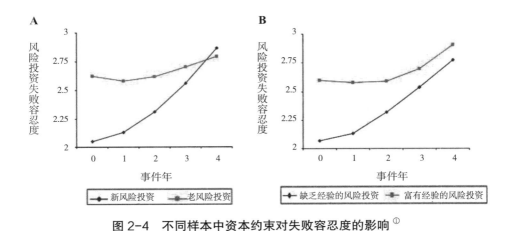

图2-4　不同样本中资本约束对失败容忍度的影响[①]

综上所述，风险投资机构所面临的资本约束会扭曲其投资行为、降低对失败的容忍程度，这种影响在新创立的风险投资和缺乏经验的风险投资样本中更为明显。

对职业生涯的考虑

出于对职业生涯的考虑，风险投资会希望拥有成功的投资记录，这样会提高其声誉，从而获得更好的发展。那么对职业生涯的考虑是否会影响投资者的失败容忍度？现有研究并没有得出一致的结论。一方面，终止投资项目一般被视为风险投资的监督管理能力较差的象征，因此出于对职业生涯的考虑，风险投资可能"打肿脸充胖子"，不愿意终止项目。另一方面，风险投资需要将有限的资源分配到不同的投资项目中。Goel、Nanda和Narayanan（2004）研究发现，出于对职业生涯的考虑，管理者充分甚至过度分配资源，以更好地体现自己的投资能力。因此，当投资项目表现差强人意时，重视职业

---

① Tian Xuan and Tracy Yue Wang. Tolerance for failure and corporate innovation [J]. *The Review of Financial Studies*, 2011, 27(1): 211-255.

生涯的风险投资会更快地终止投资,将资源重新分配到有前景的项目中。尽管已有研究没有在此问题上达成共识,但已经证明对职业生涯的考虑会扭曲风险投资的失败容忍度,因此我们尝试从实证上检验职业生涯考虑对失败容忍度的影响。

首先,我们检验了风险投资的经营年数和经验对失败容忍度的影响。相较于成立已久、富有经验的风险投资机构,新成立、缺乏投资经验的风险投资机构的前景更加不明朗、生存压力更大,因此对职业生涯的考虑也就更多、建立好声誉的动机更强。因此,可以利用经营年数和经验两个变量衡量风险投资机构的职业考虑。结果如表 2-4 分表 A 所示,新成立、缺乏投资经验的风险投资机构的失败容忍度更低。

接下来,我们利用风险投资成功的投资经历来进一步检验这个问题。尽管我们无法直接观测到风险投资所面临的生存压力,但当风险投资机构的投资项目获得成功后,这种压力会得到一定程度的缓解,对职业生涯的考虑也会相应减弱。因此,如果风险投资出于对其职业生涯的考虑会影响失败容忍度,我们应该能够观察到如下现象:当收获成功后,风险投资的失败容忍度会上升,而且这种影响在新成立、缺乏投资经验的风险投资机构中应该更加明显。这是因为对于新机构而言,成功具有一定的奠基作用,成名战的影响要大于常胜将军的又一次胜利。在表 2-4 分表 B 中,我们检验了项目获得成功对失败容忍度的影响,并根据风险投资经营年数和经验进行了分样本检验。结果发现,项目获得成功后风险投资显著提高了失败容忍度,并且这种效果仅出现在新成立的机构和缺乏经验的机构样本中。

表 2-4 职业生涯考虑与风险投资失败容忍度 [①]

分表 A:风险投资经验与失败容忍度

因变量	失败容忍度			
	(1)	(2)	(3)	(4)
经营年数	0.143*** (0.012)		0.061*** (0.021)	
投资企业数		0.207*** (0.012)		0.069*** (0.012)

① Tian Xuan and Tracy Yue Wang. Tolerance for failure and corporate innovation [J]. *The Review of Financial Studies*, 2011, 27(1): 211-255.

（续表）

因变量	失败容忍度			
	（1）	（2）	（3）	（4）
控制变量	是	是	是	是
固定效应	否	否	是	是
样本量	14 786	14 917	14 786	14 917

分表 B：投资项目获得成功对失败容忍度的影响

因变量	失败容忍度				
		风险投资经营年数		风险投资过往投资经验	
	全样本	新机构	老机构	缺乏经验	富有经验
获得成功	0.106**	0.110**	0.010	0.094***	0.020
	（0.023）	（0.030）	（0.029）	（0.028）	（0.028）
控制变量	是	是	是	是	是
固定效应	是	是	是	是	是
样本量	15 262	7 069	7 730	9 043	5 861

注：计量结果括号内为稳健性标准误，***、**、* 分别表示 1%、5% 和 10% 的显著性水平。

分阶段投资对企业创新的影响

如前文所述，风险投资多采用分阶段注资的方式向企业投入资金，这也是风险投资机构对企业实行监督管理的重要方式。风险投资多阶段注资，被投企业能否拿到下一轮融资的关键在于是否能达到风险投资已经提出的发展目标，而且风险投资保有停止投资的权利。美国经济学家 Paul A. Gompers 研究发现，分阶段投资能够缓解代理问题[①]，使得企业管理者专注于价值创造，起到有效的监督作用。然而，学术界对于分阶段投资如何影响企业创新这一问题并未达成一致观点。

---

① 代理问题（Agency Problem），指由于代理人和委托人的目标函数不完全一致，当存在信息不对称问题时，委托人无法对代理人进行完全监督，代理人有可能从自身利益出发做出损害委托人利益的行为。

经济学家小传
MINI BIOGRAPHY

保罗·冈珀斯（Paul A. Gompers），哈佛商学院工商管理教授，同时担任国家经济研究局（the National Bureau of Economic Research）公司金融部门的研究员及欧洲公司治理研究协会研究员。冈珀斯教授专注于从公司初创一直到上市这一过程中的一系列金融问题，取得了丰富的学术成果。冈珀斯教授于1987年获得哈佛大学生物学学士学位，毕业后在拜尔化学公司做生物化学研究工作时被经济学所吸引，冈珀斯教授获得奖学金入读牛津大学获得了经济学硕士学位，而后回母校哈佛大学攻读商业经济学并于1993年获得了博士学位。毕业后冈珀斯教授去芝加哥大学做助理教授的两年之内就开设了一门全新的课程"创业金融与管理"，教授影响创业金融和投资者的相关问题。

与冈珀斯教授在教学领域相得益彰的是他在研究领域的成果。冈珀斯教授的研究工作主要集中在私募股权基金的结构、治理、绩效、融资来源、激励设计以及公司的业绩评估，并检验影响新上市公司业绩的体制和市场因素。同时冈珀斯教授也致力于对创业公司的成败及影响因素的研究。他在风险投资领域出版了3本专著，其中和哈佛大学Josh Lerner教授合著的《风险投资周期》（*The Venture Capital Cycle*）一书，详细解读了风险投资的整个运行周期，被译成中文、韩文、日文等多种文字，在全球范围广泛传播。

代理假说

分阶段投资可以缓解初创企业对风险投资的"敲竹杠"问题[1]。如果风险投资将所有金额一次性投入初创企业，那么当创新活动开始后，初创企业这笔投资已经变

---

[1] "敲竹杠"问题（Hold-up Problem）指当存在只能在事后确定的事项时，合同中有利的一方对不利一方利益的侵害。如一项交易活动需要一方投资，但如何生产、产品定价等条款却不能事先确定，只能事后确定，那么在先期投资者已经投入的情况下，后者会借机剥削前者的利益，这就是"敲竹杠"行为。"敲竹杠"行为的后果是形成投资的不足。

成了风险投资的沉没成本①，风险投资已经无法约束自己，此时初创企业就有动机损害风险投资的利益。Neher（1999）研究发现，通过分阶段投资的方式，风险投资机构可以持续约束被投企业，降低企业的议价能力，从而缓解代理问题和"敲竹杠"问题。因此，"代理假说"认为分阶段投资能够促进企业创新。

镣铐假说

通过分阶段投资频繁甚至过度干预企业的运营，就像给初创企业戴上镣铐一般，会阻碍其创新活动。在前文中，我们可以看到，因为创新活动所特有的长期性和不确定性的特点，风险投资需要给予初创企业足够的失败容忍度。尽管分阶段投资可以通过设立短期目标来缓解套牢问题，但短期的压力会使得企业管理者将大部分精力用于实现短期目标，而忽略了企业的长期经营，这会降低初创企业进行创新研发的积极性。因此，在"镣铐假说"下，通过分阶段投资监督管理创新活动，在一定程度上会降低初创企业的创新水平。

实证研究发现

我和美国康奈尔大学助理教授 Yifei Mao，以及印第安纳大学教授 Xiaoyun Yu 就这一问题进行了实证检验。我们用风险投资在上市公司孵化期的投资阶段数来衡量分阶段投资的程度，并分别用专利数、专利引用数、专利原创性、专利通用性、探索性专利数②和开发性专利数③六个指标来度量企业创新的数量和质量。研究样本为 2 526 个得到风险投资支持并在 1980—2014 年间上市的创业公司。回归模型如下：

$$企业创新产出 = \alpha + \beta \times 投资阶段数 + \gamma \times 控制变量 + 固定效应 + \varepsilon \qquad (2-2)$$

其中，α 为截距项，β、γ 为系数，ε 为随机扰动项。

使用普通最小二乘法计算得到的回归结果如表 2-5 所示，分阶段投资的程度与

---

① 沉没成本（Sink Cost）指过去已经发生、不因现在或将来的决策而改变的成本。沉没成本常见于经济学研究与商业决策中，虽然其属于不可控成本，但往往干扰人们的决策。

② 学术界一般将专利分为探索性专利和开发性专利，其中探索性专利（Exploratory Patent）指脱离原有技术轨迹或依靠新知识所进行的专利研发，以获得新的市场、满足新的顾客需求。在本文中，如果一项专利 60% 以上的引用都基于新知识，则定义该专利为探索性专利。

③ 开发性专利（Exploitative Patent）指以公司既有的知识和技术为基础所进行的专利研发，以满足现有客户与市场。在本文中，如果一项专利 60% 以上的引用都基于既有知识，则定义该专利为开发性专利。

专利数量、引用次数、原创性、通用性和探索性均显著负相关，这说明投资的阶段数对企业创新的数量和质量均产生了负向影响，验证了"镣铐假说"。值得注意的是，投资阶段数对开发性专利数没有显著影响，这是因为开发性专利是依托已有知识的渐进式改善，而非真正意义上的创新，因此不受分阶段投资的影响。

表 2-5 分阶段投资对企业创新的影响（OLS）[1]

因变量	专利数量	引用次数	原创性	通用性	探索性	开发性
投资阶段数	−0.216***	−0.088*	−0.042***	−0.034***	−0.096***	0.000
	（0.041）	（0.051）	（0.009）	（0.009）	（0.012）	（0.004）
控制变量	是	是	是	是	是	是
固定效应	是	是	是	是	是	是
样本量	14 984	14 984	14 984	14 984	14 984	14 984

注：计量结果括号内为稳健性标准误，***、**、* 分别表示 1%、5% 和 10% 的显著性水平。

但是表 2-5 的结果并不能证明分阶段投资与企业创新存在因果关系，因为风险投资根据初创公司的特征决定自己的分阶段投资决策，这是一个内生的过程。我们用工具变量两阶段最小二乘回归的方法解决内生性问题，采用的工具变量为虚拟变量 IDD，即在公司孵化期内，公司所在州是否持续采用了不可避免披露原则（Inevitable Disclosure Doctrine, IDD）。IDD 是法院为避免对商业秘密潜在的侵占行为而推出的法令之一，主要用于禁止离职雇员在其行业内为原雇主的竞争对手工作。因此，IDD 在一定程度上限制了人力资本的流动，增加了初创公司招募人才的成本，从而增加了公司的人力资本风险。为了缓解 IDD 所带来的不确定性，风险投资会提高分阶段投资的程度，所以 IDD 提高了风险投资的分阶段投资倾向，且不通过其他途径影响被投公司的创新水平。

---

[1] Mao Y F, Tian X, Yu X Y. Unleashing innovation. 2016. Working paper.

计量方法介绍
ECONOMETRICS

工具变量两阶段最小二乘法

在统计学、计量经济学和相关学科中,当一个解释变量与误差项相关时,会产生内生性问题,此时使用普通最小二乘法会产生有偏差的估计,使用工具变量(Instrumental Variable,简称IV)仍可得到一致性估计。工具变量本身不属于解释方程,其与内生变量相关,取决于其他变量的值。在线性模型中使用工具变量有两个要求:

1. 该工具变量必须与内生性解释变量相关。

2. 该工具变量不能与解释方程中的误差项相关。即这个工具变量不能与原来的预测变量存在同样的问题。如果满足这个条件,那么这个工具变量满足排他性约束。

将工具变量法应用于两阶段最小二乘法(Two Stage Least Squares,简称2SLS)的步骤为:

1. 以工具变量为被解释变量,内生自变量为解释变量进行回归,得到工具变量的拟合值;

2. 将原被解释变量对第一步中工具变量的拟合值进行回归,得到正确的回归系数。

基于IDD工具变量的两阶段最小二乘回归结果如表2-6所示,我们发现第二阶段回归与普通最小二乘法回归得出的结论一致,投资的阶段数对企业创新数量、质量和探索性专利数均产生了负向影响,但不影响开发性专利数,从而进一步验证了"镣铐假说"。

表2-6　分阶段投资对企业创新的影响（2SLS）①

因变量	第一阶段回归		第二阶段回归				
	投资阶段数	专利数	引用量	原创性	通用性	探索性	开发性
投资阶段数		−1.177***	−1.655***	−0.209***	−0.215**	−0.517***	−0.078
		（0.440）	（0.584）	（0.092）	（0.093）	（0.139）	（0.057）
IDD	0.120***						
	（0.025）						
控制变量	是	是	是	是	是	是	是
固定效应	是	是	是	是	是	是	是
样本量	14 984	14 984	14 984	14 984	14 984	14 984	14 984

注：计量结果括号内为稳健性标准误，***、**、* 分别表示1%、5%和10%的显著性水平。

风险投资的辛迪加模式

在风险投资行业发展早期，由于每只风险投资规模都比较小，因此出现了多个风险投资机构联合投资同一家公司的现象，即风险投资的辛迪加模式。现在，风险投资的辛迪加模式已经非常普遍，在美国，创立于1980年至2005年的三万多家初创公司中，有70%的公司得到过两个或更多的风险投资，88%的风险投资支持的上市公司从风险投资辛迪加中融到资金。风险投资辛迪加模式的业绩如何？它在初创公司价值创造中起到什么作用？是否影响公司技术创新？我在2012年发表在 *Review of Finance* 的"风险投资辛迪加模式在初创公司价值创造中的角色"一文中就对这些问题进行了实证检验。

---

① Mao Y F, Tian X, Yu X Y. Unleashing innovation. 2016, Working paper.

第 2 章 拥抱风险，宽容失败：风险投资与创新

迷你案例
MINI CASE

滴滴的豪华投资人背景

成立于 2012 年的滴滴出行（原滴滴打车）目前估值已超过 500 亿美元，是中国智能出行领域当之无愧的龙头。滴滴的成功，在很大程度上离不开诸多投资人的助推。

滴滴成立之初，给自身的定位仅仅是"打车软件"。在 B 轮后的每一轮融资中，不断有实力雄厚的风险投资进入，为滴滴带来了市场推广、技术、人脉、国际化、媒体联系等方面的巨大提升，使滴滴的实力与雄心飞速成长。以 F 轮投资为例，此轮滴滴出行获得融资 45 亿美元，风投辛迪加由苹果、中国人寿、蚂蚁金服、腾讯、招商银行、软银中国等实力极为雄厚的公司组成。苹果的进入使滴滴坐实了"智能出行"的概念，腾讯与阿里一如既往的支持使滴滴在手机端的使用更加便捷，用户基础几乎扩大到了所有智能手机用户，成功转型为"分享经济"的先驱。此外，中国人寿、招行等投资方也为滴滴经营活动的现金流提供了强有力的保障。汇聚了各方助力的滴滴出行，已经由最初的一叶扁舟变成了今日的豪华巨轮，正驶向明天。

产品市场价值

采用辛迪加投资模式可以将不同的风险投资机构聚集在一起，这些机构具有不同的专业技能、信息来源、关系网络，能够为初创企业提供更加丰富的资源和指导。例如，有些风险投资机构更善于筛选项目，并敢于在风险较大的项目中投入更多的资金；有些风险投资机构有更为丰富的关系网络，能够为初创企业雇用到优质的雇员、寻找到高质量的供应商和顾客、开拓产品市场等；有些风险投资机构更善于筹集资金，能够为初创企业提供雄厚的财务支撑。很难有一家风险投资同时具有如此多的资源，因此，与单独投资相比，辛迪加模式能够更好地提高公司产品的市场价值。另外，由于辛迪加模式中的风险投资具有多样的专业技能、关系网络和信息来源，在筛选和管理能力上的优势使得它们敢于投资风险更大的创新型公司，这在一定程度上激励和培育了公司技术创新。

金融市场价值

辛迪加投资模式和单独投资在金融市场价值创造上的表现是不同的。前面已经提到,在资本市场上,公司内部人士和外部投资者的信息是不对称的。另外,资本市场对风险投资基金的需求要远远大于供给。因此,多个不同的风险投资愿意同时投资同一家企业,这个行为本身就向资本市场传达了有利的信号,而仅仅获得一家风险投资的支持则不具有这个效果。基于辛迪加投资模式与单独投资的区别,我认为二者成功退出的概率是不同的,这些区别也会导致被投企业在 IPO 抑价、市场估值等方面的系统性差异。

但是,还有另外一种可能。如果一家风险投资通过早期积极参与被投公司的日常经营获得很多一手信息,发现这家企业具有非常光明的发展前景。为了避免竞争、独享投资收益,这家机构会避免其他风险投资参与到对这家公司的投资中来。在这种情况下,单独投资会比辛迪加投资拥有更高的成功退出概率,被投资公司的创新活动、上市后业绩表现也会更优。

实证研究发现

学术界对于辛迪加投资模式有两种定义,第一种定义是两个或更多的风险投资机构在同一轮同时投资同一家企业;另一种定义则是只要同一家企业获得了两个或更多的风险投资机构的投资,即为辛迪加模式。本文主要采用第一种定义,并用第二种定义进行稳健性检验,得出相同的结论。风险投资每一轮投资的数据主要来自 Thomson Venture Economics 数据库,样本区间为 1980 年到 2006 年,包括 9 720 家风险投资机构单独投资的初创公司,21 141 家由辛迪加投资的初创公司。统计发现,与单独投资相比,辛迪加模式投资的初创公司种类更加丰富,而且更年轻,公司面临的风险更大。IPO 公司的数据主要来自 Securities Data Company (SDC) Global New Issues 数据库。通过与风险投资数据进行匹配,最终筛选出 2 112 家有风险投资机构支持的 IPO 公司,其中 1 856 家接受的是辛迪加投资模式、256 家接受的是单独投资。度量创新的数据主要来自 NBER 所提供的最新版的专利引用数据库,从创新产出数量和质量两个维度进行研究。

在金融市场价值部分,我首先利用多元 Logit 回归分析了辛迪加模式对风险投资退出结果的影响,回归模型如下:

$$退出结果 = \alpha + \beta \times 辛迪加投资模式 + \gamma \times 控制变量 + 固定效应 + \varepsilon \qquad (2\text{-}3)$$

其中，α 为截距项，β、γ 为系数，ε 为随机扰动项。

风险投资退出方式包括 IPO、并购和清算，其中 IPO 和并购一般被视为成功的退出结果。我们在回归中控制了初创公司和风险投资的特征，结果如表 2-7 所示。结果表明，受到辛迪加投资支持的公司更有可能 IPO 或者被并购，同时这与辛迪加投资模式将提高初创公司金融市场价值的假设相一致。

计量方法介绍
ECONOMETRICS

离散选择模型

与普通最小二乘法类似，离散选择模型研究的也是解释变量（自变量）对被解释变量（因变量）的影响。不同之处在于，离散选择模型中的被解释变量是离散的（如二元离散选择模型中，被解释变量仅有 "0" 和 "1" 两种取值；多元离散选择模型中，被解释变量可能有离散的三个及以上的取值），这导致随机误差项的性质与最小二乘法中的存在很大区别。最常用的离散选择模型包括 Logit 模型和 Probit 模型。

Logit 模型和 Probit 模型是两种广泛应用于计量经济学、生物统计学、市场营销学等领域的离散选择模型。两者的不同之处在于，Logit 模型实质上假定了自变量的分布函数为 Logistic 函数，而 Probit 模型则假设自变量的分布服从正态分布。离散选择模型中回归系数的含义为：自变量增加一个单位，对应的 "机会比率"（odds）的增加量。通俗地说，离散选择模型可以估计出解释变量的增加导致被解释变量取 "1" 的概率变大了多少，是一种估计 "概率" 的模型。

表 2-7　辛迪加模式与退出结果（Logit）[①]

因变量	退出结果			
	IPO	M&A	IPO	M&A
辛迪加投资模式	0.120***	0.015*		
	（0.012）	（0.009）		
参与投资的风险投资数量			0.017***	0.007***
			（0.002）	（0.001）
控制变量	是	是	是	是
固定效应	是	是	是	是
样本量	11 239	11 239	11 239	11 239

注：计量结果括号内为稳健性标准误，***、**、* 分别表示 1%、5% 和 10% 的显著性水平。

但这个模型可能存在内生性问题。这些内生性问题一方面源于遗漏变量问题，可能存在一些遗漏变量既使公司容易被辛迪加投资，又导致其容易获得成功；另一方面源于反向因果问题，可能是因为公司前景光明、获得成功的可能性较大，从而吸引了风险投资组成辛迪加进行投资。为了解决内生性的问题，我采用工具变量两阶段最小二乘回归的方法，选取领投机构投资组合的行业集中度（Industry Concentration Index, ICI）作为工具变量。现有研究表明，投资组合的集中度是影响风险投资决定是否与其他机构进行合作的重要因素之一。行业集中度越高，暴露于某一行业的风险越大，出于降低风险的考虑，风险投资越倾向于与其他机构合作。因此，领投机构投资组合的行业集中度越高，寻求组建辛迪加投资的动机越大，而且该指标不会通过其他途径影响到被投公司的成功概率。基于 ICI 工具变量的两阶段最小二乘回归结果如表 2-8 所示，利用工具变量解决内生性问题后，辛迪加投资模式仍会显著提高被投公司获得成功的概率。

[①] Tian Xuan and Tracy Yue Wang. Tolerance for failure and corporate innovation [J]. *The Review of Financial Studies*, 2011, 27(1): 211–255.

表 2-8 辛迪加模式与退出结果（2SLS）[1]

因变量	第一阶段回归		第二阶段回归			
	辛迪加	风险投资数量	IPO	M&A	IPO	M&A
辛迪加投资模式			0.378***	0.217***		
			（0.092）	（0.067）		
参与投资的风险投资数量					0.021**	0.017**
					（0.010）	（0.007）
领投机构 ICI	0.682***	1.622***				
	（0.080）	（0.176）				
控制变量	是	是	是	是	是	是
固定效应	是	是	是	是	是	是
样本量	10 668	10 668	10 668	10 668	10 668	10 668

注：计量结果括号内为稳健性标准误，***、**、*分别表示1%、5%和10%的显著性水平。

其次，我检验了辛迪加模式对 IPO 抑价和市场估值的影响。IPO 抑价是指首次公开发行定价明显低于上市初始的市场价格，等于首次交易日的收盘价与 IPO 定价的差占 IPO 定价的比重。这主要是由股票发行方和外部投资者之间信息不对称造成的。如果辛迪加投资模式能够向市场传达信息，那么辛迪加投资模式应该降低 IPO 抑价。另外，我计算了 IPO 公司的 IPO 定价与公司内在价值[2]（市场估值1）的比值，以及首次交易日的收盘价与公司内在价值（市场估值2）的比值，以检验辛迪加模式对被投公司市场估值的影响。结果如下表所示：辛迪加投资模式显著降低了 IPO 抑价，提高了市场估值，而且参与投资的风险投资数量越多，市场估值越高。

---

[1] Tian Xuan and Tracy Yue Wang. Tolerance for failure and corporate innovation [J]. *The Review of Financial Studies*, 2011, 27(1): 211-255.

[2] 内在价值（intrinsic value）是指由公司基本面所决定的本身所固有的价值。内在价值的估计方法分为两种：绝对估值法和相对估值法。绝对估值法通过对公司的历史及当前的基本面的分析和未来财务数据预测来估计内在价值，相对估值法则是根据可比公司数据进行估值。本文采取相对估值法对内在价值进行估计。

表 2-9　IPO 抑价与市场估值[1]

因变量	IPO 抑价		市场估值 1		市场估值 2	
	（1）	（2）	（3）	（4）	（5）	（6）
辛迪加投资模式	−1.554*		1.445***		4.512***	
	（0.827）		（0.366）		（1.526）	
参与投资的风险投资数量		−0.012		1.09*		0.582***
		（0.229）		（2.113）		（0.224）
控制变量	是	是	是	是	是	是
固定效应	是	是	是	是	是	是
样本量	1 822	1 822	1 193	1 193	1 193	1 193

注：计量结果括号内为稳健性标准误，***、**、* 分别表示 1%、5% 和 10% 的显著性水平。

在产品市场部分，我首先检验了辛迪加投资模式对被投企业 IPO 后 4 年间（IPO 当年为 IPO 后 1 年）创新活动的影响，结果如表 2-10 所示。辛迪加投资模式显著提升了公司的创新活动，专利数量和专利质量均显著上升，而且参与投资的风险投资数量越多，创新数量和质量越高。这与我们的假设相符，辛迪加模式相较于单独投资，具有更多样的专业技能、关系网络和信息来源，因此能更好地激励和培育创新，提高公司产品的市场价值。

表 2-10　IPO 后的创新活动[2]

因变量	专利数		专利引用次数	
	（1）	（2）	（3）	（4）
辛迪加投资模式	0453***		0.375**	
	（0.127）		（0.146）	
参与投资的风险投资数量		0.022**		0.018**

[1] Tian Xuan. The role of venture capital syndication in value creation for entrepreneurial firms. *Review of Finance*, 2011, 161(1): 245−283.

[2] Tian Xuan. The role of venture capital syndication in value creation for entrepreneurial firms. *Review of Finance*, 2011, 161(1): 245−283.

(续表)

因变量	专利数		专利引用次数	
	（1）	（2）	（3）	（4）
		（0.010）		（0.009）
控制变量	是	是	是	是
固定效应	是	是	是	是
样本量	1 998	1 998	1 998	1 998

注：计量结果括号内为稳健性标准误，***、**、* 分别表示 1%、5% 和 10% 的显著性水平。

进一步，我分析了辛迪加模式对被投公司 IPO 后运营表现的影响，具体包括 IPO 后 4 年（IPO 当年为 IPO 后 1 年）的资产收益率（Return on Assets，ROA）、税息折旧及摊销前利润①占总资产的比例（EBITDA/Assets）和边际利润率②（Profit Margin）。在这里，辛迪加模式的投资决策特点会产生比较严重的内生性问题。如前文所讲，辛迪加模式所具有的专业技能、关系网络和信息来源，使它们具有筛选和管理项目上的优势，因此敢于投资高成长价值、高风险的创新型公司，但这些公司在短期内往往无法实现盈利。为了解决内生性问题，我采用前文提到的领投机构行业集中指数作为工具变量进行回归，结果显示，辛迪加模式能够显著提高公司的营运表现。

表 2-11　IPO 后的营运表现③

因变量	ROA		EBITDA/Assets		Profit Margin	
	（1）	（2）	（3）	（4）	（5）	（6）
辛迪加投资模式	1.054***		7.848***		2.358***	
	（0.306）		（3.090）		（1.345）	

①　税息折旧及摊销前利润（Earnings Before Interest, Taxes, Depreciation and Amortization，EBITDA）指的是未计利息、税项、折旧及摊销前的利润。
②　边际利润率（Profit Margin）是指边际利润与销售收入的比率，反映增加单位销售收入能为企业增加的收益。
③　Tian Xuan and Tracy Yue Wang. Tolerance for failure and corporate innovation [J]. *The Review of Financial Studies*, 2011, 27(1): 211–255.

（续表）

因变量	ROA		EBITDA/Assets		Profit Margin	
	（1）	（2）	（3）	（4）	（5）	（6）
参与投资的风险投资数量		0.021		0.022		0.565
		（0.016）		（0.024）		（1.389）
控制变量	是	是	是	是	是	是
固定效应	是	是	是	是	是	是
样本量	1 932	1 932	1 932	1 932	1 932	1 932

注：计量结果括号内为稳健性标准误，***、**、* 分别表示1%、5% 和10% 的显著性水平。

本章小结

本章分析了风险投资对企业创新的影响，重点讲述了风险投资失败容忍度、分阶段投资和辛迪加投资模式所带来的影响。本章要点总结如下：

- 风险投资对企业创新有正向影响；
- 风险投资促进企业创新的作用机制包括提供资金支持、积极参与企业管理和为企业提供关系网络等增值服务等；
- 风险投资失败容忍度对企业创新有促进作用，并且当企业面临更大的失败风险时，对失败的容忍会发挥更重要的作用；
- 分阶段投资给管理者带来的短期业绩压力阻碍了创新活动水平；
- 风险投资采用辛迪加投资模式能够为企业带来更多资源，促进了创新活动，进而提高了企业的产品市场价值、金融市场价值和技术创新水平。

参考文献

[1] Around W A Boot. Why hang on to losers? Divestitures and takeovers [J]. *The Journal of Finance*, 1992, 47(4): 1 401－1 423.

[2] James A Brander, Raphael Amit and Werner Antweiler. Venture－capital syndication: Improved venture selection vs. the value－added hypothesis [J]. *Journal of Economics & Management Strategy*, 2002, 11(3): 423－452.

[3] Thomas J Chemmanur, Karthik Krishnan and Debarshi K Nandy. How does venture

capital financing improve efficiency in private firms? A look beneath the surface [J]. *The Review of Financial Studies*, 2011, 24(12): 4 037 – 4 090.

[4] Anand Mohan Goel, Vikram Nanda and M P Narayanan. Career concerns and resource allocation in conglomerates [J]. *The review of financial studies*, 2004, 17(1): 99 – 128.

[5] Paul A Gompers. Optimal investment, monitoring, and the staging of venture capital [J]. *The Journal of Finance*, 1995, 50(5): 1461 – 1489.

[6] Paul A Gompers. Grandstanding in the venture capital industry [J]. *Journal of Financial Economics*, 1996, 42(1): 133 – 156.

[7] Paul A Gompers and Josh Lerner. What Drives Venture Capital Fund – raising? Brookings Papers on Economic Activity—Microeconomics [M]. 1998, pp. 149 – 192.

[8] Paul A Gompers and Josh Lerner. Money chasing deals? The impact of fund inflows on private equity valuation [J]. *Journal of Financial Economics*, 2000, 55(2): 281 – 325.

[9] Paul A Gompers and Josh Lerner. Money chasing deals? The impact of fund inflows on private equity valuation [J]. *Journal of Financial Economics*, 2000, 55(2): 281 – 325.

[10] Bronwyn H Hall, Adam B Jaffe and Manuel Trajtenberg. The NBER patent citation data file: Lessons, insights and methodological tools[R]. *National Bureau of Economic Research*, 2001.

[11] Thomas Hellmann and Manju Puri. The interaction between product market and financing strategy: The role of venture capital [J]. *The Review of Financial Studies*, 2000, 13(4): 959 – 984.

[12] Bengt Holmstrom. Agency costs and innovation [J]. *Journal of Economic Behavior & Organization*, 1989, 12(3): 305 – 327.

[13] Samuel Kortum and Josh Lerner. Assessing the contribution of venture capital to innovation [J]. *Rand Journal of Economics*, 2000, 31(4): 674 – 692.

[14] Andy Lockett and Mike Wright. The syndication of private equity: evidence from the UK [J]. Venture Capital: *The International Journal of Entrepreneurial Finance*, 1999, 1(4): 303 – 324.

[15] Andy Lockett and Mike Wright. The syndication of venture capital investments [J].

Omega, 2001, 29(5): 375–390.

[16] Peggy M Lee and Sunil Wahal. Grandstanding, certification and the underpricing of venture capital backed IPOs [J]. *Journal of Financial Economics*, 2004, 73(2): 375–407.

[17] Gustavo Manso. Motivating innovation [J]. *The Journal of Finance*, 2011, 66(5): 1823–1860.

[18] Yifei Mao, Xuan Tian and Xiaoyun Yu. Unleashing innovation [J]. Working paper, 2016.

[19] Darwin V Neher. Staged financing: an agency perspective [J]. *The Review of Economic Studies*, 1999, 66(2): 255–274.

[20] Michael Rothschild and Joseph Stiglitz. Equilibrium in competitive insurance markets: An essay on the economics of imperfect information [J]. *The Quarterly Journal of Economics*, 1976: 629–649.

[21] Xuan Tian and Tracy Yue Wang. Tolerance for failure and corporate innovation [J]. *The Review of Financial Studies*, 2011, 27(1): 211–255.

[22] Xuan Tian. The causes and consequences of venture capital stage financing [J]. *Journal of Financial Economics*, 2011, 101(1): 132–159.

[23] Xuan Tian. The role of venture capital syndication in value creation for entrepreneurial firms [J]. *Review of Finance*, 2011, 16(1): 245–283.

[24] 陈见丽. 风险投资能促进高新技术企业的技术创新吗?——基于中国创业板上市公司的经验证据, [J]. 经济管理, 2011, 2: 71–77.

[25] 苟燕楠, 董静. 风险投资背景对企业技术创新的影响研究, [J]. 科研管理, 2014, 2: 35–42.

[26] 吕炜. 论风险投资机制的技术创新原理, [J]. 经济研究, 2002, 2: 48–56.

第 3 章
股票流动性的利弊辩

股票流动性是投资者做出投资决策时的重要考虑因素之一，对股票市场的重要性不言而喻。高的流动性虽然会方便投资者的投资和退出，但对上市公司的影响却仍充满争议。以企业创新为例，流动性提高一方面可以方便大股东进入，大股东通常会更积极地监督上市公司的活动，促进企业创新；但另一方面，流动性提高也会增加上市公司的被收购压力、增加投机型及指数型被动投资者的持股比例，增加企业短期业绩压力，抑制企业创新。那么流动性到底会对上市公司的创新活动产生何种影响呢？

如何度量股票市场流动性

股票市场作为企业融资以及投资者进行证券投资交易的场所，在实现资源有效配置的同时，也起到了服务实体经济的重要功能。经过三十年左右的发展，我国的股票市场规模逐步扩大，对经济发展的支撑和促进作用也日益凸显。投资者在做出投资选择时要考虑的要素主要包括：收益率、风险性、流动性三点，在股票市场的投资也不例外，股票流动性是影响股票市场投资者，尤其是基金公司等大型机构投资者投资决策的重要因素之一，Amihud 和 Mendelson（1988）甚至称"流动性就是市场的一切"。正因为流动性的重要性，我国上海证券交易所每年的市场质量报告中都会用约三分之一的篇幅，从各个维度对市场的流动性指标进行度量和分析。

简单来说，股票的流动性是股票便于流通、易于买卖的程度，极端的高流动性和低流动性就是市场的牛市与熊市。但对流动性进行全面系统地刻画却并非易事，上海证券交易所的市场质量报告便采用了股票价格冲击指数、流动性指数、买卖价差、有效价差、订单（市场）深度、大额交易成本等多个指标对市场流动性进行了度量。

学术界对流动性概念的解释也可谓众说纷纭。Hicks（1962）较早地提出了流动性的概念，他认为，流动性是指立即执行交易的可能性；Black（1971）认为股票流动性高体现在"股票总是存在着买卖报价，而且二者价差非常小，同时小额的交易可以完成，并不会引起价格过大的波动"；Kyle（1985）则重点从买卖价差的角度对流动性进行了概括，认为股票的买卖价差越小说明流动性越好；Hasbrouck 和 Schwartz（1988）进一步概括，认为流动性是指以合理的价格迅速成交的能力；Massimb 和 Phelps（1994）则认为流动性衡量的是市场立即执行交易且不导致市场价格出现大幅波动的可能性。

经济学家小传
MINI BIOGRAPHY

约翰·理查德·希克斯（John Richard Hicks，1904 年 4 月—1989 年 5 月），英国著名经济学家、英国科学院院士、瑞典皇家科学院院士、美国科学院外籍院士，1972 年因其在经济学一般均衡理论和模型构建方面的研究而与美国经济学家肯尼斯·约瑟夫·阿罗一起荣获诺贝尔经济学奖。由于约翰·希克斯的开创性工作，使得 IS—LM 模型成为凯恩斯宏观经济学的核心。他创造性地提出了经济物品和劳务实际产量的波动是由乘数和加速原理结合的作用决定的，即：希克斯经济周期理论。除此之外，他还完善了以

序数效用论和无差异曲线来解释的边际效用价值论，并针对商品、生产要素、信任和货币的整体性提出了一个完整的均衡模型，发展了一般均衡理论，这一模型直到今天仍是分析经济增长、变动不可或缺的内容。约翰·希克斯在批评庇古福利经济学基础上，建立了新福利经济学理论体系。在研究通货膨胀时，他创造性地提出了结构性通货膨胀理论。其经济学代表作有《工资理论》《资本与增长》等。

约翰·希克斯曾在伦敦经济学院任助教、讲师，随后到剑桥大学、曼彻斯特大学任教并在曼彻斯特大学度过了整个第二次世界大战的年代，第二次世界大战后约翰·希克斯任牛津大学纳菲尔德学院的高级研究员。除学术任职外，约翰·希克斯曾任尼日利亚税收分配委员会委员、皇家利润税和收入税方面的委员会成员、英国皇家经济学会会长。

综合上述对股票流动性概念的讨论，不难发现，股票流动性高低可以从以下几个维度来衡量。首先是股票交易的即时性，即用多长时间可以卖出股票；其次是交易股票的成本，流动性越高交易成本越低；再次是可交易的股票数量，可交易的股票数量越大流动性越高；最后是在交易股票时造成的股票价格偏离度，价格偏离程度越小，说明流动性越高。因此股票流动性越高时，股票便可以较低的成本、迅速地完成大数量的股票交易且不造成股票价格大幅波动。

古语有云，"流水不腐，户枢不蠹"。确实，生命在于运动，流动性对股票市场自然也十分重要。但如一枚硬币的两面，适当运用流动性，可以方便投资者买卖股票，增大股票对投资者的吸引力，但若驾驭不好，流动性也会对市场带来巨大的破坏。

2015年的股灾也加深了大家对流动性的认知。当市场处于非常状况时，投资者可能会出现非理性的抛售，程序化的交易只会带来助涨助跌的效应，造成股市的巨幅波动，这种极端状况下流动性如洪水猛兽，对市场造成巨大的破坏。因此，在股灾期间，出于为市场提供"冷静期"、避免或者减少股市大幅波动、保护中小投资者的目的，我国证监会出台了"熔断"机制。然而，事与愿违，"熔断"机制带来的不是市场需要的"冷静期"，相反，由此带来的流动性限制加剧了市场的非理性，并在2016年1月7日，于早盘9:42触发熔断暂停交易后，于9点57分开盘，仅3分钟后便再次触发熔断，这是"熔断"机制推出后的第二次提前收盘，同时也创造了最快休市记录。除"熔断"机制外,为限制投资者在"非理性"的状态下,流动性过大所带来的不合理价格波动,抑制市场的投机行为,我国股票市场还设立了涨跌幅限制,而这也带来了本次危机中"千股跌停"的局面。

流动性,企业创新杀手?

提出问题

作为普通的股票投资者,我们在选股的时候都会关注上市公司是否掌握核心技术、是否有新的技术研发,因为这些技术创新会为公司带来在行业内的竞争优势,进而决定公司的长期价值。创新研发是公司树立自身行业地位的关键。同样,对一个国家的经济发展而言,创新也是重要的驱动力。正如 Porter(1992)所言,"为提升在国际市场的竞争力,一个国家必须对其产业进行不断创新,并不断升级其竞争优势。而创新以及升级都来自对有形资产以及无形资产的投资。"

尽管创新活动十分重要,但由于委托代理等问题的存在,作为一个国家创新最基本组成单位的企业却往往面临着创新研发投入不足的问题。企业的管理者通常会放更多精力在企业的常规运营活动中,因为这些活动可以在短期内为企业带来业绩。这种现象也被称为管理者短视。因此,对企业创新激励要素的研究便显得尤为重要。我国政府为鼓励企业创新,也采取了对创新研发企业给予税收优惠及直接补贴等多种政策措施。但针对股票市场制度这一微观制度的设计,仍有许多可以采取的措施。以股票流动性为例,流动性除影响投资者的投资决策外,也会对上市公司的创新研发产生影响。

股票流动性既可能对企业创新带来正向促进作用,也可能会抑制企业的创新。

首先,在正向促进作用方面,Maug(1998)和 Edmans(2009)的研究显示,提高股票流动性可以为大股东的进入提供便利。而大股东一方面会相对更为积极地对上市公司进行监管,因为他们试图通过这种频繁的监督活动使公司股价升高,进而获利退出。同时这些大股东们由于持股较多,也会更加有动力去搜集上市公司未公开的信息,并基于这些信息做出买卖决策。大股东的信息搜集行为不仅可以使公司股价更有效,还可以缓解公司高管的短视行为。如 Admati 和 Pfleiderer(2009),Edmans(2009)以及 Edmans 和 Manso(2011)的研究均发现,当公司实行股权激励,高管薪酬与公司股价高度一致时,若公司高管为提高短期股价,而采取损害公司长期价值的机会主义行为,那么这些积极搜集信息的知情大股东们便会抛售公司股票,从而导致公司股价下跌。这无疑会增加公司高管依靠缺乏战略眼光的短视行为为自己谋利的难度,因此大股东持股可以缓解公司高管的短视行为。如上所述,如果提高股票流通性导致更多大股东持股,进而可以更好地对公司高管进行监督并提高公司股价的效率,那么自然也会增加公司高管进行创新研发等长期投资的意愿。

其次,在抑制创新方面,Stein(1988)研究发现,由于公司的管理者与投资者之间存在信息不对称的问题,高管面临的被收购压力会迫使其牺牲公司的长期价值(比如公司的创新研发活动),而更多地关注可以带来短期收益的投资活动,以避免公司股价被低估而成为收购者的目标。其次,Shleifer 和 Summers(1988)的研究也发现当公司面临的敌意收购压力更大时,公司高管相对的控制力会更弱,这也会导致其进行长期研发投资的动力更小。而 Kyle 和 Vila(1991)发现当公司股票流动性高时,外部潜在的收购者在进行收购活动时更加容易伪装自己。因此,股票流动性变高时,公司面临敌意收购的可能性会提升,这会导致公司高管的短视行为,从而降低公司的创新研发等长期投资活动水平。

经济学家小传
MINI BIOGRAPHY

杰瑞米·C. 斯坦(Jeremy C. Stein,1960 年 10 月 -),美国著名经济学家,2012 年被任命为美国联邦储备委员会委员,而早在 2002 年,他便因在资本市场和资产定价研究方面的突出贡献而获得 Fama-DFA 奖。杰瑞米·C. 斯坦 1997 年便开始研究公司总部将稀缺资源分配到相互竞争项目以及由此产生的影响。与银行不同的是,总部拥有控制权,使其能够参与"赢家挑选"——将资金从一个项目转移到另一个项目。通过在"赢家挑选"维度上做得很好,总部可以创造价值,即使在根本无法放松整个公司的信贷约束的情况下,也能创造价值。同时杰瑞米·C. 斯坦利用模型发现,当总部监督一个小而集中的项目时,内部资本市场有时会更有效地运作。

杰瑞米·C. 斯坦曾在高盛集团实习一年，1987—1990 年期间在哈佛商学院担任金融学助理教授，随后十年杰瑞米·C. 斯坦在麻省理工学院斯隆管理学院担任金融学教职，2006 年他再次回到哈佛大学任教。除学术任职外，他在奥巴马总统任内曾担任国家经济委员会委员，2015 年 3 月开始担任对冲基金蓝山资本咨询顾问。

除此之外，由于高流动性会降低交易成本，这会为关注公司短期业绩的机构投资者的进入和退出提供便利，而这部分投资者会导致公司股价被错估，以及给高管过多短期压力等问题。Bushee（2001）的研究便发现了此类机构投资者的存在，它们更关注公司的短期业绩，通常会对有更高短期盈利预期的公司持有更高的仓位。而当公司的管理者感觉到此种压力的时候，这些投资者通常会采取削减短期无法实现收益的研发投资等方式，来操纵短期盈利。Graham, Harvey 和 Rajgopal（2005）通过对公司高管的调研也发现了高管的这种短视行为。在他们的调研中，公司的首席财务官（CFO）表示他们经常会因迎合公司的短期盈利目标，而牺牲长期投资。因为，迎合公司短期的盈利目标（如分析师对公司业绩的一致预期等）可以帮助公司稳定股价。

如上文分析，股票流动性对上市公司创新活动到底会起到抑制作用还是促进作用，理论上仍充满争议。我和美国明尼苏达大学副教授 Vivian W. Fang 以及杜兰大学教授 Sheri Tice 合作，2014 年发表在 *Journal of Finance* 的文章"股票流动性促进还是抑制企业创新？"便对以上议题进行了研究。下面是我们文章的研究设计和研究结论的简要阐述。

企业创新的度量

企业的创新是一个相对抽象的概念，当前的文献主要从企业的研发投入以及专利申请活动两个方面来度量企业创新水平。然而，相对于研发投入，企业的专利活动被认为是企业创新活动更好的代理指标，因为专利衡量了企业创新活动的产出，同时也可以有效地度量企业创新研发活动的效率。若公司的创新研发能力不足，即便有更多的研发投入，也不代表公司的创新性更强。

因此我们在文章中采用专利活动来度量公司的创新水平。企业的专利相关数据来自 NBER 专利引用数据库。这个数据库提供了从 1976 年到 2006 年的专利数据，数据包括专利申请人的姓名、专利的被引用次数、专利的申请年份以及授权年份等。基于这些数据，我们从专利数量以及专利引用次数两个维度度量企业的创新活动。其中专利数量主要度量企业创新产出的数量，指的是公司在指定年份中申请并最终被授予的专利数量；而专利引用次数则衡量企业创新产出的质量，指的是专利在后续年度中来自非本公司的引用次数。在我们研究的样本区间内，平均每家公司每年会被授予 6.5 个专利，同时每个专利会收到 3.4 次非自身引用。

但也有必要指出，采用专利活动来度量创新也有一定的局限性，尤其是不同行业的公司，其创新研发的密度和周期都会有所不同。例如，虽然医药公司可能在某一段时间内的专利申请数量比较少，但这并不意味着这些医药行业公司比互联网等行业公司创新水平更低。因为，申请专利虽然会得到法律上的保护，但也意味着要将技术的细节予以公开，因此很多医药公司在新药物研制成功初期并没有很大动力申请专利。当然，我们相信对不同公司的行业及公司特征进行充分控制后，上述问题不会影响到我们的研究。

股票流动性的度量

如前文所述，由于流动性是对股票交易用时、耗费成本、交易量以及造成的价格波动等几个维度的综合考量，因此不仅对流动性的定义难以概括，测量指标的选取也绝非易事。

换手率是衡量股票流动性的一个指标，针对中国股票市场的早期研究也均采用换手率来测量股票市场的流动性。基于换手率这一测量指标，早期研究认为中国股票市场的流动性非常高。通过表 3-1 可以发现，如果从换手率这一指标看，中国股票市场的流动性确实在绝大多数情况下都要高于发达国家和地区，更远远高于同属发展中国家的印度。但稍加分析，不难发现，中国股市换手率最高出现在 2015 年，而其他地区股市的换手率最高均出现在 2008 年，这分别对应了中国 2015 年的股灾以及 2008 年爆发自美国最终席卷全球的次贷危机。而 2015 年危机期间中国上证指数年内最高达到了 5 178.19 点，最低则跌至 2 850.71 点，指数出现了过山车般的巨幅震荡。同样，2008 年金融危机期间各国股市也均出现了大幅波动。因此，换手率虽可以在一定程度上刻画股票交易的活跃程度，但却难以反映交易所造成的价格波动，并非度量流动性的良好指标。

表 3-1　各国股票市场换手率

年份	中国	美国	印度	日本	德国	新加坡
2006	101.18	156.28	79.59	119.17	119.13	48.37
2007	140.78	215.10	62.85	152.07	154.61	70.72
2008	219.54	407.63	142.99	199.27	377.25	95.49
2009	219.16	227.54	83.47	117.00	138.34	52.74
2010	205.02	208.44	66.25	111.56	104.54	47.25
2011	195.60	262.43	64.08	129.62	132.85	45.91
2012	135.97	173.29	48.77	96.19	84.10	34.08
2013	194.88	138.33	47.22	133.90	67.80	37.44
2014	199.16	148.03	46.89	110.66	73.00	26.65
2015	480.29	165.15	50.92	113.82	84.19	30.94
2016	249.91	94.72	50.55	105.44	74.93	31.93

数据来源：世界银行。

当然，采用换手率来度量流动性的做法已逐渐被取代，微观市场结构相关的研究文献也相继采用一系列其他的指标来衡量市场的流动性。在我们的研究中，我们使用了相对有效价差来衡量股票的流动性。相对有效价差由交易的执行价格与执行前的买卖报价的中间值的绝对差价比这一中间值计算而来。相对有效价差越高意味着流动性越差。这一基于市场交易的高频数据的测量指标，被认为是流动性最为有效的度量指标，事实上这一指标也已成为评判其他相关指标是否可以有效度量市场流动性的一个标准。如果读者对这一指标感兴趣，可以参阅 Chordia, Roll 和 Subrahmanyam 2001 年发表于 *Journal of Finance* 的文章 Market Liquidity and Trading Activity，或者参阅 Fang, Noe 和 Tice 2009 年发表于 *Journal of Financial Economics* 的文章 Stock Market Liquidity and Firm Value"。与 Fang, Noe 和 Tice（2009）的研究接近，我们的样本区间内相对有效价差的均值为 0.022，中值为 0.013。

我国上海证券交易所的市场质量报告中也对我国沪市股票的相对有效价差指标做出了相应的统计分析，其中相关年份的沪市股票相对有效价差指标统计如图 3-1

所示。从图 3-1 可以看出我国股票市场的流动性状况呈逐渐改善的趋势，尤其相较于 2001 年，我国沪市股票的流动性已经有了长足的提升。2016 年我国沪市股票的相对有效价差更是首次落至 30 个基点以下，尽管如此，与美国市场仍有较大的差距。以我们的研究为例，美国股票市场 1994—2005 年间这一相对有效价差的均值仅为 22 个基点，中值更是仅为 13 个基点。因此，我国股票市场的流动性相对于发达国家股票市场仍相对较弱。

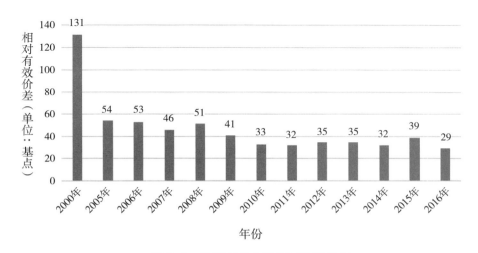

图 3-1 沪市相关年份相对有效价差

OLS 回归

确定好核心的因变量和自变量后，我们参考已有创新相关文献，控制公司规模（市值）、盈利能力（ROA）、研发投入占比等公司层面的因素以及赫芬达尔指数[①] 等行业层面的因素后，进行了 OLS 回归，具体回归模型如下所示：

$$\text{企业创新产出}_{i,t+1} = \alpha + \beta \times \text{股票非流动性}_{i,t} + \gamma \times \text{控制变量}_{i,t} + \text{固定效应} + \varepsilon_{i,t} \quad (3-1)$$

其中，α 为截距项，β、γ 为系数，ε 为随机扰动项，下标 i 代表企业，下标 t 代表年份。我们研究的样本包含了 1994—2005 年间共 39 469 个观测值，OLS 的回归结果如

---

① 赫芬达尔指数，为行业中各个上市公司的销售收入占全行业销售收入比值的平方和，数值越大表明行业集中度越高，越小则表明行业中集中度越分散。

表 3-2 所示。由于企业的创新研发是一个长期的过程，因此为了确保结果的稳健性，我们分别将公司的流动性指标以及其他控制变量与公司后 1 年、后 2 年、后 3 年申请并最终被授予的专利数量及引用次数进行回归。从表 3-2 中我们可以发现，相对有效价差与公司的专利申请数量以及单个专利引用次数，无论在经济意义上还是在统计意义上均显著正相关。也就是说股票的相对有效价差越大，企业创新的产出数量和质量也会越大。换句话说，公司股票的流动性越高，其创新产出数量和质量也会越低。

为了进一步确保上述结果的稳健性，我们又进行了一系列的检验，发现上述结果并非由公司的并购活动、小市值公司、无创新产出的公司所驱动，而且上述相关性随时间的推移变得越发显著。

表 3-2　股票流动性与创新（OLS）[①]

分表 A: 专利数量

因变量	后 1 年专利数	后 2 年专利数	后 3 年专利数
股票非流动性	0.141***	0.168***	0.170***
	（0.020）	（0.023）	（0.026）
控制变量	是	是	是
公司、年份固定效应	是	是	是
样本量	39 469	33 098	27 363

分表 B: 专利引用次数

因变量	后 1 年专利引用次数	后 2 年专利引用次数	后 3 年专利引用次数
股票非流动性	0.104***	0.106***	0.106***
	（0.015）	（0.016）	（0.019）
控制变量	是	是	是
公司、年份固定效应	是	是	是
样本量	39 469	33 098	27 363

注：计量结果括号内为稳健性标准误，***、**、* 分别表示 1%、5% 和 10% 的显著性水平。

[①] 表格整理自：Fang V W, Tian X, Tice S. Does Stock Liquidity Enhance or Impede Firm Innovation? [J]. *Journal of Finance*, 2014, 69(5): 2 085–2 125.（表 3-3 至表 3-9 出处相同）。

美国股市十进制报价改革

上述回归结果说明了股票流动性与上市公司的创新活动之间存在显著负相关的关系,但我们还不能将上述发现解释为因果关系,即尚不可说较高的股票流动性会抑制上市公司的创新活动。因为,公司股票的流动性和公司创新活动之间可能存在内生性的问题,即公司的创新活动可能会反过来影响公司股票的流动性,还有可能有其他没有控制的因素同时影响公司股票的流动性和创新活动。

接下来,我们采用双重差分法(DID,简称"双差法",具体介绍可参见第 7 章内容)解决上述内生性问题,进一步研究流动性和上市公司创新活动之间的因果关系。

在双差法中,最重要的是外生冲击的选取。在文中,我们选取了美国股票交易定价的十进制改革这一政策作为双差法的外生冲击。在 2001 年之前,美国三大股权交易所股票交易的最小买卖报价单位为 1/16 美元,即买卖报价均为 1/16 美元的倍数。而在 2000 年 8 月 28 日到 2001 年 1 月 29 日之间,纽交所和美国证券交易所分别终止了这一分级定价方法,将买卖报价的最小单位缩小至美分。这一冲击会导致一部分股票的流动性显著提升,我们将这部分股票作为研究的实验组,而其他流动性受政策冲击较小的股票则作为研究的对照组,之后我们研究两组企业创新活动的差异在政策出台前后的变化,以此推断股票流动性与公司创新活动之间的因果关系。

纳斯达克也于 2001 年 3 月 12 日至 2001 年 4 月 9 日期间陆续完成了十进制报价改革。Bessembinder(2003)以及 Furfine(2003)等早期的研究均发现,十进制报价改革导致了股票流动性的显著提升,尤其对那些交易活跃的股票。因此,十进制报价改革便成为我们双差法的一个良好的外生事件冲击。因为十进制报价改革会直接影响股票的流动性,但不会直接影响上市公司的创新,且由于这一十进制报价改革是分批完成的,因此在不同的股票分组结果也会有所差异。除此之外,企业创新活动的变化也不会影响十进制报价改革所带来的流动性变化。因此十进制报价改革引起的流动性变化,是我们研究流动性对企业创新影响的一个准自然实验。

选定上述外生冲击后,我们依据十进制报价改革后一年和前一年的相对有效价差变化,将股票分为三组,并选取变化最大的一组和变化最小的一组作为我们的样本库。之后,我们用倾向得分匹配法,采取最邻近匹配的方式,从变化最大和最小的两组股票中匹配出最终的样本,最终得到了 508 对匹配样本。

计量方法介绍
ECONOMETRICS

倾向得分匹配法

倾向得分匹配法（Propensity Score Matching）是一种用于经济学和社会科学定量研究的统计方法，它在研究某事件产生的影响时应用较为普遍。比如我们想研究实施某项激励计划对公司业绩的影响，如果简单地将全部公司作为研究主体，按照是否实施该计划建立哑变量，以公司业绩为因变量进行回归，那么得到的结果往往是不可靠的。因为我们无法知道那些没有实施该计划的公司如果实施了以后业绩会怎样。倾向匹配得分法是指在全部公司的样本中，对每一家公司可能实施该计划的概率进行估计，针对每一个已经实施计划的公司，筛选出与它有非常相似的概率实施这项计划，但实际上没有实施的公司，作为已实施计划的公司的对照组，然后分析它们业绩上的区别。将样本中所有已实施计划的公司都找到相应的对照组公司后，再对两组样本进行对比分析。因此，在使用倾向得分匹配法时，通常要先对总样本建立 Probit 模型，估计出每一个样本实施某事件的概率；然后对所有受事件影响的样本，以概率相似为依据，找到一个或多个与之匹配的样本；最后对新的样本进行分组对比研究。

之后，基于匹配的样本，利用双差法研究了十进制报价改革前后，实验组相较于控制组创新产出数量和质量的变化，结果如表 3-3 所示。我们分别计算出十进制报价改革前后三年的实验组和控制组企业创新产出数量和质量的变化，之后再对变化作差，得到最终的双重差分结果。从结果可以发现：首先无论是实验组还是控制组，在十进制报价改革之后，公司的创新产出和质量都发生了下降，这与我们上文的 OLS 回归结果一致，即流动性与企业创新负相关。其次，创新产出数量和质量的双重差分结果均显著为负，说明实验组股票创新活动的抑制程度要高于控制组。从创新质量的角度，这个结果表明在十进制报价改革后三年内，实验组公司的有效专利申请数量，相对于控制组，较改革前三年多减少了 3.5 个，即平均每年多减少约 1.2 个专利，专利数量下降 18.5%（平均每年 6.5 个）。同样，在创新产出质量上，实验组公司股票的专利引用次数在改革后平均比控制组也要少 2.6 次，相当于每年每个专利引用次数减少 0.9 次，下降了 26.4%（平均被引用次数为 3.4 次）。

表 3-3　股票流动性与创新（DID）

	实验组均值对比 （冲击后—冲击前）	对照组均值对比 （冲击后—冲击前）	差值均值对比 （冲击后—冲击前）	t 值
专利数量	−5.169 （1.103）	−1.682 （1.074）	−3.487** （1.540）	−2.265
专利引用次数	−11.14 （0.986）	−8.522 （0.884）	−2.616** （1.324）	−1.976

注：计量结果括号内为稳健性标准误，***、**、* 分别表示 1%、5% 和 10% 的显著性水平。

除了外生事件冲击外，双差法另一个重要的前提是平行趋势假设，即确保双差法的结果是由事件冲击所致，而不是在冲击之前实验组和控制组便存在趋同或者趋异的趋势。首先，在倾向得分匹配后，我们可以发现两组公司之间的控制变量并无显著差异。其次，为更加详细地考察十进制报价改革前后企业创新活动的动态变化，我们进一步将改革前一年和当年的虚拟变量及其与实验组的交叉项加入回归中进行检验，结果如表 3-4 所示。从表中我们可以发现，实验组和控制组的创新活动的变化在改革当年和改革前一年均无显著差异，而在改革之后差异变得显著，这一点从图 3-2 和图 3-3 可以更加直观地看出。同理，再加入改革后 1 年、后 2 年或后 3 年项，结果如下表所示：

表 3-4　股票流动性与创新（DID，验证平行趋势假设）

因变量	专利数量	专利引用次数
实验组 × 前 1 年	−0.031 （0.061）	0.002 （0.073）
实验组 × 当年	−0.092 （0.078）	−0.050 （0.072）
实验组 × 后 1 年	−0.164* （0.085）	−0.099 （0.074）

（续表）

因变量	专利数量	专利引用次数
实验组 × 后 2 年或后 3 年	−0.191[*] （0.098）	−0.141[*] （0.079）
前 1 年	−0.064[*] （0.039）	−0.138[***] （0.047）
当年	−0.054 （0.049）	−0.212[***] （0.047）
后 1 年	−0.230[***] （0.055）	−0.342[***] （0.046）
后 2 年或后 3 年	−0.478[***] （0.067）	−0.514[***] （0.054）
实验组	0.156 （0.110）	0.132 （0.082）
截距	0.640[***] （0.077）	0.586[***] （0.056）
样本量	5 836	5 836

注：计量结果括号内为稳健性标准误，***、**、* 分别表示 1%、5% 和 10% 的显著性水平。

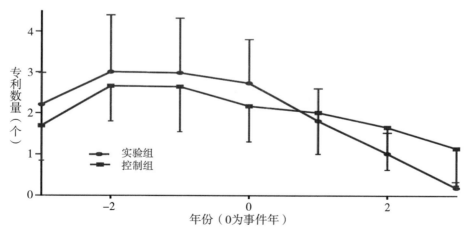

图 3-2　股票流动性与企业创新（专利数量）[①]

---

① Fang V W, Tian X, Tice S. Does stock liquidity enhance or impede firm innovation?[J]. *The Journal of Finance*, 2014, 69(5): 2 085–2 125.

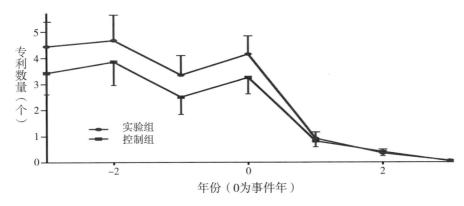

图 3-3 股票流动性与企业创新（专利引用次数）[①]

虽上文已基于十进制报价改革这一准自然实验，采用严格的双差法对内生性问题进行了控制，但仍有可能会存在我们无法观察到的因素同时对实验组和控制组产生不同的影响，并且与公司的创新活动相关。即上文结果可能并非由流动性的变化所导致，而是由我们无法观察到的其他因素所驱动。为了排除这一可能性，我们采用了 1997 年美国股票市场的买卖价格最小单位从 1/8 美元降到 1/16 美元的外生政策冲击[②]，再次进行了验证。虽然，如 Chordia, Roll 和 Subrahmanyam（2008）的研究，此次最小报价单位的调整所带来的相对有效价差的变化要比十进制报价改革小，但此次变革也导致股票相对有效价差也下降了 28.4%。因此，我们基于 1997 年的这一政策冲击，重新对上文的结果进行了检验。同样首先基于倾向得分匹配法，确保满足平行趋势假设，我们确定了 338 对样本公司，之后的双差法结果如表 3-5 所示。由表 3-5 我们可以发现，以 1997 年的最小报价单位变化作为外生冲击时，平均而言，实验组比对照组多减少了 4.6 个有效的专利申请，相当于每年多减少了 1.5 个专利，下降了 23.1%，且这一结果在统计意义上也十分显著。同样，实验组公司相对于控制组专利的引用次数也会多减少 4.7 次，相当于每个专利每年减少 1.6 次，下降了 47.1%。

---

① Fang V W, Tian X, Tice S. Does stock liquidity enhance or impede firm innovation? [J]. *The Journal of Finance*, 2014, 69(5): 2 085–2 125.

② 从 1997 年 5 月 7 日到 1997 年 6 月 24 日这段时间内，美国纽交所、美国证券交易所以及纳斯达克均将其最小的买卖报价单位从 1/8 美元降到了 1/16 美元。

表 3-5　股票流动性与创新（DID，基于 1997 年政策冲击）

因变量	实验组均值对比 （冲击后—冲击前）	对照组均值对比 （冲击后—冲击前）	差值均值对比 （冲击后—冲击前）	t 值
专利数量	−1.973	2.621	−4.595**	−1.976
	（0.797）	（2.185）	（2.326）	
专利引用次数	−9.065	−4.360	−4.706**	−2.177
	（1.806）	（1.189）	（2.162）	

注：计量结果括号内为稳健性标准误，***、**、* 分别表示 1%、5% 和 10% 的显著性水平。

更换外生冲击后，我们发现结论仍然成立。不可观测的遗漏变量与两次最小报价单位的变革同时发生，并对结果产生影响的概率已经非常小。为了进一步排除这一可能性，我们又利用 2000 年十进制报价变革逐步推进的渐进性重新进行了检验。在十进制报价改革中，根据美国证监会的推荐，是分批次逐步实施的，也就在不同股票群体中产生了差异。以纽交所为例，其首先在 2000 年 6 月份宣布 6 家公司将作为第一批试点公司于 2000 年 8 月 28 日开始实施十进制报价，之后第二批 52 家公司从 2000 年 9 月 25 日起开始实施十进制报价，2000 年 12 月 4 日又增加了 94 家试点公司，剩余的公司则在 2001 年 1 月开始全部实施十进制报价。

其中第一批股票的选取主要考虑十进制报价的实施难易程度，而第二批股票的选取则主要选取具有不同流动性水平以及交易地点的股票①，这些考虑因素均不会直接影响企业创新，因此这一渐进的十进制报价改革的样本选取是外生的。我们基于纽交所的这一变革的渐进性，即这一变革对实验组和非实验组股票影响的时间不同，采用多重冲击下的双重差分法，进行了进一步的研究。在回归中，我们将样本局限在 1999 年和 2000 年，这一设计的机理是 1999 年实验组和控制组均未受到这一变革冲击，而 2000 年只有实验组的公司受到了十进制报价变革的冲击。如果股票流动性确实会导致企业创新的变化，即存在因果关系的话，那么实验组公司在 2000 年的创新活动会较控制组下降更多。回归结果如表 3-6 所示。从表中可以发现流动性对企业创新活动的抑制效果仍然显著，这说明我们上文发现的因果关系成立。

---

① 根据 2000 年 8 月 16 日纽交所的新闻稿："第二批股票的选取规则是纽交所作为参与成员，与证券行业委员会一起制定的。这些规则包括选取日常交易活动的股票，这些股票需要遍布整个交易大厅以使更多的交易员可以体会这一变化。""在第二批试点 60 天后，纽交所和证券行业委员会将会对试点的结果进行评估，将集中从流动性、交易模式以及系统的承受力等角度展开评估。"

表 3-6　股票流动性与创新（DID，基于 2000 年渐进变革冲击）

因变量	后 1 年专利数	后 1 年专利引用次数
十进制改革 ×2000 年	−0.485**	−0.309*
	（0.213）	（0.164）
十进制改革	0.289	0.313*
	（0.243）	（0.166）
2000 年（虚拟变量）	−0.014	0.091
	（0.165）	（0.097）
控制变量	是	是
行业固定效应	是	是
样本量	2 160	2 160

注：计量结果括号内为稳健性标准误，***、**、* 分别表示 1%、5% 和 10% 的显著性水平。

流动性的作用机制

根据上文的分析，我们已经证明了股票流动性会抑制公司的创新活动。接下来，我们将进一步验证，是否确实如本章第一部分所述，流动性会增加公司面临的被收购压力以及关注公司短期业绩的投资者的持股量，进而对公司的创新活动带来负面影响。

被收购压力

如本章第二部分所述，当公司股票的流动性高时，外部潜在的收购者在进行收购活动时便更加容易伪装自己。而当上市公司面临的敌意收购压力更高时，公司高管相对的控制力会被削弱，这会进一步导致其进行长期研发投资的动力下降。

经济学家小传
MINI BIOGRAPHY

劳伦斯·萨默斯（Lawrence Henry Summers，1954 年 11 月 — ），美国著名经济学家，1993 年因其在经济学界的杰出表现而被美国经济学会授予约翰·贝茨·克拉克奖。早在 1987 年，他便成为首位社会科学家从美国国家科学基金会夺得沃特曼奖。作为

| Finance and Innovation: A New Framework | 创新的资本逻辑

一名杰出的经济学家,萨默斯在宏观经济、公共财政、劳工经济、金融政策等方面做出了重要贡献。由于其曾担任政府经济顾问,能将实践和理论相结合,独特的优势使萨默斯除了研究上述领域外,也活跃于国家发展经济学、经济人口学、美国经济历史及国际经济的研究领域。他的研究侧重于利用经济数据来回答和解决实际问题,譬如:税后利率调整后储蓄会如何变化?是不是劳动者只在过度失业的情况下才能获得失业优惠?面对复杂的宏观经济和微观经济形势,人们能否准确预测到股票的收益?一系列有趣的经济问题、劳动问题、财政问题等在萨默斯的研究中得到了有效解决。

劳伦斯·萨默斯博士毕业后曾在麻省理工学院和哈佛大学短期任教,28岁时萨默斯成为哈佛历史上最年轻的终身教授。除学术任职外,在里根总统任内,萨默斯曾担任白宫经济顾问;在克林顿总统任内,萨默斯曾担任第71任美国财政部部长;在小布什总统任内,萨默斯离开了财政部回到哈佛大学担任校长;在奥巴马总统任内,萨默斯出任国家经济委员会主席。

我们从 SDC 数据库获取公司的并购交易活动数据,这些并购交易包括已经交易完成的和尝试并购但未成功的所有案例。之后,我们以 SDC 提供的信息作为依据,将这些交易划分为友好的并购以及敌意收购两类。参考 Cremers, Nair 和 John(2009)的研究,我们采用 Logit 回归的方式,估计出上市公司的被收购压力,然后采用双重差分法研究了流动性冲击对上市公司的被收购压力的影响,估计结果如表 3-7 所示。

首先,针对敌意收购,我们发现流动性提高后,实验组公司面临的被收购压力大幅提升,而且相对于控制组公司,其被收购压力也显著提升了 17.7%。而从所有类型的收购角度而言,公司面临的被收购压力在流动性事件冲击后仅出现小幅的上升,相对于控制组,实验组被收购压力提升了 2.2%,结果仅在 10% 的水平上显著。因此,流动性提升会显著提升公司面临的敌意收购压力。如 Shleifer 和 Summers(1988)的研究所示,当公司面临的被收购压力上升时,高管对公司的控制力会大大下降,这也会导致高管投资于仅在长期才会有所回报的创新活动的动力下降。因此,被收购压力,尤其敌意收购压力的上升,是流动性抑制企业创新活动的渠道之一。

表 3-7　股票流动性与企业被收购压力（DID）

	实验组均值对比 （冲击后－冲击前）	对照组均值对比 （冲击后－冲击前）	差值均值对比 （冲击后－冲击前）	t 值
敌意收购	0.212 （0.021）	0.035 （0.024）	0.177*** （0.032）	5.036
所有收购	0.04 （0.008）	0.019 （0.009）	0.022* （0.012）	1.828

注：计量结果括号内为稳健性标准误，***、**、*分别表示1%、5%和10%的显著性水平。

不同类型的机构投资者

接下来，我们将检验"投机型机构投资者"（即指上文提到的那些关注中短期的、买卖交易频繁的机构投资者），以及被动的"指数型投资者"持股比例的上升，是否也是流动性导致企业创新活动下降的传导因素之一。

正如 Porter（1992）的研究所述，对长期有形资产的投资，由于初期需要投入大量的资金，通常会抑制公司的短期盈利。同时，他在文中也强调美国绝大多数的机构投资者都是这种追求短期利益的"投机型"投资者，其可能会因为公司季报的盈利不达预期便卖出所持股票，同时一些被动的指数投资者更是简单地模拟指数持仓，很少会主动去对公司进行监督。

迷你案例
MINI CASE

股票拆分——为百度带来更多的"投机型投资者"

2010年4月29日，百度公布了漂亮的一季报（净利润7 040万美元，同比增长165.3%），当天股价最高涨至718美元。股价高能反映出企业价值高，但是实际上，在百度股价超过700美元之后，就已经引起了百度公司管理层的担忧，因为过高的股价会使机构投资或者散户望而止步，过高的股价使得机构投资者脱手成本高，从而会被"锁定"，公司股票流动性变差。除了百度，美国的苹果公司、国内的腾讯公司等高股价公司都面临这样的尴尬局面。于是在股价升高后，这些公司也纷纷选择了股票拆分以提高公司股票的流动性。百度在股票拆股之后，由于流动性的提升，大量散户以及"散户性质的"投机型机构投资者也纷纷介入，他们的持股比例也大幅上升。

由于信息不对称，管理者通常会努力地将股价维持在较高的位置，因为股价是股东看得到的、能衡量管理者绩效的指标。出于这个目的，管理者会削减长期的项目投资来提升公司的短期绩效。Matsumoto（2002）的研究表明，"投机型"机构投资者持股比例越高的公司，季度的盈利达到或者超过分析师预期的概率也会越高，说明公司的管理者将努力做多企业的短期业绩。因此，如果流动性的提高使得更多的"投机型"以及被动的指数型机构投资者持有公司股票的话，那么必然也会导致公司高管短视，牺牲长期投资，追求短期盈利。

接下来，同样基于双重差分法，我们研究了十进制报价变革对不同类型的机构投资者[①]持股比例的影响，结果如表3-8所示。从表中可以看出，在变革后，实验组的投机型机构投资者持股比例上升了4%，而控制组则下降了1.2%，即实验组的投机型机构投资者持股比例相对上升了5.2%；与之相似，指数型机构投资者对实验组公司的持股比例在改革后上升了6.4%，控制组则上升了0.9%，即实验组相对上升了5.5%；而尽管专注型的机构投资者在改革后对实验组和控制组的持股比例也均有所上升，但二者增加的比例差异却不显著。因此，这些关注中短期且买卖频繁的机构投资者，以及消极的被动机构投资者持股比例的上升，是流动性导致企业创新活动下降的传导机制之一。

---

① 对机构投资者的分类，本书主要参考了Bushee（1998；2001）的研究，将机构投资者分为专注型、指数型和投机型三类。其中专注型机构投资者的持股组合会相对集中而且换手率较低；指数型机构投资者会采用追踪指数的策略，通常会持有一个分散的多样化股票组合；投机型机构投资者则通常会做很多动量交易，有较高的换手率。

表 3-8　股票流动性与不同机构投资者持股（DID）

因变量	实验组均值对比 （冲击后—冲击前）	对照组均值对比 （冲击后—冲击前）	差值均值对比 （冲击后—冲击前）	t值
投机型机构投资者	0.040 （0.004）	−0.012 （0.002）	0.052*** （0.005）	11.42
指数型机构投资者	0.064 （0.005）	0.009 （0.004）	0.055*** （0.006）	9.127
专注型机构投资者	0.013 （0.002）	0.007 （0.003）	0.005 （0.003）	1.586

注：计量结果括号内为稳健性标准误，***、**、*分别表示1%、5%和10%的显著性水平。

解释力度

确认了上述两条传导机制后，我们进一步研究了这两条传导机制对企业创新活动下降的解释力。具体而言，我们将改革后公司有效专利申请数量以及专利引用次数的双重差分结果，与上文被收购压力以及机构投资者持股比例的双重差分结果进行回归分析，所得估计如表3-9所示。首先，从回归结果可以发现，被收购压力以及投机型和指数型机构投资者持股比例的上升，确实会导致公司的有效专利申请数量以及专利引用次数显著下降。除此之外，在控制了上文的传导机制后，截距项，即专利数下降未被解释的部分为−1.533，其绝对值比基准回归中的−3.487的绝对值减少了56%；同样，对于专利引用次数来说，控制了传导机制的影响后，截距项为−1.888，比基准回归中的−2.616，绝对值提升了28%。因此，我们提出的两条传导机制，对流动性抑制企业创新活动有较强的解释力度。

表 3-9　传导渠道的解释力度（OLS）

因变量	专利数变化	专利引用次数变化
变革前3年及后3年被收购的概率	−0.067* （0.035）	−0.055* （0.030）
投机型持股比例	−0.520** （0.258）	−0.271** （0.134）
指数型机构投资者	−0.102 （0.118）	−0.269*** （0.101）
专注型持股比例	−0.055 （0.184）	−0.141 （0.156）

（续表）

因变量	专利数变化	专利引用次数变化
截距项	−1.533*	−1.888*
	（0.815）	（1.141）

注：计量结果括号内为稳健性标准误，***、**、* 分别表示 1%、5% 和 10% 的显著性水平。

在中国场景中的应用

以上研究针对美国股市展开，我国的资本市场起步较晚，目前尚处于不断完善发展的转型阶段，那么上述发现在中国的场景中是否同样适用呢？

胡勇、李意和乔元波（2016）参考我们的文章，对中国股票市场中，流动性对上市公司创新活动的影响做了实证检验。他们采用了我国 2010 年至 2015 年的计算机、通信等创新性较高的行业的上市公司作为研究样本，用发明专利度量上市公司的创新质量，用发明专利和实用新型专利的和度量上市公司创新活动的数量，而在流动性指标上，也采用了相对有效价差。

同样基于双重差分法[①]，他们的研究发现，与我们的基本一致，流动性提高同样会抑制我国上市公司的创新活动。而在传导渠道上，他们发现股票流动性增加会吸引更多的基金公司持有上市公司股票，而我国的基金公司也大多更关注短期的业绩，给公司高管带来更多短期压力，进而减少创新投资，这与我们的研究也是一致的。

除此之外，冯根福等（2017）以我国 2006 年至 2013 年的沪深 A 股上市公司作为样本，也对股票流动性对我国上市公司的创新活动的影响进行了研究。他们的文章更进一步结合中国的实际，分别对民营和国有两种性质的企业进行了研究。在流动性的度量上，他们也采用了相对有效价差，在创新的度量上，他们采用专利授权数量以及企业的创新效率两个指标。其中，创新效率主要借鉴 Desyllas 和 Hughes（2010）以及 Hirshleifer 等（2012）的研究，采用公司的专利授权数与研发投入绝对额自然对数的比值。

在文中，他们采用了我国的股权分置改革和印花税改革作为流动性的外生冲击，来解决内生性问题。研究发现，对民营企业而言，由于其市值一般较小，而且股权相对分散，得出结论与我们的研究发现一致：流动性高会增加它被并购的可能性。

---

① 其中，采用 2011 年温州动车追尾事故的事件作为外生冲击，合理性有待商榷，感兴趣的读者可以参阅原文。

同时如果其业绩下滑，高的流动性会使得短期投资者更方便退出，给管理者带来压力。因此流动性水平的提高会抑制我国民营企业的创新水平。

与民营企业不同，他们的研究认为，在我国，国有企业的并购活动更多由政府主导，被市场非国有企业并购的可能性较小。而且，国有企业无其他大股东监督，加之代理链条长，管理者出于升迁考虑，本身会对短期利益更加看重，长期投资不足。在股改前，由于流通股占比少，流动性对国企影响较小。股改后，国企考核方法和股权结构日趋多元化。此时，如果国企经营业绩不佳，流动性的提高会使投资者用脚投票，导致股价下跌。为了国有资产的保值增值，管理者会更加注重研发投入，增加企业的长期盈利能力。同时，股改后，外部投资者可以成为国企大股东，这部分大股东追求利润最大化，更看重企业的短期和长期盈利能力，迫使国企加大研发创新投入，否则股价下跌，将导致国有资产贬值。因此，他们的研究发现，在国有企业样本中，技术创新水平则与股票流动性显著正相关。

本章小结

本章分析了股票流动性这一重要的市场特征对上市公司的创新活动的影响，并对流动性影响创新的传导渠道做了探究和分析。本章要点总结如下：

- 股票流动性不仅会影响投资者的投资决策，对上市公司也会产生真实的影响，具体表现为会抑制上市公司的创新活动；
- 公司股票流动性提高，使敌意收购者更容易伪装自己，增加上市公司面临的被收购压力，进而会抑制上市公司的创新活动；
- 流动性提高会对不同类型的机构投资者的投资决策产生影响，投机型以及指数型投资者的持股比例会大幅上升，而其中短期的投资者会给管理者带来更多的短期业绩压力，进而抑制公司的创新活动；
- 政府及证监会等相关监管单位可以考虑对我国的交易制度等进行完善，抑制投机性的短期、高频交易行为，培养长期投资者，降低单纯带来更多"噪音"的部分流动性，以促进公司的创新。

参考文献

[1] Anat Admati and Paul Pfleiderer. The Wall Street walk and shareholder activism: Exit as a form of voice [J]. *The Review of Financial Studies*, 2009, 22: 2645–2685.

[2] Yakov Amihud and Haim Mendelson. Liquidity, volatility and exchange automation [J]. *Journal of Accounting, Auditing and Finance*, 1988, 3(4): 369–395.

[3] Bessembinder and Hendrik. Trade execution costs and market quality after decimalization [J]. *Journal of Financial and Quantitative Analysis*, 2003, 38: 747–777.

[4] Bushee and Brian. Do institutional investors prefer near–term earnings over long–run value? [J]. *Contemporary Accounting Research*, 2001, 18: 207–246.

[5] Bushee and Brian. The influence of institutional investors on myopic R&D investment behavior [J]. *The Accounting Review*, 1998, 73: 305–333.

[6] Alex Edmans and Gustavo Manso. Governance through trading and intervention: A theory of multiple blockholders [J]. *The Review of Financial Studies*, 2011, 24: 2 395–2 428.

[7] Alex Edmans, Xavier Gabaix and Augustin Landier. A multiplicative model of optimal CEO incentives in market equilibrium [J]. *The Review of Financial Studies*, 2009, 22: 4 880–4 919.

[8] Vivian Fang, Thomas Noe and Sheri Tice. Stock market liquidity and firm value [J]. *Journal of Financial Economics*, 2009, 94: 150–169.

[9] Black Fischer. Toward a fully automated stock exchange, part I [J]. *Financial Analysts Journal*, 1971, 27(4): 28–35.

[10] Craig Furfine. Decimalization and market liquidity [J]. *Economic Perspectives*, 2003, 27: 2–12.

[11] Martijn Cremers, Vinay Nair and Kose John. Takeovers and the cross–section of returns [J]. *The Review of Financial Studies*, 2009, 22:1409–1445.

[12] John Graham, Campbell Harvey and Shiva Rajgopal. The economic implications of corporate financial reporting [J]. *Journal of Accounting and Economics*, 2005, 40: 3–73.

[13] Joel Hasbrouck and Robert A Schwartz. Liquidity and execution costs in equity

markets [J]. *The Journal of Portfolio Management*, 1988, 14(3): 10–16.

[14] Hicks, John R. Liquidity [J]. *The Economic Journal*, 1962, 72(288): 787–802.

[15] David Hirshleifer, Po‐Hsuan Hsu and Dongmei Li. Innovative efficiency and stock returns [J]. *Journal of Financial Economics*, 2013, 107(3): 632–654.

[16] Albert Kyle. Continuous auctions and insider trading [J]. Econometrica: *Journal of the Econometric Society*, 1985: 1 315–1 335.

[17] Albert Kyle and Jean‐Luc Vila. Noise trading and takeovers [J]. *RAND Journal of Economics*, 1991, 22, 54–71.

[18] Marcel N Massimb and Bruce D Phelps. Electronic trading, market structure and liquidity [J]. *Financial Analysts Journal*, 1994, 50(1): 39–50.

[19] Dawn Matsumoto. Management's incentives to avoid negative earnings surprises [J]. *The Accounting Review*, 2002, 77: 483–514.

[20] Emst Maug. Large shareholders as monitors: Is there a trade‐off between liquidity and control?[J]. *Journal of Finance*, 1998, 53: 65–98.

[21] Desyllas Panos and Alan Hughes. Do high technology acquirers become more innovative? [J]. *Research Policy*, 2010, 39(8): 1 105–1 121.

[22] Michael Porter. Capital disadvantage: America's failing capital investment system [J]. *Harvard Business Review*, 1992, 70: 65–82.

[23] Andrei Shleifer and Lawrence H Summers. Breach of trust in hostile takeovers [M]. *Corporate takeovers: Causes and Consequences. University of Chicago Press*, 1988: 33–68.

[24] Jeremy Stein. Takeover threats and managerial myopia [J]. *Journal of Political Economy*, 1988, 96: 61–80.

[25] Chordia Tarun, Richard Roll and Avanidhar Subrahmanyam. Market liquidity and trading activity [J]. *The Journal of Finance*, 2001, 56(2): 501–530.

[26] 冯根福, 刘虹, 冯照桢等. 股票流动性会促进我国企业技术创新吗?[J]. 金融研究, 2017(3):192–206.

[27] 胡勇, 李意, 乔元波. 股票流动性与公司创新——基于创新行业的实证分析[J]. 投资研究, 2016(10): 97–110.

第 4 章
收购与反收购条款："宝万之争"的启示

收购是资本市场常见的投资方式，也被视为重要的外部公司治理措施。企业可以自主创新，也可以通过收购创新型企业来实现。反收购条款可以帮助公司管理层抵御被并购威胁，专注于更高价值的长期创新投资，但也是被管理层用于保护职业生涯的防御手段。对于企业创新而言，收购与反收购条款会对其产生怎样的影响？采用更多反收购条款是否能更好地激励企业创新？哪些企业采用反收购条款更有助于提升企业价值？并购目标的选择与收购交易成败是否会改变并购方的创新产出？通过讨论这些问题，本章重点分析了收购与反收购条款对企业创新的影响及其作用机制，研究发现对于如何规范资本市场中的收购行为以激发企业创新活力、提升企业价值具有重要的理论和现实意义。

敌意收购：董明珠击退"野蛮人"

上市公司管理层的激励约束机制有多种形式，而 2016 年的"宝万之争"（宝能敌意收购万科）则将收购与反收购博弈带入大众视野。一时之间，"野蛮人"上门使得上市公司风声鹤唳。据《经济日报》的报道①,仅2017年上半年就有逾620家上市公司在公司章程中引入反收购条款②。通过反收购条款,如提高股东大会表决通过票数门槛和减少每年高管改选数量等,上市公司能够大幅提高收购难度,更大程度隔离被收购的威胁。伴随万科与宝能的股权争夺等一系列资本市场的标志性事件,上市公司的收购防御也日益成为中国公众投资人、上市公司管理层以及市场监管者各方关注的焦点。

敌意收购

敌意收购本质上是收购足够多上市公司股权以获得公司的控制权,股权分散的公司更容易受到敌意收购的攻击。在美国,上市公司股权分散早在20世纪20年代便已经存在,直至1960年敌意收购才逐渐兴起,这主要是因为自20世纪50年代机构投资人逐渐成为股市主力,从那时开始,美国个人投资者成为股权市场上的净卖出方,而机构投资者则成为净买入方,具备发起敌意收购的实力。他们伺机对股权分散且由于内部管理不善价值被低估的上市公司发起并购攻势,取得控制权并撤换原来的管理层,提升公司的业绩从而获利。这些发动敌意收购的投资人被称为"门口的野蛮人"。

迷你案例
MINI CASE

董明珠击退"野蛮人"

2016年11月30日晚,格力电器在回复深交所的质询函中披露,前海人寿自当年11月17日公司复牌至11月28日期间大量购入公司股票,由公司的第六大股东上升至第三大股东。前海人寿持股比例上升至4.13%,距离5%的举牌线仅一步之遥。格力公司股权较为分散,是A股最适合举牌的公司之一。"野蛮人"来势汹汹,万科事件似乎又有重演之势。

面对"咄咄逼人"的"野蛮人",董明珠采取了一系列措施。首先,格力电器

---

① http://paper.ce.cn/jjrb/html/2017-06/15/content_336127.htm 。
② 又称"驱鲨剂",指公司为防御其他公司的敌意收购而采取的一些正式的反接管手段。

对入职满3个月的全体员工每人每月加薪1 000元。加薪虽然增加了公司的费用支出，但是强化了普通员工对格力的认同，增强了公司凝聚力，起到"稳定军心"的作用。12月3日，董明珠在接受媒体采访时表示，自己不会因为资本市场的变化影响情绪，格力仍然要做技术的领导者，"如果（资本）成为中国制造的破坏者的话，他们是罪人""我不会分散自己的精力，会全身心地投入企业发展"。之后，董明珠在自媒体上进一步阐述了上述观点，并同时发布了格力中央空调凭借领先技术成功应用于航空产业基地项目，为国产飞机研发和中国航空航天保驾护航。12月9日晚，前海人寿发布声明称，将不再增持格力股票，并会在未来根据市场情况和投资策略逐步择机退出。"野蛮人"正式"认输"。[1]

一方面，敌意收购的优点在于它会对上市公司内部管理层起到监督作用，使面临市场竞争威胁的公司管理层不得不认真经营公司，避免沦为"野蛮人"的猎物。另一方面，敌意收购让那些只顾短期收益的资本市场投机分子得以阻挠公司的长期经营战略，为免于成为这些投机分子的目标，上市公司不得不短视地放弃企业创新研发投入等长期性投资，而这将阻碍公司未来的长远发展。

收购防御与反收购条款：万科的"白衣骑士"

收购防御

1968年《威廉姆斯法案》的出台正式掀开了美国反敌意收购的序幕。此后，伴随私募基金和对冲基金等机构投资人在20世纪70年代末到80年代对上市公司发起的凌厉攻势，收购防御才成为了美国公司法及公司治理中的重要课题。[2]

上市公司面对收购威胁时采用的防御措施主要可以分为两大类。第一类防御措施是拒绝出售给敌意收购者。其中最耳熟能详的便是"毒丸"，又称股东权利计划，即通过只增发给其他股东而不发给敌意收购者来稀释敌意收购者的股权。其他较典型的防御措施还包括杠杆式资产重组，公司通过借钱向股东派发红利使其不会轻易将股票卖给收购方，而目标公司自己加的杠杆又限制了收购方用目标公司资产加杠

---

[1] http://help.3g.163.com/16/1210/14/C7UAMVU500964J4O.html。
[2] http://www.sohu.com/a/168480360_667897。

杆实施收购的能力；回购股票也是上市公司阻碍收购方获得股份的手段之一。另一类防御措施是将股份出售给敌意收购者之外的"白衣骑士"，即面对敌意收购，上市公司董事会选择把公司卖给自己属意的买家，这些买家可能会为董事们保留职位。

迷你案例
MINI CASE

万科的"白衣骑士"

"宝万之争"或许是中国资本市场上规模最大的杠杆收购与反收购"攻防战"。2015年7月开始，万科公司股价处于低位，宝能系通过前海人寿、钜盛华等公司逐步开始建仓。2015年8月，宝能系一举超过华润成为万科第一大股东。宝能成为万科第一大股东后，万科集团董事会主席王石公开表示不欢迎宝能，质疑宝能系收购资金来源有问题，由此双方对峙公开化。万科管理层公开质疑宝能的资金来源，并开始积极接触"白衣骑士"：深圳地铁。若万科管理层重组方案成功，深圳地铁将一跃成为新股东，宝能降为第二大股东，原大股东华润摊薄为第三大股东。此举引发了原大股东华润的不满。万科于2016年6月17日晚发布与深圳地铁合作的预案后，华润立即表示反对该预案。之后，宝能于6月26日提请召开临时股东大会，提议罢免除2015年底已请辞的海闻外所有董事以及监事，称公司的管理层不利于公司长期发展和维护股东利益。对此，万科也做出了回应。之后，万科向中国证监会举报宝能的一致行动人钜盛华资金来源违法违规，同时恒大开始举牌增持宝能股票，博弈局势进一步复杂化。①

2017年，华润转移了全部股票，并不再持有任何股份，深圳地铁集团成为第一大股东。与此同时，保监会对前海人寿做出行政处罚，对时任前海人寿董事长姚振华给予撤销任职资格并禁入保险业10年的处罚。2017年6月21日，万科发布新一届董事会候选名单，王石退位，郁亮接棒。②

---

① 中国财富管理50人论坛、清华大学国家金融研究院联合课题组：规范杠杆收购，促进经济结构调整——基于"宝万之争"视角的杠杆收购研究。
② http://finance.ifeng.com/a/20170630/15500417_0.shtml。

反收购条款

除了意识到收购威胁后采取防御措施外，上市公司还可以防患于未然，在出现威胁前提早在公司章程或细则中设置某些条款让收购变得更加困难，即反收购条款。其中最常见的是分层董事会，即每年只能改选小部分董事。由于董事会拥有赎回"毒丸"的权力，所以董事会的构成直接关系到"毒丸"对敌意收购者造成的威胁。其他反收购条款包括规定公司高管高额解职金的"黄金降落伞"和"同股不同权"的双重股份制结构等。

迷你案例
MINI CASE

双层股份制结构与科技创新

双层股份制结构（Dual Class Share Structure）被 Google、Facebook、Linkedin 等多家科技公司采用，指公司在 IPO 招股过程中对公司创始人和新股发行人提供两种不同权力的普通股，创始人持有的普通股有较高的表决权。因此在双层股份制结构下，公司的创始人可以在股份数量不占绝对优势的情况下控制公司。双层股份制结构是反收购条款的一种形式，因为它显著增加了公司被潜在的收购者收购的难度，从而也可以使公司的创始人更加专注于长期目标和创新。例如，近几十年来最具创新性的公司之一——Google 公司，采用的就是双层股份制结构。在 Google IPO 时给股东的公开信中，公司的创始人谢尔盖·布林和拉里·佩奇表示，公司更希望专注于长期的发展而非"下一季度的利润数字"，这也是公司采用双层股份制结构的重要原因。Facebook 公司的创始人马克·扎克伯格在 Facebook IPO 时也曾表达过类似观点。①

不仅仅西方科技企业，许多中国企业也在采用双层股份制结构，京东和阿里巴巴就是其中两个典型例子。下面我们来看一看京东和阿里巴巴的案例。

京东于1998年由刘强东在北京中关村创立，如今已发展成为中国首屈一指的电商平台。早期，京东主要采用优先股进行融资。由于优先股股东只具有有限表决权，不能参与公司的日常经营管理，因此该策略也保证了创始人刘强东对公司的控制权。

---

① Thomas Chemmanur and Xuan Tian. Do Antitakeover Provisions Spur Corporate Innovation? A Regression Discontinuity Analysis [J]. *Journal of Financial and Quantitative Analysis*, Forthcoming.

然而，优先股融资的额度十分有限，从 2011 年起京东开始发售普通股融资，在大规模融资过程中，通过排他性投票权委托制度，刘强东获得了 55.90% 的投票权，以微弱的优势维持了对公司的控制权。之后，出于对战略布局的考量，公司决定上市融资。京东上市后，无法回避普通股数量增加、创始人股份被大幅稀释的问题。因此，京东采用了典型的双层股份制结构，其中，A 级（次级）股票每股只有一份投票权，而 B 级（优先级）股票每股享有 20 份投票权。公司董事长兼首席执行官刘强东团队合计持有京东 23.10% 的股权，而招股说明书中规定，仅有刘强东个人以及他实际控制的两家公司拥有 B 类股份，因此凭借优先级股票，刘强东实际控制了公司 83.70% 的投票权。通过实施双层股份制，京东虽然通过上市融资，但创始人仍然牢牢掌握了公司的控制权，保证了管理层决策不受干扰，也抵御了敌意收购行为。

阿里巴巴集团于 1999 年由马云等人创立，如今已发展为一家经营多元化的大型跨国互联网公司。阿里巴巴的发展离不开多轮融资的支持。2005 年，雅虎以 10 亿美元和雅虎中国的全部资产获得阿里巴巴 39% 的股权，解决了阿里巴巴的资金短缺问题，但也为后来的控制权之争埋下了隐患。之后，雅虎与阿里巴巴的合作理念逐渐发生冲突，阿里巴巴数次向雅虎发起回购，均被拒绝。2012 年 9 月 18 日，双方达成协议，阿里巴巴耗资 76 亿美元从雅虎手中收回 21% 的股权。这一系列事件让马云深刻认识到如果无法牢牢抓住企业控制权，将对企业的长期发展带来隐患。2010 年，阿里巴巴提出以创新的治理结构实现公司治理的转型，在双层股份制结构的基本模式基础上，创造性地推行了"湖畔合伙人制度"。"湖畔合伙人制度"可以看作传统双层股份制架构的延伸，其核心内容是通过掌握公司控制权保证创始人团队和管理层的权益，并传承他们所代表的企业文化。然而，阿里巴巴实行的"湖畔合伙人制度"与香港联交所奉行的"同股同权"制度存在冲突，经过艰难的谈判和博弈，香港证券交易机构终究未能为阿里巴巴破例。最终，阿里巴巴选择在美国纽约证券交易所挂牌上市，并以 217.67 亿美元创下纽交所 IPO 融资额纪录，成为全球最有价值的科技公司之一。[①]

不同于已有研究中"同股不同权"在房地产等传统行业中弊大于利的结论，由

[①] 宋建波，文雯，张海晴. 科技创新型企业的双层股份制结构研究———基于京东和阿里巴巴的案例分析. 管理案例研究与评论，2016,9 (4): 339–350.

以上案例可以看出，2004年谷歌上市后催生了大量高科技企业效仿采用双层股份制结构。2017年3月2日Snap的IPO将其运用到极致，彻底排除了公众投资人的投票权。由于这类企业中创始人发挥的特殊作用，双重股份制结构完全有可能带给这些企业与以往不同的影响，但目前对此领域的研究较少。

可见，深入探究反收购条款与企业创新之间的关系有重要理论及实际意义，这也是本章的主要内容。本章首先将基于实证研究的证据，揭示反收购条款对企业创新能力的影响；然后分析这种影响背后的具体作用机制，并对不同信息环境与市场竞争下的场景进行考察；接着，本章进一步讨论以企业创新为手段，反收购条款对企业价值的影响；最后，本章将讲述除了内部控制，企业如何通过收购从外部获得创新能力。

反收购条款与企业创新

创新是公司获得长期增长与竞争优势的重要战略之一，也是一个具有高风险性和不确定性的长期过程。美国加州大学伯克利分校Manso教授在其2011年发表在 *Journal of Finance* 上的论文中指出，对短期失败的容忍是有效激励企业创新活动的必要条件，但资本市场却常常给管理层带来过度的压力使其"短视"从而阻碍创新，进一步影响公司长期发展。因此，研究是否能通过公司治理机制来解决市场短期压力与创新所代表的公司长期利益之间的矛盾，显得尤为重要。

"长期价值创造"假说

Stein（1988）提出信息不对称会使股东无法准确评估管理层进行长期创新投资的价值。这会导致创新型企业的股价被市场低估，使其更容易遭受敌意收购。为了避免这种境况，公司管理层通常倾向于花更多精力在可以为公司带来更快、更确定的收益的日常工作上，导致创新投资不足，形成管理短视。Chemmanur和Jiao（2012）认为双层股权结构等反收购条款能促使高素质管理层更积极地投资长期创新项目，从而减少公司的短视问题。这说明反收购条款有助于企业创新，我们将其称为"长期价值创造"假说，即反收购条款保护管理层远离来自股票市场上短期投资者的压力与被收购的威胁，允许管理层将精力集中于长期技术创新上，从而促进企业创新，创造长期价值。

"管理层防御"假说

根据道德风险理论,没有被适当监督的管理层倾向于为个人私利而扭曲公司投资策略,投资短期内收益成效更高的日常性项目,而这会降低公司价值。敌意收购作为对管理层的强有力的约束而存在,能有效降低道德风险,鼓励公司进行真正有价值的投资与创新,最终提高公司价值。在这种设定下,从 Grossman 和 Hart(1988)的公司内部控制理论衍生出的一系列文献表明,与上述"长期价值创造"假说相反,反收购条款巩固了管理层的权利,阻碍了来自资本市场的有效监督,从而减少公司创新,使公司价值下降,我们将其称为"管理层防御"假说。

经济学家小传
MINI BIOGRAPHY

奥利弗·哈特(Oliver Hart,1948 年 10 月—),美国著名经济学家,哈佛大学经济学教授,2016 年因其在契约理论方面的贡献而荣获诺贝尔经济学奖。[①] 哈特教授是不完备契约理论的开拓者。哈特教授认为,对企业的剩余控制权,也就是在契约中并未明文写出的条款,对企业的决策是重要的。哈特与格罗斯曼在 1986 年合著的论文以及他与摩尔在 1990 年合著的论文,奠定了不完备契约理论的基础,这两篇论文都发表在《政治经济学杂志》上。哈特教授在 1995 年所撰写的教科书《企业、合约与财务结构》已成为契约理论和企业理论的经典。哈特教授的研究兴趣十分广泛,包括契约理论、公司理论、法律经济学、公司金融等。他与格罗斯曼有许多合作,1980 年,他们在合著发表在《贝尔经济学杂志》的一篇著名的论文中分析了企业收购中的搭便车问题,1983 年他们在《计量经济学》杂志上发表的另一篇著名文章中分析了委托代理问题。

哈特先后获得剑桥大学国王学院数学学士学位、华威大学经济学硕士学位、普林斯顿大学经济学博士学位,他是美国计量经济学会会员、美国文理科学院院士,以及

---

① https://www.nobelprize.org/nobel_prizes/economic-sciences/laureates/2016/hart-facts.html。

英国国家学术院会员。他还曾担任美国法律与经济协会主席和美国经济协会副主席。[①]

Atanassov（2013）以 1976 年至 2000 年间共 13 339 家美国公司为样本进行双重差分法分析，发现比起没通过反收购条款的州，通过了反收购条款的州外生性地降低了其公司所受到敌意收购的威胁，使得这些公司不仅专利产出数量减少，而且专利质量也有所下降。他进一步发现实施其他公司治理机制可以减轻但无法完全消除反收购条款对创新活动的负面影响，比如引入大股东、养老基金、财务杠杆与产品市场竞争等等。他的结论更强调外部收购对公司的监督作用。Sapra 等（2014）发现创新与被收购压力之间存在一种 U 形关系，这种关系主要来源于管理控制权私利与期望收购溢价之间的交互作用。然而，Karpoff 和 Wittry（2017）指出，由于 Atanassov 选取州层面的反收购条款存在问题，导致其结论准确性有待商榷。因为每个州的反收购条款存在差异，有的州出台的反收购条款不仅没有提高反而降低了敌意收购的门槛，因此对公司产生的影响也不同。具体来说，只有"毒丸法"与"1989 阿曼达法庭裁定"这两项条款是有助于防御收购的，而企业合并法并不能有效增强公司的反收购能力。

实证研究

我和美国波士顿学院 Thomas Chemmanur 教授 2018 年发表于 *Journal of Financial and Quantitative Analysis* 的文章"反收购条款会增强企业创新么？基于断点回归方法的分析"对以上两个可能的假说进行了验证，以 1990 年至 2006 年间共 3 474 家拥有反收购条款信息的上市公司为样本，给出了反收购条款与企业创新之间关系的实证证据。

在文章中，创新的数据主要来自 NBER 所提供的专利引用数据库，这个数据库包含了上市公司从 1976 年到 2006 年的专利授予和专利引用数据。具体而言，数据库会提供每年的专利授予名称、数量，每个专利被引用的次数，专利的申请年份和授予年份等。为了度量上市公司的产出状况，我们从创新产出数量和质量两个维度进行测量。第一个维度是申请且最终被授予的专利数量，文章中主要用专利申请年份作为基准专利年份，因为申请年份更能反映企业当年的创新活动。我们在文中用上市公司专利受到其他公司引用的次数度量企业的创新产出质量。沿用已有文献，我们使用当年的专利产出量与未来的引用次数代表专利数量与专利质量，分别作为回归分析中的因变量。基于创新活动

[①] https://scholar.harvard.edu/hart/home。

的长期性特质，我们同时考察未来 2 至 3 年的结果。在我们的研究样本中，每个公司平均每年被授予 7.4 个专利，每个专利被其他公司引用的次数平均为 2.4 次。

为了避免上文提到的 Atanassov（2013）文章中存在的问题，我们从 RiskMetrics 数据库提取了公司层面的反收购条款的相关信息。该数据库收录了近 1 500 家上市公司反收购条款的详细信息，其中包含了 Gompers 等（2003）划分的五大分类下共 24 种不同类型的反收购条款，自 1990 年以来共有 8 次更新（1990 年，1993 年，1995 年，1998 年，2000 年，2002 年，2004 年，2006 年）。我们沿用 Gompers 等（2003）创建的反收购条款数量指标来度量反收购条款。在我们的研究样本中，每个上市公司平均每年有 8.9 条反收购条款。

我们还从 RiskMetrics 数据库里提取了 1997 年至 2006 年期间共 9 082 条股东提案信息，由于所有提案都代表股东利益，为了增强股东权力，这些与反收购条款相关的提案大多是关于减少反收购条款的数量，例如撤销分级董事会计划或解除绝对多数条款等等。在我们的研究样本中，共有 1 380 条关于改变反收购条款数量的提案，投票通过率为 52.4%。

在断点回归中，我们主要关注股东投票通过率阈值附近特定带宽内的提案。带宽的选择反映了准确度与偏误的权衡，范围越宽则包含更多观测值，从而提高估计的准确度，但同时也会引入更多噪音带来偏误。沿用已有文献的定义，我们选择阈值附近带宽为 10% 的提案构建断点回归的局部样本，共计 233 个提案，投票通过率为 51.5%。

计量方法介绍
ECONOMETRICS

断点回归法

断点回归（Regression Discontinuity, 简称 RD）是一种仅次于随机实验的准实验，能够解决选择性偏误问题引起的内生性问题。断点回归依据处理变量（断点处）附近小邻域进行随机分组，检测断点两侧变量是否会引起被解释变量显著差异，从而在断点邻域个体均无系统差别的情况下验证处理变量的效果。

根据临界值性质，断点回归可以分为两类：第一类，临界值是明确的，即在临界值一侧的可以视为接受处置，另一侧则相反；第二类，临界点是模糊的，即在临界值附近，接受处置的概率是单调变化的。目前断点回归已经在政治经济学、劳动经济学等领域取得了广泛的应用。但是使用断点回归需要注意以下两点：

1. 断点回归使用的前提是断点处的变量分布不能人为地精准操控，否则断点回归无效。
2. 断点回归是断点处局部有效，并不能推广到距离断点处过远的样本中。

我们还选取了可能影响企业创新产出的一系列公司与行业层面特征变量作为控制变量，包括上市公司的规模、盈利能力、有形资产率、杠杆率、资本支出、产品市场竞争力、增长机会、财务约束、机构持股等。其中，公司财务数据来自 Compustat 数据库，分析师相关的数据来自 I/B/E/S 数据库，机构投资者持股数据来自 Thomson Financial 13F institutional holdings 数据库。

然后，我们利用普通最小二乘法对反收购条款与上市企业创新之间的关系进行回归分析，在回归中加入上述控制变量，同时对公司固定效应以及年份固定效应进行了控制。回归模型如下：

$$企业创新产出_{i,t+n} = \alpha + \beta \times 反收购条款_{i,t} + \gamma \times 控制变量_{i,t} + 固定效应 + \varepsilon_{i,t} \quad (4-1)$$

其中下标 i 代表公司，下标 t 代表年份。

基础回归的结果如下表所示：

表 4-1 反收购条款与创新（OLS）[①]

分表 A：专利数量

因变量	第 1 年专利数量	第 2 年专利数量	第 3 年专利数量
反收购条款	0.090*** (0.025)	0.087*** (0.025)	0.090*** (0.028)
控制变量	是	是	是
固定效应	是	是	是
样本量	20 204	18 663	17 018

---

① Thomas Chemmanur and Xuan Tian. Do Antitakeover Provisions Spur Corporate Innovation? A Regression Discontinuity Analysis [J]. *Journal of Financial and Quantitative Analysis*, Forthcoming.

分表B：专利引用量 （续表）

因变量	第1年专利引用量	第2年专利引用量	第3年专利引用量
反收购条款	0.044***	0.038***	0.035***
	（0.014）	（0.015）	（0.016）
控制变量	是	是	是
固定效应	是	是	是
样本量	20 204	18 663	17 018

注：计量结果括号内为稳健性标准误，***、**、* 分别表示1%、5%和10%的显著性水平。

从回归结果我们可以发现，反收购条款数量越多，则公司专利产出数量越多，专利质量也越高，即便在两三年后这种关系依然显著存在。另外，从可能影响企业创新产出的一系列控制变量结果来看，公司规模越大、盈利能力越强、杠杆率越低，创新程度更高。研发投入、资本支出都与创新产出息息相关。机构持股比例也会对企业创新产出产生正向影响，这与Aghion等（2013）的研究结论相一致。

普通最小二乘法回归结果表明，反收购条款与公司的创新产出数量和质量显著正相关，而且这一结果在我们更换样本、更换反收购条款度量方式、回归模型等因素后仍然稳健。总体而言，基准回归的结果支持上文的"长期价值创造"假说，即反收购条款会保护管理层远离来自资本市场短期投资者的压力与被收购的威胁，允许管理层将精力集中于长期技术创新上，从而促进企业创新，并提高公司生产力。

建立因果关系

尽管上述结果与"长期价值创造"假说相符，但我们还无法将其归为因果关系。实际上，实证设计中可能存在遗漏变量，比如管理层能力变量，使上述回归结果产生偏误。高素质管理层比起低素质管理层更倾向于增设大量反收购条款，与此同时，高素质管理层也更倾向于投资长期性创新活动从而提高公司的创新产出。这样一来，反收购条款数量便与创新产出形成了正相关关系，但这并非由于反收购条款数量本身导致了创新产出的增加。另外也可能存在反向因果关系，即通过对未来创新的期望水平预测公司现有的反收购条款数量。虽然引入公司固定效应可以在一定程度上减轻这个问题，但如果遗漏变量随时间而变化，则依然存在潜在的内生性问题，即企业是否设置反收购条款与企业自身特质高度相关。为了验证因果关系，我们在文章中采用基于少数服从多数原则（50%通过率）与年度股东大会中减少反收购条款提案通过率的断点回归方法进行了进一步的回归分析。

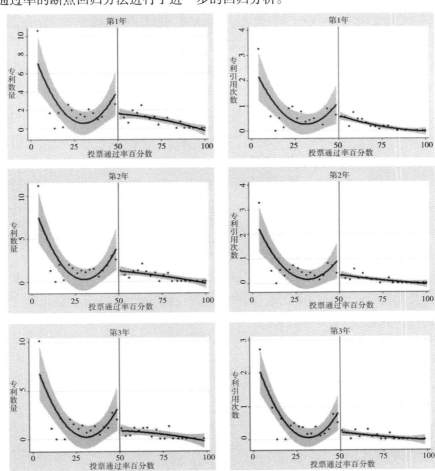

图 4-1　断点回归不连续点分布 ①

断点回归方法基于 50% 阈值附近通过或否决反收购条款相关提案投票的"局部"外生变化,即公司无法精准操控股东大会投票结果,比如企业无法在投票前精准控制最终投票结果为 50.1% 通过,或是 49.9% 不通过。因此,对于那些以微弱优势通过、或以微弱劣势未通过该条款的公司,其最终表决结果在相当程度上是随机而不受企业控制的,满足外生性要求,从而有助于识别反收购条款与企业创新之间的因果关系。另一个可能的问题是股东提案对董事会来说只是建议性质,并不存在硬性约束力。即便如此,一旦

---

① Thomas Chemmanur and Xuan Tian. Do Antitakeover Provisions Spur Corporate Innovation? A Regression Discontinuity Analysis [J]. *Journal of Financial and Quantitative Analysis*, Forthcoming.

减少反收购条款提案通过表决，也比无法通过表决对公司管理层施加的压力更大，对我们的识别策略影响不大。通过对投票的分布与密度进行诊断性测试，也证明投票确实无法被股东或管理层人为精准操控，可将其看作随机试验，符合断点回归的假设。

在正式进行断点回归前，我们可以先通过散点图直观判断断点处是否存在明显的不连续性。图4-1中，左列图代表的是专利数量的变化，右列图代表的是专利引用次数的变化，X轴代表了投票通过率，50%分位线左侧为表决未通过公司，右侧为表决通过公司。散点表示每个区间内创新产出的平均值，实线则表示根据散点拟合出的二次方程，在实线旁的灰色部分表示95%的置信区间。

如上图所示，无论是在投票表决后的第1年、第2年或第3年，专利数量与专利质量都在断点附近具有明显的不连续性。在断点附近的极小范围内，一旦投通过减少反收购条款议案的票数超过50%，企业专利数量和专利引用次数都有显著的下降。这个结果表明反收购条款与企业创新有正向的因果关系。

基于上述外生性条件，我们以"减少反收购条款提案是否通过"为主要变量，加入了公司及行业层面控制变量，同时控制行业固定效应以及年份固定效应后进行断点回归，实证结果如下表所示：

表4-2 通过投票表决与创新（RD）[①]

分表A：专利数量

因变量	第1年专利数量	第2年专利数量	第3年专利数量
减少反收购条款提案是否通过	-0.627^{***} (0.194)	-0.680^{**} (0.301)	-0.585^{*} (0.328)
样本量	233	210	187

分表B：专利引用次数

因变量	第1年专利引用次数	第2年专利引用次数	第3年专利引用次数
减少反收购条款提案是否通过	-0.048 (0.080)	-0.164^{**} (0.083)	-0.164^{*} (0.083)
样本量	233	210	187

注：计量结果括号内为稳健性标准误，***、**、*分别表示1%、5%和10%的显著性水平。

---

① Thomas Chemmanur and Xuan Tian. Do Antitakeover Provisions Spur Corporate Innovation? A Regression Discontinuity Analysis [J]. *Journal of Financial and Quantitative Analysis*, Forthcoming.

通过上表可以发现，在利用断点回归法解决内生性问题后，通过的减少反收购条款提案数量与创新产出呈负相关关系，说明减少反收购条款显著导致了专利数量的下降，以及未来三年内专利质量的下降，可以确认二者存在因果关系。

稳健性检验

为进一步保证结果的稳健性，我们对断点回归的结果进行了三个稳健性检验。首先，将局部样本中阈值附近带宽的范围从 10% 缩窄至 5%。如前文所述，带宽的选择反映了准确度与偏误的权衡，范围越宽会包含越多观测值从而提高估计的准确度，但同时也可能引入更多噪音带来偏误，破坏断点的局部性条件。替换局部样本区间后的断点回归结果如下表所示：

表 4-3 通过投票表决与创新（RD, 替换局部样本区间）[①]

分表 A：专利数量（阈值附近 5%）

因变量	第 1 年专利数量	第 2 年专利数量	第 3 年专利数量
减少反收购条款提案	−1.041**	−0.733*	−0.677
	（0.374）	（0.339）	（0.436）
样本量	145	132	122

分表 B：专利引用次数（阈值附近 5%）

因变量	第 1 年专利引用次数	第 2 年专利引用次数	第 3 年专利引用次数
减少反收购条款提案	−0.330**	−0.350*	−0.180
	（0.142）	（0.169）	（0.138）
样本量	145	132	122

注：计量结果括号内为稳健性标准误，***、**、* 分别表示 1%、5% 和 10% 的显著性水平。

如上表所示，在带宽为 5% 的局部样本区间中，基础断点回归中的结论依然成立，且大部分统计结果显著。当我们尝试将带宽进一步缩窄至 2% 与 1% 时，尽管回归结果符号依然为负，但不再显著。这很可能是因为在过窄的带宽中，可观测样本量过少导致测试效力大幅降低。

[①] Thomas Chemmanur and Xuan Tian. Do Antitakeover Provisions Spur Corporate Innovation? A Regression Discontinuity Analysis [J]. *Journal of Financial and Quantitative Analysis*, Forthcoming.

接着我们调整了断点回归的模型，改用全局多项式拟合。结果再次证明反收购条款与创新产出存在正向因果关系，如下表所示：

表 4-4　通过投票表决与创新（RD, 全局多项式拟合）[1]

分表 A：专利数量

因变量	第 1 年专利数量	第 2 年专利数量	第 3 年专利数量
减少反收购条款提案	−0.719	−0.784*	−0.909**
	(0.541)	(0.411)	(0.425)
样本量	755	669	572

分表 B：专利引用次数

因变量	第 1 年专利引用次数	第 2 年专利引用次数	第 3 年专利引用次数
减少反收购条款提案	−0.065	−0.160	−0.309***
	(0.186)	(0.154)	(0.093)
样本量	755	669	572

注：计量结果括号内为稳健性标准误，***、**、* 分别表示 1%、5% 和 10% 的显著性水平。

最后，我们对断点回归结果进行安慰剂检验，即人为设定一个区别于真实阈值（50%）的假设阈值，检验结论是否仍然成立。如果表 4-2 的结论是无效的，那么说明即便改变阈值，结果也不会发生任何变化。表 4-5 为将通过率阈值设为 30% 的断点回归结果。

计量方法介绍
ECONOMETRICS

安慰剂检验

安慰剂检验（Placebo Test）最早来源于医学研究。如同字面意思，安慰剂是指没有真实疗效只能起"安慰"作用的药物。在医学中，为了评估药物的真实疗效，

---

[1] Thomas Chemmanur and Xuan Tian. Do Antitakeover Provisions Spur Corporate Innovation? A Regression Discontinuity Analysis [J]. *Journal of Financial and Quantitative Analysis*, Forthcoming.

除了让实验组的患者接受药物治疗外,还让安慰剂组的患者接受"安慰剂"的治疗并观察。如果患者病情改善是因为"安慰剂心理作用",那么在安慰剂组也能观察到患者的病情得到改善。如果在安慰剂组发现患者病情并未得到改善而实验组的病情都得到了改善,那么可以认为待测试药物是有真实疗效的。在经济分析和政策评价中,也往往采用安慰剂检验以区分政策的真实作用和政策外因素的作用。例如,如果我们认为某个外生政策冲击会引起实验组和对照组的区别,那么在没有外生冲击的样本里我们应该看不到实验组和对照组的显著区别。安慰剂检验常用于政策评价的稳健性检验中。

表 4-5　通过投票表决与创新（RD, 安慰剂检验）[①]

分表 A：专利数量

因变量	第 1 年专利数量	第 2 年专利数量	第 3 年专利数量
减少反收购条款提案	0.412	0.291*	−0.269
	（0.491）	（0.476）	（0.561）
样本量	169	159	135

分表 B：专利引用次数（假设阈值：30%）

因变量	第 1 年专利引用次数	第 2 年专利引用次数	第 3 年专利引用次数
减少反收购条款提案	−0.313	−0.297	−0.190
	（0.240）	（0.190）	（0.152）
样本量	169	159	135

注：计量结果括号内为稳健性标准误，***、**、* 分别表示 1%、5% 和 10% 的显著性水平。

如上表所示，当人为将通过率阈值从真实阈值（50%）改为 30% 后，主要变量系数的符号不再一致且结果不显著，我们将阈值替换成 70% 或其他值也得到了类似的结果，由此排除了基础断点回归结果的偶然性。

综合上述稳健性检验，我们可以确立反收购条款与企业创新产出之间存在着正向因果关系，与"长期价值创造"假说相一致。

[①] Thomas Chemmanur and Xuan Tian. Do Antitakeover Provisions Spur Corporate Innovation? A Regression Discontinuity Analysis [J]. *Journal of Financial and Quantitative Analysis*, Forthcoming.

反收购条款的作用机制

通过上文的分析,我们发现反收购条款对创新有积极影响。那么不同的公司信息环境或产品市场竞争环境会使这种影响发生变化吗?我们通过截面分析对此问题进行了进一步的研究。

信息不对称

首先,我们从信息不对称的角度出发试图对反收购条款的影响进行分析。前人如 Stein(1988)等关于"长期价值创造"假说的模型都是基于"公司内部与外部投资者存在信息不对称"的关键假设。由于信息不对称,外部投资者无法准确评估管理层投资长期创新活动的价值,从而低估股票价值使得公司创新投资减少。因此,根据"长期价值创造"假说,如果公司内部与外部人员信息鸿沟越大,则反收购条款保护管理层免受资本市场短期业绩压力的价值也越大。在这种设定下我们预期反收购条款对创新的积极影响在不对称程度较高的公司中更为明显。

沿用以往文献方法,我们以 1 年内分析师盈利预测的标准差均值作为公司信息不对称度的度量指标。分析师盈利预测标准差越大的公司应该相应地存在更高程度的信息不对称。我们以标准差的中位数为界,将公司划分为信息不对称程度高与信息不对称程度低两组子样本,分别进行上文中的基础断点回归分析,结果如下表所示:

表 4-6 通过投票表决与创新(RD,信息不对称子样本分析)[①]

因变量	信息不对称程度高	信息不对称程度低
第 1 年专利数量	−1.579***	0.324
第 2 年专利数量	−1.868***	0.434
第 3 年专利数量	−1.310**	0.342
第 1 年专利引用次数	−0.411	0.324*

---

① Thomas Chemmanur and Xuan Tian. Do Antitakeover Provisions Spur Corporate Innovation? A Regression Discontinuity Analysis [J]. *Journal of Financial and Quantitative Analysis*, Forthcoming.

（续表）

因变量	信息不对称程度高	信息不对称程度低
第 2 年专利引用次数	−0.390***	0.102
第 3 年专利引用次数	−0.271	0.096

注：***、**、* 分别表示 1%、5% 和 10% 的显著性水平。

从上表不难发现，信息不对称度高的公司通过减少反收购提案变量的系数符号都为负，且结果大部分显著，而信息不对称程度低的公司则基本没有受到影响。结果表明反收购条款对企业创新产出的正向影响在信息不对称程度较高的公司中更为明显。为了检验稳健性，我们使用分析师覆盖与分析师盈利预测绝对误差等不同指标替换分析师盈利预测标准差来度量信息不对称程度，结论依然成立。

综上所述，我们的发现与 Stein（1988），Chemmanur 和 Jiao（2012）的信息不对称理论相一致，并支持"长期价值创造"假说，即在信息不对称程度较高的公司中，反收购条款对公司创新的正向影响更为显著。

产品市场竞争

激烈的产品市场竞争增加了公司在行业中保持竞争优势与制造短期盈利以满足股票市场投资者的双重压力（Aghion 等，2013）。如果反收购条款真的能为管理层提供保护，使其免受市场压力且专注于创新活动，则我们预期反收购条款对企业创新的正向影响在产品竞争更激烈的市场中会更加显著，因为在压力更大的情况下，这种保护对公司更有必要，价值也越大。

参考以往文献，我们以赫芬达尔指数（HHI）[①]作为产品市场竞争程度的度量指标，即每个公司的产品的市场份额平方的加总，指标数值越低则竞争越激烈。我们以 HHI 的中位数为界，将公司划分为产品市场竞争激烈与产品市场竞争不激烈两组子样本，分别进行基础断点回归，结果如下表所示：

[①] 赫芬达尔—赫希曼指数是一种测量产业集中度的综合指数，指一个行业中每个公司占行业总收入或总资产百分比的平方和，用来计量市场份额的变化，即市场中厂商规模的离散度。

表 4-7 通过投票表决与创新（RD, 产品市场竞争子样本分析）[1]

因变量	产品市场竞争激烈	产品市场竞争不激烈
第 1 年专利数量	−1.008**	−0.147
第 2 年专利数量	−1.224**	0.099
第 3 年专利数量	−0.878*	0.042
第 1 年专利引用量	−0.333**	−0.068
第 2 年专利引用量	−0.295*	−0.026
第 3 年专利引用量	−0.030	−0.010

注：***、**、* 分别表示 1%、5% 和 10% 的显著性水平。

从上表可以发现，产品市场竞争激烈的公司通过减少反收购条款提案变量系数符号都为负且结果大部分显著，而产品市场竞争不激烈的公司的结果都不显著。结果表明反收购条款对企业创新产出的正向影响在产品市场竞争程度较高的公司中更为明显，与我们的预期相一致，即当面临更激烈的产品市场竞争时，反收购条款对创新的保护作用更有价值。

公司价值

创新增强了公司的长期竞争优势，但公司进行创新活动的终极目的还是为了提升公司价值。前文讨论中引入的反收购条款是一种策略，使得公司可以免受来自资本市场的短期压力从而增强创新能力。接下来我们探究公司反收购条款数量对企业创新的保护最终是否会对公司价值产生影响。

大量文献表明，由于"管理层防御"假说，反收购条款会大幅降低公司价值。Gompers 等（2003）发现拥有更多反收购条款的公司长期股票回报率更低。然而，Core 等（2006）认为反收购条款不一定会对公司的实际业绩造成影响。Cremers 和 Ferrell（2014）用新的数据发现，1978 年至 2006 年期间反收购条款数量与公司价值存在稳健的负向关系。也有学者持相反观点，Chemmanur 等（2011）认为具有高素质管理团队的公司倾向于采用更多的反收购条款，这样的公司业绩远超其他公司。Johnson 等（2015）发现，反收购条款有助于将 IPO 公司与其商业伙伴[2]进行绑定，

---

[1] Thomas Chemmanur and Xuan Tian. Do Antitakeover Provisions Spur Corporate Innovation? A Regression Discontinuity Analysis [J]. *Journal of Financial and Quantitative Analysis*, Forthcoming.

[2] 如顾客、供应商或战略合作伙伴等。

从而提高公司 IPO 的估值及其后续经营业绩。与国外的研究结果类似，陈玉罡和石芳（2014）以 2007 年至 2011 年间 A 股民营上市公司为样本，发现反收购条款对目标公司价值具有显著的负向影响，主要表现为对管理层的保护。一个可能的解释是反收购条款对某类公司的价值会产生损害，而对另一些公司的价值的影响可能是中性甚至积极的。我在"反收购条款会增强企业创新吗？基于断点回归方法的分析"这篇文章中在上述研究的基础上进一步对反收购条款对公司价值的影响进行了区分。

我们以托宾 Q 值作为公司价值的度量指标，其他主要变量沿用上文的度量方式，利用普通最小二乘法对反收购条款、企业创新与公司价值之间的关系进行了回归分析，回归模型如下：

$$\text{托宾 Q 值}_{i,t+n} = \alpha + \beta_1 \times \text{反收购条款}_{i,t} + \beta_2 \times \text{反收购条款}_{i,t} \times \text{专利对数}_{i,t} + \beta_3 \text{专利对数}_{i,t} + \gamma \text{控制变量}_{i,t} + \text{固定效应} + \varepsilon_{i,t} \quad (4-2)$$

其中，α 为截距项，β_1、β_2、β_3、γ 为系数，ε 为随机扰动项，下标 i 代表企业，下标 t 代表年份，下标 $n=1, 2, 3$，分别代表专利申请后第 1 年、第 2 年、第 3 年。

回归结果如下表所示：

表 4-8 反收购条款与公司价值（OLS）[①]

分表 A：专利数量与托宾 Q 值

因变量	第 1 年托宾 Q 值			第 2 年托宾 Q 值	第 3 年托宾 Q 值
	（1）	（2）	（3）	（4）	（5）
反收购条款	−0.017** (0.007)	−0.024** (0.007)	−0.013* (0.007)	−0.009 (0.007)	−0.010 (0.007)
反收购条款 × 专利数量对数		0.005*** (0.001)	0.004*** (0.001)	0.004*** (0.001)	0.003*** (0.001)
控制变量	是	是	是	是	是
固定效应	是	是	是	是	是
样本量	19 064	19 064	19 064	16 737	14 529

[①] Thomas Chemmanur and Xuan Tian. Do Antitakeover Provisions Spur Corporate Innovation? A Regression Discontinuity Analysis [J]. *Journal of Financial and Quantitative Analysis*, Forthcoming.

分表 B：专利质量与托宾 Q 值 （续表）

因变量	第 1 年托宾 Q 值		第 2 年托宾 Q 值	第 3 年托宾 Q 值
	（1）	（2）	（3）	（4）
反收购条款	−0.021*** （0.007）	−0.009 （0.007）	−0.003 （0.007）	−0.006 （0.012）
反收购条款 × 专利引用次数对数	0.283 （0.198）	0.563*** （0.265）	0.580*** （0.244）	0.475*** （0.202）
控制变量	是	是	是	是
固定效应	是	是	是	是
样本量	19 064	19 064	16 737	14 529

注：计量结果括号内为稳健性标准误，***、**、* 分别表示 1%、5% 和 10% 的显著性水平。

如上表所示，在未加入企业创新变量与反收购条款数量交叉项的基准回归中，反收购条款对于公司价值会产生显著的负面影响，这说明大量的反收购条款总体上会降低公司价值，符合文献中的"管理层防御"假说。但加入创新变量交叉项并控制了公司固定效应后，这种负面影响得到了缓和，说明反收购条款通过保护管理层免受短期压力将精力集中于创新活动等作用有利于公司长远发展，对公司价值产生了正向贡献，这与"长期价值创造"假说的预期相一致。所以，反收购条款与公司价值间存在正相关关系，但这一关系的前提是公司投资大量的创新项目，并拥有较强的创新能力。相反，如果一家公司采用了很多反收购条款，但并没有较强的创新能力，那么这些反收购条款就会对公司价值产生负向作用。

当然，这个回归结果由于受到大量创新产出为零的观测值所驱动，可能存在问题。为了克服这个问题，我们筛选出那些至少有一个专利产出的公司作为子样本重新进行回归分析，得到了更加显著的结果。综上所述，对于有创新能力的公司而言，采用更多的反收购条款是最优选择，而对于没有创新能力的公司而言，采用更多的反收购条款则会损害公司价值。

"收购"创新

如前述指出的，尽管研究中发现反收购条款可以保护管理层免受来自资本市场短期业绩压力从而降低敌意收购的威胁,使管理层能够将精力集中于创新活动,为公司的长期发展带来价值,但收购活动对于创新的影响并不全是负面的。公司除了通过内部研发投入自主创新,也可以通过收购创新型公司从外部获得创新性。

迷你案例
MINI CASE

谷歌收购摩托罗拉

北京时间 2011 年 8 月 15 日,谷歌宣布已与摩托罗拉移动公司签署收购协议。根据双方的协议,谷歌以每股 40 美元的价格收购摩托罗拉移动,总价约为 125 亿美元,谷歌将全部以现金形式支付。此前,谷歌分别在 2007 年以 31 亿美元价格收购 Doubleclick 以及在 2006 年以 16.5 亿美元收购 YouTube。[①] 此次收购摩托罗拉比谷歌自 2004 年上市以来完成的 185 笔收购案金额的总和还多。究其原因,谷歌看中的是摩托罗拉移动所拥有的 1.7 万个已有专利和 6 800 个申请中专利。

对于此次收购的动因,谷歌 CEO 拉里·佩奇表示,谷歌希望进一步增强开源的安卓操作系统,而摩托罗拉完全专注于安卓系统,收购摩托罗拉后将有助于强化整个安卓生态系统。另一方面,摩托罗拉拥有庞大的移动专利技术。谷歌收购摩托罗拉移动之后,双方专利的组合将提高公司竞争力,并将有助于应对来自微软、苹果及其他公司的威胁。对于陷入低谷的老牌手机厂商摩托罗拉来说,押注于安卓系统也是重振市场的必然之路。谷歌在平台、地图、应用等方面拥有雄厚的积累,也将为摩托罗拉手机的研发、生产甚至渠道产生促进作用。[②]

像谷歌这样的跨行业公司常常依靠收购来增强创新产出,理论上有两种作用渠道。一是选择机制,即创新效率低的公司直接选择创新效率高的公司进行收购。Aghion 和 Tirole(1994)提出,自身创新能力差的公司通过收购专业性强或拥有现成专利的公司来获取创新性,比直接投资自主创新更高效。二是协同效应,两家资产

---

① *The Economist*, February 18, 2012.
② http://tech.163.com/11/0816/00/7BHOVHTJ000915BE.html。

有互补性的公司合并后，整体的创新能力得以提升。Rhodes 和 Robinson（2008）认为，当收购方与目标公司在生产和科技方面兼容性更强时，收购利益会更大化。

为检验上述假说，我与美国印第安纳大学副教授 Merih Sevilir 和宾夕法尼亚大学沃顿商学院博士生刘通合作的工作论文"收购创新"，以 1990 年至 2006 年期间所有美国企业为样本，考察了企业收购行为对收购方创新产出的影响。

文章中专利数量与专利引用数据来自 NBER 数据库，并购交易、风险投资及战略联盟相关数据来自 SDC 数据库。我们还选取了可能影响企业创新产出的一系列公司与行业层面的特征变量作为控制变量，其中公司财务数据来自 Compustat 数据库，机构投资者持股数据来自 Thomson Financial 13F institutional holdings 数据库，股票回报数据来自 CRSP 数据库。

首先，我们考察收购活动数量与收购方后续创新产出之间关系，在加入其他影响企业创新的控制变量，并对公司固定效应以及年份固定效应进行控制后进行普通最小二乘法回归，结果如下表所示：

表 4-9　收购活动数量与收购方创新（OLS）[①]

分表 A：专利数量

因变量	第 1 年专利数量	第 2 年专利数量	第 3 年专利数量
收购数量对数	0.068***	0.097***	0.078***
	（0.022）	（0.027）	（0.028）
控制变量	是	是	是
固定效应	是	是	是
样本量	105 314	97 286	88 775

分表 B：专利引用次数

因变量	第 1 年专利引用次数	第 2 年专利引用次数	第 3 年专利引用次数
收购数量对数	0.036*	0.075***	0.033
	（0.020）	（0.025）	（0.026）
控制变量	是	是	是

---

① Tong Liu, Merih Sevilir and Xuan Tian. Acquiring Innovation. Working Paper.

(续表)

因变量	第1年专利引用次数	第2年专利引用次数	第3年专利引用次数
固定效应	是	是	是
样本量	105 314	97 286	88 775

注：计量结果括号内为稳健性标准误，***、**、*分别表示1%、5%和10%的显著性水平。

上表结果表明，收购数量与并购方完成收购后的新专利产出数量有很强的正向相关性。收购后1年内，收购数量每增长10%，新专利的数量增加1%。与此相比，企业投入研发资金1年内，研发密度每增加10%，新专利数量增加0.9%，这说明收购行为对专利产出的影响水平与企业内部研发投入对专利产出的影响水平不相上下。收购数量与收购方完成后的新专利质量也存在正向相关性，且这一结论在我们更换样本、收购数量度量方式、回归模型等因素后仍然稳健。

为了解决可能存在的遗漏变量等内生性问题，我们沿用Savor和Lu（2009）的方法，将发布收购公告的公司按收购成功与否分为两组，比较它们未来的创新产出。由于收购交易是否成功与收购方的创新能力并不存在必然联系，我们可以据此来确立收购活动与成功完成收购交易企业创新产出之间的因果关系，结果如下表所示：

表4-10 收购失败 vs. 成功对企业创新的影响（OLS）①

分表A：专利数量

因变量	第1年专利数量	第2年专利数量	第3年专利数量
收购失败	−0.172**	−0.188**	−0.166*
	（0.088）	（0.091）	（0.094）
控制变量	是	是	是
固定效应	是	是	是
样本量	19 786	18 339	16 927

① Tong Liu, Merih Sevilir and Xuan Tian. Acquiring Innovation. Working Paper.

（续表）

分表 B：专利引用次数

因变量	第 1 年专利引用次数	第 2 年专利引用次数	第 3 年专利引用次数
收购失败	−0.209**	−0.131***	−0.118
	（0.101）	（0.045）	（0.044）
控制变量	是	是	是
固定效应	是	是	是
样本量	19 786	18 339	16 927

注：计量结果括号内为稳健性标准误，***、**、* 分别表示 1%、5% 和 10% 的显著性水平。

从上表可以看出，无论是专利数量还是专利质量，收购失败变量的系数都显著为负，结合表 4-9 的结果说明失败的收购方比成功的收购方拥有更少的专利产出以及更低的专利质量，证明了企业的收购数量与其随后的创新产出之间存在因果关系。

我们进一步将收购成功公司划分为子样本，考察收购目标的创新性对收购方后续创新产出的影响。以收购目标是否已有专利的哑变量为主要变量，对收购方创新产出进行普通最小二乘回归分析，结果如下表所示。

表 4-11　收购目标创新性对收购方创新的影响（OLS）[①]

分表 A：专利数量

因变量	第 1 年专利数量	第 2 年专利数量	第 3 年专利数量
收购目标是否已有专利	0.176***	0.155***	0.147***
	（0.035）	（0.036）	（0.037）
控制变量	是	是	是
公司固定效应	是	是	是
年份固定效应	是	是	是
样本量	35 595	32 666	29 824

---

① Tong Liu, Merih Sevilir and Xuan Tian. Acquiring Innovation. Working Paper.

(续表)

分表 B：专利引用次数

因变量	第 1 年专利引用次数	第 2 年专利引用次数	第 3 年专利引用次数
收购目标是否已有专利	0.041** （0.017）	0.049*** （0.017）	0.044*** （0.017）
控制变量	是	是	是
固定效应	是	是	是
样本量	35 595	32 666	29 824

注：计量结果括号内为稳健性标准误，***、**、* 分别表示 1%、5% 和 10% 的显著性水平。

如上表所示，无论是专利数量还是专利质量，收购已有专利的目标公司对收购方的后续创新产出都存在正向影响。这可能是因为拥有现成专利的目标公司在被收购时拥有未注册专利创新产品的概率更大，对于收购方来说收购这样的目标公司是其未来增加创新专利产出的重要途径。

我们还研究了并购行为对企业价值的影响，发现无论短期还是长期内，收购创新型企业都能为收购方创造价值：短期来看，在发布收购公告 3 日内，收购方平均能获得 1% 的超额收益，而如果收购目标在被收购前 3 年内至少有一个以上专利，则收购方的超额收益比平均水平高出 0.6 个百分点；长期来看，以并购完成后的 5 年为窗口期，收购自带专利公司的收购方股价表现也优于收购不带专利公司的收购方。

国内学者对与并购与企业创新能力之间的关系也有研究。于开乐和王铁民（2008）以南汽集团对罗孚公司的并购为例，讨论了基于并购的开放式创新对企业自主创新的影响，发现在并购目标知识积累大于并购方或双方知识积累形成互补时，并购方有能力整合资源形成协同效应从而对创新产生积极影响。在细分行业中，温成玉和刘志新（2011）对 2001 年至 2008 年我国高新技术上市公司的 96 起技术并购事件进行了实证研究，发现只有技术并购对并购方的创新绩效影响为正，而非技术并购对并购方的创新绩效没有显著影响。张学勇等（2017）则实证考察了 1998 年至 2015 年中国上市公司作为并购方的 7 086 件股权并购事件，发现并购目标公司的创新能力才是决定并购方股票回报的关键，当并购方也具有创新能力时，会产生协同效应从而提升并购方股票的长期表现。事实上，越来越多中国企业开始意识到技术创新对公司发展的价值，选择通过并购创新型企业提升自身创新能力，增强市场竞争能力。

迷你案例
MINI CASE

海尔收购通用家电

2016年6月，青岛海尔股份有限公司和通用电气宣布，双方已签署青岛海尔整合通用电气家电公司的交易的交割文件，这标志着通用电气家电正式成为青岛海尔的一员。早在2008年，通用电气就宣布计划出售或分拆其家用电器板块，意图剥离其增长缓慢和不稳定的业务。在此后很长一段时间，众多潜在买家都有意拿下通用的家电业务，然而最终胜利者是来自中国的家电巨头海尔。海尔为什么要收购通用家电呢？①

这笔收购交易对海尔的好处是多方面的。通用家电是欧美家喻户晓的家电品牌，收购完成后，海尔可获得通用家电的品牌和渠道优势，迅速推进全球化布局。更重要的是，通用家电拥有成熟的研发体系，在多国建有研发中心。收购成功后，海尔和通用可共享全球研发资源，实现研发、生产、销售一体化整合，促进产业链整合，提升企业整体创新能力，实现"中国制造"向"中国智造"的高端转型。

本章小结

本章分析了并购与反收购条款对企业创新及公司价值的影响及其作用机制。本章要点总结如下：

- 采用了更多反收购条款的企业创新能力更强，且反收购条款与企业创新能力两者间有正向因果关系；
- 反收购条款与公司价值间存在正向相关关系，但这一关系的前提是公司投资大量的创新项目，并拥有较强的创新能力；
- 企业可以自主创新，也可以通过收购创新型企业来实现创新水平的提升；
- 从企业外部获得创新性与企业内部的研发投入对增强企业创新产出来说同等重要。

---

① http://homea.people.com.cn/n1/2016/0615/c41390-28445527.html。

第 4 章 收购与反收购条款:"宝万之争"的启示

参考文献

[1] Philippe Aghion, J V Reenen and L Zingales. Innovation and Institutional Ownership [J]. *American Economic Review*, 2013, 103(1): 277–304.

[2] Philippe Aghion and Jean Tirole. The Management of Innovation [J]. *The Quarterly Journal of Economics*, 1994, 109(4): 1 185–1 209.

[3] Julian Atanassov. Do hostile takeovers stifle innovation? Evidence from antitakeover legislation and corporate patenting [J]. *Journal of Finance*, 2013, 68(3): 1 097–1 131.

[4] J Thomas Chemmanur, I Paeglis and K Simonyan. Management quality and antitakeover provisions [J]. *Journal of Law & Economics*, 2011, 54(3): 651–692.

[5] J Thomas Chemmanur and Y Jiao. Dual class IPOs: A theoretical analysis [J]. *Journal of Banking & Finance*, 2012, 36(1): 305–319.

[6] Thomas Chemmanur and Xuan Tian. Do anti–takeover provisions spur corporate innovation? A regression discontinuity analysis [J]. *Journal of Financial and Quantitative Analysis*, 2017, forthcoming.

[7] John E Core, W. R. Guay and T O Rusticus. Does weak governance cause weak stock returns? An examination of firm operating performance and investors' expectations [J]. *Journal of Finance*, 2006, 61(2): 655–687.

[8] Martijn Cremers and Allen Ferrell. Thirty years of shareholder rights and firm value [J]. *Journal of Finance*, 2014, 69(3): 1 167–1 196.

[9] Paul Gompers, Joy Ishii and Andrew Metrick. Corporate governance and equity prices. The Quarterly *Journal of Economics*, 2003, 118(1): 107–156.

[10] Sanford J Grossman and O D Hart. One share–one vote and the market for corporate control [J]. *Journal of Financial Economics*, 1988, 20(1–2): 175–202.

[11] Bengt Holmstrom. Agency costs and innovation [J]. *Journal of Economic Behavior & Organization*, 1989, 12(3): 305–327.

[12] William C Johnson, Jonathan M Karpoff and Sangho Yi. The bonding hypothesis of takeover defenses: Evidence from IPO firms [J]. *Journal of Financial Economics*, 2015, 117(2): 307–332.

[13] Jonathan M Karpoff and Michael D Wittry. Institutional and legal context in natural experiments: The case of state antitakeover laws [J]. *Journal of Finance*, 2017,

forthcoming.

[14] Liu Tong, Merih Sevilir and Xuan Tian, 2016. Acquiring innovation. Working paper, University of Pennsylvania.

[15] Manso G. Motivating innovation [J]. *Journal of Finance*, 2011, 66(5): 1 823 – 1 860.

[16] Porter M E. Capital disadvantage: America's failing capital investment system [J]. *Harvard Business Review*, 1992, 70(5): 65 – 82.

[17] Rhodes‐Kropf and David T Robinson. The market for mergers and the boundaries of the firm[J]. *Journal of Finance*, 2008, 63(3): 1 169 – 1 211.

[18] Sapra Haresh, Ajay Subramanian and K V Subramanian. Corporate governance and innovation: theory and evidence [J]. *Journal of Financial & Quantitative Analysis*, 2015, 49(4): 82 – 106.

[19] Pavel G Savor and Qi Lu. Do stock mergers create value for acquirers? [J]. *Journal of Finance*, 2009, 64(3): 1 061 – 1 097.

[20] Jeremy C Stein. Takeover threats and managerial myopia [J]. *Journal of Political Economy*, 1988, 96(1): 61 – 80.

[21] 陈玉罡，石芳. 反收购条款、并购概率与公司价值 [J]. 会计研究，2014(2): 34 – 40.

[22] 温成玉，刘志新. 技术并购对高技术上市公司创新绩效的影响 [J]. 科研管理，2011, 32(5): 1 – 7.

[23] 于开乐，王铁民. 基于并购的开放式创新对企业自主创新的影响——南汽并购罗孚经验及一般启示 [J]. 管理世界，2008(4): 150 – 159.

[24] 张学勇，柳依依，罗丹等. 创新能力对上市公司并购业绩的影响 [J]. 金融研究，2017(3): 159 – 175.

第 5 章
发挥人的作用：激励还是保护？

工会的存在一直饱受争议。一方面，工会能够维护职工的利益，另一方面，工会抬高最低工资会增加公司的经营成本。而在创新型企业中，由于行业发展迅速，员工的工作性质随之不断改变，工会可能会妨碍企业对人才的利用。并且工会对员工的保障会降低员工的工作积极性，从而影响企业的创新效率。本章重点分析工会和人力资本对企业创新的影响。

饱受争议的工会

在欧美国家，工会一直是饱受争议的社会组织。一方面，工会能够维护职工的利益，有效保护弱势群体的权益；另一方面，工会提高了最低工资水平，从而增加公司的经营成本，导致更多人失业，同时也造成了社会的不稳定。而具体到本书的关注重点——企业创新，工会的存在对其会带来什么样的影响？本章的第一部分将对这个问题做重点分析。

先说一个例子，对于世界各地的港口而言，码头自动化技术的大幅应用正在逐步成为趋势。这项技术不仅能够削减成本，而且能够提升港口的生产能力和可靠性。据行业专家估计，自动化技术可以进一步减少船舶的靠港时间，提高 30% 的产生率。而作为全球进出口大国的美国，其码头自动化技术的应用程度却落后于世界平均水平。2016年，在美国洛杉矶和长滩总共13个海港码头中，仅有2个实现了自动化。这是因为，迫于沿岸工会组织的压力，美国政府不愿大行推广这种节省人力的技术。有关研究显示，采用自动化技术来装卸货物将会削减港口对沿岸劳动力的一半需求。

2002年美国西海岸港口的工人和雇主爆发了劳资冲突，导致29个民用港口停工11天，每天损失近10亿美元，事后对港口积压货物的清理工作耗时6个月才完成。从此以后，港口每一项推广自动化技术的举措都遭到工会的强烈反对。国际沿岸及仓储工会的洛杉矶主席表示，工会一直致力于达到"最低劳动定员标准"，以此来"保证码头工人们的未来"。然而海事咨询公司的咨询师则表示，在美国，"你可能无法像其他国家那样立即实现对成本的节约，因此，引入自动化技术的决定给投资者带来的压力更大"。

正如上述案例所示，在美国，工会的存在虽然保障了工人的基本权益，但也会导致工会对新技术的应用投反对票，进而阻止企业创新和技术进步，类似的案例还发生在铁路工会上（见本节迷你案例"火车技术更新与铁路工人罢工"）。工会不仅直接影响了企业创新，还会导致员工因过度保护而懒惰，使更多员工倾向于"吃大锅饭"；当员工间薪酬差距较大时，工会还会迫使企业缩小薪酬差距，降低研发者薪酬从而使研发人员的付出与回报不成正比，这将导致更多发明者选择离职，间接影响企业创新。在美国的创新中心硅谷，美国的各个工会组织建立工会的尝试都无疾而终，那里的氛围也一直是反对工会的。因为对那些真正有创新能力的发明者而言，他们不会选择依靠工会来为自己争取更好的工作条件和收入，他们依靠自己的创新能力证明其在市场中的价值（见本节迷你案例"硅谷对工会的态度"）。

那么从定量的角度看，工会到底是否会阻碍创新？如果会的话，将在多大程度上影响创新？这是本节希望解答的问题。

迷你案例
MINI CASE

火车技术更新与铁路工人罢工

1991年4月16日午夜，报时钟声刚刚敲响了第12下，全美国的货运车站均停止了发车,繁忙的美国铁路线瞬间陷入空前沉寂。美国铁路行业 11 个工会所代表的 23.5 万铁路货运工人向资方发起了挑战,这也是美国历史上自 1982 年以来第一次全国性的铁路工人大罢工。而此次罢工争论的焦点是:一列货运火车究竟该有多少工人操作才能正常行驶?自 20 世纪初起,美国货运火车乘务组便由司机、司炉工、司闸员、技工和列车员 5 人组成,但是随着技术的进步,烧煤的蒸汽机被以柴油为燃料的内燃机所取代,同时铁路沿线也逐步配置了电子安全装置,原来一列货运火车需要 5 位工人的情况转变为了 2 至 3 人便足够驾驶一列货运火车。为了降低成本,增加利润,促进火车技术更新,资方决定裁员。但是面对资方的决策,铁路工会极力反对,坚决主张维护传统的乘务组人员编制。美国铁路运输对美国经济发展有着至关重要的作用,此次罢工不仅导致铁路运输受阻,还会影响其他如汽车等行业,原因在于汽车行业为了减少库存,都是组装时才将所需零部件运到工厂。据专家估算,铁路罢工只要持续两个星期,美国各行业将不得不解雇 50 万到 100 万名工人。

工会与企业创新:保护 or 冲突

劳工保护主义假说

激励创新对于大多数公司和组织而言都是一件富有挑战的事。与日常性工作(例如营销、批量生产)不同,创新通常需要经历一个较长的过程,具有异质性、不确定性以及较高的失败风险。因此,为雇员提供保护、防止其无故被解职是激励创新的必要条件。Acharya 等(2014)研究了美国的"非法解雇条款"(Wrongful Discharge Laws)以及其对企业创新的影响。他们的研究显示,非法解雇条款的出台(尤其是那种保护雇员避免无故被解职的法律条款的出台),能够提高雇员的努力程度,进而提高企业的创新水平。从保护劳工权益的角度而言,工会能给劳工带来最大程度的保护。因此,在这种"劳工保护主义"假设下,工会能够为雇员提供最大程度的保护,从而能够有效激励企业创新。

"劳工保护主义"假说似乎与 Manso(2011)的理论研究结论相一致,即能够容忍失败风险的合约能够激励企业创新,这是因为工会能够保护雇员的工作机会,从而能够使雇员免受短期失败风险的影响。然而,该假设忽略了这个事实,即 Manso(2011)的理论模型强调最优激励创新的合约需要既能在短期容忍失败又能在长期给予激励对象丰厚的回报。工会本身并不能够提供长期的回报激励,例如股权期权、分享报酬等。

利益冲突假说

工会可能会导致雇员之间产生利益冲突,从而抑制企业的创新。至少有三个理由可以说明工会对创新的抑制作用。首先,创新需要在无形资产(例如研发)上进行大规模的投资,而一旦投资项目正式启动,之前的研发投入就成为了沉没成本,这时工会的工人就有动机提出涨工资的要求,否则他们将不再继续进行研发项目。这种事后"敲竹杠"的行为会带来项目失败的风险,这会导致管理决策层在事前减少对研发的投入,造成研发投资不足,最终抑制创新。其次,工会可能会助长"大锅饭"的行为,员工由于偷懒而受的惩罚因工会的存在而减轻了。工会降低了员工被解雇的可能性,降低了员工偷懒的成本,从而可能导致员工生产效率的下降。最后,工会改变了工资的分布,导致工人之间工资差距减小(Frandsen, 2012)。然而有创新能力的员工在劳动力市场是十分稀缺的,工资收入的趋同可能会挤出这些具有创新能力的工人,这样则会导致工会企业中创新成果的减少。这三种机制虽然有所差别,但它们根本上都是缘自工会带来的利益冲突,并最终抑制企业的创新产出,因此我们统一称之为"利益冲突"假说。

迷你案例
MINI CASE

硅谷对工会的态度

在美国创新中心硅谷,总是笼罩着一种反对工会的氛围。1985年,英特尔的创始人戈登·摩尔曾说过,"我们的行业变化迅猛,各种工作的性质也在不断变化。我认为(工会的缺位)对我们的行业十分有利。"与此相类似,美国国家半导体公司的首席执行官、半导体行业的领头人物查尔斯·斯波克曾在一部书中写道:"工会的演进方式使之成为创新的顽固障碍。为了最好地利用人才及其技能,我们不断地变换员工的工作。在半导体技术日新月异的时代,如果有工会组织的掣肘,我们定然会寸步难行。"20世纪80年代中期,美国各工会试图在硅谷建立组织的努力最后都以失败告终。据说，在硅谷唯一能拿到集体谈判合同的职工是清洁工。因为对清洁工而言，个体的谈判力非常微弱，所以他们只能通过集体谈判的方式来争取更高的工资待遇。然而那些富有创新能力的发明者则不会选择加入工会，因为他们不必依靠工会来争取更好的工作条件和收入，他们依靠自己的创新能力证明其在市场中的价值。

实证研究发现

我和南佛罗里达大学教授 Daniel Bradley 以及福特汉姆大学助理教授 Incheol Kim，2017 年在 *Management Science* 发表的论文"工会会影响创新吗？"便对以上两个可能的假设进行了验证。

在文章中，我们从 NBER 所提供的专利引用数据库中得到专利数据，分别使用企业申请且最终被授予专利的数量和企业专利在之后受到的引用次数来度量企业创新产出的数量和质量。我们从美国劳工关系委员会（National Labor Relations Board，NLRB）收集到工会决议的结果，通过这些数据，我们可以比较那些通过决议设立工会的企业和没有通过决议的无工会企业的创新产出。

研究的主要挑战是如何验证工会与企业创新的因果关系。普通最小二乘回归（将企业创新作为被解释变量，工会的相关指标作为解释变量）难以有效地解决识别问题。这可能是因为工会选举结果可能与企业的一些不可观测变量相关，而这些变量也会影响企业的创新产出（遗漏变量问题）；也可能是因为那些创新潜力较低的企业更可能通过成立工会的决议（逆向因果问题）。这两种问题都将使验证工会与企业创新的因果关系变得十分困难。为了验证因果关系，我们采取了断点回归的方法，利用不同企业在工会成立决议中因票数上刚好通过与刚好不通过带来的外生差异，找到工会对企业创新的影响。这种方法比较两组企业的创新成果的差异，一组因工会成立决议票数刚好通过而成立工会，另一组因工会成立决议票数刚好不通过而没有成立工会。具体而言，我们统计每个企业工会成立决议的票数，根据工会决议通过的标准（50%），选取一个小的区间，区分票数刚好超过 50%，和票数刚好不足 50% 的公司。断点回归方法是一种非常有说服力的识别措施，因为这两组企业仅仅因为票数上的极小差别而产生不同的结果，而这种差别很有可能是一个独立、随机的事件，并不与公司的其他不能观测的变量有直接联系。

在正式检验之前，我们需要首先验证断点回归的两个核心假设。第一个假设是：需要保证参与者（即投票人和雇主）不能够准确地操纵选票结果，使其刚好大于或小于分界点。如果这个核心假设能够成立，那么在断点附近区域工会是否被确认成立可以被认为是一个随机的自然实验。为了验证这个假设，我们比较了样本中选票分布的描述性统计，发现50%附近选票数量并没有显著的差异。同时，我们参照McCrary（2008）的论文，对分布是否连续做了统计检验，结果也发现50%前后选票数量并无显著差异。第二个假设是：分界点附近样本与创新相关的其他变量没有不连续的现象。换句话说，刚好投票通过成立工会的企业与刚好投票不通过没能成立工会的企业，在投票前需要在各方面比较相近，不能有系统性的差异。为此我们对投票结果落在48%~52%范围内的企业进行比较，即比较刚好通过工会成立决议和刚好没通过工会成立决议的两组。表5-1反映了上述决议通过的企业与决议没通过企业之间各个可观测变量的比较，可以看出两组企业在各个变量上都没有显著差异。总体而言，我们的检验结果显示，在50%附近的工会表决结果并没有受到来自投票者或雇主的操纵，此外，断点处其他变量也并没有显著的不连续性。

表 5-1　工会企业和非工会企业可观测变量的差异[①]

	工会成立决议通过	工会成立决议不通过	差异	P 值
专利数量对数	0.167	0.186	0.019	0.950
专利引用次数对数	0.418	0.218	−0.201	0.374
总资产对数	6.136	5.689	−0.447	0.56
账面市值比对数	0.525	0.567	0.042	0.685
总资产收益率	0.053	0.018	−0.035	0.167
固定资产占比	0.49	0.378	−0.112	0.120
资本支出占比	0.079	0.058	−0.022	0.105
资产负债率	0.363	0.305	−0.058	0.395
公司年龄对数	2.022	2.625	0.603	0.163
行业竞争度	0.235	0.219	−0.017	0.833

① Bradley Daniel, Incheol Kim and Xuan Tian. Do unions affect innovation? [J]. *Management Science*, 2017, 63(7): 2 251 – 2 271.

接下来，我们将对变量进行检验。因为创新活动通常需要较长的周期，我们检验在工会决议后 1 年、2 年和 3 年时企业专利产出的变化。首先我们可以通过图 5-1 直观判断断点处的变化。左侧的图反映专利数量的变化，右侧的图反映专利引用次数的变化（两者都进行了对数转化）。x 轴反映的是工会成立决议的投票结果。我们将所有投票结果分散到 40 个等距的区间中（每个区间宽度为 2.5%）。在所有散点中，没有通过工会决议的企业在 50% 分位线左边，而通过工会决议的企业在 50% 分位线的右边。散点表示每个区间内创新产出的平均值。实线表示根据散点拟合出的二次方程，实线旁的灰色部分则表示 95% 的置信区间。

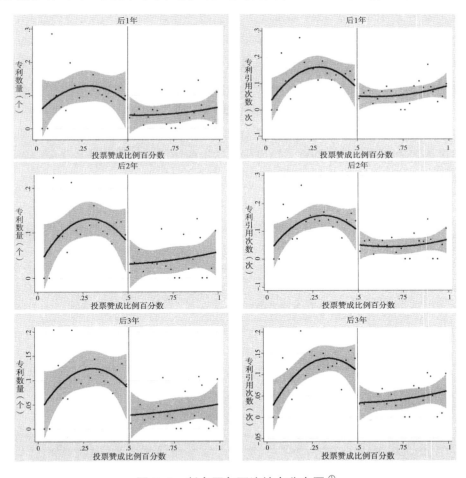

图 5-1　断点回归不连续点分布图[1]

---

[1] Bradley Daniel, Incheol Kim and Xuan Tian. Do unions affect innovation? [J]. *Management Science*, 2017, 63(7): 2 251 – 2 271.

图 5-1 显示：无论是在工会成立决议后的 1 年、2 年或 3 年，专利数量和专利引用次数都在临界值附近存在明显的不连续性。在断点附近的极小范围内，一旦选票结果超过 50%，专利数量和专利引用次数都有显著的下降。这个结果表明工会可能会对企业的创新带来负向的影响。

然后，我们通过全局多项式模型（Global Polynomial）进行断点回归分析。简单来说，这里的全局多项式模型是通过对断点（50%）前后的分布图进行多项式拟合，并在回归中控制拟合后的多项式，从而验证断点本身对被解释变量存在影响。表 5-2 为回归的结果，我们展示了三阶多项式回归的结果，我们的结论对于其他阶数的多项式回归同样稳健存在。在分表 A 中，我们控制了年度和行业固定效应。"成立工会"变量前的回归系数在所有滞后年份都显著为负，这表明工会对于创新产出有显著的负向影响。经济意义上，对于 3 年滞后期内的创新产出来说，结果显示工会选举决议的通过将导致 3 年滞后期内的专利总量下降 9.8%，而专利质量下降 11.8%。在分表 B 中，我们也控制了地区固定效应，防止地区差异因素扰乱我们的结果。同样，可以看出这里的结果无论在统计意义还是经济意义上都十分显著。

表 5-2 断点回归（全局多项式）[①]

分表 A：年度和行业固定效应

因变量	专利数量对数 $_{t+N}$			专利引用次数对数 $_{t+N}$		
	$N=1$	$N=2$	$N=3$	$N=1$	$N=2$	$N=3$
成功成立工会	−0.066	−0.082***	−0.098***	−0.070**	−0.098***	−0.118***
	(−2.27)	(−2.99)	(−3.66)	(−2.09)	(−2.78)	(−3.68)
多项式阶数	3	3	3	3	3	3
固定效应	是	是	是	是	是	是
观测样本量	8 809	8 809	8 809	8 809	8 809	8 809

---

① Bradley Daniel, Incheol Kim and Xuan Tian. Do unions affect innovation? [J]. *Management Science*, 2017, 63(7): 2 251‑2 271.

（续表）

分表 B：年度、行业和地区固定效应

因变量	专利数量对数 $_{t+N}$			专利引用次数对数 $_{t+N}$		
	$N=1$	$N=2$	$N=3$	$N=1$	$N=2$	$N=3$
成功成立工会	−0.066**	−0.083***	−0.098***	−0.070**	−0.099***	−0.119***
	(−2.27)	(−3.00)	(−3.63)	(−2.08)	(−2.83)	(−3.69)
多项式阶数	3	3	3	3	3	3
固定效应	是	是	是	是	是	是
观测样本量	8 809	8 809	8 809	8 809	8 809	8 809

注：计量结果括号内为稳健性标准误，***、**、* 分别表示 1%、5% 和 10% 的显著性水平。

稳健性检验

虽然使用全局多项式法得到的结果显示，工会的存在对企业创新有负向的影响，Bakke 和 Whited（2012）的研究指出考虑到断点回归检验非常局部、微弱的外部有效性[①]，一个局部线性的估计是非常必要的。Fan 和 Gijbels（1992）以及 Hahn，Todd 和 van der Klaauw（2001）的研究指出局部线性估计拥有出色的特性。因此，我们参考 Imbens 和 Kalyanaraman（2012）的研究，在 50% 断点附近采用非参数的局部线性估计（nonparametric local linear estimation）。表 5-3 展示了回归结果，我们使用了矩形内核模型（Rectangular kernel）和三角形内核模型（Triangular kernel）。由表 5-3 可以看出，"成立工会"变量系数的估计结果在所有列上都在 1% 的水平上显著，其结果与全局多项式模型得到的结果一致，系数的经济意义也一致。综上，本部分的结论显示，工会的存在对企业创新有负向的影响，这与前文所述的"利益冲突"假设相符。

表 5-3 断点回归（非参数局部线性回归）[②]

分表 A：矩形内核

因变量	专利数量对数 $_{t+N}$			专利引用次数对数 $_{t+N}$		
	$N=1$	$N=2$	$N=3$	$N=1$	$N=2$	$N=3$
成立工会	−0.057***	−0.079***	−0.087***	−0.056**	−0.117***	−0.125***

---

① 外部有效性（external validity），指特定的研究结果是否具有推广性。断点回归结果在断点处局部有效，并不能推广到距离断点过远的样本中。

② Bradley Daniel, Incheol Kim and Xuan Tian. Do unions affect innovation? [J]. *Management Science*, 2017, 63(7): 2 251－2 271.

（续表）

因变量	专利数量对数 $_{t+N}$			专利引用次数对数 $_{t+N}$		
	$N=1$	$N=2$	$N=3$	$N=1$	$N=2$	$N=3$
	（-3.05）	（-3.36）	（-3.86）	（-2.28）	（-3.32）	（-4.14）

分表 B：三角形内核

因变量	专利数量对数 $_{t+N}$			专利引用次数对数 $_{t+N}$		
	$N=1$	$N=2$	$N=3$	$N=1$	$N=2$	$N=3$
成立工会	-0.062***	-0.085***	-0.089***	-0.066***	-0.116***	-0.121***
	（-3.37）	（-3.91）	（-4.32）	（-2.82）	（-3.37）	（-4.16）

注：计量结果括号内为稳健性标准误，***、**、* 分别表示 1%、5% 和 10% 的显著性水平。

经济学家小传
MINI BIOGRAPHY

托妮·怀特德（Toni Whited），美国著名金融学家。她两次获得 Brattle 奖，其在《金融经济学杂志》上发表的文章获得公司金融领域顶级奖项詹森奖。怀特德目前担任密歇根大学罗斯商学院的戴尔·L. 戴克马（Dale L. Dykema）工商管理教授。1984 年，怀特德教授在俄勒冈大学获得经济学和法语学士学位，1990 年在普林斯顿大学获得经济学博士学位。她师从美国著名宏观经济学家，美联储前主席伯南克教授（Ben S. Bernanke）。怀特德教授教学领域非常广泛，涵盖本科、工商管理硕士和博士水平的金融、宏观经济学和计量经济学等多个方面。她在顶级经济和金融期刊上发表了 30 多篇文章。她的研究涵盖金融摩擦（financial frictions）对企业投资的影响、测量误差的计量经济学解决方案、公司现金政策、动态模型的结构估计以及企业多元化等主题。除了在密歇根大学罗斯商学院任教外，她还曾在美国罗彻斯特大学、威斯康星大学、美国爱荷华大学、波士顿学院等大学任教。怀特德教授有着极高的学术水平，曾担任 Journal of Macroeconomics、Financial Management、The Review of Financial Studies、Journal of Financial Economics 等著名学术期刊副主编，目前担任 Journal of Financial Economics 期刊共同主编。

工会的作用机制

在上文中我们已经发现"利益冲突"假说得到了实证分析结果的支持，这里我们将进一步探讨其背后可能的作用机制。研发费用的削减可能是一个重要的传导机制。工会工人在得知企业为已有创新研发投入巨额成本后，很可能会要求更高的工资，否则威胁不参与进一步的研发工作，造成企业研发投入的损失。而企业在事前可能已经认识到这个问题，从而会削减在研发上的投入。为此，我们参考 Imbens 和 Kalyanaraman（2012）的研究，对研发费用占比进行非参数估计，表5-4是估计的结果，这里主要汇报三角形内核的估计结果。如表所示，在各个滞后期上，成立工会都会对企业的研发费用占比带来显著的负向影响。所以工会成立确实能给研发投入带来负向的影响，而这可能是导致创新产出下降的一个重要机制。

表 5-4：研发者生产率 [①]

因变量	专利数量对数 $_{t+N}$		
	$N=1$	$N=2$	$N=3$
成立工会	−0.006***	−0.004*	−0.006***
	（−2.90）	（−1.65）	（−3.79）

注：计量结果括号内为稳健性标准误，***、**、* 分别表示1%、5%和10%的显著性水平。

第二个可能导致创新水平下降的机制是：在工会成立后，员工会因为有稳定的工作保障，更倾向于偷懒而不是认真投入创新研发。创新是一个不断探索的过程，充满不确定性，需要投入较多精力。而工会为员工提供的过度保护，将导致员工在工作中

---

① Bradley Daniel, Incheol Kim, and Xuan Tian. Do unions affect innovation? [J]. Management Science, 2017, 63(7): 2 251–2 271.

偷懒。需要注意的是，这种偷懒的动机不仅仅在研发者中存在，在一般员工中也存在，而这也会间接影响到研发者的工作效率和工作热情。我们以工会选举作为事件，使用双重差分模型，验证工会选举前后研发者创新产出的变化。我们将通过决议成立工会的公司作为实验组，将没有通过决议成立工会的公司作为控制组，使用最邻近原则进行倾向得分匹配（nearest-neighbor propensity score matching）。根据哈佛商业数据库数据，我们定义了两类的研发者：第一类是留存老员工（Stayers），即那些在工会决议前后3年内都在本公司且至少有一个专利的研发者，这些研发者一直在本公司任职；第二类是新雇佣者（New Hires），即那些在工会决议后3年内至少有一个本公司的专利，并且在工会决议前3年内至少有一个其他公司专利的发明者，这些研发者在工会成立附近的年份从其他公司来到本公司。表5-5是我们分别对留存者和新雇佣者进行双重差分的结果。可以看出，无论是留存老员工还是新雇佣者，在成立工会后其创新产出都有显著的下降。这说明工会组织确实会降低研发者的创新效率，这可能是工会影响企业创新的另一个重要的传导机制。

表5-5 研发者生产率[①]

分表A：留存者

	实验组差分（事后－事前）	控制组差分（事后－事前）	双重差分（实验组－控制组）	P值
专利数量	0.119	0.442	−0.323***	0.001
专例引用次数/专利数量	−5.799	−2.306	−3.493***	<0.001

分表B：新雇佣者

	实验组差分（事后－事前）	控制组差分（事后－事前）	双重差分（实验组－控制组）	P值
专利数量	0.698	3.516	−2.818***	0.008
专利引用次数/专利数量	−8.769	2.382	−11.151**	0.022

注：***、**、* 分别表示1%、5%和10%的显著性水平。

[①] Bradley Daniel, Incheol Kim, and Xuan Tian. Do unions affect innovation [J]. *Management Science*, 2017, 63(7): 2 251－2 271.

还存在第三种可能的作用机制：工会的成立会导致原来一些优秀研发者离职。Frandsen（2012）的研究显示，工会的成立显著地降低了工人之间的工资差距。这种工资差距的降低对某些工人可能是好事，但是对那些本身能力突出，并且能够在劳动力市场中获得较高报酬的员工而言可能是坏事。这些本身素质优秀的员工可能因此去寻找更好的职业发展机会，而这将导致企业创新产出的下降。为了验证这个机制，我们同样采取双重差分的方法，针对离职者检验其在工会成立前后创新产出的变化。这里的离职者是指那些在工会成立前3年内至少有一个本公司的专利，而在工会成立后3年内至少有一个其他公司专利的研发者，这些研发者在公司成立工会附近的年份离开了公司。表5-6是双重差分的结果，可以看出双重差分项显著为正，这表明离职者在离开公司后有更高的创新水平。这说明工会成立确实会导致一些优秀的研发者离职，这也间接导致了企业创新水平的下降。

表 5-6　研发者离职[①]

	实验组差分（事后—事前）	控制组差分（事后—事前）	双重差分（实验组—控制组）	P 值
专利数量	0.103	−1.342	1.445**	0.012
专利引用次数	−14.134	−26.066	11.932**	0.025

注：***、**、* 分别表示1%、5%和10%的显著性水平。

人力资本与创新：人和平台谁更重要？

根据前文的论述，工会的存在对企业创新有负向的影响，这与创新活动的特征和工会的组织形式有关。随着行业的迅速发展，员工的工作性质不断改变，工会可能会阻碍企业对人才的有效利用。这是因为工会对员工过度的保护可能会降低员工的工作积极性，从而影响企业的创新效率。然而，前文的研究结论并不意味着人力资本对创新不重要，相反员工作为企业重要的人力资本对企业创新有非常重要的作用。本节将着重探讨企业的人力资本对企业创新的影响。

Cohen等（2013）的研究显示，企业进行研发和生产专利的能力具有一定的持续

---

① Bradley Daniel, Incheol Kim, and Xuan Tian. Do unions affect innovation? [J]. *Management Science*, 2017, 63(7): 2 251–2 271.

性和可预测性。那么到底是什么导致了企业在创新产出上的持续性？这一定与某些根植在企业内的不随时间改变的因素有关。自Coase（1937）的研究以来，学术界对于构成企业的独特要素一直争论不断。在Hart-Moore的框架下，非人力资产（例如实物资产、组织架构、企业文化和对资源的获取能力）都是企业有机构成的重要元素。然而，Zingales（2000）指出，"人力资本正在成为当今世界上最重要的资产"（human capital is emerging as the most crucial asset）。纵观已有文献，关于企业的组织资本（organizational capital）和人力资本（human capital）对于企业创新可持续能力的相对重要性仍缺乏足够的探讨。我和康奈尔大学助理教授Yifei Mao和宾夕法尼亚大学的博士生Tong Liu的工作论文"人力资本的作用：来自专利派生的证据"尝试对这个问题给出解答。

经济学家小传
MINI BIOGRAPHY

罗纳德·H.科斯（Ronald H. Coase，1910年12月29日－2013年9月2日），英国著名经济学家，1991年因创造性地以"交易费用"来解释企业存在的原因以及企业扩展的边界问题而荣获诺贝尔经济学奖。科斯也是新制度经济学的鼻祖、美国芝加哥大学教授、芝加哥经济学派代表人物之一。科斯的代表作是两篇著名的论文：1937年发表的"企业的性质"，该文讨论了产业企业存在的原因及其扩展规模的界限问题，并首次在文中从"交易成本"（Transaction Costs）方面对企业存在原因、扩展界限进行了解释；另一篇著名论文是1960年发表的"社会成本问题"，该文对交易成本为零时合约行为的特征、政府干预、外部性、产权界定进行了重要阐述。芝加哥大学经济学家乔治·斯蒂格勒（1982年诺贝尔经济学奖得主）将科斯的这一思想概括为"在完全竞争条件下，私人成本等于社会成本"，并命名为"科斯定理"。除了在美国芝加哥大学教授经济学外，科斯还曾在弗吉尼亚大学、利物浦大学、伦敦经济学院任教。1978年，科斯当选为美国方理研究院研究员。1979年，他被授予"美

第 5 章 发挥人的作用：激励还是保护？

国经济学会杰出会员"称号。他的产权理论至今仍是经济学领域的重要理论。

研究这个问题的最大挑战在于如何区分组织资本和人力资本对创新的影响。通过追踪研发个人的专利派生，我们可以找到一个独特的环境来解决这个实证问题。首先，创新通常需要来自研发者的专业知识和技能（而并非来自最高管理层）。因此，研究者在推动创新生产中发挥了非常重要的作用。通过专注于研发者，我们捕捉到企业人力资本的关键要素。其次，我们可以追踪研发个体申请的专利以及相应的专利权人（专利权人指专利在法律意义上的所有者，通常是研发者所在的企业）。通过这些信息，我们了解研发者任职的企业，从而判断研发者是否从一家企业跳槽到了另一家企业。这两个独特之处让我们可以有效区分组织资本和研发者人力资本对创新的贡献。直观来说，如果一个研发个体的创新产出没有随任职企业的变化而改变，那么研发者本身很可能是其创新产出的主要驱动力。然而，如果研发者的创新产出随着其到另一家公司任职而改变，那么在很大程度上，我们可以将其创新成果归功于他所在的公司而非研发者本人。

我们使用两种方法区分研发者和企业在创新上的贡献。首先，我们以更换工作的研发者的面板数据进行估计，并且在回归中对研发者、公司和年度的固定效应进行控制。我们称这种方法为跳槽者虚拟变量法（mover dummy variable，以下简称 MDV 法），该方法在其他文献中也曾被使用过（例如：Bertrand and Schoar, 2003; Graham, Li and Qiu, 2012）。因为 MDV 法仅限于那些更换工作单位的研发者，他们在所有研发者样本中仅占 16%，所以我们还使用了第二种方法。第二种方法包括了所有的变更任职企业的研发者和未变更任职企业的研发者（即所属公司没有发生改变的研发者），且要求样本中未跳槽研发者所在公司雇佣至少一名曾跳槽的研发者。该方法为 Abowd, Kramarz 和 Margolis（1999）所开创（简称 AKM 法），并在随后被 Abowd, Creecy 和 Kramarz（2002）改进。AKM 法扩展了样本包含的研发者，使我们 98.4% 的研发者样本被包括其中。这两种方法都使我们可以定量地计算出，在多大程度上专利派生分别被研发者固定效应和公司固定效应所解释。

在文章中，我们探讨了两个维度的创新产出。第一个维度是创新表现，我们通过创新产出的数量和质量进行衡量。第二个维度是创新的"风格"，我们通过创新的探索性得分（exploratory score）和开发性得分（exploitive score）进行衡量。我们发现在解释创新表现上，研发者固定效应比公司固定效应起到更大的作用，研发者固定效应的解释力度是企业固定效应解释力度的 6 倍。而在解释创新风格上，两者的作用相当。

本文的数据主要来自哈佛商学院的专利和发明者数据库[1]，该数据库提供了发明者（生产专利的研发个体）和专利权人（专利权归属的实体，可以是政府、企业、组织或者个人）的具体信息。我们通过观察同一个发明者的专利是否拥有不同发明权人，来判断发明者是否更换供职企业。

表 5-7 展示了我们使用 AKM 模型对样本进行回归分析的结果[2]。这里省略了所有的回归系数，而专注观察不随时间变化的研发者固定效应以及公司固定效应对创新产出的相对贡献程度。参照 Graham, Li 和 Qiu（2012），以及 Ewens 和 Rhodes-Kropf（2015）的研究，我们使用被解释变量和研发者固定效应的协方差与被解释变量的方差之比 [$\frac{cov(Y, Inventor\ Fe)}{var(Y)}$] 来衡量研发者固定效应对创新产出总方差的贡献。这个标准化的协方差项反映了在总方差中每个变量的贡献程度，可以有效衡量研发者固定效应对被解释变量变化的贡献度。运用同样的方法，我们计算了公司固定效应的贡献度。

表 5-7 研发者和公司固定效应对创新的影响[3]

被解释变量	专利数量对数	专利引用次数对数	探索性得分	开发性得分
研发者与公司固定效应的相对贡献程度（对 R^2 的解释比例）				
研发者固定效应贡献	0.284（53.08%）	0.266（62.15%）	0.333（55.50%）	0.318（49.84%）
公司固定效应贡献	0.045（8.41%）	0.031（7.24%）	0.231（38.50%）	0.240（37.62%）
研发者固定效应 / 公司固定效应	6.311	8.581	1.442	1.325
控制变量加入年度固定效应（1）	0.354	0.213	0.117	0.156
（1）加入公司固定效应	0.373	0.237	0.337	0.387

[1] 可以在 http://dvn.iq.harvard.edu/dvn/dv/patent 网站下载。关于哈佛商学院专利和发明者数据库的更多信息可以从 See 等（2014）以及 Singh 和 Fleming（2010）的研究中查找。

[2] 关于 AKM 模型的更多信息以及具体模型设定可以参见 Tong Liu, Yifei Mao, Xuan Tian, 2017, The role of human capital: Evidence from patent generation. Unpublished working paper.

[3] Tong Liu, Yifei Mao, Xuan Tian, 2017, The role of human capital: Evidence from patent generation. Unpublished working paper.

（续表）

被解释变量	专利数量对数	专利引用次数对数	探索性得分	开发性得分
加入研发者和公司固定效应调整后的 R^2				
（1）加入研发者固定效应	0.438	0.308	0.379	0.431
（1）加入两个固定效应	0.442	0.313	0.393	0.45
跳槽者数量	32 420	32 420	21 133	21 133
未跳槽者数量	168 663	168 663	161 894	161 894
公司数	4 294	4 294	3 249	3 249
固定效应	是	是	是	是
观测量	1 231 352	1 231 352	547 923	547 923

注：计量结果括号内为稳健性标准误，***、**、* 分别表示 1%、5% 和 10% 的显著性水平。

对表 5-7 第一列"专利数量对数"，研发者固定效应对总方差的贡献达到 53.08%，而公司固定效应对总方差的贡献为 8.41%（余下的贡献来自其他控制变量）。我们通过计算研发者固定效应贡献与公司固定效应贡献的比率，衡量两者的相对重要性。在第一列中，这个比率约为 6。对第二列"专利平均引用次数"，62.15% 的总方差来自研发者固定效应，而 7.24% 的总方差来自公司固定效应。两者的相对贡献比率约为 8。总体而言，研发者固定效应与公司固定效应在对专利数量和专利引用次数解释的程度上存在显著的差异，这显示，创新表现在很大程度上是由研发者固定效应所驱动的。这些结果表明，相较于公司自身特征而言，研发者本身的能力或其不随时间改变的个人特征，对于企业创新产出更为重要。

在第三列和第四列中，我们使用创新的"探索性得分"和"开发性得分"来衡量创新的风格。如表所示，研发者固定效应与公司固定效应相对贡献比例分别约为 1.4 和 1.3，这表明研发者固定效应与公司固定效应在对创新风格的解释程度上十分接近。该结果显示企业的组织资本在解释创新风格上有更大的作用。虽然研发者看起来能够将他们的创新能力带到新公司，但他们创新的风格更有可能受到新环境的影响。

此外，我们还在表 5-7 中展示了四个不同模型的调整后 R^2 值：第一个模型包括所有的控制变量和年度固定效应；第二个模型包括所有的控制变量、年度固定效应和公司固定效应；第三个模型包括所有的控制变量、年度固定效应和研发者固定效应；最后一个包括所有控制变量和所有的固定效应。可以看出，在不加入任何固定效应时，研发者与公司固定效应对不同被解释变量的解释效力不同：专利数作为被解释变量时，解释效力为 35.4%；专利引用次数对应的模型，解释效力为 21.3%；探索性得分对应的模型，解释效力为 11.7%；开发性得分对应的模型，解释效力为 15.6%。控制研发者（或公司）固定效应会增加调整后的 R^2 值。例如，对于被解释变量为专利数量对数的模型，控制公司固定效应将会使调整后的 R^2 值提高 1.9 个百分点；而控制研发者固定效应会使调整后的 R^2 值提高 8.4 个百分点。可见控制研发者（或公司）固定效应后调整后 R^2 值的相对增长幅度与我们结果中研发者和公司固定效应的相对重要程度是一致的。从量的角度看，控制研发者固定效应后，R^2 的增长量与控制公司固定效应后 R^2 增长量的比率为 4.4，该数值与我们上面的估计相一致。所以，总体而言，我们证明了发明者固定效应在解释创新产出表现时更重要，即人力资本至关重要。

股权激励与创新：中国的经验

通过前面的分析，我们可以发现对创新来说，人力资本具有至关重要的作用。那么如何有效激励员工投入精力到高风险、长周期的创新活动，则是一个重要的、值得探讨的课题。与一般工作的性质不同，创新工作具有风险高、周期长的特性，因此激励创新工作相比激励一般性质的工作面临更大的挑战。Manso（2011）的理论研究显示，激励创新最有效的合约，需要既能够在短期容忍创新失败，又能够在长期给予激励对象丰厚的回报。他在研究中指出，这种最优的激励计划可以通过股票期权的形式，结合延长有效期和为激励对象提供保护机制等多种方式来实现。

对于我国而言，中国证券监督管理委员会（以下简称证监会）于 2005 年 12 月 31 日颁布了《上市公司股权激励管理办法（试行）》。从那时起，股权激励计划作为一种在上市公司中新型的长期激励方式开始出现。股权激励计划是指上市公司以本公司股票为标的，对其董事、高级管理人员及其他员工进行的长期性激励（以股票期权和限制性股票为主）。

迷你案例
MINI CASE

股权激励影响企业创新吗？

股权激励可以说是当下企业留住人才的重要策略。相比于薪酬激励，股权激励通常具有相对较长的有效期，可以给员工带来价值认同、归属感，同时股权激励意味着未来潜在的财务回报，可以给员工带来安全感。目前腾讯、阿里、360、小米等著名企业均已经实施了股权激励。以腾讯公司为例，腾讯公司 2007 年年报宣布实施股权激励计划。2008 年腾讯发布公告称，董事会决议向 184 位员工授出 101.605 万股新股作为奖励股份。按照 2008 年 8 月 29 日腾讯股票收报于 67 港元，通过折算可得腾讯公司奖励股份市值约 6 807.535 万港元，平均每人被奖励股份市值约 37 万港元。随后 2009 年、2013 年、2016 年腾讯均扩大了股权激励计划。截至 2016 年 6 月，腾讯公司至少有超过 3 万员工每人获得价值超过 52 000 元人民币的股票。2017 年是腾讯公司成立 18 周年纪念日，为了进一步激励员工，马化腾宣布，将在双十一向员工授予每人 300 股腾讯股票，作为公司成立 18 周年的特别纪念。预计此次授予股票总价值约达 17 亿港元（约 15 亿元人民币）。

股权激励计划能够对创新带来正向的激励作用，主要有三点理论依据。第一，激励创新最有效的合约需要：既能在短期容忍创新失败，又能在长期给予激励对象丰厚的回报。而股权激励计划（尤其是股票期权）能将这两者有效结合起来。对于股权激励计划（尤其是股票期权）而言，当激励对象的创新项目取得成功，并导致股价在未来大幅上涨时，激励对象可以利用股权激励获得股价上升带来的收益，当激励对象的创新项目失败并导致股价下跌时，激励对象也可以放弃行权而免受因股价下降带来的损失。第二，相较于其他的激励形式，股权激励通常具有较长的有效期，这能有效激励公司战略层以及核心技术人员投入到创新工作中去。第三，股权激励计划将激励对象的薪酬与股价波动相联系，这可以促使激励对象有更大的动机去尝试有风险的研发项目，从而有利于推动企业创新。

不过从另一方面看，股权激励计划也可能对创新带来负面的影响。首先，因为管理层或公司核心技术人员的主要个人收入来自公司提供的报酬，不够分散，所以将他们的薪酬与企业股价波动相联系，有可能导致他们惧怕冒险，从而减少在创新性较大的工作上的投入。而资本市场的短期压力，也会加剧管理层的短视行为，从而不利于创新。其次，学者们对中国的股权激励实施效果存在争议。有学者指出我国的股权激励计划存在较大的福利效应，难以真正激励高管。更有学者发现在控制盈余管理效应后，公司的业绩表现与股权激励并没有显著关联（吕长江等，2009；

林大庞和苏冬蔚，2011）。

综上，股权激励对企业创新的影响可能有正反两方面，那么如何判断影响就成为一个实证问题。我和我在清华大学的博士生孟清扬于2017年完成的工作论文"股权激励计划能促进企业创新吗？"对这个问题进行了解答。研究股权激励对企业创新影响的一个重要难题在于如何解决内生性问题。这里的内生性问题主要在于选择性偏误（selection bias），即选择发行股权激励计划的企业与没有选择发行股权激励计划的企业可能存在很大的不同。这很有可能，选择股权激励计划的企业是更具创新性的企业，那么如果直接比较这两家企业之间创新水平的差异则有可能导致解释结论的偏差。为了尽可能降低这种选择性偏误带来的影响，我们首先采取倾向得分匹配的方法（Propensity Score Matching），确定相匹配的实验组（Treatment Group）和控制组（Control Group），然后利用双重差分的方法，检验股权激励带来的两组企业创新产出的变化，以及两者的差异。

具体而言，对于倾向得分匹配，我们对每一个发行股权激励的企业，针对它在发行股权激励前1年的各项数据匹配度，在相同年度、相同行业以及相同所有制企业中找到得分最接近的非股权激励的企业作为控制组。根据我们的样本，我们得到了660个成功配对的企业（实验组企业数为330，控制组企业数为330）。表5-5显示了配对得到的实验组与控制组企业在股权激励前各个控制变量的平衡性检验，可以发现实验组与控制组企业的各个控制变量的差异都不显著。这说明我们匹配得到的样本是两组各方面都比较相近的企业，它们的区别仅在于实验组企业实施了股权激励计划，而控制组企业没有。表5-8反映了使用匹配后的样本进行双重差分检验的结果。

表5-8中的"实验组差异"和"控制组差异"分别表示实验组企业和控制组企业在实验组实施股权激励计划前后各4年内创新产出（对数化）之差，"双重差分"反映的是上述两者之差，即反映股权激励计划对企业创新带来的影响。表中的"发明型专利""实用新型专利"以及"专利总数"分别反映的是我们的三种不同的创新衡量方法。在中国，专利共分为三种类型：发明型专利、实用新型专利和外观设计专利。发明型专利主要针对新产品的研发及其制造方法、使用方法的创新，科技含量及创新性最高；而实用新型专利则主要涉及技术的改进以及产品构造等，所含创新技术含量低于发明专利；外观设计专利主要针对产品的形状、图样等设计方面，所含的科技创新含量较低。由表5-9所示，在发明型专利、实用新型专利以及专利

总数上,双重差分模型的双重差分项都十分显著。这表明股权激励计划确实能对企业的创新产出带来正向的影响。

图 5-2 反映股权激励实施前后实验组和控制组专利总数均值的变化图。从图中可以看出股权激励实施前,实验组与控制组专利总数变化趋势近乎相同,而在股权激励实施后,实验组相较于控制组的专利总数有了大幅增长,与上述研究结果一致。

表 5-8 股权激励企业与配对企业平衡性检验 [1]

	实验组	控制组	差异	T 值	P 值
总资产对数	21.423	21.302	0.121	1.415	0.158
长期资产占总资产比例	0.309	0.313	−0.004	−0.268	0.789
总资产收益率	0.064	0.059	0.005	1.604	0.109
资产负债率	0.321	0.322	−0.001	−0.074	0.941
管理层年龄	1.184	1.114	0.070	0.976	0.329
管理层持股比例	0.239	0.257	−0.018	−0.901	0.368
托宾 Q 值	2.426	2.317	0.109	0.847	0.397
专利增长率	0.490	0.480	0.010	0.257	0.797

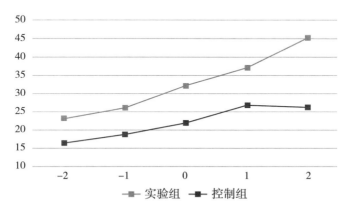

图 5-2 股权激励实施前后专利总数均值变化图 [2]

---

[1] 田轩,孟清扬.股权激励计划能促进企业创新吗? 2017,工作论文.
[2] 田轩,孟清扬.股权激励计划能促进企业创新吗? 2017,工作论文.

表 5-9　配对企业双重差分检验：股权激励计划对企业创新的影响[1]

	实验组差异	控制组差异	双重差分	观测值
发明型专利	0.89***	0.48***	0.42***	660
	(17.46)	(9.44)	(5.79)	
实用新型专利	0.78***	0.46***	0.32***	660
	(15.11)	(8.97)	(4.38)	
专利总数	0.96***	0.55***	0.41***	660
	(17.58)	(10.12)	(5.32)	

注：计量结果括号内为稳健性标准误，***、**、* 分别表示 1%、5% 和 10% 的显著性水平。

为了进一步验证因果关系，我们检验了由外生政策冲击导致的股权激励实施情况差异。2008 年中国证监会针对市场上的股权激励计划提出三份"备忘录"[2]，对股权激励计划的实施和授予细节进行了更多的限制。随着这三份"备忘录"的出台，许多已经发布股权激励计划的公司，因为这项外生的政策，选择停止股权激励计划。对此，我们利用这项外生的政策，选取那些因为政策原因而使股权激励方案失效的企业作为控制组，选取在相同时间成功发布股权激励计划的企业作为实验组，对两者进行倾向得分匹配，然后对匹配后的样本进行双重差分。这样做的好处是可以进一步解决估计中的选择性偏误问题，因为控制组中的企业也属于选择发行股权激励的企业，与实验组一致。表 5-10 是分析结果，受样本数的限制我们选择 3:1 的匹配比例，即三个实验组企业对应一个控制组企业，最终得到 60 个样本。如表所示，双重差分结果十分显著，说明股权激励确实能够对企业创新带来正向影响。

表 5-10　配对企业双重差分检验：控制组股权激励方案因政策原因失效[3]

	实验组差异	控制组差异	双重差分	观测值
发明型专利	1.13***	0.65***	0.48*	56
	(7.92)	(3.76)	(1.80)	
实用新型专利	1.19***	0.45**	0.74**	56
	(7.37)	(2.94)	(2.51)	

[1] 田轩，孟清扬. 股权激励计划能促进企业创新吗？2017，工作论文。
[2] 三份"备忘录"指中国证监会于 2008 年先后出台的《股权激励有关事项备忘录 1 号》《股权激励有关事项备忘录 2 号》和《股权激励有关事项备忘录 3 号》。
[3] 田轩，孟清扬. 股权激励计划能促进企业创新吗？2017，工作论文。

（续表）

	实验组差异	控制组差异	双重差分	观测值
专利总数	1.35***	0.55***	0.79**	56
	(7.74)	(3.08)	(2.48)	

注：计量结果括号内为稳健性标准误，***、**、*分别表示1%、5%和10%的显著性水平。

接下来，我们对股权激励计划对企业创新的影响进行分样本的检验，发现总体上限制性股票和股票期权都能够有效激励创新，不过当股价接近授予价（行权价）时，限制性股票创新激励效应不显著，而股票期权仍能有效地激励创新。这是因为股票期权拥有不对称的收益曲线，在股价下跌时激励对象可以通过放弃行权而免受损失，而在股价上涨时，激励对象也可以利用股票期权获得股价上涨带来的收益。而限制性股票拥有对称的收益曲线，由于定价的安排，其授予价在大多数情况下低于股票市价，这使得限制性股票在绝大多数情况下并不会出现亏损，然而在股价下跌尤其低于授予价（行权价）时，限制性股票会导致激励对象蒙受损失，对激励对象带来惩罚，这可能导致激励对象不敢投入到高风险的创新工作中去。这个结论与Manso（2011）的研究结果一致，即激励创新最有效的合约需要既能够在短期保护激励对象免受创新失败带来的损失，又能够在长期使其能够获得创新成功带来的丰厚收益。

除此之外，我们还发现股权激励计划对企业创新的正向影响在国有企业中更加显著，而在民营企业中相对较不显著。这是因为，在我国，国有企业员工的薪酬受到政府的管制（陈冬华等，2005），国企股权激励计划的诸多细节也需要受到政府的认可。所以国有企业股权激励计划的灵活性相对较弱，从而不利于国有企业的股权激励计划真正发生效果。此外，有些国有企业存在一定的内部人控制问题，这将导致一些国企的股权激励计划存在自谋福利、自定薪酬的特征（肖星和陈婵，2013；辛宇和吕长江，2012），也将不利于股权激励计划发挥激励创新的效果。本部分的研究结论与李春涛和宋敏（2010）的文章相一致，即国有产权会降低企业激励的有效性。

本章小结

本章分析了劳工保护和人力资本对于创新的影响，并以中国为背景，探究股权激励计划对发挥人力资本优势、促进企业创新的作用。本章要点总结如下：

· 工会的成立对企业创新有负向的影响。主要传导机制包括：企业研发投入的下降、现有员工和新加入员工创新效率的降低以及优秀员工的离职；
- 相较于组织资本而言，研发者个人的人力资本对于其创新产出有更加重要的影响；然而在解释其创新风格时，研发者个人的解释力度却并没有那么大；
- 在中国，股权激励计划对企业创新有正向的影响，股权激励计划能够有效调动管理层与核心技术员工的积极性，从而有效激励创新。

参考文献

[1] Seru A. Firm boundaries matter: Evidence from conglomerates and R&D activity [J]. *Journal of Financial Economics*, 2014, 111: 381–405.

[2] Frandsen B R. Why unions still matter: The effects of unionization on the distribution of employee earnings [J]. Manuscript Massachusetts Institute of Technology, 2012.

[3] Holmstrom B. Agency costs and innovation [J]. *Journal of Economic Behavior & Organization*, 1989, 12: 305–327.

[4] Armstrong C S and Vashishtha R. Executive stock options, differential risk–taking incentives, and firm value [J]. *Journal of Financial Economics*, 2012, 104: 70–88.

[5] Bradley D, Kim I and Tian X. Do unions affect innovation? [J]. *Management Science*, 2017, 63: 2 511–2 711

[6] Imbens G and Kalyanaraman K. Optimal bandwidth choice for the regression discontinuity estimator [J]. *The Review of Economic Studies*, 2012, 79: 933–959.

[7] Abowd J M, Kramarz F and Margolis D N. High wage workers and high wage firms [J], *Econometrica*, 1999, 67: 251–333.

[8] Abowd J M, John M, Robert H. Creecy and Francis Kramarz. Computing person and firm effects using linked longitudinal employer–employee data, No. 2002–06. Center for Economic Studies, US Census Bureau, 2002.

[9] Hahn J, P Todd and W van der Klaauw. Regression discontinuity [J]. *Econometrica*, 2001, 69: 201–209.

[10] He J J and Tian X. The dark side of analyst coverage: The case of innovation. *Journal of Financial Economics* [J], 2013, 109: 856–878.

[11] Fan J and Gijbels I. Variable bandwidth and local linear regression smoothers [J]. *The Annals of Statistics*, 1992: 2 008–2 036.

[12] Coles J L, Daniel N D and Naveen L. Managerial incentives and risk–taking [J]. *Journal of Financial Economics*, 2006, 79: 431–468.

[13] McCrary J. Manipulation of the running variable in the regression discontinuity design: A density test [J]. *Journal of Econometrics*, 2008, 142: 698–714.

[14] Graham J R, Li S and Qiu J. Managerial attributes and executive compensation [J]. *The Review of Financial Studies*, 2011, 25: 144–186.

[15] Malcomson J M. Contracts, hold–up, and labor markets[J]. *Journal of Economic Literature*, 1997, 35: 1916–1957.

[16] Zingales L. In search of new foundations [J]. *The Journal of Finance*, 2000, 55:1 623–1 653.

[17] Cohen L, Diether K and Malloy C. Misvaluing innovation [J]. *The Review of Financial Studies*, 2013, 26: 635–666.

[18] Ewens M and Rhodes-Kropf M. Is a VC partnership greater than the sum of its partners? [J]. *The Journal of Finance*, 2015, 70: 1 081–1 113.

[19] Bertrand M and Schoar A. Managing with style: The effect of managers on firm policies [J]. The Quarterly Journal of Economics, 2003, 118: 1 169–1 208.

[20] Manso and Gustavo. Motivating innovation [J].*The Journal of Finance*, 2011, 66(5): 1 823–1 860.

[21] Grout P A. Investment and wages in the absence of binding contracts: A Nash bargaining approach [J]. *Econometrica: Journal of the Econometric Society*, 1984: 449–460.

[22] Aghion P, Bloom N, Blundell R, et al. Competition and innovation: An inverted–U relationship [J]. *The Quarterly Journal of Economics*, 2005, 120: 701–728.

[23] Coase R H. The nature of the firm [J]. *Economica*, 1937, 4: 386–405.

[24] Nanda R and Rhodes–Kropf M. Investment cycles and startup innovation [J]. *Journal of Financial Economics*, 2013, 110: 403–418.

[25] Liu T, Mao Y and Tian X. The role of human capital: Evidence from patent generation [J]. Unpublished working paper, 2017.

[26] Bakke Tore and Whited T M. Threshold events and identification: A study of cash shortfalls [J]. *The Journal of Finance*, 2012, 67: 1 083–1 111.

[27] Chemmanur T J, Loutskina E and Tian X. Corporate venture capital, value creation,

and innovation [J]. *The Review of Financial Studies*, 2014, 27: 2 434–2 473.

[28] Acharya V V, Baghai R P and Subramanian K V. Wrongful discharge laws and innovation [J]. *The Review of Financial Studies*, 2013, 27: 301–346.

[29] Fang V W, Tian X and Tice S. Does stock liquidity enhance or impede firm innovation? [J]. *The Journal of Finance*, 2014, 69: 2 085–2 125.

[30] Cuñat V, Gine M and Guadalupe M. The vote is cast: The effect of corporate governance on shareholder value [J]. *The Journal of Finance*, 2012, 67: 1 943–1 977.

[31] 陈冬华，陈信元，万华林．国有企业中的薪酬管制与在职消费[J]．经济研究，2005, 2: 92–101.

[32] 李春涛，宋敏．中国制造业企业的创新活动：所有制和CEO激励的作用[J]．经济研究，2010, 5: 55–67.

[33] 林大庞，苏冬蔚．股权激励与公司业绩——基于盈余管理视角的新研究[J]．金融研究，2011, 9: 162–177.

[34] 吕长江，郑慧莲，严明珠等．上市公司股权激励制度设计：是激励还是福利？[J]．管理世界，2009, 9: 133–147.

[35] 田轩，孟清扬．股权激励计划能促进企业创新吗？工作论文，2017.

[36] 肖星，陈婵．激励水平、约束机制与上市公司股权激励计划[J]．南开管理评论，2013, 1: 24–32.

[37] 辛宇，吕长江．激励，福利还是奖励：薪酬管制背景下国有企业股权激励的定位困境——基于泸州老窖的案例分析[J]．会计研究，2012, 6: 67–75.

第 6 章
把创新沿着企业供应链进行到底

供应链是供应商及其下游客户连成的一个整体的功能网链结构。供应链上的企业通过协作，谋求整体最佳化。供应链的形成、存在、重构都基于一定的市场需求，例如，下游客户的需求将促使供应商为满足客户需求进行创新。本章重点分析沿供应链的知识外溢和反馈对上游供应商创新的影响。

企业供应链与公司金融

戴尔、苹果、宝洁、Zara 等国际知名品牌有什么共同点？它们为什么都能获得成功？这些企业成功的重要原因之一是它们都有出色的供应链管理，能做到"零库存，高周转"。供应链是一个网络结构，它将产品的生产、流通过程中所涉及的原材料供应商、产品生产商、产成品分销商、零售商、消费者等成员有效连接在一起。企业组织供应链采购，将自己的需求精准地传递给上游企业。上游供应商根据需求信息不断完善自己的产品、估计需求量并制订生产和运输计划。这种模式有效地减少了企业的成本，使各方共赢，也促成了这些企业的成功。杰克·韦尔奇曾说："如果你在供应链运作上不具备竞争优势，就干脆不要竞争。"英国管理学者克里斯多夫更进一步强调供应链的重要性，他指出"21世纪的竞争不是企业和企业之间的竞争，而是供应链和供应链之间的竞争。"

迷你案例
MINI CASE

苹果成功的奥秘

iPhone手机畅销全球，即使它价格不菲、更新不断，也有很多苹果粉丝愿意购买。而一部iPhone手机包含约500个元器件，由上游200余家供应商提供，如图6-1。苹果公司对供应商的要求也非常高，根据保密协议，一位不愿透露姓名的苹果元器件供应商主管说："苹果的要求太高了，而且苹果不讲情面，能做你就做，不能做他们就换人。"中国台湾地区工业技术研究院主任苏孟宗曾经在一家为苹果供应iPhone、iPad和Macbook相机模块的公司工作过，他表示"苹果不会与供应商联合投资一项新技术，"苹果只会强迫供应商"必须如此"。即使要求如此苛刻，很多供应商仍愿意在技术创新上加大投入，从而满足苹果公司的要求，苹果与供应商之间建立的这种"爱恨交加"的关系使得苹果供应商能够"鲤鱼跃龙门"。一旦成为苹果公司供应商，iPhone的巨大销量会使供应商的利润远超过其技术创新的成本。同时，一位中国大陆供应商说道"如果它们是苹果的供应商，那么它们就会被看作是业界一流的厂商。""我们只是机器上的一颗小小的螺丝，但关于苹果的事情我们从不含糊。"科通集团副总裁朱继志认为，苹果对产品、供应链的把控达到了一个极致的状态。但"极致"二字，恰恰是其他企业都明白却完全模仿不了的原因。这就是苹果成功的奥秘！

图6-1　供应链管理示意图

第 6 章　把创新沿着企业供应链进行到底

我国越来越重视供应链在生产过程中的作用,不断出台政策引领市场建立智慧供应链体系。2016 年 11 月,商务部等十部门印发《国内贸易流通"十三五"发展规划》,提出"消费促进、流通现代化、智慧供应链"三大行动;2017 年 8 月,商务部和财政部发布《关于开展供应链体系建设工作的通知》,在全国十七个重点城市开展供应链体系建设;2017 年 10 月 13 日,国务院办公厅印发《关于积极推进供应链创新与应用的指导意见》(以下简称《意见》)。《意见》提出,"到2020 年,基本形成覆盖我国重点产业的智慧供应链体系,培育 100 家左右的全球供应链领先企业,中国成为全球供应链创新与应用的重要中心。"在中共十九大报告中,也提到了"在中高端消费、创新引领、绿色低碳、共享经济、现代供应链、人力资本服务等领域培育新增长点、形成新动能"现代供应链既是形成新动能的新增长点,又是提升整体经济效率的关键因素之一。

国内很多行业在成熟后利润空间趋紧,企业发展后期靠的是供应链的竞争,重视供应链建设和管理的企业往往能在行业内继续保持优势,甚至进一步扩大优势。例如,联想本身是以 PC 起家,是中国 PC 行业的佼佼者。其在 2005 年收购了 IBM 的 PC 业务之后,又聘请了原戴尔公司的高级副总裁威廉·J. 阿梅里奥出任集团总裁兼 CEO。戴尔公司在 2004 年至 2005 年连续两年蝉联"供应链 25 强",而威廉正是著名的供应链专家。此后,联想的 PC 业务继续保持超越市场的增长,目前已经是全球 PC 行业的巨头。又如,华为在供应链管理方面也有着超前的战略眼光。早在 1997 年,华为就开始同 IBM、Hay Group 等全球一流的咨询公司合作,在集成产品开发(IPD)、集成供应链(ISC)、人力资源管理、财务管理等方面进行深刻的变革,建立了基于 IT 管理的体系,提升了自身的竞争力,为现在的千亿企业打下了基础。

随着人们对供应链的逐渐重视,越来越多的学者开始研究企业供应链对企业各种决策的影响。其中一部分学者研究了企业融资和投资决策如何影响供应链关系,如反收购措施、合并及收购、交叉所有权和财务困境。另一些学者研究了供应商与客户的关系如何影响企业的融资决策,例如资本结构以及债务成本。Kale 等(2011)研究了 CEO 的风险激励是如何影响客户和供应商参与特定关系投资的动机。虽然大多数现有研究都强调了供应商和客户之间在企业财务供应链上互动的重要性,但这些研究主要集中于供应商与客户的关系如何影响财务决策。现存的文献很大程度上忽略了供应商与客户关系所产生的一个重要影响:它们对公司投资决策的真正影响,比如企业创新———一种特殊类型的企业投资。之前的文献已经阐明创新对企业的长期竞争优势和可持续发展至关重要。本章中,我们将集中探讨供应链对于企业技术创新的影响。

供应商和客户的地理距离会影响创新?

我和美国南卡罗来纳大学副教授 Yongqiang Chu、印第安纳大学的助理教授 Wenyu Wang 在即将在 *Management Science* 上发表的文章"供应链上的企业创新"中,重点研究了供应商和客户之间的地理距离接近度(supplier-customer proximity)对于供应商创新的影响。

"反馈渠道"假说

在一篇具有开创性意义的论文中,Manso(2011)构建了一个委托代理模型,研究指出,来自客户的及时反馈,会增强供应商的创新能力。在我们研究的问题中,客户的及时反馈使他们的供应商有可能更迅速调整中间阶段的研发,这对供应商创新的成功至关重要。尽管现代社会经历了工业革命、信息革命,交通工具和通信工具得以快速发展,但缩短客户和供应商之间的距离仍然很重要,因为有些信息很难写在纸上或存储在电子产品上发送给他人,这些信息被称为软信息。客户的反馈往往涉及软信息的生产和传输,从客户那里获得及时的反馈需要供应商经常与客户进行面对面的交流。客户和供应商之间的距离越短,得到的反馈越及时有效。我们把这种机制称作"反馈渠道"假说。

近几十年来,客户反馈的贡献变得越发关键,因为越来越多的公司让他们的客户参与创新过程。在小米社区官方论坛上,用户可以自由发表对小米产品的看法和不满,小米公司会认真回复用户的反馈,并将用户反馈中提出的问题在下一代产品中加以改进。让用户参与创新,推动产品不断完善。小米公司也通过这一过程凝聚了一批铁杆粉丝,打造了粉丝经济。

迷你案例
MINI CASE

用户反馈促进企业不断创新

提到品牌服装,被称为"买得起的快速时装"ZARA 必不可少。1975 年设立于西班牙的 ZARA,目前已成为全球排名第三、西班牙排名第一的服装商。ZARA 在世界各地56个国家和地区，设立超过两千家服装连锁店。在服装行业激烈的竞争环境中，ZARA的发展可谓非常迅速。

ZARA以快速反应著称于流行服饰界。ZARA密切关注服装潮流和购买者的购买行为，全球两千多家服装连锁店的销售人员会记录消费者对款式、颜色、价格的偏好及建议，随后将这些信息进行收集和整理，每天传真反馈给总公司。位于西班牙的设计师根据建议设计新款式，以快速响应市场需求。大约十天后，根据顾客偏好设计的服装便会走向市场。从顾客自身意愿出发，将顾客的想法和需求转化成他们所期望的"流行"服装，是很多服装行业的目标，可是ZARA却能利用先进的供应链管理将这一目标实现。

据相关数据显示，从设计理念到上架，ZARA平均只需10天至14天，很多服装企业则可能需要半年多；库存周转上，ZARA每年库存周转达到12次左右；产品品种上，ZARA每年推出12 000多种新产品，而其他运作一流的服装企业平均只能推出3 000到4 000款。ZARA"快速、少量、多款"的品牌管理模式，使得客户反馈和企业创新紧密结合在一起，并实现了及时销售。

"需求渠道"假说

对于供应商与客户之间的地理距离影响供应商的创新能力，第二种可能的作用机制与客户的需求相关。根据d'Aspremont和Jacquemin（1988）、Kamien等（1992）和Leahy和Neary（1997）等人所构建的有关创新的理论模型，技术创新提高了企业的生产效率，减少了生产过程中的边际成本。从而，供应商创新的动力与它要为客户提供的产品或服务的数量密切相关。如果客户需要的产品或服务很多，则会倒逼供应商进行技术创新以提高生产效率。而供应商和客户之间的距离越短，则运输成本越低，也能增加客户的需求，从而促进供应商进行技术创新。因此，这些理论预测，在顾客的需求增加的情况下，与客户在地理位置上越接近越可能激发供应商的创新能力。我们把这种作用机制称为"需求渠道"假说。

实际上，在互联网背景下，作为中国著名品牌，海尔早已开始进行供应链模式的创新。一方面，海尔采取以聚合消费者需求为导向的C2B模式，以销定产，根据销售情况确定生产线，进行高效的供应链组织，做到零库存。另一方面，海尔进一步完善物流体系、减少运输成本。目前，海尔已在全国建立83个仓库，7 600多家县级专卖店，26 000家乡镇专卖店，19万个村级联络站，2 800多个县级配送站，3 000多条配送专线，在5天至7天之内便可完成定制产品的生产、组装、运送。

"集聚渠道"假说

第三个可能的机制与集聚效应有关。当供应商和客户彼此接近时，他们可能会分享生产过程中重要的因素，比如中间投入、人才和自然资源。大量研究表明，集聚效应对于工业组织具有重要的意义，在某些情况下可以使整个经济进入平衡增长路径。随着供应商和客户之间地理距离的减少，集聚效应不断增强，从而促进供应商的创新能力。我们把这个作用机制称为"集聚渠道"假说。

硅谷这个世界著名的高新技术产业园区一直被人们所津津乐道，它的成功离不开人才和文化的集聚效应。世界一流大学如斯坦福大学、加州大学伯克利分校、圣克拉拉大学等著名高校为其源源不断地输送人才；美国政府在硅谷实行特殊的移民政策，使大量高学历、高科技人才和富有创新精神的企业家聚集于此。他们将技术转化为现实，产生出巨大的经济效益和社会效益。此外，创新人才的集聚也促进了硅谷崇尚冒险、鼓励创新、宽容失败的文化。这种文化能够极大地激发人们的创新、创业精神，这为硅谷的长远发展注入了强大的活力。在硅谷，成功者受到尊重，失败者也并不受歧视，许多公司甚至喜欢招聘那些曾经失败过的执行总裁。

"社交纽带渠道"假说

Dasgupta等（2015）在一项研究中指出，在供应商和客户之间建立紧密的社会联系，能减少信息不对称以及"敲竹杠"问题，从而促进供应商进行技术创新。"敲竹杠"问题往往发生在上下游企业之间，因为在合同制订时有许多情况不能预先考虑到，因此一旦这些情况发生，话语权弱的一方必然要被"敲竹杠"。这会导致弱势一方积极性下降，从而引起投资不足。比如上游企业想扩大产能，需要下游企业吸纳新增的产品，但之前的合约没有规定新增部分的价格，下游企业可以通过压低收购价来扩大自身的利润，这会压缩上游企业的利润空间，使其没有动力扩大产能。但是如果两家企业老总有很好的私交，基于道德约束，下游企业的老总就不会过分压低收购价，从而缓解了"敲竹杠"问题。供应商与客户在地理距离上靠近，两者之间更方便或更有可能建立起紧密的社交纽带，从而提高供应商的创新能力。这个机制被称为"社交纽带渠道"假说。

举例来说，在2011年，华远地产董事长任志强认识到在房地产产业链采购中要以信任为纽带。于是，他组织召开了优秀合作伙伴大会，邀请了产业链上下游的合作企业，共同商议"长远合作，共担风险"的房地产战略合作机制。同时，推行"阳光智慧采购平台"，将采购过程阳光化透明化，减少采购过程中的信息不对称，以保障产品的质量，促进企业健康发展。

实证研究发现

基于这些假设，我们研究了供应商和客户之间地理距离的接近程度对于供应商创新的影响，并对上述四个可能的假说进行了验证。度量创新的数据主要来自NBER所提供的专利引用数据库。为了度量上市公司的创新产出状况，我们从创新产出数量、质量和效率三个维度进行了度量。第一个维度是企业申请且最终被授予的专利数量，文章主要用专利申请年作为专利度量年份。为了衡量创新的质量，我们通过计算专利在随后的几年被引用的次数来构建第二个指标。除了上述两项创新指标，我们还构建了一个创新效率指标，它衡量了每单位投入的创新产出。其中，创新投入用过去5年的积累研发资金来衡量。

供应商和客户的数据主要来自Compustat数据库，我们选取了1976年到2006年之间的数据。一个实际的困难是，虽然这些信息可以在Compustat数据库中找到，但供应商的主要客户只展示其缩写名。为了解决这个问题，我们借鉴其他文献的方法，匹配Compustat数据库中公司报告的客户名称。首先，我们排除所有政府、地区或军队的客户。然后，我们运行一个文本匹配程序，以查找与报告的客户名称相匹配的公司名称。为了确保匹配的准确性，我们又进行了手动识别。供应商和客户之间的地理距离则通过其总部所在经纬度计算得到。同时，我们做了一些检验发现，大多数创新活动都集中在公司总部。因此利用供应商公司总部与客户公司之间的距离，能够合理测量客户对供应商提供反馈的便利程度。

地理上的距离和经济效益往往是相互影响、共同决定的，这个内生性问题的存在使确定供应商和客户之间的地理距离与供应商技术创新之间的因果关系成为一个难点。具体来说，供应商或客户的位置选择和创新活动可能同时由一些不可观察的因素所决定，导致了普通最小二乘回归结果有偏。对此，我们选用双重差分法作为基准识别策略。我们选取了一个外部冲击：客户总部的搬迁事件。搬迁之所以可以作为外部冲击，是因为我们观察到Compustat数据库中美国供应商和客户有一个关键特征：通常样本中的客户比它们的供应商在企业规模上要大得多——平均大100倍。因此可以说，总部搬迁的决定是由那些大公司客户做出的，不太可能受规模较小的供应商的影响。

我们可以找到254个客户搬迁事件，包括193个跨城市搬迁事件和61个城市内部搬迁事件。为了观测明显的距离变化，我们重点关注那些跨城市的搬迁事件。共有1 018个供应商—客户配对，其中包含869个供应商企业和120个客户企业。搬迁事件的数量几乎随时间均匀分布，没有明显表现出与商业周期或其他经济情况具有相关性。

根据上面的叙述，构建回归模型如下：

$$\text{企业创新产出}_{i,t} = \alpha + \beta \times \text{距离}_{i,j,t} + \gamma \times \text{控制变量}_{i,j,t} + \text{固定效应} + \varepsilon_{i,j,t} \quad (6-1)$$

其中，α为截距项，β、γ为系数，ε为随机扰动项，下标i代表供应商企业，下标j代表客户企业，下标t代表年份。

我们分别选用供应商创新的数量、质量和效率作为被解释变量，同时构建了一个虚拟变量"距离"，该变量在发生客户总部搬迁事件时为1，否则为0，并且在回归中控制了研发支出、公司总资产、销售增长、盈利能力等变量，固定了年度固定效应和供应商—客户对固定效应。基础回归的结果如下表所示：

表 6-1　主回归结果

因变量	专利数量	专利引用次数	创新效率
距离	−0.072** （0.030）	−0.131*** （0.040）	−0.055 （0.050）
控制变量	是	是	是
固定效应	是	是	是
样本量	6 052	3 038	2 911

注：计量结果括号内为稳健性标准误，***、**、* 分别表示1%、5%和10%的显著性水平。

从回归结果可以发现，虚拟变量"距离"前的系数显著为负，说明供应商和主要客户的靠近对供应商的创新能力有促进作用，而且这种促进作用是相当大的：当距离的标准差增加一个单位，第2年申请专利的数量将减少7%。第二列和第三列系数仍显著为负，这意味着距离会在未来两年对专利申请数量产生持续的影响。这个结论在对供应商专利引用次数和创新效率的回归中也成立。

总的来说，结果显示了供应商与其主要客户之间的距离对供应商的创新产出有显著影响。供应商技术创新的数量、质量和效率，在其与它们的主要客户的地理距离更近之后，会有显著提高。而且这种影响在客户搬迁后的三年内持续存在，说明客户的靠近对供应商创新产出的影响是长期的。

客户的作用

通过上文的分析，我们发现供应商公司和客户公司之间的地理距离与供应商的创新能力呈负向关系。那么这背后具体的作用机制是什么呢？我们对此问题进行了进一步的研究。在这部分，我们分别验证了前文提到的四个假说："反馈渠道"假说、"需求渠道"假说、"集聚渠道"假说、"社交纽带渠道"假说。

验证"反馈渠道"假说

来自客户的反馈数据是不可观测的，所以我们不能直接测量反馈并研究其效果。鉴于此，我们将研究客户质量和客户反馈的相关性，试图找到一些支持"反馈渠道"假说的证据。

如果客户的反馈是距离影响创新背后的驱动因素，我们应该能在不同的客户反馈情况下观察到因变量显著的异质性。特别是，当客户本身更具创新性，或者客户和供应商采用紧密相关的技术时，我们预计供应商和客户之间的地理距离与供应商创新能力的负向关系会更显著。

第一个猜想——客户本身更具创新性能够加强"反馈渠道"效应——是直观的。举一个简单的例子便可说明：尽管一般零售商和汽车生产商都是轮胎生产商的大客户，汽车生产商提供的反馈在提高轮胎生产商的创新水平方面比普通零售商更有价值。这是因为汽车生产商比一般的零售商更有创新精神，并且由于其自身生产和提高汽车性能的经验，它们更知道轮胎在哪方面进行改进可以更好地提高汽车的整体性能。

第二个猜想——客户和供应商采用紧密相关的技术能加强"反馈渠道"效应——是由 Jaffe（1986）所提出的，他研究证明了在技术领域接近的公司之间，知识的溢出效应更强。在我们的研究中，这意味着如果供应商和客户使用的技术类似，那么距离越短，客户的及时反馈越多，即从客户到供应商的知识溢出效应越多，对供应商创新能力的影响就更大。

为了验证第一个猜想，我们在基准回归中增加了两个交叉项：距离与客户研发支出的交叉项、距离与客户拥有的专利数量的交叉项。我们使用客户的研发支出和拥有的专利数量来衡量他们的创新能力。为了验证第二个猜想，我们借鉴 Bloom 等（2013）的研究，构建了一个衡量技术相关性的指标"技术代理变量"。然后我们在基准回归模型中加入距离和技术代理变量的交叉项。

表 6-2 "反馈渠道"假说回归结果

分表 A：消费者研发支出和专利数量

因变量	专利数量	专利引用次数	创新效率
距离	−0.010	−0.070	0.051
	（0.067）	（0.076）	（0.101）
距离 × 客户专利数量对数	−0.011*	−0.012	−0.020**
	（0.006）	（0.013）	（0.010）
距离 × 客户研发支出	0.043	0.023	−0.610
	（0.179）		（0.371）
控制变量	是	是	是
固定效应	是	是	是
样本量	6 254	3 237	2 971

分表 B：技术代理变量

因变量	专利数量	专利引用次数	创新效率
距离	−0.027	−0.029	−0.038
	（0.178）	（0.385）	（0.404）
距离 × 技术代理变量	−1.343***	−1.153**	−2.170***
	（0.552）	（0.465）	（0.608）
控制变量	是	是	是
固定效应	是	是	是
样本量	5 946	3 083	2 864

（续表）

分表 C：引用专利和非引用专利

因变量	引用专利数	非引用专利数	两者差异
距离	−0.087***	0.015	−0.102***
	(0.023)	(0.044)	(0.026)
控制变量	是	是	
固定效应	是	是	
样本量	6 254	3 237	

注：计量结果括号内为稳健性标准误，***、**、* 分别表示 1%、5% 和 10% 的显著性水平。

根据上表的实证结果我们发现，对所有因变量交叉项的系数都是负数，而且在统计上显著。这些结果表明当客户花更多的钱在研发上或生产更多的创新产品时，当供应商和客户在技术领域更接近时，供应商公司和客户公司之间的地理距离对供应商创新的影响就会更强。

分表 C 的最后一个检验与专利是否被客户引用有关。直觉上，客户对供应商的反馈很有可能与客户拥有的专利相关。当客户引导供应商进行技术创新，并将供应商创造出的新的中间产品投入自身生产过程时，这一点尤其明显。例如，当波音公司的供应商听从波音公司的反馈意见，进行研发创新时，它们必须遵守波音公司的标准，其中大部分标准已经被申请成为专利。因此，随着更多的客户反馈被纳入供应商的创新过程中，供应商会更频繁地引用客户的专利。

为了验证这一猜测，对于每个供应商—客户对，我们将供应商的专利分为两类：引用专利（即供应商的专利引用其客户的专利），非引用专利（即供应商的专利没有引用其客户的专利）。正如我们上面讨论的，第一种类型的专利受客户反馈的影响很大，而第二种类型的专利对反馈不太敏感。我们使用两种类型的专利作为被解释变量，重新进行了基准回归分析。结果显示在表 6-2 的分表 C 部分。与"反馈渠道"假说一致，在引用专利数为因变量的模型中，我们发现影响显著为负；而因变量为非引用专利数的模型中，得到的系数并不显著。两组专利引用的差异在经济意义上是巨大的。

总的来说，上述检验提供了与"反馈渠道"假说一致的证据。尽管我们无法从这些检验中得出一个严谨的结论，但它们支持"反馈渠道"假说作为一种合理的潜在作用渠道。通过这种方式，地理上的临近影响了供应商创新。

检验"需求渠道"假说

创新和战略竞争模型指出，公司的创新动机与公司生产数量成比例。更具体地说，一个供应商对特定客户进行创新的动机可能与对客户的销售额成比例。供应商和客户距离临近可以减少运输成本，在一定程度上可以增加客户的需求，从而促进供应商进行技术创新，我们称之为"需求渠道"假说。为了验证"需求渠道"假说，我们构建一个变量来度量客户份额。对于一个供应商来说，更大的客户份额代表该客户对其更重要。我们在基准模型中加入了"客户份额"（customer share）项以及它与"距离"变量的交叉项。如果"需求渠道"在解释距离对供应商创新的负面影响上发挥了重要作用，那么交叉项的系数将显著。

表 6-3　"需求渠道"假说回归结果

因变量	专利数量	专利引用次数	创新效率
距离	−0.073	−0.048	−0.127
	（0.148）	（0.378）	（0.373）
距离 × 客户份额	−0.153***	−0.330***	−0.242*
	（0.059）	（0.100）	（0.128）
客户份额	0.536	0.554	0.792
	（0.554）	（0.620）	（0.805）
控制变量	是	是	是
固定效应	是	是	是
样本量	6 254	3 237	2 971

注：计量结果括号内为稳健性标准误，***、**、* 分别表示 1%、5% 和 10% 的显著性水平。

结果如上表所示。我们发现，"距离"变量的系数在所有列中均为负，但结果并不显著。然而，交互项的系数在所有列中都显著为负。这些发现表明，当客户需求占供应商销售份额很大时，该客户对供应商非常重要，供应商和该客户地理距离上的临近，对供应商技术创新的促进作用也就更强烈。因此，"需求渠道"效应确实对供应商的技术创新产生了重要影响。

检验"集聚渠道"假说

之前的一些文献研究了地理邻近对生产力和创新的影响（Adams 和 Jaffe，1996；Lychagin 等，2016；Keller，2002）。供应商和客户彼此靠近，可以在生产过程中分享重要的生产要素，比如中间投入、人才资源、自然资源，从而提高供应商的创新水平。下面，我们检验研究这种提高作用是否由"集聚渠道"效应驱动。

由于我们无法观察供应商和客户共享的中间输入、人才资源、自然资源等，所以很难直接衡量集聚程度。然而，要使"集聚渠道"发挥作用，供应商和客户之间的距离不能太远。原因很简单，当两家公司相隔较远时，比如在美国不同的州，是无法从共享的投入或劳动力中获得收益的。因此，如果"集聚渠道"是一个可能的作用机制，在这些情况下，供应商和客户的临近对供应商创新的促进作用就几乎没有。反之，如果在这些观测样本中，距离仍然对供应商创新产出起着重要作用，那么"集聚渠道"可能并不是有效的作用机制。

表 6-4 聚集渠道"假说回归结果"

因变量	专利数量	专利引用次数	创新效率
距离	−0.059**	−0.126***	−0.015**
	（0.029）	（0.043）	（0.005）
控制变量	是	是	是
固定效应	是	是	是
样本量	5 984	3 108	2 853

注：计量结果括号内为稳健性标准误，***、**、* 分别表示 1%、5% 和 10% 的显著性水平。

我们将客户总部搬迁到供应商所在州的事件从样本中剔除。新的样本基本不受集聚效应的影响。表 6-4 是新样本的回归结果。从表 6-4 我们可以看出，"距离"变量的系数在所有列中都是负的，且在统计意义上显著。因此，我们排除了"集聚渠道"是研究结果背后机制的可能。

验证"社交纽带渠道"假说

Dasgupta 等（2015）在一项研究中指出，在供应商和客户之间建立紧密的社交纽带，可以减少"敲竹杠"问题。我们研究的变量"距离"可能与 Dasgupta 等（2015）研究中使用的"社交纽带"相关，因为供应商和客户之间的距离缩短，会促进供应商和客户之间的交流，减少信息不对称，加深两者的关系。

表 6-5 "社交纽带渠道"假说回归结果

因变量	专利数量	专利引用次数	创新效率
距离	−0.034**	−0.069**	−0.075*
	（0.016）	（0.033）	（0.042）
距离 × 社会关系	−0.011	−0.013	−0.004
	（0.012）	（0.015）	（0.015）
社会关系	0.023	0.003	0.090
	（0.096）	（0.121）	（0.109）
控制变量	是	是	是
固定效应	是	是	是
样本量	3 064	1 138	1 104

注：计量结果括号内为稳健性标准误，***、**、* 分别表示 1%、5% 和 10% 的显著性水平。

我们在基准模型中控制了 Dasgupta 等（2015）使用的"社交纽带"变量，从表 6-5 的结果我们可以发现，在对社交纽带进行控制后，结果仍然与基准回归结果相似。因此在本研究中，"社交纽带渠道"不是距离临近促进供应商技术创新的渠道。

杭州东部软件园：中国的经验证据

在中国，供应链这个话题随着近年来国务院、商务部、财政部等部门不断推出的重磅政策和指导意见持续升温，被越来越多人所关注。

在供应链环境下，上下游企业建立创新联盟、合作创新往往能达到 1+1 大于 2 的效果。目前在我国，供应链上下游企业之间进行合作创新的案例不胜枚举。宝钢集团和一汽大众协同创新就是一个很好的例子。

宝钢集团作为供应商，在一汽大众车型开发阶段，其工作人员就"先期介入"，帮助一汽大众进行新产品设计和产品更新，为一汽缩短了新产品的开发周期，降低了新产品的开发风险，增加了新产品的开发种类。同时，也加快了宝钢自身新产品的开发周期，提高了供货比例。在此协同创新模式下，宝钢和一汽从原来只是产业链上下游的销售关系，扩展成为相互支持促进的战略伙伴关系，共同打造和完善有竞争力的供应链。

又如，浙江省诸暨市"大唐袜艺小镇"，打造了完整的袜业产业链，产业纵向分工和横向分工极其明确。虽然小镇占地仅 2.96 平方公里，生产的袜子总量却占全国 70% 以上，达到全球的三分之一，素有"国际袜都"之誉。由于产业链完整、生产要素高度集中，袜业产业链中的资源配置成本大幅降低；而且由于上下游企业之间频繁紧密的反馈互动，以及产业聚集带来的人才、设备、物流的集聚效应，促进了整个供应链中企业的技术创新，从而促进产业快速发展。

迷你案例
MINI CASE

产业集聚促进企业创新

坐落于杭州文三路电子信息街龙头的杭州东部软件园，于 2001 年成立，是杭州市中心唯一一家集高等院校、科研院所和高科技企业为一体的产业园。除了地理的集聚，东部软件园每年都会举办信息化论坛、科技论坛、技术讲座、信息交流会和高新企业发展研讨会，发挥着东部软件园的创新平台作用，使企业之间能够互动融合，技术和信息达到共享和创新。通过产业园孵化器建设，无线传感网产业、集成电路设计产业、电子商务产业等高科技企业发展迅猛。其中著名的阿里巴巴也是在这个产业园中逐渐发展壮大的，而其他著名企业如中兴、思科、CSK、神州数码、联想、中正生物、国芯科技、阜博通科技等也都集聚在东部产业园，享受着科技、智力、人才和信息集聚互动带来的好处。产业集群凭借知识溢出效应，使企业在地理上的集聚和创新产出之间形成良性互动，最终助力企业创新，使经济迅速发展。

总而言之，在中国，供应链的发展还刚刚起步，未来会有更多的政策加大支持力度，也会促进供应链不断创新，这其中，还有许多问题值得继续深入的研究。

本章小结

本章分析了供应商和客户地理位置上的临近对供应商技术创新的影响及其传导机制。本章要点总结如下：

- 供应商和客户的地理距离越临近，越有助于供应商技术创新；
- 供应商和客户地理位置越临近，来自客户的反馈越及时，从而促进供应商创新能力的提高；
- 当客户本身更具创新性，或者客户和供应商采用紧密相关的技术时，供应商和客户之间的地理距离与供应商创新能力的负向关系会更明显。

参考文献

[1] Brav A, Jiang W, Ma S and Tian X. How does hedge fund activism reshape corporate innovation? [J]. *Journal of Financial Economics*, Forthcoming.

[2] Jaffe A. Technological opportunity and spillovers of r&d: Evidence from firms' patents, profits, and market value [J]. *American Economic Review*, 1986, 76(5): 984–1001.

[3] Knyazeva A, Knyazeva D and Masulis RW. The supply of corporate directors and board independence [J]. *The Review of Financial Studies*, 2013, 26(6): 1 561–1 605.

[4] Seru A. Firm boundaries matter: Evidence from conglomerates and r&d activity [J]. *Journal of Financial Economics*, 2014, 111(2): 381–405.

[5] Hall B H, Jaffe A B and Trajtenberg M. The NBER patent citation data file: Lessons, insights and methodological tools[R]. Technical report, National Bureau of Economic Research, 2001.

[6] Catalini C, Fons-Rosen C and Gaul'e P. Did cheaper flights change the geography of scientific collaboration? [J]. Working Paper, 2016.

[7] d'Aspremont C and Jacquemin A. Cooperative and noncooperative R & D in duopoly with spillovers[J]. *American Economic Review*, 1988, 78(5): 1 133–1 137.

[8] Fee C E and Thomas S. Sources of gains in horizontal mergers: evidence from customer, supplier, and rival firms [J]. *Journal of Financial Economics*, 2004, 74(3): 423–460.

[9] Fee C E, Hadlock C J and Thomas S .Corporate equity ownership and the governance of product market relationships [J]. *Journal of Finance*, 2006, 61(3): 1 217–1 251.

[10] Malloy C J. The geography of equity analysis [J]. *Journal of Finance*, 2005, 60(2): 719–755.

[11] Prahalad C K and Ramaswamy V. The future of competition: Co–creating unique value with customers [J]. Harvard Business Press, 2013.

[12] Pirinsky C and Wang Q. Does corporate headquarters location matter for stock returns? [J]. *Journal of Finance*, 2006, 61(4): 1 991–2 015.

[13] Bradley D, Kim I and Tian X. Do unions affect innovation? [J]. *Management Science*, 2017, 63(7): 2 251–2 271.

[14] Ferreira D, Manso G and Silva A C. Incentives to innovate and the decision to go public or private [J]. *The Review of Financial Studies*, 2014, 27(1): 256–300.

[15] Hirshleifer D, Hsu P H and Li D .Innovative efficiency and stock returns [J]. *Journal of Financial Economics*, 2013, 107(3): 632–654.

[16] Leahy D and Neary J P. Public policy towards R&D in oligopolistic industries [J]. *American Economic Review*, 1997: 642–662.

[17] Ederer F and Manso G. Is pay for performance detrimental to innovation? [J]. *Management Science*, 2013, 59(7): 1 496–1 513.

[18] Manso G. Motivating innovation [J]. *Journal of Finance*, 2011, 66(5): 1 823–1 869.

[19] Von Hippel E. Democratizing innovation: The evolving phenomenon of user innovation [J]. Journal f'ur Betriebswirtschaft, 2005, 55(1): 63–78.

[20] Chesbrough H W. Open Innovation: The New Imperative for Creating and Profiting from Technology [M]. Boston: Harvard Business Press, 2006.

[21] Shahrur H .Industry structure and horizontal takeovers: Analysis of wealth effects on rivals, suppliers, and corporate customers [J]. *Journal of Financial Economics*,

2005, 76(1): 61–98.

[22] Adams J D and Jaffe A B. Bounding the effects of R&D: An investigation using matched establishment–firm data[R]. Technical report, National bureau of Economic Research, 2012.

[23] Bena J and Li K. Corporate innovations and mergers and acquisitions [J]. *Journal of Finance*, 2014, 69(5): 1 923–1 960.

[24] Barrot J N and Sauvagnat J. Input specificity and the propagation of idiosyncratic shocks in production networks [J]. *Quarterly Journal of Economics*, 2016, 131(3): 1 543–1 592.

[25] Cornaggia J, Mao Y, Tian X and Wolfe B .Does banking competition affect innovation? [J]. *Journal of Financial Economics*, 2015, 115(1): 189–209.

[26] Eaton J and Kortum S. Trade in ideas patenting and productivity in the OECD [J]. *Journal of International Economics*, 1996, 40(3): 251–278.

[27] He J J and Tian X. The dark side of analyst coverage: The case of innovation [J]. *Journal of Financial Economics*, 2013, 109(3): 856–878.

[28] Kale J and Shahrur H. Corporate capital structure and the characteristics of suppliers and customers [J]. *Journal of Financial Economics*, 2007, 83(2): 321–365.

[29] Kale J, Kedia S and Williams R. The effect of CEO risk–taking incentives on relationship–specific investments by customers and suppliers [J]. Working Paper, Northeastern University, 2011.

[30] Ahern K and Harford J. The importance of industry links in merger waves [J]. *Journal of Finance*, 2014, 69(2): 527–576.

[31] Cen L, Dasgupta S, Elkamhi R and Pungaliya R S. Reputation and loan contract terms: The role of principal customers [J]. *Review of Finance*, 2015a, 20 (2): 501–533.

[32] Cen L, Dasgupta S and Sen R. Discipline or disruption? Stakeholder relationships and the effect of takeover threat [J]. *Management Science*, 2015b, 62 (10): 2 820–2 841.

[33] Hertzel M G, Li Z, Officer M S and Rodgers K J. Inter-firm linkages and the wealth effects of financial distress along the supply chain [J]. *Journal of Financial Economics*, 2008, 87(2): 374–387.

[34] Orlando M J. Measuring spillovers from industrial R&D: on the importance of geographic and technological proximity [J]. *RAND Journal of Economics*, 2004, 777–786.

[35] Petersen M A and Rajan R G. Does distance still matter? The information revolution in small business lending [J]. *Journal of Finance*, 2002, 57(6): 2 533–2 570.

[36] Porter M. Capital disadvantage: America's failing capital investment system [J]. *Harvard Business Review*, 1992, 19(4): 65–82.

[37] Roberts M R and Whited T M. Endogeneity in empirical corporate finance [J]. *Handbook of the Economics of Finance*, 2013, 2: 493–572.

[38] Kamien M I, Muller E and Zang I. Research joint ventures and R&D cartels [J]. *American Economic Review*, 1992: 1 293–1 306.

Baranchuk N, Kieschnick R and Moussawi R. Motivating innovation in newly public firms [J]. *Journal of Financial Economics*, 2014, 111 (3): 578–588.

Bloom N, Schankerman M and Van Reenen J. Identifying technology spillovers and product market rivalry [J]. *Econometrica*, 2013, 81(4): 1 347–1 393.

Hsu P H, Tian X and Xu Y. Financial development and innovation: Cross-country evidence [J]. *Journal of Financial Economics*, 2014, 112 (1): 116–135.

Azoulay P, Graff Zivin J S and Manso G. Incentives and creativity: evidence from the academic life sciences [J]. *RAND Journal of Economics*, 2011, 42(3): 527–554.

[39] Dasgupta S, Zhang K and Zhu C. Innovation, social connections, and the boundary of the firm [J]. Working Paper, Lancaster University, 2015.

[40] Banerjee S, Dasgupta S and Kim Y. Buyer-supplier relationships and the stakeholder theory of capital structure [J]. *Journal of Finance*, 2008, 63(5): 2 507–2 552.

[41] Lychagin S, Pinkse J, Slade M E and Reenen J V. Spillovers in space: Does

geography matter? [J]. *Journal of Industrial Economics*, 2016, 64 (2): 295 – 335.

[42] Chemmanur T J and Tian X. Do anti‐takeover provisions spur corporate innovation? [J].*Journal of Financial and Quantitative Analysis*, Forthcoming, 2017.

[43] Chemmanur T J, Loutskina E and Tian X. Corporate venture capital, value creation, and innovation [J]. *The Review of Financial Studies*, 2014, 27 (8): 2 434 – 2 473.

[44] Fang V W, Tian X and Tice S. Does stock liquidity enhance or impede firm innovation? [J]. *Journal of Finance*, 2014, 69 (5): 2 085 – 2 125.

[45] Acharya V V, Baghai R P and Subramanian K V. Labor laws and innovation [J]. *Journal of Law and Economics*, 2013, 56 (4): 997 – 1 037.

[46] Acharya V V, Baghai R P and Subramanian K V .Wrongful discharge laws and innovation [J]. *The Review of Financial Studies*, 2014, 27(1): 301 – 346.

[47] Acharya V V and Subramanian K V. Bankruptcy codes and innovation [J]. *The Review of Financial Studies*, 2009, 22 (12): 4 949 – 4 988.

[48] Keller W and Geographic localization of international technology diffusion [J]. *American Economic Review*, 2002, 92 (1): 120 – 142.

[49] Chang X, Fu K, Low A and Zhang W. Non‐executive employee stock options and corporate innovation [J]. *Journal of Financial Economics*, 2015, 115 (1): 168 – 188.

[50] Giroud X. Proximity and investment: Evidence from plant‐level data [J]. *Quarterly Journal of Economics*, 2013, 128(2): 861 – 915.

[51] Tian X. The causes and consequences of venture capital stage financing [J]. *Journal of Financial Economics*, 2011, 101(1): 132 – 159.

[52] Tian X and Wang T Y. Tolerance for failure and corporate innovation [J]. *The Review of Financial Studies*, 2014, 27 (1): 211 – 255.

[53] Chu Y. Optimal capital structure, bargaining, and the supplier market structure [J]. *Journal of Financial Economics*, 2012, 106 (2): 411 – 426.

[54] Alam Z S, Chen M A, Ciccotello C S and Ryan H E. Does the location of directors matter? Information acquisition and board decisions [J]. *Journal of Financial and Quantitative Analysis*, 2014, 49 (1): 131 – 164.

中篇

中观市场篇

FINANCE
AND
INNOVATION

资本市场是指期限在 1 年以上的各类资金借贷以及证券流转场所，是包括政府、企业及个人在内的市场参与者进行长期投融资的场所，其设立初衷是优化市场资源配置，服务实体经济。而资本市场中充当服务者角色的机构，通常包括银行、证券公司、风险投资公司等等。这些金融机构在提供服务的同时，也会对资本市场中的资金需求方，尤其对企业这一资金需求方的生产经营带来重大影响。企业技术创新通常具有周期长、风险大和不确定性高等特点，导致创新活动存在严重的信息不对称问题。因此，相比于其他投资项目，融资约束成为很多企业进行技术创新的"拦路虎"，资本市场从而成为影响企业创新水平的重要因素。本篇将从资本市场中的金融分析师、机构投资者、银行和企业风险投资这四个方面出发，集中探讨资本市场要素对企业技术创新的影响。

信息不对称问题是资本市场中资金供需双方所面临的一个现实问题，因此，信息中介是资本市场中不可或缺的组成部分。金融分析师最基本的职能，便是作为信息中介，通过对上市公司的走访、调研来挖掘、收集和整理上市公司的关键信息，并结合自身的专业素养，对信息进行处理后以研究报告等形式传达给市场上的投资者，帮助投资者更好地获取上市公司的相关信息并做出投资决策，从而促进资本市场的定价效率。但同时，分析师的财务预测和信息披露行为也可能给上市公司的管理者带来过多的压力，导致管理者选择牺牲企业的长期投资来迎合分析师的短期业绩预期，从而对企业创新产生负面影响。因此，在第 7 章中，我们将重点分析以金融分析师为代表的金融市场信息中介对企业创新的影响及其传导机制。

企业在资本市场中进行融资，必然存在对手方，通过资本市场向企业进行投资，当对手方为机构时，便称之为机构投资者。主要的机构投资者包括共同基金、对冲基金、商业银行、投资银行、保险公司、养老基金等。一方面，机构投资者带来的股价压力或是偿债压力，会造成"管理层短视"问题，使其过于重视企业短期财务表现，而损害企业长期价值。另一方面，机构投资者能够有效缓解现代企业由于所有权与经营权分离而造成的管理层"代理人问题"。通过积极介入企业管理的方式，起到约束管理层的作用，重塑企业创新策略。在第 8 章中，我们将以对冲基金积极主义、银行和卖空者这三种典型的机构投资者为例，分析机构投资者的干预对企业创新的影响。

作为资本市场中重要的中介机构，银行的信贷供给很大程度上缓解了企业融资约束问题，进而对企业的创新活动产生影响，但是这种影响是多方面的。一方面，银行信贷的定期还本付息要求与企业创新回报的不确定性之间难以匹配，当企业面临短期债务偿还的压力时，会减少风险较大的创新投入。另一方面，银行信贷供给可以避免企业股权融资时严格的信息披露要求，因而银行信贷有利于企业保护商业机密，促进企业创新。在第9章中，我们将利用美国放松银行跨州经营监管法案，对银行竞争影响企业创新的机制进行更深入的研究。

企业风险投资（Corporate Venture Capital, 简称 CVC）是一种比较新的创投组织形式，是指直接投资于外部创业公司的企业基金，不包括企业内部投资或通过第三方的投资，其投资目标是服务企业的战略发展规划。相比传统的风险投资基金，企业风险投资不以追求投资财务回报为第一目标，投资人薪资不与投资业绩挂钩，这些特点使得CVC对初创公司持有更加开放的态度，对失败的容忍度也更高。除此之外，企业风险投资基金的母公司会为所投初创公司提供相关性很强的技术支持与行业经验，从而提高这些初创公司的研发能力。但另一方面，由于企业风险投资的优先目标是为母公司战略服务，因此投资人往往会优先帮助母公司开拓新产品，而不是支持所投初创公司进行创新研发。在第10章中，我们将重点分析企业风险投资与传统意义上的风险投资对初创公司创新的影响效果差异。

第 7 章
金融分析师的罪与罚

金融分析师作为金融市场信息中介的代表,既能促进市场信息效率的提升,又具有外部公司治理功能,对长期高风险的创新投资具有促进作用。但是,金融分析师的盈余预测目标与荐股意见也给公司带来了市场压力。过度的市场压力会导致公司管理层的短视行为,阻碍企业创新。本章重点分析以金融分析师为代表的金融市场信息中介对企业创新的影响及其传导机制。

金融市场的信息中介——分析师

资本市场的设立初衷是优化市场资源配置、服务实体经济,但金融部门影响实体经济是多方面要素共同作用的结果。虽然西方发达国家经验表明,资本市场确实可以起到优化资源配置的作用,从而促进企业创新和经济增长,但同时资本市场引起的企业的短期压力过高,也会带来许多诸如短视与投机行为等负外部性[①]。资本市场的这些负外部性都会对企业的经营决策产生影响,比如可能会阻碍企业创新,从

---

① 负外部性,也称外部成本或外部不经济,是指一个人的行为或企业的行为影响了其他人或企业,使之支付了额外的成本费用,但后者又无法获得相应补偿的现象。

而最终对经济增长产生负面影响,这是因为根据美国著名经济学家、诺贝尔经济学奖得主索洛教授的研究,创新是经济增长的源动力(Solow,1957)。

经济学家小传
MINI BIOGRAPHY

罗伯特·索洛(Robert Merton Solow,1924年8月—),美国著名经济学家,1987年因其在经济增长及福利增加方面的研究而荣获诺贝尔经济学奖,而早在1961年他便被美国经济学会授予奖励青年经济学家的"约翰·贝茨·克拉克奖"(John Bates Clark Medal)。由于索罗的开创性工作,新古典派经济增长模型被称之为索罗经济增长模型,该模型至今仍是经济增长理论中不可或缺的内容。在模型中,索罗认为经济总体的增长主要源于劳动、资本和技术进步,并且假设边际生产率递减的一次齐次总生产函数满足稻田条件(Inada Conditions)、储蓄率一定、技术进步为外生等条件①。在此基础上得出了政府政策对于经济增长的作用是无效的结论。继罗伯特·索洛的开创性工作之后,许多在此基础上的扩充模型被不断提出。例如实际经济周期理论(Real Business Cycle Theory)就是在索洛模型基础上考虑最优消费问题的一个崭新的新古典派经济学基础理论。但是,这些模型基本上把技术进步视为某种外生的冲击,与80年代中后期产生的注重技术进步内生化的新经济增长模型(或内生经济增长模型)形成鲜明对照。

罗伯特·索洛一直在麻省理工学院任教,期间还曾出任剑桥大学马歇尔讲座讲师、牛津大学伊斯曼讲座教授。除学术任职外,在肯尼迪总统任内,索罗曾担任白宫首席经济顾问,在约翰逊总统任内出任收入委员会主席。

---

① 若函数 $u=F(x,y,z)$ 满足恒等式 $F(tx,ty,tz)=t^k F(x,y,z)(t>0)$,则称 $F(x,y,z)$ 为 k 次齐次函数。有关索罗模型介绍可参考戴维·罗默所著《高级宏观经济学》第1章,1999年,商务印书馆。

我们通常说的资本市场，是指期限在1年以上的各类资金借贷以及证券流转的场所，是包括政府、企业及个人在内的市场参与者进行长期投融资的场所。而资本市场中充当服务者角色的机构，通常包括银行、证券公司、风险投资公司等等。这些金融机构在提供服务的同时，也会对资本市场上的资金需求方，尤其是企业的生产经营带来重大影响。本章中，我们将集中探讨资本市场信息中介——金融分析师对企业技术创新的影响。

金融分析师的信息中介功能

信息不对称问题是资本市场上资金供需双方所面临的一个现实问题。在公开发行股份募资的上市公司中，这一问题尤为突出。公司的管理者与外部股东、大股东与小股东之间都会存在信息不对称问题。因此，信息中介是资本市场中不可或缺的组成部分。这些信息中介包括金融分析师、媒体以及审计师等等，其中金融分析师最基本的功能，便是作为信息中介，通过对上市公司的走访调研等来获取上市公司的关键信息，结合自身的专业知识，对信息进行处理后以研究报告等形式传达给市场上的投资者，并对上市公司的业绩作出预测或发布荐股意见，帮助投资者更好地获取上市公司的相关信息并做出投资决策，从而促进资本市场的定价效率。

尽管金融分析师在信息的获取上更为专业，但他们能否发挥好信息中介的功能却仍存疑问。金融分析师可能会为获取佣金而取悦管理层，他们的独立性（客观公正的判断分析）往往受到利益冲突的影响，也使得分析师在资本市场上能否发挥应有的功能难以得到定论。尤其在我国资本市场尚未完善的情况下，分析师的专业素养本身有待提高，各种利益和矛盾冲击下使分析师作为信息中介的客观性也难以得到保证。即便在发达国家的资本市场中，金融分析师追踪股票时也可能会出于对个人职业、声誉等的考虑，简单盲目地追随其他分析师的看法或者发布更偏乐观的预测和评级，从而给公司管理者带来过度的短期压力。

金融分析师行业在我国起步相对较晚，自2004年兴起后快速发展，在促进资本市场的健康发展、提高定价效率、合理配置资源方面发挥了重要作用。但是，分析师良莠不齐，有些分析师甚至不惜违背职业信条，为谋一己私利获取内幕消息，在利益冲突面前，选择性跟踪或策略性发布盈余预测和推荐股票，他们严重损害了资本市场的健康发展。《上海证券报》甚至直接以"扭曲的证券分析师研究：不勾兑不是好分析师"[①]作为标题对分析师进行抨击，文章指出，"挖掘信息本身无可厚非，

---

① http://finance.sina.com.cn/stock/quanshang/ybyj/20140708/022019633168.shtml。

因为消除市场信息不对称本是分析师的职责之一,但在基金等机构短期化考核的生态之中,挖掘信息很容易变成挖掘内幕。""就算不为利益所动,如果不勾兑产业资本,可能连基本的信息都很难搞得清楚,面临被边缘化的尴尬。"

分析师们既要取悦上市公司管理层以便获取信息,又要给机构投资者做好服务获取佣金,除了上述利益冲突外,由于一篇上市公司研究报告可能影响市场,导致公司股价出现巨幅波动,分析师本身也面临着外界巨大的利益诱惑。例如东方证券的分析师联合上市公司安硕信息,发送上万封邮件"忽悠"机构投资者,使得安硕信息股价从 28.30 元暴涨到超过 474 元[1],成为当时两市第一高价股。

金融分析师的治理功能

除信息中介角色外,分析师作为投资者的代理,在对上市公司进行信息搜集和传递的同时,也在公司治理中扮演着重要的外部监督者角色。例如,Yu(2008)通过实证研究发现,分析师可以通过增加管理层进行盈余管理的机会成本,从而降低上市公司的盈余管理程度、发挥分析师自身的外部监督者功能。除此之外,Dyck 等(2010)通过对美国 1996 年到 2004 年的大公司欺诈案例的研究发现,对公司欺诈行为的发现主要依赖于非传统的(投资者、证监会等)公司治理的一些监督者,比如媒体、分析师等,同时发现分析师在揭发摩托罗拉等公司的财务欺诈案中起到了重要的作用。这些研究都表明,金融分析师在企业外部公司治理中起到了十分重要的作用。

金融分析师与企业创新

创新是经济发展的重要驱动因素之一,在我国当前经济结构转型的背景下,创新的作用更显得尤为关键。为鼓励创新,我国提出了"创新驱动发展战略",以及"大众创业、万众创新"口号。美国著名经济学家、2016 年诺贝尔经济学奖得主霍姆斯特朗教授指出:以上市公司为代表的优秀企业是国家技术创新活动的基础组成单位。而创新活动与企业常规的生产经营活动不同,其通常具有长期性、高风险和不确定性等特点(Holmstrom;1989)。加之委托代理问题的影响,企业管理者通常会花很多精力在可以为公司带来更快、更确定性收益的日常工作上,上市公司普遍面临创新不足的问题。因此,研究如何有效激励企业创新也尤为重要。

---

[1] http://finance.ifeng.com/a/20170407/15288533_0.shtml。

第 7 章 金融分析师的罪与罚

经济学家小传
MINI BIOGRAPHY

本格特·霍姆斯特朗（Bengt Holmstrom，1949 年 4 月 8 日 － ），芬兰经济学家，现任麻省理工学院教授，拥有瑞典斯德哥尔摩经济学院和芬兰汉肯经济学院的名誉博士学位。被授予 2012 年法国央行－图卢兹经济学院颁发的货币经济学和金融学高等奖，2013 年获得斯蒂芬－罗斯金融经济学奖，2013 年获得芝加哥商品交易所－美国国家数学科学研究所颁发的量化应用创新奖，2016 年获得诺贝尔经济学奖。1979 年，霍姆斯特朗在《贝尔经济学杂志》上发表的经典论文"道德风险与可观察性"，奠定了他在信息经济学领域的权威地位。此后，霍姆斯特朗与米尔格罗姆（Holmstrom & Milgrom，1987，1991，1994）在企业最优激励机制研究方面做出了重要贡献，是企业理论的领军人物之一；此外，他与梯若尔合作构建产业组织理论的大厦，贡献突出。

"信息中介"假说

由于信息不对称会导致创新型企业的股价被市场低估，可能招来"门口的野蛮人"，管理者可能因此削减创新投资。解决这个问题的一个可能方案便是依靠金融分析师。金融市场里的分析师不但收集上市公司的公开信息，还积极打探公司内幕，为机构投资者和散户提供投资建议。同时分析师的跟踪，会使公司信息更透明，信息的传播速度更快，从而使企业的融资成本降低，所以分析师们特别是那些有影响力的明星分析师，也会成为上市公司的"座上客"。作为上市公司和投资者之间的信息中介，如果分析师能很好地发挥自身职能，则可以有效地降低上市公司与外部投资者之间的信息不对称程度。尤其，若分析师可以准确地将上市公司的创新活动信息传达给市场参与者（尤其是公司的投资者），帮助他们很好地理解上市公司的这些长期投资的价值，那么公司的管理者可能不再会面临股价被严重低估的压力，从而缓解管理者短视问题，最终促进企业创新。因此，在这种"信息中介"假说下，分析师可以通过降低上市公司与外界投资者之间面临的信息不对称程度，缓解公司管理者的短视问题，促进企业创新。

"市场压力"假说

但同时，分析师的财务预测和信息披露行为也可能会给上市公司的管理者带来过多的压力，从而导致管理者将更多精力放在企业的短期业绩之上。美国加州大学伯克利分校 Manso 教授在其 2011 年发表在 *Journal of Finance* 上的论文中指出，对短期内失败的容忍是有效激励企业创新活动的必要条件，但是分析师对创新型公司却远远做不到包容其短期的失败，因为分析师的本职工作便是预测公司的短期业绩，并依据业绩预测向投资者做出股票推荐评级。Brennan, Jegadeesh 和 Swaminathan（1993）；Hong, Lim 和 Stein（2000）等的研究均发现，每当公司短期业绩下滑时，分析师都会向下修正他们的企业业绩预测，并相应作出对上市公司不利的股票推荐评级，从而引发市场上的负面反应，最终对上市公司的管理者带来外部压力。除此之外，正如 Jensen 和 Fuller（2002）的研究所述，企业的管理者通常都会对分析师的预测作出过度的反应，以这些外界的业绩预测来作为自身短期应该率先达成的目标，以防止业绩达不到预期而导致公司股价下滑。在一项针对美国 401 家公司的首席财务官（CFO）的调查中，Graham, Harvey 和 Rajgopal（2005）发现，绝大多数的 CFO 都声称出于对自身财富、职业生涯以及外部声誉等方面的考量，会选择牺牲企业的长期投资所带来的更高价值增值来迎合分析师的短期业绩预期。而企业的创新活动则由于高风险、长周期且不确定性高而且不会在短期带来财务回报等原因，"不幸"成为这些 CFO 优先考虑削减的长期投资之一。美国戴尔公司的负责人曾表示，"因为每天必须盯着股价，戴尔没法做长期战略"。因此，与上述"信息中介"假说相反，分析师也有可能会对上市公司的高管带来过高的短期压力，从而加重其短视行为而抑制企业的创新活动，我们称之为"市场压力"假说。

迷你案例
MINI CASE

松下经营目标：分析师预期

2011 财年，松下创下有史以来的最大亏损。2012 年 11 月 2 日，松下发布了预亏警告，该公司将全年营收预下调了7%。在此消息影响下，松下股价下跌了将近1/5。标准普尔把松下债务评级下调至接近垃圾的等级。面对当时的形势，松下首席财务官河井英明表示"公司当前面临的形势比我们先前的预期要糟糕，我们下半财年的前景非常严峻"。从2010年开始，日本老牌电子企业纷纷陷入窘境。河井英明表示，松下在截至2013年3月的财年里，将再裁员1万人以便削减成本，恢复盈利。在松下旗下88个业务部门中，约1/5处于亏损状态。松下的目标是达到汤森路透调查分析师的预期，即在截至2014年3月的财年至少实现2 000亿日元（约25.2亿美元）的运营利润。公司计划从2013年年初开始，陆续出售一些非核心业务，并关闭一些业务部门。在2014年3月底之前出售价值1 100亿日元的资产，这些资产主要是在日本的土地和楼房。如果需要增加现金流的话，松下在2014财年还将出售更多资产。

实证研究发现

我和美国佐治亚大学Jie He教授2013年发表在 *Journal of Financial Economics* 的文章"分析师跟踪的负面影响：基于创新的视角"，对以上两个可能的假说进行了验证。

在文章中，度量创新的数据主要来自NBER所提供的最新版的专利引用数据库，我们仍以企业专利数量和专利引用次数作为测量企业创新的主要变量。同时，由于一个专利的研发过程通常需要较长时间，文章在回归时将当年的公司特征因素对公司3年后的创新产出变量进行回归。在我们的研究样本中，每家公司平均每年被授予9.8个专利，每个专利被其他公司引用的次数平均为3.9次。

分析师相关的数据则主要来自I/B/E/S数据库。对公司每年的分析师追踪数量，我们采取12个月平均每月的分析师业绩预测数目来衡量，因为追踪公司的分析师每个财年至少会发布一次业绩预测评级，而绝大多数分析师每月至多发布一次业绩预测评级。在我们的研究样本中，平均每家公司有7个分析师进行追踪。

然后，我们利用普通最小二乘法对分析师追踪与上市公司创新之间变量进行回归分析，在回归中加入了上市公司的规模、盈利能力、成立时间、估值水平等控制变量，同时对公司固定效应以及年份固定效应进行了控制。基础回归的结果如表7-1所示。

表 7-1 分析师追踪与企业创新（OLS）[①]

分表 A：专利数量

因变量	专利数量对数$_{t+3}$	专利数量对数$_{t+3}$	专利数量对数$_{t+3}$
分析师追踪	0.371***	−0.026*	−0.052***
	（0.025）	（0.015）	（0.017）
控制变量	否	否	是
年份固定效应	是	是	是
公司固定效应	否	是	是
样本量	25 860	25 860	25 860

分表 B：专利引用次数

因变量	专利引用次数对数$_{t+3}$	专利引用次数对数$_{t+3}$	专利引用次数对数$_{t+3}$
分析师追踪	0.124***	−0.070*	−0.077***
	（0.011）	（0.018）	（0.019）
控制变量	否	否	是
年份固定效应	是	是	是
公司固定效应	否	是	是
样本量	25 860	25 860	25 860

注：计量结果括号内为稳健性标准误，***、**、* 分别表示 1%、5% 和 10% 的显著性水平。

从回归结果可以发现，在只控制年份固定效应时，分析师追踪与上市公司的创新产出数量和质量均呈正相关关系。而控制了公司固定效应后，即便我们逐步加入控制变量，分析师追踪与上市公司的创新产出数量和质量都保持着显著的负相关性，且在引入其他对公司创新有影响的控制变量后，回归结果的负向显著性有所增加。这说明遗漏变量，特别是不随时间变化的企业层面遗漏变量，会使分析师追踪与公司创新产出之间的回归系数产生向上的偏误，例如企业所在城市是否为中心城市，可能是遗漏变量之一。中心城市交通发达，可能会更便于分析师的实地到访和追踪；同时，中心城市通常是大量研究机构和高校的所在地，这使企业与这些研究机构交流更加便捷，从而促进企业创新水平。这个遗漏变量导致了回归系数向上的偏误。

普通最小二乘法回归结果表明，分析师追踪与公司的创新产出数量和质量显著

[①] He Jie Jack and Xuan Tian. The dark side of analyst coverage: The case of innovation[J]. *Journal of Financial Economics*, 2013, 109(3): 856–878.

负相关，而且这一结果在我们更换样本、分析师追踪度量方式、公司创新的度量方式、回归模型等因素后仍然稳健。总体而言，基准回归的结果支持上文的"市场压力"假说，即分析师会给公司带来过度压力，从而对创新产生负面影响。

因果关系分析

当然，我们还不能直接将上文的结果解释为因果关系，因为可能存在遗漏变量同时与分析师追踪和企业创新相关，从而使上文的回归结果有偏误。为解决这一潜在的内生性问题，我们在文章中采用了基于券商倒闭和并购这一准自然实验的双差法和工具变量的方法进行了进一步回归分析。

由于券商研究部门的关闭和并购事件会影响追踪部分上市公司的分析师人数，但并不会直接对上市公司的创新活动产生影响。券商倒闭这一做法最早为 Kelly 和 Ljungqvist（2011, 2012）所采用，基于的原理是券商通常会由于交易、做市以及投行等业务的负面冲击而关闭自身的研究部门。也就是说，这些研究部门的关闭是出于券商自身的商业策略考量，而不会受到分析师追踪的企业本身特征的影响。因此，这一事件为我们研究分析师追踪对上市公司创新的影响提供了一个良好的准自然实验，即研究部门的关闭，只可能通过影响上市公司的分析师追踪数量来影响公司的创新活动。而券商的并购则最早为 Hong 和 Kacperczyk（2010）所采用，在他们的研究中也正是用此作为分析师追踪数量下降的一个外生冲击。因为当券商发生并购后，在两者之间的资源整合过程中，难免会解雇一部分行业重叠、冗余的分析师。Hong 和 Kacperczyk（2010）研究发现，如果上市公司被并购交易双方的分析师同时追踪，那么在并购交易后，追踪上市公司的分析师数量将至少减少一个，通常减少的是被收购券商原有的追踪分析师。因此，券商之间的并购也会导致上市公司的追踪分析师数目发生外生变化。券商之间的并购交易只会通过影响上市公司的分析师追踪数量，来影响公司的创新活动，也满足外生性的要求。

计量方法介绍
ECONOMETRICS

双重差分法

双重差分法（Difference-in-differences，DID，简称"双差法"）是一种用于计

量经济学和社会科学定量研究的统计方法。双差法模拟实验研究设计，研究自然实验中实验组与对照组的实验效果差别。双差法通过比较实验组随时间变化的实验结果与对照组随时间变化的结果来分析实验效果，需要实验组和对照组两个或两个以上不同时间段的数据，"实验"前和后至少各一次。双差法意图消除选择实验组引发的外界因素和选择偏差。与实验效果的时间序列估计不同，双差法使用面板数据来衡量实验组与对照组随时间变化的结果之间的差异。双重差分法的关键假设是平行趋势假设，平行趋势假设要求实验组与控制组在"实验"前有平行或相似的发展趋势，但并不要求两组的发展水平一致。

基于上述外生冲击事件，利用双差法得到的实证结果如下表所示：

表 7-2　分析师追踪与创新（DID，全样本差值估计）[①]

	实验组均值对比 （冲击后–冲击前）	对照组均值对比 （冲击后–冲击前）	差值均值对比 （冲击后–冲击前）
专利数量	0.236 （0.042）	0.054 （0.033）	0.182*** （0.053）
专利引用次数	−0.357 （0.021）	−0.651 （0.023）	0.294*** （0.035）

注：计量结果括号内为稳健性标准误，***、**、* 分别表示1%、5%和10%的显著性水平。

通过上表可以发现，在利用双差法解决内生性问题后，分析师对上市公司创新产出数量和质量的负向影响效果仍然显著存在，此时我们可以认为分析师追踪会导致公司创新产出数量和质量下降，确认二者存在因果关系。同时，通过表7-3也可以发现企业初始分析师追踪越少，分析师对企业创新的负向影响越大。在企业有大于25个初始分析师追踪的情况下，负向影响统计意义上不显著。这个发现很直观：因为如果企业初始有很多分析师追踪的话，减少一个追踪分析师对其影响会很小；但是，如果企业初始分析师数量很少，减少一个追踪分析师会对其产生比较大的影响。

---

① He Jie Jack and Xuan Tian. The dark side of analyst coverage: The case of innovation [J]. *Journal of Financial Economics*, 2013, 109（3）：856–878.

表 7-3　追踪分析师与企业创新（DID，不同初始追踪情况的差值估计）[①]

	专利数量 （1）	专利引用次数 （2）
追踪分析师数 ≤ 10	0.253** （0.106）	0.432*** （0.063）
10< 追踪分析师数 ≤ 25	0.159** （0.068）	0.269*** （0.047）
追踪分析师数 >25	0.112 （0.117）	0.106 （0.093）

注：计量结果括号内为稳健性标准误，***、**、* 分别表示 1%、5% 和 10% 的显著性水平。

稳健性检验

为进一步保证结果的稳健性，我们还采用了工具变量回归的方法进一步进行了实证研究。一个理想的工具变量应该与上市公司的分析师追踪数量相关，但并不直接与公司的创新活动相关。本文参考 Yu（2008），采用"追踪分析师数期望"作为工具变量，这一变量主要反映券商规模的变化。如 Yu（2008）所言，券商规模的变化通常只取决于其自身的盈利水平，而与其追踪的上市公司的创新活动不直接相关。在业界的操作中也确实如此，比如据《华尔街日报》，2012 年 8 月巴克莱从瑞士信贷集团招聘分析师，以扩大其追踪中国台湾地区非科技类公司的研究团队人数。而这一扩充决定主要出于增加自身利润的考量。巴克莱声明称，券商研究团队的扩张"由其佣金、咨询和外汇衍生品交易业务的持续盈利增长所驱动"。

因此，券商规模的变化引起的上市公司分析师追踪数目的变化是相对外生的。也就是说券商规模影响企业创新，只通过其对追踪分析师数量的影响来实现，因此这个工具变量也可以帮助我们解决研究可能存在的内生性问题。

基于此工具变量的两阶段最小二乘法回归结果如表 7-4 所示。

[①] He Jie Jack and Xuan Tian. The dark side of analyst coverage: The case of innovation [J]. *Journal of Financial Economics*, 2013, 109(3): 856–878.

表 7-4 分析师跟踪与企业创新（2SLS）[①]

因变量	第一阶段回归	第二阶段回归	
	追踪分析师数对数	专利数量对数 $_{t+3}$	专利引用次数对数 $_{t+3}$
追踪分析师数期望	0.909***		
	(0.012)		
追踪分析师数		−0.115***	−0.137***
		(0.029)	(0.034)
控制变量	是	是	是
固定效应	是	是	是
样本量	13 443	13 443	13 443

注：计量结果括号内为稳健性标准误，***、**、*分别表示1%、5%和10%的显著性水平。

从回归结果可以发现，参考 Yu（2008）研究构造的"追踪分析师数期望"这一工具变量，确实与上市公司的追踪人数显著正相关。利用此工具变量解决内生性问题后，我们发现自变量存在显著为负的回归系数，表明追踪分析师人数的增加，的确会导致上市公司的创新产出数量和质量的显著下降。

分析师具体作用机制

通过上文的分析，我们发现在美国的资本市场中，虽然分析师本无心造成伤害，但却不可避免地对上市公司的创新带来了负面的影响。那么分析师到底是怎样"不小心"伤害了上市公司呢？我们对此问题进行了进一步的研究。

机构投资者

首先，我们从不同类型的机构投资者的功能会有所差异的角度出发，试图对分析师的影响进行分析。Kelly 和 Ljungqvist（2012）研究发现，追踪分析师人数的下降会导致投资者与上市公司之间的信息不对称程度上升，进而导致机构投资者持股比例上升、散户持股比例下降。因为机构投资者可以更容易地获取上市公司的私有信息，而散户投资者则对分析师的研究报告等信息披露更为依赖，所以当分析师减

---

① He Jie Jack and Xuan Tian. The dark side of analyst coverage: The case of innovation [J]. *Journal of Financial Economics*, 2013, 109 (3): 856-878.

少时，便会挤出部分散户投资者对上市公司股份的需求。我们认为这种挤出效应在不同类型的投资者中也会有不同体现。我们预期当追踪公司的分析师数量减少时，"专注型"机构投资者（这里指长期的、买卖交易不频繁的机构投资者）的持股比例会有所上升，因为此类投资者通常只会集中投资少数几家公司，可以频繁、主动地分析上市公司的基本面，获得更多私有信息，对分析师依赖度较低。相反，"投机型"机构投资者（这里指那些中短期的、交易频繁的机构投资者）对追踪分析师数量减少的反应会与散户投资者类似。由于这部分机构投资者通常只关注短期盈利，因此不会花很多精力去搜集上市公司的基本面等信息，他们通常会持有一个十分分散的投资组合。正因为上述不同的存在，Aghion, Van Reenen 和 Zingales（2013）通过理论模型研究认为，"专注型"机构投资者相较于"投机型"机构投资者更能促进上市公司的创新。因此，分析师追踪人数的变化导致的不同类型的机构投资者的变化，会是分析师追踪影响公司创新的一条可能传导渠道。

接下来，我们利用双差法研究分析师追踪数量对不同类型机构投资者持股比例的影响，结果如表 7-5 所示。

表 7-5　分析师跟踪与机构投资者[①]

	专注型机构投资者持股比例	投机型机构投资者持股比例
双重差分结果	0.013*** （0.003）	−0.009** （0.004）

注：计量结果括号内为稳健性标准误，***、**、* 分别表示 1%、5% 和 10% 的显著性水平。

通过上文分析不难发现，追踪分析师的减少确实会导致"忠诚的"机构投资者持股比例上升，而"不忠诚的"机构投资者的持股比例会有所下降。

因此，综上所述，追踪分析师数量越多，公司越受到市场追捧，因此也吸引了更多的短期投资者和投机者。这类投资者热衷于概念炒作，利用市场买卖价差获利。而企业惧怕股价下跌被市场抛弃，面对市场压力，为追求业绩的突出表现，选择削减长期投资，如研发支出，并不断染指市场热炒的流行项目。"邯郸学步"之后，有些企业甚至发现主营业务已无迹可寻，最终丧失了长期增长的内在潜力。长期的价值投资者则不同，他们积极地搜寻公司信息，参与公司治理，看重企业的长期增长，

---

① He Jie Jack and Xuan Tian. The dark side of analyst coverage: The case of innovation [J]. *Journal of Financial Economics*, 2013, 109(3): 856–878.

以踏踏实实办事业的心态投资,关注那些甘于寂寞,苦练内功的上市公司。"惠而好我,携手同归",待一切归于沉寂,投资者因"爱"与公司获得双赢。

被并购压力

上文提到的 Yu(2008)的研究还发现,追踪分析师人数较少的上市公司会有更多的盈余管理活动,从而会降低其财务报表的质量和可信度。较差的财务报表质量会加剧公司内部和外部投资者之间的信息不对称程度(Bhattacharya, Desai 和 Venkataraman, 2010; Kravet 和 Shevlin, 2010),从而增加潜在的并购者的逆向选择成本。Amel-Zadeh 和 Zhang(2010)研究发现,财务报表质量较差的公司成为被并购对象的可能性更低。因此,追踪分析师数量的增加会增加公司被并购的风险。而同时,Stein(1988)的研究指出,因为股东对公司的长期无形资产投资价值通常难以有效评估,外部活跃的收购市场会诱使管理者投资更多可以很快实现回报的短期项目,从而导致长期的创新投资的减少。因此并购压力也可能是分析师对公司创新产生负面影响的一种传导机制。

我们参考 Cremers, Nair 和 John(2009)的做法,通过 Logit 回归分析得到上市公司被并购的概率水平,然后利用双差法研究了分析师追踪的外生冲击对公司并购压力的影响,结果如下表所示:

表 7-6　分析师跟踪影响创新的作用机制 [1]

	被并购风险敞口
双重差分结果	−0.001**
	(0.000)

注:计量结果括号内为稳健性标准误,***、**、* 分别表示 1%、5% 和 10% 的显著性水平。

通过上述分析可以发现,追踪分析师数量的减少确实可以显著减小上市公司的被并购压力。因此可知,追踪分析师数量减少意味着外部投资者对公司信息了解更少,信息不对称程度更高,公司管理层更有机会做盈余管理。反之,追踪分析师越多,投资者掌握的信息越多,公司更可能暴露于被兼并收购的危险之中。当企业被兼并收购的可能性增加时,公司管理层不得不采取防御战略,牺牲企业创新,进行常规

[1] He Jie Jack and Xuan Tian. The dark side of analyst coverage: The case of innovation [J]. *Journal of Financial Economics*, 2013, 109(3): 856–878.

的短期投资来提高公司业绩表现。

除了上述两种作用机制外,追踪分析师数量越多,股价中反映的公司信息越充分,对散户而言,投资风险越低,因此股票流动性越高。流动性升高,会吸引更多的短期投资者,企业被兼并收购的可能性增加,公司管理层采取防御战略,牺牲企业创新来提高公司的短期业绩表现,这也是我另一个研究中的发现(具体分析请见本书第3章)。

东风汽车的弊病:中国的经验证据

我们2013年的研究发现在美国这样股权分散、流动性高的成熟资本市场上,分析师会给上市公司带来更多的短期压力,从而对企业创新产生负面影响。然而中国的资本市场尚处于不断完善发展的转型阶段,与欧美资本市场有较大的区别。如余明桂等(2017)所言,当前中国的上市公司股权结构相对集中,且拥有实际控制权的大股东手中的股权流动性较差;我国目前资本市场的规模和层次虽然得到了快速的扩充,但是资本市场中的法律制度等尚不健全,上市公司面临的信息不对称问题极为严重;同时,上市公司的治理结构尚不完备。在此背景下,分析师对我国上市公司会带来更多短期压力加剧公司管理者短视问题,还是可以发挥自身信息中介的功能从而缓解管理者短视问题,仍不确定。

在研究中国市场中分析师对企业创新影响的学者中,一部分学者通过"研发投入"来衡量企业创新。徐欣等(2010)基于2004年至2006年期间的上市公司样本,研究了分析师对企业创新的关注情况造成的经济后果。其研究显示,分析师的关注能通过"信息中介"机制减轻企业创新活动的信息不对称问题,加强资本市场对企业创新活动的认同,从而促进企业创新。然而,谢震等(2014)基于2009年至2012年中国A股市场中创业板公司数据进行研究,发现公司研发投入与分析师关注程度负相关,说明"市场压力"的作用要强于"信息中介"的作用。其进一步研究发现,控股股东参与公司经营并理解研发项目的价值,可以减少"市场压力"的影响。研究结果还显示,随着经理层持股比例的提高,分析师关注与研发投入之间的负相关性显著减弱,说明经理层持股能够缓解"市场压力"机制对创业公司研发投入的负面影响。陈守明等(2017)基于2009年至2012年上海证券交易所A股制造业上市公司的样本,研究了分析师对企业业绩的预测对企业创新投入的影响。其研究结果表明，企业上一年绩效没有达到分析师预测时，分析师对业绩预测的压力对企业下一年的创新投入有显著的负向影响，研究结果还表明董事会规模在分析师预测压力和企业创新投入之间有正向调节作用。

迷你案例
MINI CASE

分析师报告直指东风汽车弊病

  2012年年底，兴业证券分析师发布了一篇直指东风汽车弊病的研究报告"主动投资者都睡着了吗？"，该报告公开号召投资者罢免公司轻卡业务管理层。研究报告指出，东风汽车投资太少、管理效率太低，轻卡业务连续亏损，严重吞噬其他主营业务利润。数据显示，2011年东风汽车轻卡业务亏损4.5亿元，2012年第1至3季度亏损3.3亿元。该研究报告还表示，规模相当的竞争对手的轻卡业务都能赚钱，若不是管理问题，请管理层给出一个更好的解释。面对东风汽车糟糕的业绩，研究报告中提出了罢免相关管理层的建议，从而引起轰动。报告向有资格提交议案的投资者提出两个建议：一是让东风汽车"卖掉所持的近1亿元的交易性金融资产（基金），回购公司股票"；二是"提交议案罢免负责轻卡业务的管理层。"事实上，东风汽车的管理层已经开始调整。公开信息显示，2012年11月29日东风汽车发布了更换公司总经理的公告。东风汽车管理层对这份报告的回应十分虚心："公司已经注意到研究报告，从报告内容来看，数据还是很客观的。"东风汽车董秘办有关人士接受记者采访表示，公司正在研究对策，但不会结束亏本的轻卡业务，而会降本增效提高公司运营效率。

  另一部分学者则在研究中通过企业申请的专利数量对企业创新进行衡量，余明桂等（2017）基于2003年至2014年的中国上市公司样本，研究了在中国这个新兴资本市场中，分析师对上市公司创新活动的影响。研究发现，不同于美国发达资本市场中的分析师的影响，在我国分析师往往会促进上市公司的创新活动，而且分析师的声誉越高，这一促进效果越明显。进一步研究发现，分析师可以缓解企业面临的融资约束，从而促进企业的创新活动。除此之外，陈钦源等（2017）的研究也得出了类似的结论。其研究发现在我国资本市场中，分析师追踪可以显著地提升上市公司的创新产出，这一促进效果的作用机制主要为缓解创新过程中上市公司面临的信息不对称以及代理问题。

基于中国的实际情况的分析师与企业创新之间关系的研究较少，研究结果对分析师的"信息中介"假说与"市场压力"假说均支持。一方面，分析师可以减少企业创新研发投入的信息不对称从而促进企业创新；另一方面，分析师的关注可能会使企业管理者将企业资源更多投入于追求短期业绩，而妨碍企业的长期研发投入。而与美国市场不同的是，中国市场由于上市公司股权结构相对集中，大股东对短期创新失败的容忍度较高，这降低了管理者被解聘的风险，同时管理者相较于美国市场中的职业经理人，较少有声誉或职业危机上的担忧，因此管理者可以更专注于企业的长期发展，所以分析师的"信息中介"假说比"市场压力"假说更具有解释力。

负责任的信息搜集：分析师现场调研

如前文中指出的，尽管研究发现分析师给企业管理层带来了压力，导致管理层的短视行为，从而阻碍了企业创新。但是，我们还不能急于得出结论，对于分析师的作用我们需要全面客观地进行评价。分析师作为信息发现者和传播者的角色也十分重要。分析师作为专业的投资者代表，积极地收集、整理和分析信息，到公司实地调研，发布盈余预测和荐股意见，他们可能通过其他方式来促进企业创新。

分析师作为现代资本市场的重要组成部分，主要功能是作为信息中介搜集并传达上市公司的相关信息，进而促进资本市场的定价效率。然而分析师能否发挥好信息中介的功能，很大程度上取决于私人信息的获取。Brown等（2015）对365位分析师进行了调研分析，发现与上市公司高管进行私下交流获取信息会显著影响到分析师对公司的业绩预测和推荐评级。尽管信息获取途径十分重要，但国内外市场普遍缺乏对分析师信息调研行为的公开披露，因此对分析师如何获取信息并凭此做出业绩推断和股票推荐评级，仍是研究的一个"黑匣子"。

鉴于分析师信息调研行为的重要性，有学者利用各种间接数据对分析师调研行为进行度量，开展了一系列研究。Soltes（2014）基于一个中等规模的纳斯达克公司的管理层私下会议记录的数据，间接度量分析师与高管的可能接触和信息获取，发现与公司高管会面越频繁，分析师的业绩预测越准确。Green 等（2014）则基于投资者会议的数据，发现召开投资者会议的分析师的推荐评级更有价值，且预测的准确度更高。除此之外，上市公司举办的投资者交流会、电话会议等都曾成为研究中对分析师信息获取行为的间接度量工具。但这些间接方式一方面无法准确度量分析师的信息调研行为，而且投资者交流会等活动所有分析师均可参与，不具有排他性，在会上分析师与高管的交流也十分有限。All-Europe Research Survey（2012）显示，分析师最主要的信息调研方式是对上市公司进行现场的走访调研。通过走访调研，分析师可以与公司的高管进行正式或非正式的接触，在这个过程中，分析师可以就自己的疑惑向公司管理者寻求解答。分析师还可以从高管的语音语调、面部表情等领会到外界无法获知的私人信息。其次，在现场调研过程中，分析师还可与公司的一线员工有所交流，通过参观公司的厂房、物资等，更为直观地了解公司的生产经营、创新研发等活动。

我们针对美国市场的分析师研究发现，分析师对上市公司创新活动的抑制作用更强。那么分析师负责任的信息搜集行为是否也会如此呢？

如上文所示，首先，分析师通过现场走访调研可以与管理者进行直接交流，观察公司的厂房、物资以及生产经营和创新研发活动。这无疑将有助于分析师更好地理解上市公司正在进行的创新研发活动，并有效地将这些信息传递给投资者，使得投资者认识到公司创新研发的价值。其次，分析师作为投资者的代表，对上市公司现场走访调研，可以更好地发挥上市公司外部监督者的职能，比如发现高管为个人利益而做出损害股东权益的决策，从而缓解公司管理者和股东之间的委托代理问题。这会促进公司管理者从事更多对上市公司长期价值有利的活动，比如研发投入。也就是说，分析师的现场调研这一信息搜集行为对上市公司创新活动可能更多地起到促进作用。

为检验上述假说，我和我的学生赵文庆和赵海龙博士基于 2010 年至 2015 年的深交所上市公司样本进行了研究。我国的创新专利分为发明专利、实用新型专利和外观设计专利三种：发明型专利主要针对新产品的研发及其制造方法、使用方法的创新，科技含量及创新性最高；实用新型专利则主要涉及技术的改进以及产品构造等，创新技术含量低于发明专利；外观设计专利主要针对产品的形状、图样等，科技创新含量较低。为了更加准确地刻画公司的技术创新水平，我们选取发明专利和实用新型专利的申请数量度量公司创新产出的数量，即"专利数量"项；而用发明专利申请数量的多少来度量其创新产出的质量，即"专利质量"项。

其次，得益于深交所强制披露的分析师调研信息，本文从公司年度内被分析师（团队）调研次数的维度度量分析师实地调研这一信息搜集行为。

加入其他影响公司创新的控制变量，并对行业固定效应以及年份固定效应进行控制后，最小二乘法回归结果如表 7-7 所示：

表 7-7 分析师现场调研与企业创新（OLS）[①]

	专利数量 （1）	专利数量 （2）	专利质量 （3）	专利质量 （4）
调研次数	0.227*** （0.023）	0.123*** （0.007）	0.199*** （0.020）	0.117*** （0.007）
控制变量	否	是	否	是
固定效应	是	是	是	是
样本量	5 460	4 070	5 460	4 070

注：计量结果括号内为稳健性标准误，***、**、* 分别表示 1%、5% 和 10% 的显著性水平。

从上表不难发现，分析师现场调研与公司的创新产出数量和质量显著正相关。

同样，我们还不能放心地将上述结果解释为因果关系，因为分析师更可能到创新活动比较多的上市公司进行走访调研，所以可能存在因果倒置的问题。为了解决此内生性问题，我们采用上市公司所在地是否开通高铁作为工具变量，进一步进行了两阶段工具变量回归分析。高铁开通会降低分析师前往上市公司调研的时间成本，因此若上市公司所在城市开通高铁，则该上市公司被分析师调研的频率会更高；同时由于各个城市是否以及何时开通高铁独立于公司的决策，特别是创新投资的决策，因此也满足外生性要求，工具变量回归结果如表 7-8 所示：

---

① 田轩、赵文庆、赵海龙，2017，分析师现场调研与企业创新，工作论文。

表 7-8 分析师现场调研与创新（2SLS）[1]

自变量	第一阶段回归	第二阶段回归	
	分析师调研次数	专利数量	专利质量
是否开通高铁	0.153*** (0.023)		
调研次数		0.792*** (0.105)	0.877*** (0.114)
控制变量	是	是	是
固定效应	是	是	是
样本量	4 070	4 070	4 070

注：计量结果括号内为稳健性标准误，***、**、*分别表示1%、5%和10%的显著性水平。

从表7-8不难发现，第二阶段的回归系数是显著为正的，表明分析师现场调研确实可以显著提升上市公司的创新产出数量和质量。

接下来，我们从公司个股特质信息含量和公司治理两个角度对分析师现场调研影响创新的渠道展开了研究。研究发现分析师现场调研可以提高上市公司股价中的个股特质信息含量，从而使得外部投资者更有效地捕捉上市公司创新研发的价值；同时分析师现场调研可以更好地发挥分析师对上市公司的外部监督功能，缓解上市公司面临的委托代理问题，从而促进公司创新。

本章小结

本章分析了以金融分析师为代表的金融市场信息中介对企业创新的影响及其传导机制。本章要点总结如下：

- 就企业创新而言，金融对实体经济是具有真实影响的；
- 金融分析师作为金融市场信息中介的代表，兼具信息中介与公司治理功能；
- 金融分析师追踪带来的过度市场压力阻碍了企业创新，机构投资者与收购威胁是两个潜在作用机制；
- 金融分析师现场调研提高了市场信息效率，改进了公司治理，进而促进企业创新；
- 金融市场的健康发展对促进企业创新具有重要作用。

---

[1] 田轩、赵文庆、赵海龙，2017，分析师现场调研与企业创新，工作论文。

参考文献

[1] Aghion P, Van Reenen and Zingales L. Innovation and Institutional Ownership [J]. *American Economic Review*, 2013, 103: 277–304.

[2] Amel‑Zadeh and Zhang Y. The economic consequences of financial reporting quality for the market for corporate control: Evidence from financial restatements [J]. Unpublished working paper, 2010.

[3] Beaver and William H. Perspectives on Recent Capital Market Research [J]. *Accounting Review*, 2002, 77(2): 453–474.

[4] Bhattacharya N, Desai H, Venkataraman K. Earnings quality and information asymmetry: Evidence from trading costs [J]. Unpublished working paper, 2010.

[5] Brown and Lawrence D, et al. Inside the "Black Box" of Sell‑Side Financial Analysts [J]. *Journal of Accounting Research*, 2015, 53.1: 1–47

[6] Brennan M, Jegadeesh N and Swaminathan B. Investment Analysis and the Adjustment of Stock Prices to Common Information [J]. *The Review of Financial Studies*, 1993, 6: 799–824

[7] Cheng Qiang, et al. Seeing is believing: analysts' corporate site visits [J]. *Review of Accounting Studies*, 2016, 21(4): 1 245–1 286.

[8] Cremers M, Nair V and John K. Takeovers and the cross‑section returns [J]. *The Review of Financial Studies*, 2009, 22: 1 409–1 445.

[9] Alexander Dyck, Adair Morse, and Luigi Zingales. Who blows the whistle on corporate fraud? [J]. *The Journal of Finance*, 2010, 65.6: 2 213–2 253.

[10] Graham J, Harvey C and Rajgopal S. The Economic Implications of Corporate Financial Reporting [J]. *Journal of Accounting and Economics*, 2005, 40: 3–73.

[11] Green T Clifton, et al. Access to management and the informativeness of analyst research [J]. *Journal of Financial Economics*, 2014, 114.2: 239–255.

[12] He Jie Jack and Xuan Tian. The Dark Side of Analyst Coverage: The Case of Innovation [J]. *Journal of Financial Economics*, 2013, 109: 856–878.

[13] Holmstrom B. Agency Costs and Innovation [J]. Journal of Economic *Behavior and Organization*, 1989, 12: 305–327.

[14] Hong H, Kacperczyk M. Competition and bias [J]. *Quarterly Journal of Economics*,

2010, 125, 1 683 – 1 725.

[15] Hong H and Kubik J. Analyzing the analysts: Career concerns and biased earnings forecasts [J]. *Journal of Finance*, 2003, 58: 313 – 351.

[16] Hong H, Lim T and Stein J. Bad news travels slowly: Size, analyst coverage, and the profitability of momentum strategies [J]. *Journal of Finance*, 2000, 55: 265 – 295.

[17] Michael C Jensen and William H Meckling. Theory of the firm: Managerial behavior, agency costs and ownership structure [J]. *Journal of Financial Economics*, 1976, 3: 305 – 360.

[18] Jensen M and Fuller J. Just say no to Wall Street [J]. *Journal of Applied Corporate Finance*, 2002, 14: 41 – 46.

[19] Kelly B and Ljungqvist A. Testing a symmetric – information asset pricing models [J]. *The Review of Financial Studies*, 2012, 25: 1 366 – 1 413.

[20] Kelly B and Ljungqvist A. The Value of Research [J]. Unpublished working paper, 2011.

[21] Koch Adam S, Craig E Lefanowicz and John R Robinson. Regulation FD: A review and synthesis of the academic literature [J]. *Accounting Horizons*, 2013, 27.3: 619 – 646.

[22] Kravet T and Shevlin T. Accounting restatements and information risk [J]. *Review of Accounting Studies*, 2010, 15: 264 – 294.

[23] Manso G. Motivating innovation [J]. *Journal of Finance*, 2011(66): 1 823 – 1 860.

[24] Mayew William J, N Y Sharp and M Venkatachalam. Using earnings conference calls to identify analysts with superior private information [J]. *Review of Accounting Studies*, 2013, 18.2: 386 – 413.

[25] Mayew William J and Venkatachalam Mohan. The power of voice: managerial affective states and future firm performance [J]. *Journal of Finance*, 2012, 67(1): 1 – 43.

[26] Solow R. Technological change and the aggregate production function [J]. *Review of Economics and Statistics*, 1957, 39: 312 – 320.

[27] Soltes Eugene. Private interaction between firm management and sell – side analysts [J]. *Journal of Accounting Research*, 2014, 52 (1): 245 – 272.

[28] Welch Ivo. Herding among security analysts [J]. *Journal of Financial Economics*,

2004, 58.3: 369–396.

[29] Yu F. Analyst coverage and earnings management [J]. *Journal of Financial Economics*, 2008, 88: 245–271.

[30] 陈钦源, 马黎珺, 伊志宏. 分析师跟踪与企业创新绩效——中国的逻辑 [J]. 南开管理评论, 2017(3): 15–27.

[31] 陈守明, 邵婉玲. 分析师盈利预测压力对公司创新投入的影响——公司治理结构的调节作用 [J]. 上海管理科学, 2017(3): 74–81.

[32] 田轩, 赵文庆, 赵海龙. 分析师现场调研与企业创新. 工作论文, 2017.

[33] 吴晓求. 股权分置改革的若干理论问题——兼论全流通条件下中国资本市场的若干新变化 [J]. 财贸经济, 2006(2): 24–31.

[34] 谢震, 艾春荣. 分析师关注与公司研发投入：基于中国创业板公司的分析 [J]. 财经研究, 2014(2): 108–119.

[35] 徐欣, 唐清泉. 财务分析师跟踪与企业 R&D 活动——来自中国证券市场的研究 [J]. 金融研究, 2010(12): 173–189.

[36] 余明桂, 钟慧洁, 范蕊. 分析师关注与企业创新——来自中国资本市场的经验证据 [J]. 经济管理, 2017(3).

第 8 章
来自机构投资者的干预

  一方面,机构投资者的逐利本性会给公司管理层造成股价或偿债压力,引起"管理层短视"行为而阻碍公司创新。另一方面,机构投资者在与管理层博弈中拥有更强话语权,消减代理人问题,重塑公司创新策略。例如,对冲基金的积极主义者会主动要求改变公司的经营策略和公司治理;银行会对违约公司进行干涉甚至接管;做空者发现价值被高估的公司并通过卖空其股票获利的意图,会产生价格压力使公司管理层更加关注公司价值塑造而非自身利益。本章以对冲基金、银行及做空者为例,分析资本市场中机构投资者的干预对企业创新的影响。

机构投资者介入

  企业在资本市场中进行融资,则必然存在对手方,通过资本市场向企业进行投资,当对手方为机构时,我们称之为机构投资者。主要的机构投资者有共同基金、对冲基金、商业银行、投资银行、保险公司、养老基金等。机构投资者可以大致分为股权投资者和债权投资者两种。需要注意的是,此处对机构投资者的分类,是针对具体项目而言的。同一机构投资者可能在项目 A 中作为股权投资者以股权方式出资,并在项目 B 中作为债权投资者以贷款形式出资。

一般而言，机构投资者资金规模更大、更专业、回报及风险要求更苛刻。鉴于以上特点，机构投资者会对企业的股票价格或偿债能力等更为关注，并在与企业的博弈中拥有更强的话语权，继而对企业的经营、投资、财务等诸多方面施加影响。

常见的股权机构投资者有共同基金、对冲基金、保险公司、养老基金等。股权机构投资者对公司常见的影响方式有以下几种途径：首先，通过在二级市场上买卖股票，用脚投票，影响股票价格。更进一步，机构投资者可以采取做空策略，通过发布公司负面信息、持有空仓等方法，打击公司股票价格。此外，股权机构投资者可以采取股东积极主义，主动参与公司治理，改变公司基本面，提升公司长期价值。股权机构投资者甚至可以通过在二级市场大量购入公司股票，采用股东积极主义的极端策略，改变公司上市状态，私有化公众公司。

常见的债权机构投资者有商业银行、投资银行财团、共同基金、养老基金等。常见的债权资产有银行贷款、公司债券等。相对拥有公司所有权的股权机构投资者而言，债权机构投资者一般不拥有公司的经营、投资的决策权，对公司的介入能力较小。一般而言，债权机构投资者有两种介入方式。首先，在缔结债权契约时，债权机构投资者可以在契约中事先制订一系列规范措施，约束公司在债务存续期间的经营、投资、融资行为。此外，当公司出现债务违约时，债权机构投资者可以接管公司控制权，以保证债务得以偿付。极端情况，债权机构投资者甚至可以对公司进行破产清算。

无论是债权机构投资者还是股权机构投资者，对公司经营的干预在长久以来都广受争议。其中最具代表性的观点是：机构投资者带来的股价压力或是偿债压力，都会造成"管理层短视"问题，从而损害公司的长期价值创造。持此观点的代表人物为 Laurence Fink——全球最大机构投资者贝莱德（BlackRock）集团主席及 CEO。

与此对立的观点则认为，机构投资者能够有效缓解现代公司由于所有权与经营权分离而造成的管理层"代理人问题"。由于缺乏来自分散的公司所有者的有效监督，管理层可能会考虑自身利益，而进行损害公司利益的投资与经营决策。而来自机构投资者的强势介入，则能够起到约束管理层的作用，进而有助于公司的价值创造。

双方争执的焦点在于机构投资者对公司长期价值创造的影响。解决这一问题的关键之一，在于如何衡量"管理层短视"，以及机构投资者的介入对于"管理层短视"境况的改善。综合科技进步与创新对公司长期价值创造和经济增长的重要作用

（Romer，1986）以及指标的可得性与可用性，传统文献中通常采用公司研发支出（R&D）作为"管理层短视"程度的衡量标准之一。若公司研发支出较高，可以认为管理层更重视公司长久的价值增长。相反，若公司研发支出过低，可以认为管理层过于关注当下，"短视"情况严重。

经济学家小传
MINI BIOGRAPHY

保罗·罗默（Paul Romer，1955年11月 -），美国著名经济学家，纽约大学斯特恩商学院教授。他的名字和"内生增长理论"是紧紧联系在一起的。传统索洛模型指出技术进步是经济增长的关键，但技术在模型中被视为外生变量，索洛模型并不能解释技术是怎样被决定的。罗默对这一问题进行了深入思考，并发表了若干经典论文。1986年，罗默在著名的《政治经济学杂志》发表的开创性论文中，提出了知识外溢模型，在模型中他把知识作为要素投入到生产中，导致了规模报酬递增，从而导致了经济的持续增长。1990年，罗默在同一期刊上发表了"内生技术变迁"一文，在文章中罗默进一步讨论了这个问题。罗默和一系列学者对经济增长的动力给出了内生化的解释，人们通常把这些理论称作"内生增长理论"。

罗默拥有芝加哥大学数学学士和经济学博士学位。在加入纽约大学之前，他曾在罗切斯特大学、芝加哥大学、加州大学伯克利分校、斯坦福大学商学院任教。在斯坦福大学期间，他曾短暂地离开学术界并创立在线教育公司 Aplia，在这个网站上学生提交的作业答案已超过十亿份。从2016年开始，罗默担任世界银行首席经济学家兼高级副总裁。

然而，以研发支出衡量"管理层短视"存在很大的缺陷。首先，研发支出只描

述了企业对长期价值投入中可见且可量化的一种特定类型。除财务报表披露的研发支出外，还存在许多可能更重要的长期投入要素，如企业风险投资、人力资本配置、内部激励、创新关注度等。此外，研发支出对于会计准则极为敏感，如资本化研发支出还是费用化研发支出会极大地影响最终被披露的规模。最后，在通用的企业财务数据库（如 Compustat）中，研发支出数据缺失严重且准确度有限，为研究引入了明显的测量偏差。

针对这一挑战，我们采用企业的专利产出作为"管理层短视"的衡量标准。首先，专利是现代企业最为关键的长期无形资产，专利产出不仅包含了企业对长期价值创造显性的投入，也包含了至关重要的隐性投入，以及这些投入的使用效率。此外，通过对专利数量、质量、原创程度、通用程度、股价反应的分析，企业长期价值创造的实际成果得以衡量。若只依赖企业披露的长期资产投资，难以区分引起投资变动的是"管理层短视"还是企业投资策略的调整。

由于机构投资者众多，本章选取对冲基金积极主义、银行介入、卖空者三种类型的机构投资者干预，分别研究它们对企业专利产出的影响，探讨机构投资者干预对企业长期价值创造的影响。

对冲基金的积极主义

股东积极主义是一种通过行使股东权利而向公司管理层施压的投资策略。积极股东希望通过影响公司的决策，从而实现自己的诉求。对冲基金积极主义是股东积极主义的一个具体表现，是指对冲基金公开交易公司股份，并且影响公司治理政策的投资策略。

迷你案例
MINI CASE

新浪董事会遭对冲基金"逼宫"

Aristeia Capital 是一家总部位于康涅狄格州的对冲基金，也是新浪（NASDAQ: SINA）的第五大股东。2017 年 9 月 18 日，Aristeia Capital 向新浪董事会建议增选

Thomas J. Manning 和 Brett H. Krause 两名独立董事。Aristeia 认为，新浪市值较账面价值存在 41% 的折价，很大程度是因为公司的治理不善造成的，在多年谈判无果后，决定提名两名董事会候选人。Aristeia 还提出了多项提议，包括新浪将自身出售，或者出售微博的股份。此外，它还提出反向合并提议，让微博收购新浪；或者是新浪利用持有的每股约 18 美元的现金回购股份。针对 Aristeia 的逼宫，新浪回应称，它将继续与这家对冲基金进行谈判，但表示，仅持有新浪 3.5% 股份的 Aristeia Capital 在追求一项"短期和自私的议程"和一个"无知的战略"。新浪补充称，不会允许 Aristeia 提名的两位候选人进入董事会。[①] 2017 年 11 月 3 日，新浪股东大会就 Aristeia Capital 提名的独立董事人选进行表决，两名独立董事候选人未获得足够票数。

已有文献对对冲基金在影响目标公司短期绩效方面的研究发现，对冲基金积极主义能够使股票短期超额收益达到 7%。但在长期时间窗口内，对冲基金积极主义对目标公司的长期绩效影响并没有得出清晰的结论。企业创新作为一项最重要的长期投资活动，会受到对冲基金积极主义什么样的影响，是我们关注的关键问题。

两种假说

一方面，企业创新活动由于其特有的高度不确定性和不可预见性，导致其失败风险颇高（Holmstrom，1989）。由于创新的不可预见性，管理层可能会采取对企业长期发展不利的投资策略——只关注企业短期利益，以缓解对冲基金积极主义对管理层施加的业绩压力。在此种假说下，对冲基金积极主义将会减少企业的创新活动。

另一方面，根据委托代理理论，管理层对创新活动的投资可能出现投资不足和过度投资两种情况。有两个主要原因导致管理层倾向于过度投资。第一，特定的投资活动能够巩固管理层地位（Scharfstein and Stein，2002）。第二，管理层能够从中获取声誉助力自身职业生涯（Gompers，1996），如大规模投资超前技术，以赢得市场的关注及青睐。与此相反，由于可以购买其他公司股票而分散风险，股东可能希望公司提高自身研发投入，从而形成管理层投资不足。

---

① 新浪遭激进投资者逼宫，要求其出售微博股份或回购股票，请见：http://tech.ifeng.com/a/20170919/44690316_0.shtml。

在这两种假说下,对冲基金的积极介入对企业创新活动的影响无法得到定论。

实证研究发现

我和美国杜克大学教授 Alon Brav、哥伦比亚大学教授 Wei Jiang、耶鲁大学助理教授 Song Ma 在即将发表在 *Journal of Financial Economics* 的文章"对冲基金积极主义如何重塑企业创新?"中,便对以上两个可能的假说进行了验证。

在文章中,企业创新采用企业的专利情况度量,数据主要来自 NBER 和 USPTO 所提供的专利引用数据库,包含了公司从 1991 年到 2010 年的专利授予和专利引用数据。此外,发明人员流动相关数据来自哈佛大学商学院专利与发明人数据库,包含了 1991 年至 2010 年专利发明人与专利权人的从属关系。专利交易相关数据来自 UPSTO 专利交易记录数据库。

为了更好地度量上市公司的创新产出状况,我们从创新产出数量和质量两个维度进行了度量。第一个维度我们仍采用公司申请且最终被授予的专利数量,用专利申请年作为专利年份。质量维度我们选取了四种指标:第一种,专利受到其他专利的引用次数,用以度量专利的影响力;第二种,该专利引用的专利所处技术种类数,用以度量专利的原创性;第三种,引用该专利的其他专利所处技术类别的种类数,用以度量专利的通用性;第四种,专利授权带来的公司市值变动。由于一个专利的研发周期通常较长,我们在回归时将当年的公司特征因素对应公司 3 年后的创新变量进行分析。

对冲基金积极主义相关的数据则主要基于 Brav 等 (2008) 的工作,涵盖从 1994 年到 2007 年的时间范围。按照美国法律规定,当投资者持有某公司的可公开交易的证券超过 5%,并意图影响公司决策时,需要向 SEC 递交 13D 文件。在 Brav 等 (2008) 的研究中,对冲基金每递交一次 13D 文件,被归类为一次对冲基金积极主义事件。我们进一步根据新闻提供的信息,补充了持有市值 10 亿美元以上的大中型企业 2% 到 5% 份额的对冲基金积极主义事件。

为了更好地解决遗漏变量等内生性问题,我们首先利用双差法,以对冲基金积极主义事件为冲击,研究实验组与对照组在冲去之后的创新成果差别。发生对冲基金积极主义介入的上市公司作为实验组。对实验组内每一家上市公司,我们根据年份、行业、市值规模、市净率、资产回报率匹配另一家公司作为对照。此外,我们在回归中加入了上市公司的规模、成立时间等控制变量,同时对公司固定效应以及年份

固定效应进行了控制。回归的结果如下表所示:

表 8-1 对冲基金积极主义与企业创新（DID，全样本差值估计）[1]

因变量	研发支出（1）	专利数量（2）	专利引用次数（3）	专利原创性（4）	专利通用性（5）	创新价值（6）
双重差分结果	−11.007***	0.151***	0.155***	0.027***	0.009	12.260*
	(−3.086)	(3.711)	(3.071)	(2.816)	(1.109)	(1.784)
控制变量	是	是	是	是	是	是
固定效应	是	是	是	是	是	是
样本量	9 817	9 817	9 817	3 218	2 763	3 218

注：计量结果括号内为 T 值，***、**、* 分别表示 1%、5%、10% 的显著性水平。

通过上表可以发现，对冲基金积极主义介入虽然会减少上市公司的研发支出，但也会显著提升创新产出数量和质量。这说明，对冲基金积极主义介入后，上市公司的创新效率得以大幅提升，更专注于影响力高、原创程度高的创新项目。然而创新成果的通用性并未得到提高，说明对冲基金积极主义并不会使公司更关注基础的、底层的和通用性强的研发项目。此外，专利也使公司价值得以提升，说明对冲基金积极主义使公司进行的创新项目更有助于公司长期价值的塑造。

通过上文的分析，我们发现在美国的资本市场中，对冲基金显著提升了上市公司的创新效率。然而通常认为，对冲基金并不具备上市公司所在技术领域所需的专业知识，且在要求主动介入时，往往不会以提升公司创新水平为目标。那么对冲基金积极主义到底是怎样影响上市公司创新的呢？我们对此问题进行了进一步的研究。

作用机制——聚焦核心领域

首先，我们从对冲基金介入前后，上市公司创新聚焦程度的变化，分析对冲基金积极主义的影响。

关于上市创新策略，我们选取三项指标来衡量。第一项为多样性，衡量企业创新

---

[1] Alon Brav, Wei Jiang, and Xuan Tian. "How does hedge fund activism reshape corporate innovation?" *Journal of Financial Economics*, Forthcoming.

活动在不同技术范围内的集中程度（Custódio, Ferreira, 和 Matos, 2013）。第二项为探索性，衡量企业的创新活动更多是基于企业自有知识，还是基于新知识（Manso, 2013）。第三项为相关性，衡量不同技术类别之间的相关程度，以及某一专利与企业其余专利技术上的相关程度（Akcigit 等, 2016）。

Akcigit 等（2016）研究发现，当专利与上市公司技术特长及核心业务更加相关时，专利对企业价值的提升作用更显著。与此同时，Brav, Jiang 和 Kim（2015a）研究发现，对冲基金积极主义倾向于敦促上市公司瘦身、削减无效益及边缘业务、分拆业务板块、实施反对多样化战略。因此，我们期待原本创新更为分散的上市公司，能够在对冲基金积极主义作用下重新聚焦，进而提升创新效率，增加企业价值。

接下来，我们引入哑变量，度量上市公司当年专利在技术上的分散程度。研究专利分散程度高于或低于平均水平时，对冲基金积极主义对上市公司创新的影响是否不同。结果如表 8-2 所示。

表 8-2　对冲基金积极主义影响创新的作用机制——聚焦核心领域（1）[①]

因变量	专利数量		专利引用次数	
	高分散度	低分散度	高分散度	低分散度
双重差分结果	0.232*** （4.817）	0.062 （1.201）	0.218** （3.559）	0.092 （1.628）

注：计量结果括号内为 T 值，***、**、* 分别表示 1%、5%、10% 的显著性水平。

从上表可以发现，无论从专利数量还是从专利质量方面，对冲基金积极主义对创新较为分散的上市公司的正面影响均比较大。这一发现与我们的猜想一致：若对冲基金积极主义确实能够帮助企业聚焦创新活动，则原本创新活动较为分散的企业会得到更大提升。

接下来，我们进一步将企业创新成果分为核心领域创新成果、非核心领域创新成果两大类，分别进行双差法回归，从而研究对冲基金积极主义介入后，上市公司创新成果的增加是否主要集中于自身的关键技术领域。

---

① Alon Brav, Wei Jiang and Xuan Tian. How does hedge fund activism reshape corporate innovation [J]. *Journal of Financial Economics*, Forthcoming.

表 8-3　对冲基金积极主义影响创新的作用机制——聚焦核心领域（2）①

因变量	核心领域				非核心领域			
	数量	引用次数	探索性	相关性	数量	引用次数	探索性	相关性
双重差分结果	0.194*** （4.469）	0.182*** （3.444）	0.040*** （2.671）	−0.045 (2.671)	−0.028 （−0.525）	0.027 （0.503）	−0.028 （−0.401）	0.016 (0.257)

注：计量结果括号内为 T 值，***、**、* 分别表示 1%、5%、10% 的显著性水平。

从上表可以看出，从专利数量、专利影响力、专利相对于公司原本技术的探索程度，对冲基金积极主义的影响都集中于与公司业务及技术紧密相关的核心领域。而无论在核心领域还是在非核心领域，对冲基金积极主义都对创新的相关性，即专利与公司原有技术储备的相关程度，影响不大。

因此我们可以得到结论，对冲基金积极主义会使公司把内部资源集中在关键领域，从而导致创新效率的提高。

作用机制——专利配置

我们还发现对冲基金积极主义会对专利进行再次配置——出售非关键领域的专利成果，使这些专利成果流动到主营业务与该专利更加匹配的公司中，专利资产进一步被优化配置。具体表现是流通后的专利会得到更多的引用，专利所在行业的专利利用效率会得到提高，从而提高创新效率。

如果对冲基金介入，会通过重新划定企业创新边界，尤其是选择性的专利出售，来提升企业创新效率，那么在对冲基金介入后，与企业核心领域不相关专利的出售就会明显增加。我们从两方面验证这一猜想。第一，我们将企业专利出售及购买比例作为因变量，探究对冲基金介入对企业专利交易的影响。第二，我们探究专利与企业核心领域距离与其被出售概率之间的关系，其中距离的度量方式同 Akcigit（2013）。得到结果如表 8-4 所示。

---

① Alon Brav, Wei Jiang and Xuan Tian. How does hedge fund activism reshape corporate innovation [J]. *Journal of Financial Economics*, Forthcoming.

表 8-4　对冲基金积极主义影响创新的作用机制——专利配置 ①

分表 A：专利交易（DID）

因变量	专利出售比例	专利购买比例
双重差分结果	0.691**	0.084
	（2.428）	（0.633）

分表 B：专利出售决定因素

因变量	被出售概率
专利与企业核心领域距离	−0.260***
（对冲基金介入前）	（−4.444）
专利与企业核心领域距离	0.283***
（对冲基金介入后）	（4.723）

注：计量结果括号内为 T 值，***、**、* 分别表示 1%、5%、10% 的显著性水平。

从上表可以发现，在对冲基金介入后，企业专利的出售比例明显上升，然而专利的购买比例未显著变化。此外，与企业核心领域关系不密切的专利被出售的概率，较对冲基金介入前明显增加。这一发现与我们的猜想一致。

作用机制——人力资本配置

通过对科技人员的重新部署和安排，对冲基金积极主义使公司科技人员的效率更高。同时，科技人员的流动也会使人力资本在整个行业重新优化配置，从而提高创新效率。

根据 Bernstein（2015）的研究，我们使用哈佛大学商学院专利及发明人数据库数据，并将发明人分为三类：离职者、新雇员、留任者。我们分两步探究对冲基金积极主义如何重新配置人力资本。第一步，我们采用双差法检验对冲基金积极主义是否会增加发明人员的流动性。从表 8-5 中可以看出，对冲基金积极主义介入之后，企业发明人员的流动性明显增加，包括发明人员离职数量以及新雇佣发明人员数量。

---

① Alon Brav, Wei Jiang and Xuan Tian. How does hedge fund activism reshape corporate innovation [J]. *Journal of Financial Economics*, Forthcoming.

表 8-5　对冲基金积极主义影响创新的作用机制——人力资本配置（1）[1]

因变量	核心领域			
	离职者	离职者	新雇员	新雇员
双重差分结果	0.067* (1.831)	0.062* (1.664)	0.081*** (2.925)	0.086*** (3.184)
公司固定效应	否	是	否	是

注：计量结果括号内为 T 值，***、**、* 分别表示 1%、5%、10% 的显著性水平。

表 8-6　对冲基金积极主义影响创新的作用机制——人力资本配置（2）[2]

因变量	专利数量			专利引用次数		
	留任者	新雇员	离职者	留任者	新雇员	离职者
双重差分结果	1.088*** (8.096)	0.763** (2.418)	1.21* (1.867)	1.958*** (7.380)	0.510 (1.381)	3.239* (1.881)

注：计量结果括号内为 T 值，***、**、* 分别表示 1%、5%、10% 的显著性水平。

接下来，我们跟踪了对冲基金介入后三类发明人员的生产力变化，如表 8-6 所示。可以看出，在对冲基金积极主义介入后，无论是专利数量还是专利引用次数，实验组的留任发明人员的生产力较对照组的留任发明人员均得到了显著的提升。类似的，实验组的离职发明人员的生产力较对照组的离职发明人员也得到了显著的提升。这说明，对冲基金积极介入后，使离职者在离职之后，能够找到更适合的新雇主，提升创新生产力。与此同时，对冲基金积极主义介入后，新雇佣发明人员也在专利产出数量上得以增加，但在质量上的提升并不显著。

---

[1] Alon Brav, Wei Jiang and Xuan Tian. How does hedge fund activism reshape corporate innovation [J]. *Journal of Financial Economics*, Forthcoming.

[2] Yuqi Gu, Connie X.Mao and Xuan Tian. Bank Interventions and Firm Innovation: Evidence from Debt Covenant Violations [J]. *Journal of Laws & Economics*, Forthcoming.

银行的介入

银行是金融市场中最为重要，也是受到监管最为严格的机构之一。因此，无论是投资者、监管者，还是股东，都希望能够回答银行介入如何影响企业的长期价值创造这一问题。但作为债权人，银行一般不会介入企业日常经营，因此很难精确评估银行对企业长期价值创造及创新的因果效应。然而，一旦企业涉及债务违约，企业控制权将从股东转移至债权人手中。Ozelge 和 Saunders（2012）指出，当企业违反债务条约时，债权人将会对企业施加巨大的影响力，以保护自己的债权资产，如减少企业资本支出、新债发行、并购、分红，强化企业财务及流动性监控，甚至更换管理层。因此，在债务重组期间，银行能够直接影响企业的经营决策（Sufi，2007），包括企业创新。

迷你案例
MINI CASE

乐视疯狂盛宴的终点

2017 年 6 月 26 日，招商银行上海川北支行依法申请资产保全乐视抵押物，乐视被上海市高级人民法院裁定冻结、查封、扣押诸多财产。这只是乐事债务危机酝酿演化的结果之一。以视频网站为核心业务的乐视，自 2010 年上市，7 年时间里，累计融资 300.77 亿元。海量资金投向乐视超级汽车——被誉为最具颠覆意义的互联网电动汽车，也被视为未来汽车的趋势。2017 年 5 月 21 日，贾跃亭申请辞去乐视网总经理职务，专任董事长一职，乐视网总经理职务改由梁军担任。2017 年 7 月 6 日，贾跃亭提出将辞去乐视网董事长一职，同时辞去董事会提名委员会委员、审计委员会委员、战略委员会主任委员、薪酬与考核委员会委员的相关职务，辞职后将不再在乐视网担任任何职务。

两种假说

当企业出现债务违约,银行接管控制权后将会优先保证企业偿付自身的债务及利息。因此,银行有可能会强迫企业将长期的、风险较高的创新项目,置换为更短期、现金流更加稳定的项目。这种调整可能会导致企业创新活动的减少,但在另一方面,也可能消除企业管理层"代理人"问题,提升企业价值。

通过进一步的分析,银行的介入可能会产生两种不同的潜在结果。

一方面,银行介入会导致企业创新活动的减少,可能损害企业价值。首先,由于公司收入的偿付结构,当创新成功时,债权人不会享受公司的超额收益,却需要承担创新失败时的风险。Stiglitz(1985)就曾指出,由于未来收益的不确定性与波动性,创新型公司并不适合进行债务融资。其次,由于创新活动存在巨大的信息不对称性,因此公司不容易就创新项目获得外部投资者的信任。而银行由于与公司存在长期合作关系,信息不对称程度较小,因而最容易成为公司创新活动的投资方。在这种情况下,银行可以利用其优势地位要求更高回报率。Hellwig(1991)和Rajan(1992)指出,过于强势的银行可能以收取信息租金的形式扼杀企业的创新活动。

另一方面,根据Jensen(1986)的研究,银行的介入可能消弭管理层"代理人"问题,从而提升企业价值。由于管理层与股东利益并不完全一致,管理层可能会为了巩固个人地位、提升个人知名度、攫取经济利益、过度自信等原因,而投资于无效率的创新项目。在这种情况下,如果银行的介入能够削减管理层的不当投资,企业的长期价值将会得到巩固。

经济学家小传
MINI BIOGRAPHY

迈克尔·詹森(Michael Jensen,1939年11月—),美国著名经济学家,哈佛大学商学院教授。詹森教授拥有芝加哥大学金融学MBA和经济学、金融学、会计学博士学位。在罗切斯特大学任教后,他于1985年加入哈佛商学院并任教至今。詹森教授在资本市场理论和公司金融理论方面都做出了奠基性的贡献。以他的名字命名的"詹森指数"已经成为评价基金超额收益的标准指数,而他和威廉·麦克林于

1976 年发表在《金融经济学杂志》上的文章"企业理论：经理行为、代理成本与所有权结构"已经成为资本结构理论和现代企业理论最经典的文章之一。他还是金融学三大顶级期刊之一——《金融经济学杂志》的联合创始人。詹森教授拥有诸多头衔，他曾担任美国金融学会主席，也曾被《财富》杂志评为"年度 25 个最有吸引力的企业家"之一。

实证研究发现

我和西新英格兰大学助理教授 Yuqi Gu 以及天普大学副教授 Connie X. Mao 即将发表在 Journal of Laws & Economics 的文章"银行干预与企业创新：基于债务违约的证据"便对以上两个可能的假说进行了验证。

在文章中，债务违约的数据援用 Nini, Smith 和 Sufi（2012）研究中所构建的数据库。Nini, Smith 和 Sufi（2012）基于 10-K 或 10-Q 文件[①]，搜集了从 1996 年到 2008 年 10 537 家美国非金融企业的债务违约记录。企业财务数据来自 Compustat 数据库，机构投资者持股比例来自 Thomson's CDA/Spectrum。在整合债务违约、财务数据、机构投资者持股比例三类数据后，我们最终得到了 8 931 家企业数据，其中 2 400 家企业曾发生过至少一次债务违约，占比 26.9%。专利数据同上一节，来自 NBER 及哈佛大学商学院专利及发明人数据库。

我们首先利用普通最小二乘法回归分析了银行介入与上市公司创新之间的关系，在回归中加入上市公司的规模、固定资产、资本支出、产品市场竞争程度、机构投资者持股比例、托宾 Q 值等指标。除此之外，我们根据 Nini, Smith 和 Sufi（2012）的方法，引入债务规模、利润率、净资产、流动比率、利息开支等变量，控制公司本身负债情况。我们同时控制了公司固定效应以及年份固定效应，基础回归的结果如表 8-7 所示。

[①] 美国证券交易委员会（SEC）要求上市公司提供阶段性的财务报表，10-K：年度报表；10-Q：季度报表。

表 8-7　银行介入与企业创新（OLS）[①]

分表 A：均值对比

	违约公司均值	未违约公司均值	差别	P 值
专利数	1.75	3.53	−1.78***	0.00
引用次数	否	否	是	是
研发支出/总资产	否	是	是	是

分表 B：OLS 回归结果

因变量	专利数量$_{t+1}$	专利引用次数$_{t+1}$	专利数量$_{t+1}$	专利引用次数$_{t+1}$
银行介入	−0.014*	−0.021	−0.015**	−0.017
	（0.058）	（0.104）	（0.047）	（0.213）
控制变量	否	否	是	是
固定效应	是	是	是	是
样本量	61 866	61 866	53 758	53 758

注：计量结果括号内为稳健性标准误，***、**、* 分别表示 1%、5%、10% 的显著性水平。

从回归结果我们可以发现，银行介入与企业创新产出的数量呈负相关关系，但对以专利引用次数衡量的专利质量影响并不显著。我们对此进行了进一步的探究，通过分析银行介入对企业创新影响在时域上的动态变化，一定程度上验证了这一影响的因果性，具体做法如下：给定年份，发现企业当年的创新产出受 1 年或 2 年后银行介入的影响并不显著。然而当年的银行介入以及 1 年和 2 年前的银行介入，对企业创新产出有显著的负面影响。OLS 回归的结果如表 8-8 所示。

---

① Yuqi Gu, Connie X. Mao and Xuan Tian. Bank Interventions and Firm Innovation: Evidence from Debt Covenant Violations [J]. *Journal of Laws & Economics*, Forthcoming.

表 8-8　银行介入与企业创新（动态）[1]

因变量	专利数量	专利引用次数
2 年后的银行介入	0.009	−0.016
	（0.308）	（0.335）
1 年后的银行介入	−0.007	−0.015
	（0.448）	（0.420）
当年的银行介入	−0.020*	−0.022
	（0.061）	（0.239）
1 或 2 年前的银行介入	−0.024***	−0.002
	（0.018）	（0.893）

注：计量结果括号内为稳健性标准误，***、**、* 分别表示 1%、5%、10% 的显著性水平。

然而简单的 OLS 分析，可能存在严重的内生性问题——存在隐藏变量可能同时影响企业创新和由于债务违约而导致的银行介入。同时还可能存在反向因果的问题——创新潜力较差的公司，可能基本面也不甚理想，从而导致债务违约和银行介入。因此，我们不能通过上述 OLS 过程，得出银行介入与创新产出存在因果关系的结论。

因果关系分析

为解决上述潜在的内生性问题，验证银行介入对企业创新存在因果关系，我们采用了断点回归方法。使用断点回归方法的依据是，当企业已经处于债务违约阈值附近时，其最终是否真正发生违约，很大程度上近似于外生的、独立的随机事件，与企业自身的特质无关。因此，我们可以通过将样本限定于那些财务指标处于违约附近的企业，包括最终发生以及未发生违约的企业。通过对比样本中，最终未发生违约与最终发生违约的企业在创新上的区别，得出银行介入对企业创新的影响是否是因果效应。

我们重新构建了样本数据集以满足断点回归的要求。我们选取从 1996 年至 2008 年披露财务约束指标的银行贷款。进一步，根据 Chava 和 Roberts（2008）的方法，在债务条约中，流动比率和净资产是最重要的财务约束指标。因此我们选取流动比率及净资产率来衡量企业与债务违约的距离。整合及清理后的数据库最终包含 1 642 家企业，其中 26% 的企业至少发生过一次债务违约。

---

[1] Yuqi Gu, Connie X. Mao and Xuan Tian. Bank Interventions and Firm Innovation: Evidence from Debt Covenant Violations [J]. *Journal of Laws & Economics*, Forthcoming.

断点回归方法要求企业不能精确操控自身在断点附近的位置。这意味着，在违约点附近企业的流动比率和净资产率等财务指标的概率密度分布应是连续的。对此，我们根据 McCrary（2008）的研究做了检验。检验发现在违约点附近企业的流动比率和净资产率等财务指标的概率密度分布是连续的，符合断点回归方法假设。

根据已有文献，我们在断点回归中引入多项式项，来度量企业距离债务财务约束阈值的距离，实证结果如表 8-9 所示。

表 8-9　银行介入与企业创新（RD，差值估计）[①]

因变量	专利数量$_{t+1}$（1）	引用次数$_{t+1}$（2）	专利数量$_{t+1}$（3）	引用次数$_{t+1}$（4）
银行介入	−0.054*	−0.039	−0.057**	−0.040
	（0.022）	（0.321）	（0.030）	（0.348）
控制变量	否	否	是	是
固定效应	是	是	是	是
样本量	7 288	7 288	6 280	6 280

注：计量结果括号内为稳健性标准误，***、**、* 分别表示 1%、5%、10% 的显著性水平。

通过表 8-9 可以发现，在利用断点回归法解决内生性问题后，银行介入对上市公司创新产出数量的负面影响依然显著存在，而对创新产出质量的影响仍然不显著。此时我们可以说银行介入会导致公司创新产出数量下降，但对创新质量无影响，可以确认因果关系存在。我们还选取处于财务约束阈值附近的样本作为子集进行稳健性检验，得到了一致的结果。

根据假设，管理层"代理人问题"越严重的企业，在银行介入后，企业创新将受到更大的影响。我们发现，银行介入导致企业创新产出数量下降这一现象，只存在于管理层"代理人问题"严重的企业，如无信用评级、与贷款主导银行无前序合作、小规模贷款银行财团，对上述三种情形的实证检验如下：

---

① Yuqi Gu, Connie X. Mao and Xuan Tian. Bank Interventions and Firm Innovation: Evidence from Debt Covenant Violations [J]. *Journal of Laws & Economics*, Forthcoming.

表 8-10　银行介入与企业创新（异质性）[1]

因变量	专利数量 $_{t+1}$	专利数量 $_{t+1}$	专利数量 $_{t+1}$
有评级	−0.040		
	(0.354)		
无评级	−0.061**		
	(0.024)		
有合作		−0.048	
		(0.117)	
无合作		−0.064**	
		(0.022)	
大规模			−0.025
			(0.470)
小规模			−0.072***
			(0.007)

注：计量结果括号内为稳健性标准误，***、**、* 分别表示 1%、5%、10% 的显著性水平。

从表 8-10 可以看出，在无信用评级、与贷款主导银行无前序合作、小规模贷款银行财团等情况下，银行介入对企业创新产出数量的影响都更大，与理论预期一致。

经济意义及作用机制

银行介入引起的企业创新产出变动，体现在企业价值上究竟是怎么样的呢？

在前文中，我们提出两种假说："价值创造"与"价值损害"。"价值创造"假说对应于银行作为强势外部方，介入公司管理、约束"代理人问题"，从而增加企业价值。"价值损害"假说对应于银行作为债权人，在接管企业后以损害股东的方式巩固自身利益。

我们的研究发现，减少的专利集中于非企业核心领域的创新项目。与此同时，同企业核心领域紧密相关的创新项目并未受到显著影响。总体而言，银行的介入使企业的创新更加聚焦于核心业务领域。考虑到非核心业务领域的创新活动可能存在管理层"代理人"问题，从而损害企业价值，我们预期创新活动的聚焦，将会提升企业价值，实证结果证实了我们的这一猜想。

---

[1] Yuqi Gu, Connie X. Mao and Xuan Tian. Bank Interventions and Firm Innovation: Evidence from Debt Covenant Violations [J]. *Journal of Laws & Economics*, Forthcoming.

此外，我们发现人力资本的重新配置可能是银行减少非核心业务领域创新活动继而提升企业价值的重要机制。核心业务相关领域内，在银行介入后离开企业的发明人，相较于银行介入后的留任者或新招聘发明人，创造的专利更少。说明发生债务违约的企业在银行介入后，会替换掉产出低的发明人。此外，银行介入后，选择继续留在公司的发明人，相对于未违约企业的留任者，其创新成果中与核心领域相关的比例更高。

做空者的"威胁"

关于做空者对企业的影响，学术界、业界、政策制定者们争论了几十年。批评者们认为做空者会对证券价格带来负面影响、放大市场波动、损害投资者对实体经济的信心。支持者们认为做空者能够提升市场效率、促进价格发现，并能通过其信息中介的作用，约束企业的不当行为，例如2016年浑水公司对于辉山乳业的沽空事件。

迷你案例
MINI CASE

浑水沽空辉山乳业

浑水调研公司（Muddy Waters Research）成立于2010年，是一家总部在美国的匿名调查机构，主要针对上市的中国公司发布质疑调查报告。"浑水"取自中文成语"浑水摸鱼"，意喻公司的目的是抓住"浑水摸鱼"的中国概念股公司。2016年，浑水公司发布报告，指控辉山乳业存在财务造假、杠杆过高、资金挪用等问题，辉山乳业紧急停牌，董事长大量增持公司股票以缓解下跌压力。2017年3月24日，公司股价暴跌，较前日收盘价跌85%，也创造了港交所史上最大的跌幅。浑水公司调查后认为，辉山乳业虚报其牧草供应来源，夸大毛利润；通过招股书数据以及行业专家意见，浑水认为辉山夸大资本开支，为现金存量不匹配提供借口；浑水还指控辉山乳业董事长涉嫌转移资产。面对浑水公司的指控，辉山乳业也先后发布了两份公告回应，否认相关的指控。之后，深交所将辉山乳业调出港股通股票名单。此后，公司的重要高管失去联系，并出现数笔银行贷款还款延迟的现象。这家半个世纪前成立的乳制品企业，在经历资本空头的高压后，面临着高度的债务压力，债务重组之路充满考验。

然而，由于内生性问题的影响，辨认做空者对实体经济的因果效应非常困难。一方面，可能是做空者的出现导致了一些企业出现某些特征；另一方面，也可能是一些企业的这些特征吸引了做空者。

幸运的是，美国证监会(SEC)为我们提供了一个绝佳的类自然实验。2004年之前，美国股票市场禁止在股价下跌时卖空股票（提价交易规定，Uptick Rule）。2004年7月，美国证监会颁布了一项针对卖空者的新规定。美国证监会随机选取了一批公司，宣布取消这部分公司的提价交易规定。与此同时，其余公司保持原规定不变。由于提价交易规定极大地增加了做空者的成本，因此我们可以认为提价交易规定的取消，会降低做空公司股票的门槛，从而对公司形成更高的做空压力。由于证监会随机选取公司，公司面临的做空压力变化与公司原本特质不相关。因而借助此次类自然实验，我们得以研究做空压力的因果效应。

我与美国佐治亚大学副教授 Jie He 的一篇工作论文基于此背景，从做空者与企业长期价值塑造这一问题切入，试图进一步完善人们对做空利弊的认识。

直观而言，做空者陡然增加上市公司股票承担的价格压力，进而加强管理层对短期目标的追求，会使"管理层短视"问题更为严重。如 Graham, Harvey 和 Rajgopal（2005）针对 401 家美国上市公司 CFO 调研得到的结论，78% 的管理层会为短期目标而牺牲长期价值。我们称此为"短期股价压力假说"。但存在另一种可能，做空者能够有效约束管理层，从而削弱"代理人问题"带来的长期价值损失。当管理层考虑个人利益，而造成公司价值损失时，做空者的信息披露，以及随后对公司股票价格的攻击，可能会造成普遍的市场负面反应，继而对管理层造成压力，甚至强迫管理层更换。管理层面临做空者的威胁，将不得不收敛中饱私囊的行为，更加专注于企业长期价值的创造。我们称此为"约束假说"。

为检验上述假说，我们使用公司专利作为企业长期价值创造的指标，采用双差法，对比 2004 年被美国证监会解除"提价交易规定"的公司与未解除"提价交易规定"的公司，在 2004 年后专利质量上的区别。引入一系列控制变量、行业固定效应、年份固定效应后，双差法结果如下表：

表 8-11　做空者压力与企业创新（OLS）[1]

因变量	引用次数 （1）	市值 （2）	原创性 （3）	通用性 （4）
双重差分结果	0.051***	0.034***	0.012*	−0.004
	（0.016）	（0.013）	（0.006）	（0.005）
控制变量	否	是	否	是
固定效应	是	是	是	是
样本量	6 912	6 912	6 912	6 912

注：计量结果括号内为稳健性标准误，***、**、* 分别表示 1%、5%、10% 的显著性水平。

从上表不难发现，做空者压力会提升上市公司创新的质量、价值和原创性。但我们并没有找到证据支持做空者压力对上市公司创新的数量有显著的影响。因此，我们可以得出结论，做空者压力能够有效约束"代理人问题"，缓解关于公司长期价值创造项目的投资不足。

为了进一步验证上述发现，我们采用了两种安慰剂实验。在第一个实验中，我们重新随机挑选实验组与对照组，再次进行上述实验，发现现象消失。这说明上述结果确实由美国证监会做空规定变动所造成，而非偶然现象。在第二个实验中，我们重新规定"外生冲击"的年份，使用与原实验相同的实验组与对照组，发现现象消失。这说明原结果并非由实验组与对照组的原有区别而造成。

那么，做空者具体都有什么渠道来约束管理层，从而改变公司创新质量呢？我们通过进一步研究发现，做空者常用的一种策略是发动法律诉讼或发布公告，攻击公司伪造专利或专利价值不足，与此同时做空公司股票从中获利。

迷你案例
MINI CASE

2015 年 2 月，Hayman Capital 的决策人 Kyle Bass 先生，发起了针对硬化症治疗

---

[1] Jie He and Xuan Tian. Do short sellers exacerbate or mitigate managerial myopia? Evidence from patenting activities [J], Working Paper.

药 Ampyra 5 个专利中 2 个的攻击。这些专利囊括了 Acorda 制药公司 91% 的利润来源。在 2015 年 4 月，Bass 先生也攻击了其他公司的专利，包括 Shire PLC 公司和 Jazz 公司。他的主要指控是"一小部分制药公司滥用专利系统来支持一些无效的专利，这些专利没有有意义的创新，却极大维持了这些制药公司的垄断地位"。结果，这些被攻击公司的股价在诉讼后急剧下跌。同时，Hayman Capital 也做空了其中一部分公司的股票并从中获利。

中国经验

综合以上研究，我们发现在美国这样股权分散的成熟资本市场中，机构投资者能够有效约束管理层过度投资、优化企业资源配置，从而对企业的创新产生正面影响。然而中国的资本市场尚处于发展和转型阶段，与成熟的资本市场相比仍有较大的不同。但随着时间的推移，我国机构投资者的持股规模不断扩大，参与公司的管理和治理决策的积极性加强。众多实证工作表明，在中国资本市场，机构投资者的参与对企业的创新多呈正面影响。

付雷鸣等（2012）以创业板上市公司为研究对象，探讨 VC 机构投资者与非 VC 机构投资者对企业创新投入影响的不同。结果发现 VC 机构投资者能够显著提高企业的创新投入水平，且与非 VC 机构投资者相比，在促进企业提高创新投入方面的效率更高。李雅婧、刘玮晔（2016）以深圳市创业板前 284 家公司 2009 年至 2012 年的数据为样本，研究机构投资者对企业研发强度和研发效率的影响，同样发现机构投资者持股对企业创新有显著的正向影响。

除创业板之外，许多实证工作同样支撑机构投资者在中国市场对于企业创新的正面作用。如冯根福和温军（2008）发现以证券投资基金为主的机构投资者对企业技术创新有显著的正效应，机构持股比例越高，企业的技术创新能力越强。汪忠等（2006），范海峰等（2009），王卉和魏剑（2011）则指出，相对散户投资者而言，机构投资者对公司股票持有期限更长，从而更有动机对公司的长期研发活动进行投资。与此同时，在与管理层的博弈中，机构投资者相对散户更具优势。首先，机构投资者持股比例更高，因而主动参与公司治理与监督的单位成本更低，对治理决策相关事宜的话语权更大。其次,机构投资者更加专业,同时与资本市场观点更为接近,能够为管理层提出更具借鉴意义的意见。机构投资者利用以上优势,可以有效约束管理层,减少管理层的一些短视行为,提升企业的长期价值创造能力。

本章小结

本章分析了以对冲基金、银行、做空者为代表的机构投资者对企业创新的影响及其传导机制。本章要点总结如下:

- 以对冲基金积极主义、银行、做空者为代表的机构投资者能够有效缓解公司管理层的"代理人问题";
- 非业务核心领域的创新活动经常与管理层"代理人问题"相关,损害公司价值;
- 机构投资者通过削减非核心领域创新活动,重新配置专利、人力资本等,提高企业的创新效率;
- 机构投资者对促进企业创新、创造长期价值具有重要作用。

参考文献

[1] Ufuk Akcigit, Murat Alp Celik and Jeremy Greenwood. Buy, keep, or sell: Economic growth and the market for ideas [J]. *Econometrica*, 2016, 84: 943 – 984.

[2] Shai Bernstein. Does going public affect innovation? [J]. *The Journal of Finance*, 2015, 70: 1 365 – 1 403.

[3] Alon Brav, Wei Jiang, Song Ma and Xuan Tian. How does hedge fund activism reshape corporate innovation? [J]. *Journal of Financial Economics*, Forthcoming.

[4] Alon Brav, Wei Jiang and Hyunseob Kim. Recent advances in research on hedge fund activism: Value creation and identification [J]. *Annual Review of Financial Economics*, 2015: 579 – 595.

[5] Alon Brav, Wei Jiang, F Partnoy and R Thomas. Hedge fund activism, corporate governance, and firm performance [J]. *The Journal of Finance*, 2008, 63: 1 729 – 1 775.

[6] Alon Brav, Wei Jiang and Hyunseob Kim. The real effects of hedge fund activism: Productivity, asset allocation, and labor outcomes [J]. *The Review of Financial*

Studies, 2015, 28: 2 723 – 2 769.

[7] Sudheer Chava and Michael R. Roberts. How does financing impact investment? The role of debt covenants [J]. *The Journal of Finance*, 2008, 63: 2 085 – 2 121.

[8] Claudia Custodio, Miguel A Ferreira and Pedro P. Matos. Do general managerial skills spur innovation? [J]. Working Paper, 2013.

[9] John R Graham and Campbell R. Harvey, and Shiva Rajgopal. The economic implications of corporate financial reporting [J]. *Journal of Accounting and Economics*, 2005, 40: 3 – 73.

[10] Martin Hellwig. Banking, financial intermediation and corporate finance [J]. *European Financial Integration*, 1991, 35: 63.

[11] Michael C Jensen. Agency costs of free cash flow, corporate finance, and takeovers [J]. *The American Economic Review*, 1986, 76:323 – 329.

[12] Jie He and Xuan Tian. Do short sellers exacerbate or mitigate managerial myopia? Evidence from patenting activities [J]. Working Paper, 2016.

[13] T Keusch. Shareholder Power and Managerial Incentives. Unpublished working paper, 2016.

[14] Gustavo Manso. Motivating innovation [J]. *The Journal of Finance*, 2011, 66: 1 823 – 1 860.

[15] Justin McCrary. Manipulation of the running variable in the regression discontinuity design: A density test [J]. *Journal of Econometrics*, 2008, 142: 698 – 714.

[16] Greg Nini, David C Smith and Amir Sufi. Creditor control rights, corporate governance, and firm value [J]. *The Review of Financial Studies*, 2012, 25: 1 713 – 1 761.

[17] Sadi Ozelge and Anthony Saunders. The role of lending banks in forced CEO turnovers [J]. *Journal of Money, Credit and Banking*, 2012, 44: 631 – 659.

[18] Raghuram G Rajan. Insiders and outsiders: The choice between informed and arm's – length debt [J]. *The Journal of Finance*, 1992, 47: 1 367 – 1 400.

[19] Paul M Romer. Increasing returns and long – run growth [J]. *Journal of Political Economy*, 1986, 94: 1 002 – 1 037.

[20] Joseph E Stiglitz. Credit markets and the control of capital [J]. *Journal of Money, Credit and Banking*, 2985, 17: 133 – 152.

[21] Amir Sufi. Information asymmetry and financing arrangements: Evidence from syndicated loans [J]. *The Journal of Finance*, 2007, 62: 629 – 668.

[22] Yuqi Gu, Connie X Mao and Xuan Tian. Bank interventions and firm innovation: Evidence from debt covenant violations [J]. *Journal of Laws & Economics*, Forthcoming.

第 9 章
银行竞争谁受益：大企业？小企业？

企业创新是一项高风险的长期投资活动。长期以来，银行信贷的定期还本付息要求被认为与企业创新的回报不确定性难以匹配，依赖银行信贷资金不能支持企业创新。倘若传统观点正确，占据我国金融资产绝大部分的银行就会对创新发展产生严重的阻碍作用。银行竞争会影响实体经济，而银行竞争给不同企业带来的影响各有不同。本章重点分析银行竞争对企业创新的影响以及影响创新的关键要素。

银行业发展与企业创新

创新是引领发展的第一动力，是建设现代化经济体系的战略支撑。美国著名经济学家波特（Porter）教授指出：创新活动是企业建立竞争优势的重要战略，同时也是经济增长的重要驱动因素。历史上重大的科技革命背后都有金融资本的支持，以美国华尔街为代表的强大金融资本，使美国在产业革命之中迅速崛起，正如《商业周刊》首席经济学家迈克尔·曼德尔（Michael Mandel）所说："如果技术是美国新经济的引擎，那么金融就是燃料。"纵观中国市场，依靠资本优势，阿里巴巴、百度、腾讯三大互联网巨头不断收购小型创业公司开拓疆土，创造了"巨无霸"式的科技新贵。科技与金融的结合不仅缔造了硅谷科技巨头公司与天才投资家,也创造了推动经济和人类社会发展的重要力量。

我国正处于加速建设创新型国家的阶段,研究企业创新的影响因素至关重要,有助于更好地激发企业自主创新,以技术带动质量和效益的提高。但是,创新活动通常具有周期长、风险大和不确定性程度高等特点,导致创新活动存在严重的信息不对称问题。相比其他投资项目,企业的创新项目更难从资本市场获得资金支持,因而,融资约束成为很多企业创新活动的"拦路虎",特别是对那些未在股票市场上市的私营企业。

资本市场发展水平是影响企业创新水平的重要因素,美国宾夕法尼亚大学格林伍德教授和美国纽约大学约万诺维奇教授在1990年发表在 *Journal of Political Economy* 上的文章中指出,在发展良好的资本市场中,金融中介能够以更低的成本获取信息,通过对所投资项目进行筛选、监督,使资金流向利润最大的项目中;另一方面资本市场可以分散投资者风险,促进其投资于高收益的生产技术进而提升经济增长率。

银行作为重要的金融中介,尤其在中国以间接融资为主导的金融体系中,为科技创新型企业提供全面、优质的信贷等金融服务,肩负推动科技发展的巨大责任。在美国,以硅谷银行为典型代表,银行为科技企业提供股权投资、知识产权质押贷款、认股权证等金融服务。同时银行联合五百余家创业投资机构建立投贷联盟,由投资收益弥补信贷风险,实现科技企业信贷风险与收益的匹配。在德国,自1975年,政府与29家银行共同发起成立德国风险投资公司,银行成为企业的重要股东或合伙人。而日本通过建立健全的中央及地方担保体系,极大降低了中小科技企业的信贷成本和融资门槛。其中地方设立的信用保证协会为中小科技企业贷款提供背书,中央设立的中小企业信用保险公库为贷款进行再担保,有效解决了中小企业融资约束问题。因此,银行业发展对于企业创新有重要的影响。

经济学家小传
MINI BIOGRAPHY

迈克尔·尤金·波特(Michael Eugene Porter,1947年5月—),美国著名经济学家,

以其对经济学、商业策略和社会事业理论的研究而闻名。他是哈佛商学院的威廉·劳伦斯主教大学教授（Bishop William Lawrence University Professor），这是哈佛大学的最高荣誉称号。

波特教授著有 18 本书，包括《竞争策略》《竞争优势》《国家竞争优势》《竞争》等。曾六度获得颁给年度《哈佛商业评论》最佳文章的麦肯锡奖。波特教授是商业和经济学领域被引用最多的作者。在《国家竞争优势》中，作者基于对十个国家的研究，认为国家财富和优势的关键是企业和工人的生产力，以及支持生产力的国家和地区环境。他提出了"钻石"框架，系统中有四个因素决定了国家的优势所在：要素条件、需求条件、相关或配套产业和公司的战略、结构和竞争。信息、激励和基础设施也是提高生产力的关键。

波特教授对解决美国和其他国家医疗的紧迫问题倾注了极大热情。他在与伊丽莎白·特斯伯格（Elizabeth Teisberg）合著的《重新定义医疗：创造以结果为基础的价值竞争》一书中指出，美国的主要医疗问题是医疗竞争专注于争夺病人和医师，而不是为病人提供良好的医疗服务，书中主张开发新的战略框架，改变医疗保健系统所提供的价值，并对提供者、医疗计划、雇主和政府等其他参与者产生影响。这本书在 2007 年作为年度图书获得了美国卫生保健管理学院颁发的詹姆斯·A. 汉密尔顿奖（James A. Hamilton award）。

银行竞争的作用

作为资本市场中重要的中介机构，银行的信贷供给在很大程度上缓解了企业融资约束问题，进而对企业的创新活动产生影响，这种影响是多方面的。一方面，银行信贷的定期还本付息要求，与企业创新的回报的不确定性难以匹配，企业在面临短期债务偿还的压力下，会减少对不确定回报的创新活动的投资。另一方面，银行能够获取企业创新项目的信息，由此可以降低由于信息不对称而带来的外部融资成本。同时银行信贷供给可以避免企业股权融资时强制披露资金去向，从而避免将企业重要的研发计划提前泄露于竞争对手，因而银行信贷有利于企业保护商业机密，促进企业创新。

研究缘起

银行业的管制放松及竞争加剧会提升区域内企业的信贷可得性，降低贷款利率，使得信贷供给的均衡数量上升，在很大程度上缓解了企业的融资约束问题。美国国会在 1994 年出台"放松银行跨州经营监管法案"（Interstate Banking and Branching Efficiency Act），允许银行跨州开设分支机构，使银行竞争加剧。这项举措有效增加了当地人均收入增长率以及人均产出水平，缩小了美国各州的商业周期，提高了企业来自银行的信贷可得性，同时通过降低贷款利率，提升了信贷供给水平。但是研究发现，小规模企业借款数量并未受到银行竞争的影响。

我和美国宾州州立大学副教授 Jess Cornaggia、美国康奈尔大学助理教授 Yifei Mao 以及美国纽约州立大学布法罗分校助理教授 Brian Wolfe 于 2015 年发表在 *Journal of Financial Economics* 的文章"银行竞争影响企业创新吗？"，同样利用美国放松银行跨州经营监管法案事件，对银行竞争影响企业创新的机制进行了更进一步的研究。我们预期在各州放松银行跨州经营管制之后，企业会将从银行获得的信用贷款投入创新活动中，企业创新水平将会提升。但是，通过实证检验我们得到了出乎意料的结果：银行竞争加剧导致了地区内企业创新水平的整体下降。

为了更清晰地探究结论背后的机制，我们将企业分为上市公司和私营企业，分别观察银行竞争对这两类企业的影响。我们发现，地区整体创新水平下降主要由上市公司驱动。银行竞争对私营企业和上市公司带来的影响不尽相同。具体来说，银行竞争会促进私营企业的创新水平，然而会减弱上市公司的创新水平。私营企业通常规模较小，内部融资能力有限，对外部融资较为依赖，因此对信贷供给变化敏感度更高（Petersen 和 Rajan，2002）。上市公司通常规模较大，业绩更为稳定，可以通过股票市场获得融资，更丰富的融资渠道使其对信贷融资的敏感度较低。因而，银行竞争会导致更低成本的信贷，从而让更多的私营企业为其创新活动融资，提升私营企业的创新产出。然而对上市公司而言，其创新的主要来源并不是自主研发，而是收购具有创新能力的中小企业。当中小企业可以以更低的成本获得贷款时，为享受公司控制权的私人收益（Bolton 和 Von Thadden，1998），它们不会选择为大企业所收购，因此大企业可收购的具有高创新能力的标的企业数量大大减少，上市公司的创新水平也随之下降。作为各州创新力量的主力军，上市公司创新能力的下降会导致各州整体创新水平的下降。接下来，我们会详细地对这项研究的实证部分进行介绍。

迷你案例
MINI CASE

上市公司依靠收购获得技术专利

IT巨头谷歌拥有许多专利，仅2014年就在美国专利与商标局取得了2 556项专利的注册。但谷歌的专利不仅仅来自企业内部的创新创造，其也经常通过收购的方式取得专利。2011年，谷歌通过公司历史上最大笔的收购案（125亿美元收购摩托罗拉），获得了24 000项已经获批或正在申请中的专利，同年谷歌还从IBM公司购买了一千多项专利。2014年，谷歌斥资32亿美元收购的智能家居公司Nest Labs创立仅4年就已经在全球拥有281件专利及专利申请。最近因为连续战胜围棋高手李世石、柯洁等人而闻名遐迩的人工智能程序AlphaGo的开发者DeepMind公司，也早在2014年因其在AI应用和机器学习技术方面的优异表现被谷歌收购。2016年DeepMind宣布通过机器学习的方法改进了谷歌数据中心的冷却系统，降低了冷却系统耗电量的40%，也将IT部门能源消耗占全部能耗的比率降低了15%，此举为谷歌减少一大笔开支。谷歌通过对其他公司的收购获取了技术和创新信息，为实现公司的战略目标添砖加瓦。

实证研究设计

在本章中，度量企业创新的数据主要来自NBER专利引用数据库。基于数据库提供的信息，我们用企业专利数量和专利被引用次数从两个维度分别衡量企业创新的数量和质量。同时，考虑到一项专利从初始投入到最终研发成功需要较长的周期，本章将用当年公司特征因素对公司3年后的累计创新产出进行回归。在本文的研究样本中，每个上市公司平均每年被授予4.97个专利，每个专利被其他公司引用次数平均为11.62次。每个私营企业平均每年被授予0.73个专利，每个专利被其他企业引用的次数为9.62次。

衡量地区银行竞争程度的变量构建方面，我们参考 Rice 和 Strahan（2010）的方法，构建各州的"银行跨州经营监管指数"变量。美国《放松银行跨州经营监管法案》于 1994 年出台，直到 1997 年"银行跨州设立分支"才开始全面生效，在时间上各州对法案的落实是不一样的，法案允许各州自行设定银行跨州经营的门槛，以阻挡州外银行在本州开设分支机构或并购州内银行，各州通常依据四个条款设立对于银行跨州经营的管制：目标机构最低成立年限；重新制订银行跨州建立分支机构的要求；收购单独分支机构的条件；限制本州银行开户总数。

各州每增设以上任何一项条款，"银行跨州经营监管指数"变量增加"1"。因此，"银行跨州经营监管指数"变量取值范围为 0~4，当该变量取值为 0 时，说明该州对银行跨州经营最开放；当该变量取值为 4 时，说明该州对银行跨州经营限制程度最高。因此，"银行跨州经营监管指数"越小，说明其他州银行在本州开设分支机构的限制越低，导致本州银行竞争程度越剧烈。在本文的研究样本中，每年各州的"银行跨州经营监管指数"平均值为 3.5。

接下来，我们利用普通最小二乘法对银行竞争与公司创新之间的关系进行了回归分析。回归方程的因变量为"各州所有企业专利产出总和"，自变量除了"银行跨州经营监管指数"，我们还按照 Mogan，Rime 和 Strahan（2004）的方法加入了州层面八个行业的劳动力结构、劳动力集中度、总产出，以及 1970 年和 1980 年发生过的两次放松银行监管事件等控制变量。同时对州层面的固定效应、年度固定效应进行了控制。控制州的固定效应解决了可能存在不可观测的遗漏变量问题，这些变量既影响本州银行跨州经营监管，又与企业创新相关。例如，如果一个经济发展水平高同时又具有良好发展机会的州，更可能放松银行监管，那么经济发展水平以及发展机会就是既影响"银行跨州经营监管指数"，又影响企业创新产出的遗漏变量，这会使银行跨州经营监管与企业创新的回归系数出现向下的偏误。因此，控制州的固定效应可以剔除各州之间保持相对不变的差异对结果的影响。回归方程及基础的回归结果如下：

$$\text{州创新产出总和}_{i,t+1 \text{至} t+3} = \alpha + \beta \times \text{银行跨州经营监管指数}_{j,t} + \gamma \times \text{控制变量}_{i,t} + \text{固定效应} + \varepsilon_{i,t} \qquad (9\text{-}1)$$

其中，α 为截距项，β、γ 为系数，ε 为随机扰动项，下标 i 代表州，下标 t 代表年份。

表 9-1　银行竞争与企业创新（OLS）[①]

因变量	专利数量			专利引用次数		
	总样本 （1）	上市公司 （2）	私营企业 （3）	总样本 （4）	上市公司 （5）	私营企业 （6）
银行跨州经营 监管指数	0.077*** （0.016）	0.102*** （0.021）	0.030 （0.018）	0.058*** （0.019）	0.066** （0.028）	0.041 （0.024）
控制变量	是	是	是	是	是	是
固定效应	是	是	是	是	是	是
样本量	1 426	1 426	1 426	1 426	1 426	1 426

注：计量结果括号内为稳健性标准误，***、**、*分别表示1%、5%、10%的显著性水平。

从回归结果我们可以发现，在控制了州的固定效应、年份固定效应之后，样本中银行跨州经营监管指数与创新产出显著正相关。这说明当银行竞争加剧（银行跨州经营监管指数较低）时，企业接下来三年的累计创新产出会显著降低。根据表9-1中第（1）列"银行跨州经营监管指数"变量的回归系数，完全放松银行跨州经营监管的州，相较于严格监管的州，在发布银行跨州经营监管条款之后3年的累计专利数量低30.8%（=4×0.077），专利个数下降920个（各州发布银行跨州经营监管条款之后3年的平均专利数是2 988个，2 988×30.8%=920）。

虽然表9-1的结果说明放松银行跨州经营管制会对总部位于该州企业的创新活动产生负面影响，但是这种负向的影响对上市公司和私营公司可能是不同的，因为私营企业对当地信贷供给更加敏感。因此，我们将上市公司和私营企业进行分样本回归，结果如表9-1中（2）（3）列所示，在上市公司的分样本中，"银行跨州经营监管指数"变量系数显著为正，而在私营企业的分样本中系数并不显著，这说明银行竞争导致创新水平下降主要由上市公司所驱动，这个检验没有揭示银行竞争对私营企业创新活动的影响。

以上我们对银行竞争对企业创新的数量这一维度的影响进行了分析，下面我们将聚焦于另一个维度——企业创新的质量。回归结果如表9-1中（4）（5）（6）列所示。我们发现在总样本中，"银行跨州经营监管指数"变量系数显著为正。这说明该州银行竞争的加剧导致总部位于该州的企业创新质量在放松管制之后3年显

[①] Cornaggia Jess, Yifei Mao, Xuan Tian and Brian Wolfe. Does banking competition affect innovation? [J]. *Journal of Financial Economics*, 2015, 115: 189–209.

著下降。完全放松监管的州相较于严格监管的州,在发布银行跨州经营监管条款之后 3 年的整体专利引用次数低 23.3%(= 4×0.058),州层面专利引用次数下降 9 068 次(各州发布银行跨州经营监管条款之后 3 年,专利的平均引用次数是 39 085 次,39 085×23.3%=9 068)。

接下来,我们对上市公司和私营企业分别进行回归分析。我们依旧观察到在上市公司的分样本中,"银行跨州经营监管指数"变量系数显著为正,而在私营企业的分样本中系数并不显著,这与之前得到的银行竞争对企业创新数量的结果一致,说明银行竞争对创新质量的负向影响主要由上市公司所驱动。

总体而言,基准回归的结果显示,放松银行跨州经营监管法案使各州内银行竞争加剧,这个影响是外生的,导致地区企业在之后 3 年的创新产出整体显著下降,这种负向影响主要由上市公司驱动。

内生性检验

虽然美国各州在不同的时间实施《放松银行跨州经营监管法案》,从而给州内银行竞争造成一个外生冲击,但是 Kroszner 和 Strahan(1999)认为,存在州层面的影响因素导致不同州落实法案的时间存在差异,因此可能存在反向因果。为排除这一潜在的内生性问题,我们采用芝加哥大学教授 Bertrand 和哈佛大学教授 Mullainathan 在 2003 年提出的方法,研究各州在落实放松银行跨州经营监管事件的时间前后,创新产出呈现的动态变化形态。如果反向因果确实存在,那么我们应该会观察到在放松监管之前企业创新有显著的变化。

经济学家小传
MINI BIOGRAPHY

森德希尔·穆莱纳桑(Sendhil Mullainathan,1973 年 -),知名印度裔美国经济学家,任教于哈佛大学,主要研究发展经济学、行为经济学和公司金融。他是麦克阿瑟基金"天才奖"的获得者。穆莱纳桑教授是"创意 42"的联合创始人,这个非营利组织利用行为科学为解决社会问题提供帮助。他在消费者金融保护局(CFPB)的政府部门工作,并通过国家经济研究局进行广泛的学术研究。作为国家经济研究局的一名研究员,穆莱纳桑教授发表了许多将行为科学和经济学联系起来的论文。2002 年,他与乔纳森·格鲁伯合写的论文"香烟税会让吸烟者更快乐吗?"发现,当香烟税提高对购买香烟造成阻碍时,吸烟者的心理状态会有所改善,高香烟税可以提高幸福感。

2013年,穆莱纳桑教授在《科学》期刊上发表了文章"贫困阻碍了认知能力"。在文中,他将农民在农产品收获前生活惨淡时期做的智力测试与农产品销售后的富足时期做的测试进行了对比。值得注意的是,同一位农民在收获前贫穷状态中的认知表现要低于收获后富足状态中的表现。通过这个对照研究,穆莱纳桑得出结论:与贫穷有关的压力阻碍了其他行为。同年,穆莱纳桑教授与普林斯顿大学心理学教授埃尔德·沙菲尔合著完成《稀缺:我们是如何陷入贫穷与忙碌的》。书中研究了资源稀缺状况下人的思维方式,结论是缺乏金钱的人和缺乏时间的人的思维方式有共同之处,即会过于关注缺乏的资源,引起认知能力和判断力的下降。这本著作是心理学与行为经济学合作的典范。

首先,为检验事件发生之前企业创新产出的趋势,我们将样本限制在21年的观测期内,即各州放松管制的前10年到后10年。我们将"银行跨州经营监管指数"变量分解为四个哑变量,分别与四段时间对应,即事件前1年、前2年,以及事件后1年、后2年。哑变量"放松监管前1年"定义为:如果时间为事件发生的前1年,那么该变量取值为该州放松监管导致的"银行跨州经营监管指数"变化值,若为其他年份该值取值为0。"放松监管前2年"定义为:如果时间为事件发生的前2年(从观测期到前2年),那么取值为该州放松监管导致的"银行跨州经营监管指数"变化值,若为其他年份该值取值为0。同理,我们可以获得"放松监管后1年""放松监管后2年"这两个哑变量。我们将构造的四个新变量加入OLS回归方程中,具体的回归方程如下,回归结果如表9-2所示。

$$3\text{州创新产出总和}_{i,t}=\alpha+\beta_1\times\text{放松监管前2年}_{i,t}+\beta_2\times\text{放松监管前1年}_{i,t} \quad (9\text{-}2)$$
$$+\beta_3\times\text{放松监管后1年}_{i,t}+\beta_4\times\text{放松监管后2年}_{i,t}+\gamma\times\text{控制变量}_{i,t}+\text{固定效应}+\varepsilon_{i,t}$$

其中,其中,α 为截距项,β_1、β_2、β_3、β_4、γ 为系数,ε 为随机扰动项,下标 i 代表州,

下标 t 代表年份。

表 9-2　内生性检验（OLS）[①]

因变量	专利数量			专利引用次数		
	总样本（1）	上市公司（2）	私营企业（3）	总样本（4）	上市公司（5）	私营企业（6）
放松监管前 2 年	0.033 (0.058)	0.060 (0.037)	0.006 (0.052)	0.014 (0.035)	0.026 (0.073)	0.066 (0.047)
放松监管前 1 年	−0.103 (0.095)	−0.031 (0.032)	−0.111 (0.089)	−0.067 (0.057)	−0.094 (0.131)	−0.019 (0.073)
放松监管后 1 年	−0.086* (0.050)	−0.081** (0.030)	−0.063 (0.049)	−0.028 (0.049)	−0.056 (0.124)	0.001 (0.036)
放松监管后 2 年	−0.130* (0.070)	−0.091*** (0.029)	−0.100 (0.065)	−0.075** (0.031)	−0.169* (0.083)	−0.045 (0.040)
控制变量	是	是	是	是	是	是
固定效应	是	是	是	是	是	是
样本量	910	910	910	910	910	910

注：计量结果括号内为稳健性标准误，***、**、* 分别表示 1%、5%、10% 的显著性水平。

通过表 9-2 我们可以发现，全样本中"放松监管前 2 年""放松监管前 1 年"两个变量系数均不显著，说明各州创新活动在放松银行管制之前没有显著变化。然而"放松监管后 2 年""放松监管后 1 年"两个变量的系数均显著为负，与之前的基准检验结果相同。在上市公司的分样本中，我们得到相似的结果，"放松监管前 2 年""放松监管前 1 年"的系数均不显著；然而"放松监管后 2 年""放松监管后 1 年"两个变量的系数均显著为负；在私营企业的分样本中，所有变量的系数均不显著，说明私营企业的创新活动不会影响各州放松管制的事件。在上表（4）至（6）列，我们将因变量换为专利引用次数，得到了比专利数量稍弱的结果。结果同样显示仅在放松管制之后，专利的引用数量发生显著的改变。因此，我们可以得出结论，无论是在全样本还是在分样本中，在放松管制之前企业创新趋势均不存在显著变化，我们可以排除存在反向因果的可能。

目前为止，我们仍不能将银行竞争对企业创新的影响解释为因果关系，因为基

[①] Cornaggia Jess, Yifei Mao, Xuan Tian and Brian Wolfe. Does banking competition affect innovation? [J]. *Journal of Financial Economics*, 2015, 115: 189–209.

准回归中可能存在遗漏变量，例如，存在着与州层面放松管制事件同时发生的不可观测的因素或冲击对结果产生影响。为了解决遗漏变量的问题，我们进行安慰剂检验，即当人为随机设定放松监管事件发生的时间时，观察结果是否会消失。首先，我们获得各州放松监管的时间分布，然后随机将各州与放松监管的时间进行匹配，这种方法保证放松监管的时间分布不变，因此如果存在与放松监管事件同时发生的不可观测冲击，仍然能够被保留在样本中，对企业创新活动产生影响。如果不存在这种不可观测的冲击，那么我们不正确地将各州与放松监管事件发生的时间相匹配时，基准回归的结果应该被削弱。

表 9-3 展示了安慰剂检验的实证结果。

表 9-3 安慰剂检验[①]

因变量	专利数量			专利引用次数		
	总样本（1）	上市公司（2）	私营公司（3）	总样本（4）	上市公司（5）	私营公司（6）
银行跨州经营监管指数	0.002（0.038）	−0.028（0.070）	0.020（0.027）	−0.007（0.041）	−0.091（0.095）	0.019（0.033）
控制变量	是	是	是	是	是	是
固定效应	是	是	是	是	是	是
样本量	1 426	1 426	1 426	1 426	1 426	1 426

注：计量结果括号内为稳健性标准误，***、**、* 分别表示1%、5%、10%的显著性水平。

由表 9-3 的结果我们可以发现，在所有列中"银行跨州经营监管指数"变量系数均不显著，说明确实是放松监管这一外生事件影响了企业的创新活动，因此可以排除遗漏变量造成的内生性问题。

综上所述，我们对反向因果以及遗漏变量进行了丰富的检验，排除了潜在的内生性干扰。我们发现由于放松监管导致的银行竞争加剧，会对各州层面的企业创新活动产生负向影响，并且是因果影响，而这种影响主要由上市公司所驱动。

[①] Cornaggia Jess, Yifei Mao, Xuan Tian and Brian Wolfe. Does banking competition affect innovation? [J]. *Journal of Financial Economics*, 2015, 115: 189−209.

银行竞争对企业创新的作用机制

通过前文的分析，我们发现美国州层面银行竞争加剧会导致上市公司创新产出降低，但并没有揭示银行竞争对于私营企业创新活动产生的影响。在这一节中，我们将进一步探究银行竞争对企业创新可能的作用机制，解释银行竞争对两类企业影响不同的原因。具体来说，我们将从外部融资依赖性、过去的银企关系以及上市公司对于小型、创新型私营企业的收购三方面来研究银行竞争对于企业创新的作用机制。

外部融资依赖性

各州放松银行跨州经营监管会降低信贷成本，在一定程度上缓解企业的融资约束。因此，我们预期处于外部融资依赖程度较高行业的企业能够更加受惠于州内的银行竞争加剧，放松银行监管之后企业的创新产出显著增加。我们使用 Duchin, Ozbas 和 Sensoy（2010）的方法构造衡量外部融资依赖的指标"外部融资依赖性"，外部融资依赖性越高，该变量取值越小，极小值为 0；外部融资依赖性越低，该变量取值越大，极大值为 1。接下来，将新构造的变量"外部融资依赖性"以及"银行跨州经营监管指数"与"外部融资依赖性"的交互项加入回归方程中，"银行跨州经营监管指数"变量系数代表银行竞争对外部融资依赖性高的企业创新产出的影响。我们预期外部融资依赖性高的企业会更加受惠于州内银行竞争加剧带来的低成本信贷供给，因而创新产出会显著提升，那么"银行跨州经营监管指数"系数应该显著为负。回归方程及回归结果如下所示：

$$\text{企业创新产出}_{i,t+1 \text{至} t+3} = \alpha + \beta_1 \times \text{银行跨州经营监管指数}_{k,t} + \beta_2 \times \text{外部融资依赖性}_{i,t}$$
$$+ \beta_3 \text{外部融资依赖性}_{i,t} \times \text{银行跨州经营监管指数}_{k,t+\gamma} \times \text{控制变量}_{i,k,t} + \text{固定效应} + \varepsilon_{i,t}$$
$$(9-3)$$

其中，α 为截距项，β_1、β_2、β_3、γ 为系数，ε 为随机扰动项，下标 i 代表企业，下标 k 代表州，下标 t 代表年份。

表 9-4 外部融资依赖性（OLS）[1]

因变量	私营公司		上市企业	
	专利数量（1）	专利引用次数（2）	专利数量（3）	专利引用次数（4）
银行跨州经营监管指数	−0.019***	−0.016**	−0.021	−0.060
	(0.003)	(0.007)	(0.029)	(0.047)
外部融资依赖性	−0.228***	−0.315***	−0.460*	−0.605*
	(0.013)	(0.028)	(0.232)	(0.307)
银行跨州经营监管指数 × 外部融资依赖性	0.046***	0.049***	0.136**	0.194**
	(0.004)	(0.007)	(0.062)	(0.094)
控制变量	是	是	是	是
固定效应	是	是	是	是
样本量	223 655	223 655	76 015	76 015

注：计量结果括号内为稳健性标准误，***、**、* 分别表示 1%、5%、10% 的显著性水平。

由表 9-4 可知，私营公司样本中"银行跨州经营监管指数"系数显著为负，这说明银行竞争促进更加依赖外部融资的私营企业进行创新产出。而上市公司样本中，"银行跨州经营监管指数"系数均不显著，这说明银行竞争对于更加依赖外部融资的上市公司创新活动无显著的影响。可以进一步证明，放松银行管制对上市公司创新负向作用主要影响那些外部融资依赖性较弱的上市公司，而对外部融资依赖性高的上市公司无显著负向影响。

因此，我们的研究发现银行竞争可以缓解外部融资依赖性高的私营企业的融资约束问题，使这些企业可以为创新项目融到更低成本的信用贷款，进而促进这部分企业的创新产出。所以，企业依靠外部融资是银行竞争影响创新活动的一条机制。

银企关系

下面，我们将探究另外一种可能的作用机制。随着本州银行竞争加剧，企业过去的银行关系也会随之发生改变，从而影响企业创新。具体来说，我们预期如果在放松监管之前企业与本州银行存在信贷关系，证明企业能够从附近的银行筹资以

---

[1] Cornaggia Jess, Yifei Mao, Xuan Tian and Brian Wolfe. Does banking competition affect innovation? [J]. *Journal of Financial Economics*, 2015, 115: 189–209.

满足自己的融资需要。然而如果在放松监管之前企业向州外银行借款，说明州内的银行无法满足这类企业的融资需求。因此，在放松银行跨州经营管制后，州内银行竞争加剧，从而提高了信贷供给的均衡值，拓展了州内企业的融资渠道（Kevin，1971），使那些之前依赖州外银行融资的企业更容易从州内得到信贷，创新产出随之增加。

通过收集各企业在过去年份从州内银行、州外银行获得的贷款金额，我们构建了新的变量"历史银行贷款数额"。过去企业从银行贷款的数额越低，该变量取值越高，极值为1；反之取值为0。接下来，将新构造的变量"历史银行贷款数额"，以及"银行跨州经营监管指数"与"历史银行贷款数额"的交互项加入回归方程中。同时，我们将"历史银行贷款数额"划分为依赖州内银行贷款数额与依赖州外银行贷款数额两个子集，分别进行回归分析。我们预期，对于之前依赖州外银行资金支持的企业，"银行跨州经营监管指数"变量系数为负，即银行竞争对这类企业的创新活动会有显著的促进作用。同时，相比于上市公司，私营企业更加依赖银行借款，因此在私营企业样本中这样的机制也会更加明显。回归方程如下，回归所示结果如表9-5所示。

$$\text{企业创新产出}_{i,t+1\text{至}t+3} = \alpha + \beta_1 \times \text{银行跨州经营监管指数}_{k,t} + \beta_2 \times \text{历史银行贷款数额}_{i,t} + \beta_3 \times \text{银行跨州经营监管指数}_{k,t} \times \text{历史银行贷款数额}_{i,t} + \gamma \times \text{控制变量}_{i,k,t} + \text{固定效应} + \varepsilon_{i,t}$$

(10-1)

其中，α 为截距项，β_1、β_2、β_3、γ 为系数，ε 为随机扰动项，下标 i 代表企业，下标 k 代表州，下标 t 代表年份。

表 9-5 银企关系（OLS）[①]

分表 A：私营企业

因变量	州内银行		州外银行	
	专利数量 （1）	专利引用次数 （2）	专利数量 （3）	专利引用次数 （4）
银行跨州经营监管指数	−0.003 （0.002）	0.002 （0.007）	−0.021*** （0.003）	−0.040*** （0.008）

① Cornaggia Jess, Yifei Mao, Xuan Tian and Brian Wolfe. Does banking competition affect innovation? [J]. *Journal of Financial Economics*, 2015, 115: 189–209.

(续表)

因变量	州内银行		州外银行	
	专利数量（1）	专利引用次数（2）	专利数量（3）	专利引用次数（4）
银行跨州经营监管指数 × 历史银行贷款数额	0.036*** （0.011）	0.038 （0.025）	0.079*** （0.016）	0.148*** （0.033）
控制变量	是	是	是	是
固定效应	是	是	是	是
样本量	223 655	223 655	223 655	223 655

分表 B：上市公司

因变量	州内银行		州外银行	
	专利数量（1）	专利引用次数（2）	专利数量（3）	专利引用次数（4）
银行跨州经营监管指数	0.020 （0.017）	0.009 （0.032）	0.009 （0.015）	−0.020 （0.021）
银行跨州经营监管指数 × 历史银行贷款数额	0.028 （0.021）	0.036 （0.032）	0.050*** （0.011）	0.085*** （0.022）
控制变量	是	是	是	是
固定效应	是	是	是	是
样本量	44 702	44 702	44 702	44 702

注：计量结果括号内为稳健性标准误，***、**、* 分别表示1%、5%、10% 的显著性水平。

从表9-5我们可以发现，在分表A中（1）（2）列"银行跨州经营监管指数"变量系数均不显著，而（3）（4）列的系数显著为负，同时后两列系数在经济显著性方面也高于前两列，这说明与州内银行有着良好关系的私营企业，在放松管制之前就可以很容易地从附近的银行筹集到资金，因此这类企业对于州内银行竞争环境不敏感；但是，在放松管制之前大量依赖州外银行支持的私营企业，与州内银行的关系并不紧密，因此会更大程度上受益于州内银行管制放松事件，使它们可以更便捷地从州内获得低成本的信贷，并投入创新活动中，因此我们观察到在之后的3年中，这类企业的创新产出增加。分表B展示了上市公司样本的结果，我们发现无论依赖州内银行融资的上市公司还是依赖州外银行融资的上市公司，均对州内银行竞争环境的变化不敏感。

总体而言，在放松管制前主要依赖州外银行借款的私营企业，在监管放开之后，融资约束问题得到了很大程度的缓解，进而对企业创新起到了促进作用。

上市公司收购私营企业

目前为止，我们研究发现州内银行竞争加剧会促进外部融资依赖的私营企业创新，同时会抑制上市公司的创新活动。我们将继续探究这种现象背后的作用机制：上市公司对私营企业的收购。Liu, Sevilir, Tian（2016）的研究发现，美国上市公司通过收购小规模、创新能力强的私营企业，提升其创新能力，并且通过收购促进企业创新的效果至少与研发投资的效果相当。因此，当州内放松银行经营监管后，小规模、创新能力强的私营企业会更便捷地从州内银行获得低成本的信贷，缓解其融资约束，避免了被现金充足的上市公司收购。另一方面，可供上市公司收购的创新能力强、资金缺乏的目标企业数量减少，因此上市公司的创新水平下降。我们将从这两方面进行研究设计。

首先，从收购方的角度，我们探究在放松管制之后上市公司对创新能力强的私营企业的收购是否变得更加困难。基于 Liu, Sevilir, Tian（2016）的研究发现，频繁进行收购活动的上市公司有更强的动机和能力通过收购活动提升自己的创新产出，当州内银行竞争的加剧破坏了上市公司收购高科技私营企业的途径，会导致上市公司创新产出的下降。我们猜想对于收购活动频繁的上市公司，这条作用机制的影响会更加明显。接下来，我们构建三个代理变量衡量企业并购："并购交易额""并购交易数量""平均交易额"，将新构造的变量"企业并购"，以及"银行跨州经营监管指数"与"企业并购"的交互项加入回归方程中，回归方程如下。回归结果如表 9-6 所示。

企业创新产出 $_{i,t+1 \text{ 至 } t+3}=\alpha+\beta_1$ 银行跨州经营监管指数 $_{k,t}+\beta_2$ 企业并购 $_{i,t}+\beta_3$ 银行跨州经营监管指数 $_{k,t} \times$ 企业并购 $_{i,t}+\gamma$ 控制变量 $_{i,k,t}+$ 固定效应 $+\varepsilon_{i,t}$ （10-2）

其中，α 为截距项，β_1、β_2、β_3、γ 为系数，ε 为随机扰动项，下标 i 代表企业，下标 k 代表州，下标 t 代表年份。

表 9-6　企业并购交易（OLS）①

	并购交易额 （1）	并购交易数量 （2）	平均交易额 （3）
企业并购 × 银行跨州经营监管指数	0.040**	0.015	0.044**
	（0.018）	（0.010）	（0.021）
控制变量	是	是	是
固定效应	是	是	是
样本量	72 093	72 093	72 093

注：计量结果括号内为稳健性标准误，***、**、* 分别表示 1%、5%、10% 的显著性水平。

如表 9-6 所示，在（1）（3）列中交互项的系数显著为正，说明银行竞争对频繁进行并购的上市公司创新活动抑制作用更强。这与我们的猜想一致，频繁进行收购的企业依靠收购活动提升其创新产出，但是州内银行竞争加剧缓解了小规模、高科技的目标企业的融资约束问题，使得具有高创新质量的标的企业数量下降，因此收购方企业的创新产出受到抑制。

上述分析建立在放松管制之后并购市场中小规模、高科技的标的企业数量确实下降了的基础上。所以接下来，我们将从被并购的目标企业角度，探究是否改善的信贷环境会使得小规模、高科技的目标企业更愿意保持独立，而避免被大公司收购。

我们利用 Betrend 和 Mullainathan（2003）研究中使用的双重差分方法，回归方程的因变量为"目标企业专利数量"，自变量方面，我们构建了"监管放松"哑变量，当这一年企业所在州发生监管放松则取值为 1，否则为 0，同时控制了时间的固定效应和年度固定效应，回归结果如下表所示。

$$目标企业专利数量_{i,t}=\alpha+\beta \times 监管放松_{i,t}+\gamma \times 控制变量_{i,t}+ 固定效应 +\varepsilon_{i,t} \quad (10\text{-}3)$$

其中，α 为截距项，β、γ 为系数，ε 为随机扰动项，下标 i 代表企业，下标 t 代表年份。

---

① Cornaggia Jess, Yifei Mao, Xuan Tian and Brian Wolfe. Does banking competition affect innovation? [J]. *Journal of Financial Economics*, 2015, 115: 189–209.

表 9-7　目标企业的创新数量（DID）[1]

	目标企业专利数量 （1）	目标企业平均专利数量 （2）
监管放松	−0.070* （0.036）	−0.056*** （0.028）
控制变量	是	是
固定效应	是	是
样本量	151 883	151 883

注：计量结果括号内为稳健性标准误，***、**、* 分别表示 1%、5%、10% 的显著性水平。

我们从表 9-7 中可以发现，"监管放松"变量的系数显著为负，这说明相比于监管放松前，目标企业在监管放松时期被收购之后的创新产出显著减少。因此在放松银行跨州经营监管之后，被收购的目标企业的创新水平下降，而具有创新能力的企业因为融资约束得到缓解，更倾向于保持独立。

总体而言，这一节我们讨论了银行竞争加剧对于不同企业的影响机制。具体来说，外部融资依赖性较高的私营企业对于银行信贷更加敏感，银行竞争加剧有助于这些私营企业以更低的成本获得资金，进一步促进其创新产出，同时也缓解了小规模高科技企业的融资约束问题，这导致并购市场中创新能力强的目标企业供给数量下降，最终导致依赖收购方式进行创新的上市公司创新水平的下降。

来自中国的证据

我国将加速建设创新型国家列为重要的战略之一，通过瞄准世界科技前沿，强化基础研究，实现前瞻性基础研究、引领性原创成果的重大突破。中国以银行为主导的金融体系能否有效引导社会资源配置，推动实体经济由要素驱动、投资驱动向创新驱动转型，进而服务于国家战略，引起了国内金融学者的广泛关注。

据统计，全国 65% 发明专利来自中小企业，80% 的新产品是由中小企业创造。然而对于中小企业而言，很难通过股权融资获得资金支持进行科技创新。银行信贷是企业获得稳定、持续的外部融资的重要来源，也是决定企业创新水平的重要因素。

---

[1] Cornaggia Jess, Yifei Mao, Xuan Tian and Brian Wolfe. Does banking competition affect innovation? [J]. *Journal of Financial Economics*, 2015, 115: 189–209.

不同于西方国家企业融资主要依赖较完善的股票市场和债券市场，我国金融体系是以间接融资为主导，银行信贷是社会融资的主体。截至 2017 年第三季度末，对实体经济发放的人民币贷款余额为 116.65 万亿元，占同期社会融资规模存量的 68.1%。

随着我国经济体制改革的推进，银行体系市场化进程的加快，一系列关于放松银行体系异地设立分支机构市场准入的监管政策相继出台[①]，银行业的竞争程度不断上升，银行对于实体经济的资源配置效率也进一步提升。从 1985 年央行鼓励银行设立科技信贷业务起，银行对科技产业发展的推动作用不断加强。以广东省为例，2015 年全省研发投入占 GDP 比重提高到 2.5%，高新技术企业总量超过 1.1 万家，高新技术产品产值达 5.3 万亿元，占工业总产值的 39%。截至 2015 年 9 月，广东企业在银行间市场发行各类债务融资工具 1 400 多亿元，发行公司债、中小企业私募债、资产证券化产品融资 436 亿元。

然而，卢锋和姚洋（2004）、赵奇伟（2009）、苟琴等（2014）的研究发现，银行信贷资金配置中存在严重的所有制歧视问题，即银行更倾向于将贷款发放给国有企业，而在国民经济中占比很高的私营企业很难获得与其贡献对应的融资支持，因此银行的所有制歧视阻碍了信贷配置效率，导致依赖银行融资的中小企业普遍存在"融资难、融资贵"的问题。因此，研究我国银行竞争对企业创新活动的影响对于深化我国金融体制改革、促进企业创新能力具有重要的意义。

迷你案例
MINI CASE

银行竞争降低中小企业融资难度

从 1998 年北京雅士科莱恩石油化工有限公司创立以来的十年间，向国内银行、农村信用社提出数次贷款申请，最终都因为缺乏抵押物而被拒贷。因此遇到资金需求时，雅士科莱恩只能通过高息同业拆借和私人借款的途径进行融资。中资银行普遍认为中小企业贷款风险过大，出于安全性考虑不愿意向中小企业提供贷款。在 2009 年第一季度，人民币新增贷款中只有 25% 为服务中小企业为主的短期贷款。而

---

① 2006 年银监会发布《城市商业银行异地分支机构管理办法》（银监办发 [2006]12 号）；2009 年银监会发布《关于中小商业银行分支机构准入政策的调整意见（试行）》（银监办发 [2009]143 号）。

试图开拓中国市场又有着丰富风险评估经验的外资银行则纷纷瞄准了中小企业贷款这项业务。早在2003年，渣打银行就开始在中国重点推广"小企业综合理财业务"计划。2008年，渣打银行在全国网点推广无抵押小额贷款。渣打银行中小企业理财部在实地调查了雅士科莱恩石油化工有限公司之后，为其提供了无抵押小额贷款和票据融资贷款。雅士科莱恩石油化工有限公司属于北京市高新技术企业和科技开发机构，在获得渣打银行的贷款后，企业开始加大科研投入并建设新的产品线。

在对中国银行竞争对企业创新影响的研究中，国内学者主要聚焦于研究银行竞争中不同类型的银行对企业创新的影响。张杰等（2017）利用银监会对放松银行异地设立分支机构的监管政策，股份制商业银行和城市商业银行跨区准入以及营业网点数量扩张导致的银行竞争加剧，发现银行竞争与企业创新的关系呈现U型曲线：当银行竞争程度低于临界值时，银行竞争对企业创新造成抑制效应；当银行竞争程度高于临界值时，银行竞争对于企业创新有促进作用。作者对这一现象进行解释，当银行竞争程度低时，国有五大银行依然占据垄断地位，对地区企业创新活动整体上产生抑制作用；随着银行竞争程度的加剧，银行业结构受到冲击，促使城市商业银行利用地区信息优势——收集"软"信息的渠道优势，更好地支持有创新能力的中小企业融资。蔡竞等（2016）则从股份制银行的角度对这一问题进行研究，基于2005年至2007年中国工业企业数据，发现在银行竞争中股份制银行比国有银行和城市商业银行能够更好地促进企业的研发创新行为。相比于国有银行，股份制银行不用承担政策性任务，在贷款利率设定方面更有自主权，同时股份制银行组织架构扁平化、决策链短，给中小企业提供贷款的灵活度更高，容易与企业建立长期信贷关系，保证企业获得低成本信贷支持。另一方面，相比于城市商业银行，全国范围内经营的股份制银行风险承担能力更强，因此更倾向于为企业高风险的创新活动提供资金支持，因此信贷资源配置更加高效，有利于促进企业创新。

同时还有一部分学者研究银行竞争对企业创新影响的作用机制，与国外文献相似，唐清泉等（2015）利用2002年至2009年A股上市公司样本，研究发现银行竞争加剧有助于缓解企业R&D投资的融资约束问题。金融市场的激烈竞争之下，银行会提升贷款前的事前审查、事中跟踪和事后分析来降低由于信息不对称导致的代理成本，促使银行合理地选择风险和收益匹配的R&D项目进行资金供给，有助于缓解企业的融资约束问题，进而促进创新活动。另外，蔡竞等（2016）研究发现不同类型银行之间的竞争使得企业获得更多的融资渠道，使企业谈判能力提高，降低银行垄断状态下银行的索价能力；同时银行将创新能力强的小企业信息透露给大企业，抑制了小企业的创新行为；银行竞争也可以保护小企业的知识产权信息，这种影响在民营、高科技、小型企业中表现更加显著。

我国处于新兴资本市场以及转轨经济这一制度背景下，我国监管机构对于银行资产的安全性、流动性进行了更严格的控制，相比于其他金融机构，银行强调稳健经营，具有更低的风险容忍度，不愿意向具有高风险的企业创新活动提供资金。随着银行业市场化改革的推进，银行竞争逐渐加剧，信贷配置趋向高效化，研究银行竞争对实体企业创新的影响很有意义。研究结果发现，银行竞争有助于企业创新，因此股份制银行、城市商业银行的蓬勃发展对于"大众创业，万众创新"的战略发挥有重要意义。

本章小结

本章分析了资本市场重要的金融中介——银行的竞争加剧对于企业创新的影响及其传导机制。本章要点总结如下：

- 金融发展是影响企业创新的重要因素；
- 银行作为重要的金融中介机构，为企业发展提供资金支持，其信贷配置的功能可以将资金流向高收益的项目，实现金融体系促进实体经济发展；
- 银行竞争通过缓解中小企业的融资约束，使其以更低的成本、更广泛的途径获得信贷融资，有助于企业进行资金需求较大的创新活动；
- 当银行竞争加剧时，中小企业融资约束得到缓解，避免了被资金充裕的大企业收购。因此大企业可收购的创新型目标企业数量减少，创新能力被削弱；
- 银行竞争有利于金融市场的健康发展，促进实体经济发展，有助于企业创新能力的提升。

参考文献

[1] Luigi Benfratello, Fabio Schiantarelli and Alessandro Sembenelli. Banks and innovation: Microeconometric evidence on Italian firms [J]. *Journal of Financial Economics*, 2008, 90: 197–217.

[2] Marianne Bertrand and Sendhil Mullainathan. Enjoying the quiet life? Corporate governance and managerial preferences [J]. *Journal of Political Economy*, 2003, 111: 1 043 – 1 075.

[3] Patrick Bolton and Von Thadden. Blocks, liquidity, and corporate control [J]. *The Journal of Finance*, 1998, 53: 1 – 25.

[4] Nicola Cetorelli and Philip E Strahan. Finance as a barrier to entry: Bank competition and industry structure in local US markets [J]. *The Journal of Finance*, 2006, 61: 437 – 461.

[5] Ran Duchin, Oguzhan Ozbas and Berk A Sensoy. Costly external finance, corporate investment, and the subprime mortgage credit crisis [J]. *Journal of Financial Economics*, 2010, 97: 418 – 435.

[6] Jeremy Greenwood and Boyan Jovanovic. Financial development, growth, and the distribution of income [J]. *Journal of Political Economy*, 1990, 98: 1 076 – 1 107.

[7] Bronwyn H Hall, Adam Jaffe and Manuel Trajtenberg. Market value and patent citations [J]. *RAND Journal of Economics*, 2005: 16 – 38.

[8] Bengt Holmstrom. Agency costs and innovation [J]. *Journal of Economic Behavior & Organization*, 1989, 12: 305 – 327.

[9] Jith Jayaratne and Philip E Strahan. The finance – growth nexus: Evidence from bank branch deregulation [J]. *The Quarterly Journal of Economics*, 1996, 111: 639 – 670.

[10] Michael A Klein. A theory of the banking firm [J]. *Journal of Money, Credit and Banking*, 1971, 3: 205 – 218.

[11] Randall S. Kroszner and Philip E Strahan. What drives deregulation? Economics and politics of the relaxation of bank branching restrictions [J]. *The Quarterly Journal of Economics*, 1999, 114: 1 437 – 1 467.

[12] Donald P Morgan, Bertrand Rime and Philip E. Strahan. Bank integration and state business cycles [J]. *The Quarterly Journal of Economics*, 2004, 119: 1 555 – 1 584.

[13] Mitchell A Petersen and Raghuram G Rajan. Does distance still matter? The information revolution in small business lending [J]. *The Journal of Finance*, 2002,

57: 2 533‐2 570.

[14] Michael E Porter. Capital disadvantage: America's failing capital investment system [J]. *Harvard Business Review*, 1992, 70: 65‐82.

[15] Raghuram G Rajan. Insiders and Outsiders: The Choice between Informed and Arm's‐Length Debt [J]. *The Journal of Finance*, 1992, 47, 4: 1 367‐1 400.

[16] Tara Rice and Philip E Strahan. Does credit competition affect small‐firm finance? [J]. *The Journal of Finance*, 2010, 65: 861‐889.

[17] Merih Sevilir and Xuan Tian. Acquiring innovation. Working paper. Indiana University, 2012.

[18] Robert M Solow. Technical change and the aggregate production function [J]. *The Review of Economics and Statistics*, 1957: 312‐320.

[19] 蔡竞, 董艳. 银行业竞争与企业创新——来自中国工业企业的经验证据 [J]. 金融研究, 2016, 111: 96‐111.

[20] 苟琴, 黄益平, 刘晓光. 银行信贷配置真的存在所有制歧视吗?[J]. 管理世界, 2014, 1: 16‐26.

[21] 卢锋, 姚洋. 金融压抑下的法治, 金融发展和经济增长 [J]. 中国社会科学, 2004, 1.

[22] 唐清泉, 巫岑. 银行业结构与企业创新活动的融资约束 [J]. 金融研究, 2015,7:116‐134.

[23] 张杰, 郑文平, 新夫. 中国的银行管制放松、结构性竞争和企业创新 [J]. 中国工业经济, 2017,10: 118‐136.

[24] 赵奇伟. 东道国制度安排、市场分割与 FDI 溢出效应: 来自中国的证据 [J]. 经济学（季刊）. 2009: 8(3).

第 10 章
企业风险投资：激励创新的最优形式

我国金融市场中所存在的风险投资机构背景各异，不同种类的风险投资机构在投资目标、投资策略等方面也存在差异，因此会对其所投资的初创企业创新产生不同的影响。企业设立风险投资机构的目的通常是为了完成企业战略使命，不仅为了获取利润更为了获取创新信息。同时，企业风险投资的风险容忍度更高，投资周期更长，会对不易获得传统风险投资的初创企业进行投资，促进初创企业的创新活动。本章重点分析企业风险投资与传统意义上的风险投资对初创企业创新的影响效果之间的差异。

CVC，一种新的创投组织形式

创新是一国经济增长的内在动力与竞争优势。近些年来，培育企业创新的最优组织形式成为学者与政策制定者共同关注的问题。哈佛大学著名经济学家 Josh Lerner 指出，尽管大型企业研究部门的创新产出占美国研发总产出的三分之二，但由于大企业研发人员薪酬与产出几乎不挂钩，这样的机制缺乏激励作用。另一方面，传统的风险投资基金往往专注于某几个少数行业，其募资方式（从有限合伙人处募集资金）决定了追求短期高额回报的特点，因而不利于培育创新产出。Lerner 教授因此提出激励创新的最优方式应当是一种混合模式，比如企业风险投资（Corporate Venture Capital，即 CVC），将企业研发部门与传统风险投资基金的特点相结合，从而高效地进行创新活动。

经济学家小传
MINI BIOGRAPHY

乔希·勒纳（Josh Lerner，1960 年 5 月－），哈佛商学院著名教授，国际金融学三大顶级期刊之一 *Journal of Financial Economics* 的副主编。他曾获得瑞典政府颁发的 2010 年全球创业研究奖，是私募股权百名最具影响力人物之一、机构投资世界十大最有影响力的学者之一，也被誉为"创业金融与创新领域之父"。

勒纳教授的学术著作非常有影响力，他主要关注风险投资和私募股权机构的组织形式与作用的研究，在此领域硕果累累。勒纳教授先后出版了 11 部专著，汇集他大部分研究的精髓。其中《梦断硅谷》（*Boulevard of Broken Dreams*）由普林斯顿大学出版社于 2009 年出版，在此书中他对政府引导创业者和风险投资的作用给出了开创性的论述，并且针对未来的政策实施方向给出指引和建议。勒纳教授的另一本著作《风险投资、私募股权与创业融资》（*Venture Capital, Private Equity, and the Financing of Entrepreneurship*）是风险投资领域的百科全书，详细解释了私募股权行业的全景。勒纳教授与 Paul A. Gompers 教授合著的《风险投资周期》（*The Venture Capital Cycle*）被译成中文、韩文、日文等多种文字，书中对风险投资整个运行周期进行了详细解读。

勒纳教授同时关注创业、科技创新和知识产权保护方面的研究，在美国国家经济研究局筹建并运营了两个研究部门，分别致力于创业精神和创新政策与经济方面的研究，并且担任其出版物《创新政策与经济》（*Innovation Policy and the Economy*）的主编。勒纳教授曾多次访问中国进行学术交流。

第 10 章 企业风险投资：激励创新的最优形式

企业风险投资是指直接投资于外部创业公司的企业基金，不包括企业内部投资或通过第三方的投资，其投资目标是服务于企业的战略发展规划。

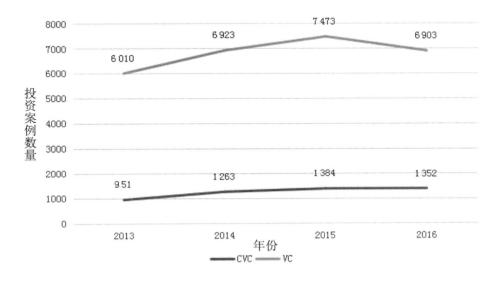

图 10-1 全球 VC 与 CVC 数量

美国的企业风险投资起源于 20 世纪 60 年代，近十年来发展迅速。在早期阶段，企业风险投资仅占整个风险投资行业的 7%；到了 2011 年，根据风险投资协会的统计，企业风险投资占比增长到 15%；2016 年，根据 CB insights 的数据，全球企业风险投资事件高达 1 352 起，占全部风险投资案例的 19%。对企业而言，设立风险投资部门是企业进行外部研发与获取新技术的最有效途径。研究也发现，企业设立风险投资部门后，其创新产出与市场价值都会迅速增长。然而，关于企业风险投资对所投公司创新水平影响的学术研究一直相对缺乏，我和波士顿学院教授 Thomas J. Chemmanur 以及弗吉尼亚大学副教授 Elena Loutskina 2014 年发表在 *The Review of Financial Studies* 的文章"企业风险投资、价值创造与创新"通过对比分析企业风险投资与传统风险投资在培育所投创业公司创新产出方面的不同，在一定程度上填补了对这一问题的学术研究的空白。

企业风险投资 VS. 传统风险投资

企业风险投资与传统风险投资的区别

企业风险投资与传统的风险投资（IVC）在投资领域上基本一致，但却因其组织形式的特殊性而与 IVC 有所区别。

首先，企业风险投资隶属于非金融企业下属的投资部门，资金来源于母公司，并以母公司名义从事风险投资活动，其存续期无限。而传统的风险投资基金往往以有限合伙制形式成立，存续期为十年。因此，企业风险投资的投资期限更长、资金来源更充足。这也意味着企业风险投资对于有隐藏潜力、短期盈利效果不明显的创业项目持有更加开放的态度。

其次，企业风险投资与传统的风险投资采用不同的薪酬激励机制。传统的风险投资基金采用有限合伙制，基金管理团队可从有限合伙人处收取 2% 的管理费，同时在投资退出后，所获收益的 20% 往往会分配给管理团队作为奖励。因此传统风险投资团队的薪酬与投资业绩高度相关。而根据美国咨询公司 FW Cook 对 2 000 个企业风险投资机构的调研，68% 的企业风险投资基金经理的薪酬都不以其自身业绩为基础，而是按照传统的"固定薪资 + 年终奖"的模式，与母公司当年业绩挂钩。这项调研同时发现：几乎没有一只企业风险投资基金会向传统的风险投资基金那样，要求员工跟投；同时也不允许企业风险投资基金管理团队自愿跟投。对于被投资的创业公司的创新产出，这些机制其实是一把双刃剑。一方面，由于企业风险投资基金缺乏高力度的薪酬奖励机制，基金管理团队的失败容忍度更高，从而有利于创业公司的创新产出；另一方面，基金管理团队的薪酬与母公司业绩相关，导致企业风险投资往往会牺牲所投公司的利益，来最大化母公司的利益，从而降低创业公司创新水平。

再者，不同于传统的风险投资基金以财富最大化为首要目标，企业风险投资的第一要务是为母公司带来新的技术或增长点，从战略层面提高母公司的竞争优势，并兼顾财务回报。因此，企业风险投资往往追求所投资创业公司与母公司的互利共赢。创业公司可以充分利用母公司的制造工厂、分销渠道、核心技术、品牌效应等来服务自身产品。同样，母公司将从所投创业公司处获得新的技术与市场信息，从而完善已有商业模式。母公司与创业公司之间的技术纽带与行业联系使得企业风险投资对某些特定的商业模式与技术拥有更加权威的经验，从而能够更好地培育所投资创业公司的技术创新①。除此之外，企业风险投资的存在使母公司与创业公司能够共享与创新项目相关的软信息，在这一点上传统的风险投资基金则很难做到②。

两种风险资本影响公司创新的相关假说

相比传统的风险投资基金，企业风险投资由于其独特的组织形式，对创新活动的风险承受能力更强，因此在培育初创公司创新上更有优势。具体来说，正如前文所述，企业风险投资基金投资的时限更长，不以追求投资财务回报为第一目标，投资人薪资不与初创公司业绩挂钩，使得这种类型的投资对于初创公司的实验持有更加开放的态度，对失败的容忍度也更高（第 2 章已经提到，这种失败容忍对培育公司的创新产出至关重要）。除此之外，企业风险投资基金最大的"后台"——母公司，会为所投初创公司提供相关性极强的技术支持与行业经验，从而提高这些初创公司的研发能力，培育出更多的创新产品。Ivanov 和 Xie（2010）发现，当被投资公司战略目标与母公司战略目标一致时，企业风险投资可以更好地为被投资公司提供服务和支持。总之，在培育初创公司创新水平方面，以上因素使得企业风险投资基金更胜一筹。

然而，也有不少学者指出，企业风险投资的组织形式会对所投初创公司的创新产生负面影响。首先，由于企业风险投资的优先目标是为母公司战略服务，基金管理人的薪资也以母公司经营业绩为基础，因此投资人往往会利用母公司的行业经验与技术优势去帮助母公司开拓新产品和自行深入研发，而不是支持所投初创公司进行创新研发。Gompers 和 Lerner 2000 年的研究也提到，初创公司有时候并不能从企业风险投资处获得支持，因为它们的核心技术或创新点可能会被泄露给母公司，来帮助母公司获得利益。这一点在实践中也得到了验证，当谷歌风投支持的优步公司（Uber）与谷歌的业务存在竞争关系时，Uber 不愿依靠谷歌，希望寻求独立发展，导致二者互相争夺市场、研发人员，甚至最后因为核心技术的所有权闹上了法庭。而对于以财务回报为目标的传统风险投资基金，其资金来源于有限合伙人，不受任何"母公司"资源分配的限制。此外，传统的风险投资基金会尽最大可能为初创公司提供增值服务，比如改善管理团队使其更加专业化（Hellmann 和 Puri，2002），在所投资初创公司间建立战略联盟等（Lindsey，2008）。最重要的，传统的风险投资基金投资往往集中于某几个特定的行业（Gompers 等，

---

① Chesbrough 在 2002 年的研究中发现，相对于传统的风险投资，企业风险投资对特定行业和相关技术有更深刻和专业的理解，同时它们拥有更强大的资金支持，能够成为更好的长期投资者。

② Seru 2014 年针对权力集中与权力分散的两种组织的研究，也得出了类似的结论。

2009），因此具备相关专业知识来理解和支持初创公司的创新过程。因此，在这个意义上，相较于企业风险投资基金，传统的风险投资基金更能够帮助初创公司在创新之路上走得更远。

迷你案例
MINI CASE

谷歌风投与 Uber 相爱相杀

谷歌风投（Google Ventures），也称 GV，成立于 2009 年 4 月，从谷歌公司每年获得资金但独立于谷歌运营。截至 2016 年年初，GV 管理资金规模已达 24 亿美元。谷歌风投的创始人 Bill Maris 曾在采访中这样说道："谷歌需要通过 GV 参与到创业的生态系统中，成为这个生态圈的一部分将会为谷歌带来新的活力。"从案例数量来看，计算机软件和互联网成为最受谷歌风投青睐的行业，其中对计算机软件的投资占总投资数量的一半。

2013 年，面对美国叫车软件 Uber 开出的 2.58 亿美元的 C 轮融资，谷歌风投给出了当时史上最大的一笔投资，可谓是"天作之合"。在此之后，随着 Uber 估值的提高，谷歌不仅获得了财务回报，而且 Uber 的出行业务与谷歌的地图业务高度契合，成为谷歌战略布局中必不可少的一部分；Uber 则开始用谷歌地图作为导航并在谷歌地图的手机软件中接入 Uber 叫车功能。2014 年，谷歌风投继续参与了 Uber12 亿美元的 D 轮融资。

随着 Uber 体量的增长，Uber 产生的出行相关数据对精准挖掘人们的生活需求非常有利，Uber 的创始人 Kalanick 计划建立商业帝国的野心也逐渐凸显。此后，Uber 分别收购了 Decarte（一家以地图及搜索为主营业务的创业公司）和微软地图，又先后挖来了谷歌地图业务主管 Brian McClendon 和地图产品管理总监 Manik Gupta，开始自行发展地图业务。从此，谷歌和 Uber 的关系由投资、合作变成了市场上强有力的竞争对手，在地图、打车出行、社区生活服务这些业务上，二者均在不断开拓市场，利益冲突越来越明显。并且随着自动驾驶技术的竞争而进入白热化阶段。在自动驾驶技术上，谷歌启动得较早，Uber 自 2015 年才开始启步，但却舍得花本钱，Uber 于 2016 年 8 月斥资 6.8 亿美元收购了卡车自动驾驶公司 Otto。Otto 由当年 1 月从谷歌自动驾驶项目离职的 Anthony Levandowski 建立。Levandowski 进入 Uber 后，立即被委以重任，成为其自动驾驶项目的主要负责人。2017年3月，谷歌正式起诉Uber通过Anthony Levandowski盗取谷歌的激光雷达技术（自动驾驶领域技术）。虽然Uber对于这项指控表示否认，却无法解释自身的激光雷达技术为何与谷歌旗下Waymo的高度相似。2017年5月30日，Uber宣布解雇明星工程师Anthony Levandowski。2017年6月，Kalanick给全体Uber员工发送了一封邮件，表示他将暂离CEO的岗位，而迫使他做出这一决定的正是Uber的投资人。

企业风险投资与企业创新

企业风险投资基金的识别

由于风险投资数据库中没有专门区分基金的CVC与IVC性质，我们首先从VentureXpert数据库中获取了1 864只接受企业投资的基金，并通过谷歌、道·琼斯等提供的商业信息，为每一只基金找到其对应的母公司。在去除母公司为金融公司、多个公司、外资公司的几类基金后，最终识别出926只企业风险投资基金，其中562只基金对应的母公司为已上市企业。通过与其他数据库的匹配（Compustat数据库、D&B数据库），我们得到了每一家母公司的行业与规模等基本信息。这对于我们判断一只企业风险投资基金的母公司与其所投初创公司之间是否存在技术纽带至关重要。

在实证研究中，我们设计了三个变量来衡量一家上市公司受企业风险投资支持的力度。具体来说，"是否为CVC"是一个哑变量，受企业风险投资支持的上市公司取值为1，受传统风险投资支持的上市公司取值为0；"CVC个数"代表在一个风险投资辛迪加中，参与其中的企业风险投资个数；"CVC占比"表示在一个风险投资辛迪加中，企业风险投资出资百分比。

主要研究对象

为了区分企业风险投资基金与传统风险投资基金在培育初创公司创新方面的不同，我们将研究以下公司的创新活动：这些公司的上市时间为1980年至2004年，它们或者曾获得企业风险投资的支持，或者曾获得传统风险投资的支持。[①] 通过匹配

---

① 选择上市公司作为研究对象，是因为我们无法获取非上市公司的全部信息，而这些信息在我们的研究中是重要的控制变量。

VentureXpert 与 Global New Issues 数据库①，我们最终得到 2 129 家由风险投资支持的上市公司，其中 462 家曾获得企业风险投资的支持。

创新水平的衡量

我们的创新数据来源于 NBER 所提供的专利引用数据库。对于一家具体的上市公司，我们从两个方面衡量其创新产出，即公司的专利数量与质量。具体来说，我们以上市公司每年申请并最终被授权的专利个数来度量创新产出数量，以上市公司专利引用次数与专利数量之比来衡量创新产出的质量。

从表 10-1 可以看出，在我们的全部研究样本中，平均每家公司每年可被授予 2.48 个专利。当我们将样本拆分后，发现由企业风险投资支持的上市公司平均每年专利授予量高达 4.02 个，远高于由传统风险投资支持的上市公司（每年被授予 1.64 个）。同样的，企业风险投资支持的上市公司平均每年每个专利被引用次数为 3.2 次，而传统风险投资支持的上市公司仅有 1.78 次。

表 10-1 上市公司专利数量与质量概览②

	平均值	标准差	样本数
专利数量（全样本）	2.48	14.45	9 425
专利数量（CVC 支持的上市公司）	4.02	18.49	3 314
专利数量（IVC 支持的上市公司）	1.64	11.61	6 111
引用次数/专利数量（全样本）	2.28	9.30	9 425
引用次数/专利数量（CVC 支持的上市公司）	3.20	10.97	3 314
引用次数/专利数量（IVC 支持的上市公司）	1.78	8.21	6 111

基础回归分析

我们主要研究的问题是企业风险投资与传统的风险投资对上市公司创新产出的不同影响。按照已有文献的做法（Lerner 等，2011），我们将上市公司创新产出分为

---

① Global New Issues 数据库与 VentureXpert 数据库一样，是 SDC 平台下的一个子库，包含全世界公司 IPO 的有关信息。
② Chemmanur Thomas, Elena Loutskina and Xuan Tian. Corporate venture capital, value creation, and innovation [J]. *The Review of Financial Studies*, 2014, 27: 2 434–2 473.

上市前3年内的创新产出与上市后5年内的创新产出。

我们首先利用普通最小二乘法分析了企业风险投资与传统风险投资对上市公司 IPO 前 3 年创新产出的影响,在回归中加入了上市公司的规模、盈利能力等控制变量,同时对公司固定效应以及年份固定效应进行了控制。基础回归的结果如下表所示:

表 10-2　CVC 和 IVC 支持公司 IPO 前 3 年的创新表现 [1]

分表 A:专利数量

因变量	专利数量对数		
	(1)	(2)	(3)
是否为 CVC	0.269*** (3.02)		
CVC 个数		0.159*** (2.91)	
CVC 占比			0.618** (2.17)
控制变量	是	是	是
固定效应	是	是	是
样本量	1 834	1 834	1 834

分表 B:专利引用次数

因变量	专利引用次数对数		
	(1)	(2)	(3)
是否为 CVC	0.176** (2.21)		
CVC 个数		0.066* (1.75)	
CVC 占比			0.471** (2.09)
控制变量	是	是	是

---

[1] Chemmanur Thomas, Elena Loutskina and Xuan Tian. Corporate venture capital, value creation, and innovation [J]. *The Review of Financial Studies*, 2014, 27: 2 434–2 473.

（续表）

因变量	专利引用次数对数		
	（1）	（2）	（3）
固定效应	是	是	是
样本量	1 834	1 834	1 834

注：计量结果括号内为稳健性标准误，***、**、* 分别表示1%、5%、10% 的显著性水平。

从回归结果我们可以发现，在控制了相关变量与固定效应后，能够获得 CVC 支持的公司 IPO 前 3 年的创新产出数量和质量水平更高，说明企业风险投资对所投公司上市前的创新活动有促进作用。从数值上来看，相比传统风险投资，企业风险投资支持的公司在上市前的专利数量高出 26.9%；在风险投资辛迪加中，企业风险投资的个数每增加一个，对应的公司专利产出增加 15.9%；相比传统风险投资，企业风险投资的支持使得所投公司在上市前专利引用量高出 17.6%。

接下来，我们利用普通最小二乘法分析了企业风险投资与传统风险投资对上市公司上市后 5 年的创新产出影响，在回归中加入上市公司的规模、盈利能力等控制变量，同时对公司固定效应以及年份固定效应进行了控制。基础回归的结果如下表所示：

表 10-3　CVC 和 IVC 支持的公司 IPO 后 5 年的创新表现 ①

分表 A：专利数量

因变量	专利数量对数		
	（1）	（2）	（3）
是否为 CVC	0.449*** （4.01）		
CVC 个数		0.219*** （3.66）	
CVC 占比			0.812** （2.19）
控制变量	是	是	是

---

① Chemmanur Thomas, Elena Loutskina and Xuan Tian. 2014. Corporate venture capital, value creation, and innovation. *The Review of Financial Studies*, 27: 2 434–2 473.

（续表）

因变量	专利数量对数		
	（1）	（2）	（3）
固定效应	是	是	是
样本量	1 834	1 834	1 834

分表 B: 引用次数

因变量	专利引用次数对数		
	（1）	（2）	（3）
是否为 CVC	0.132*		
	（1.91）		
CVC 个数		0.057*	
		（1.64）	
CVC 占比			0.434**
			（2.10）
控制变量	是	是	是
固定效应	是	是	是
样本量	1 834	1 834	1 834

注：计量结果括号内为稳健性标准误，***、**、* 分别表示 1%、5%、10% 的显著性水平。

从上表可以看出，与上市公司 IPO 前的创新水平相类似，企业风险投资对所投公司上市后的创新活动同样有促进作用。从数值上来看，相比传统风险投资，企业风险投资支持的公司在上市后的专利数量高出 44.9%；在风险投资辛迪加中，企业风险投资的个数每增加一个，对应的公司专利产出增加 21.9%；相比传统风险投资，企业风险投资的支持使得所投公司在上市后平均专利引用次数高出 13.2%。我们发现，企业风险投资对所投公司创新的正面影响，在公司上市后表现得更加明显。

自选择问题

当然，我们还不能直接将上文的结果解释为企业风险投资比传统风险投资更能促进所投公司的创新活动与产出。因为上述结果还存在另一种可能性：企业风险投资与传统的风险投资所投资的公司类型不同，企业风险投资可能更倾向于识别并选择本身创新能力较强的公司进行投资。

在表 10-4 的分表 A 中，我们对企业风险投资和传统风险投资支持的公司进行了分组对比。我们发现，企业风险投资支持的公司规模更大、盈利偏小、研发支出更高、固定资产更少。同时，这类公司的行业集中度更高，增长潜力也更大（托宾 Q 值更高[1]）。由于这两类公司的特征存在较大的差异（分表 A（3）列显示两者各差异均显著），我们粗略地将全部样本放在一起，运用普通最小二乘法得出企业风险投资促进创新的结论显得难以令人信服。

为了解决这一问题，我们希望能够选择各方面特征都十分接近，唯一的不同是分别被企业风险投资和传统风险投资所支持的两家公司，然后去比较二者创新水平的不同。

表 10-4　CVC 与 IVC 支持的公司倾向得分匹配[2]

分表 A：CVC 与 IVC 支持的公司分组对比

	CVC 支持	匹配前 IVC 支持	匹配前 差异	匹配后 IVC 支持	匹配后 差异
	（1）	（2）	（3）	（4）	（5）
总资产对数	4.161	3.938	0.222*** （3.80）	4.132	0.029 （0.41）
资产收益率	−0.154	0.018	−0.172*** （11.62）	−0.084	−0.070*** （3.61）
研发支出	0.135	0.092	0.042*** （5.87）	0.111	0.023 （1.51）
固定资产	0.166	0.228	−0.062*** （5.34）	0.168	−0.002 （0.16）
行业集中度	0.145	0.251	−0.106*** （6.24）	0.145	0.000 （0.02）
托宾 Q 值	6.328	3.892	2.436*** （6.43）	5.517	0.811 （1.40）

[1] 托宾 Q 值由经济学家 Tobin 在 1969 年提出，取值为公司市场价值与资产重置成本的比率，在一些研究中该比率用来衡量企业的成长机会。

[2] Chemmanur Thomas, Elena Loutskina and Xuan Tian. 2014. Corporate venture capital, value creation, and innovation. *The Review of Financial Studies*, 27: 2 434–2 473.

（续表）

分表 B：Probit 回归

	匹配前 （1）	匹配后 （2）
总资产对数	0.280***	−0.043
	（5.41）	（0.85）
资产收益率	−1.235***	−0.394**
	（6.64）	（2.14）
研发支出	0.267	0.0758
	（0.73）	（0.22）
固定资产	0.237	0.032
	（0.68）	（0.08）
行业集中度	−0.681	0.744
	（1.41）	（1.51）
托宾 Q 值	0.011**	0.011
	（2.09）	（1.24）
其他控制变量	是	是
固定效应	是	是
样本量	1 700	1 644

注：计量结果括号内为稳健性标准误，***、**、* 分别表示 1%、5%、10% 的显著性水平。

因此，我们采用倾向得分匹配的方法。首先，我们对样本中的所有上市公司（包括企业风险投资支持的和传统风险投资支持的）进行 Probit 回归，其中因变量为所获风险投资的类型，若为 CVC 该变量取 1，若为 IVC 该变量取 0，自变量为可能影响公司创新水平的相关因素（规模、盈利、研发支出等）。在分表 B 的（1）列可以看到，总资产、收益率、托宾 Q 值等变量与公司是否获得企业风险投资显著相关。第二步，利用 Probit 回归的结果，我们对总样本 1 700 家公司中的每一家由企业风险投资支持的公司，找到一家或几家由传统风险投资支持的公司与之匹配（匹配的原则是这几家公司在 Probit 模型中获得 CVC 投资的概率最相近）。最后，我们将匹配后的样本重新进行分组对比，可以看出在新的样本中，CVC 和 IVC 支持的公司在规模、盈利、研发支出等可能影响创新的重要变量上的差异不再明显（分表 A 的（4）列和（5）列）。

现在，我们把利用倾向得分匹配后的样本的创新水平再次进行分组对比，对比结果如下表：

表 10-5　倾向得分匹配后 CVC 与 IVC 支持的公司创新对比 [1]

	上市前的创新			上市后的创新		
	CVC 支持	IVC 支持	差异	CVC 支持	IVC 支持	差异
专利数量对数	1.215	0.897	0.318**	1.929	1.328	0.601***
专利引用次数对数	1.007	0.772	0.235**	1.087	0.899	0.188**

注：***、**、* 分别表示 1%、5%、10% 的显著性水平。

从上表可以看出，使用倾向得分匹配法后，相比传统风险投资支持的公司，企业风险投资支持的公司在上市前 3 年的专利数量高出 31.8%，上市后的专利数量高出 60.1%。同样，对于创新的质量，相比传统风险投资支持的公司，企业风险投资支持的公司在上市前 3 年的专利引用次数高出 23.5%，上市后的专利引用次数高出 18.8%。

总之，利用倾向匹配得分的方法，在排除了自选择因素后，企业风险投资对所投公司创新的促进作用依然存在。

加入非上市公司

尽管我们已经排除了企业风险投资影响创新产出的自选择问题，上述研究依然存在一定的局限性。由于我们使用的是上市公司专利产出的数据，自然而然带来一个疑问：相较于传统的风险投资，企业风险投资是不是更加偏好扶持创新能力较强的公司进行公开上市？

为了解决这一困惑，我们将研究的对象从上市公司扩展为 VentureXpert 数据库中全部被风险投资（包括 CVC 与 IVC）支持的公司，并从 USPTO 数据库中获取这些公司的专利产出信息。我们发现，企业风险投资支持的创业公司平均每年专利产出 1.76 个，显著高于传统风险投资支持的创业公司专利产出（平均每年 1.13 个）。

---

[1] Chemmanur Thomas, Elena Loutskina and Xuan Tian. Corporate venture capital, value creation, and innovation. *The Review of Financial Studies*, 2014, 27: 2 434–2 473.

第 10 章 企业风险投资：激励创新的最优形式

类似地，我们以创业公司第一次获得风险投资（CVC 或 IVC）支持的年份为时间点，采用双差法研究风险投资类型对公司创新的影响，以排除自选择问题的干扰。在控制了年份、行业等固定效应后，实证结果如表 10-6 所示。不难发现，若创业公司获得企业风险投资的支持，相比获得传统风险投资支持的公司，在之后的第 2 年、第 3 年、第 4 年、第 5 年，公司的专利产出均会有显著的提高，并且提高的幅度越来越大。有趣的是，在公司获得第一笔投资的后 1 年，无论投资类型是 CVC 还是 IVC，公司的专利产出几乎没有明显差别，这背后的原因也是符合逻辑的：创新研发的周期至少需要两年。

表 10-6 CVC 影响公司创新的双差法结果 [①]

CVC 支持 1 年后	CVC 支持 2 年后	CVC 支持 3 年后	CVC 支持 4 年后	CVC 支持 5 年后
0.003	0.021*	0.036***	0.048***	0.075***
（0.21）	（1.82）	（2.81）	（3.21）	（4.55）

注：计量结果括号内为稳健性标准误，***、**、* 分别表示 1%、5%、10% 的显著性水平。

为了更加直观地分辨出企业风险投资与传统风险投资对创新的不同影响，我们将实证结果用图 10-2 表示。图中以创业公司获得第一笔投资的年份为基准点，展示了前后共 11 年间公司专利产出的变化。我们可以看到，在得到风险投资之前的 5 年中，公司的专利产出水平几乎无差别，在得到第一笔投资后，所有公司的专利产出数量和引用次数均有逐年提高的现象。相比传统风险投资，企业风险投资支持的公司专利的数量和质量增长幅度更大。

---

① Chemmanur Thomas, Elena Loutskina and Xuan Tian. Corporate venture capital, value creation, and innovation [J]. *The Review of Financial Studies*, 2014, 27: 2 434–2 473.

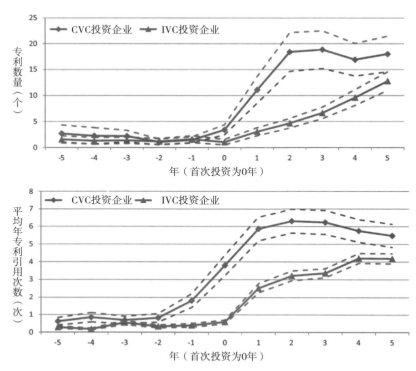

图 10-2　CVC 与 IVC 支持企业在获得首次投资前后的创新水平[①]

投资阶段对比

尽管我们将研究的样本从上市公司扩展到全部公司，依然无法彻底排除自选择的问题，即"是不是企业风险投资更倾向于投资成熟的创业公司，而这些成熟的公司本身创新水平就比较高？"基于此，在这一部分，我们将对企业风险投资与传统风险投资所支持的公司所处阶段进行深入探讨。

我们从 VentureXpert 数据库中获取创业公司每一轮的融资信息，采用 Probit 模型，研究创业公司所处的阶段是否与其获得风险投资的类型有关（即企业风险投资与传统风险投资）。我们在模型的因变量中加入了公司的年龄、融资轮数、行业的风险以及已有投资者的相关因素，模型的自变量"是否获得 CVC 支持"是一个哑变量，若创业公司在某轮融资中获得企业风险投资的支持，该变量取 1，否则取 0，回归结

---

① Chemmanur Thomas, Elena Loutskina and Xuan Tian. Corporate venture capital, value creation, and innovation [J]. *The Review of Financial Studies*, 2014, 27: 2 434–2 473.

果如表 10-7 所示。可以看出，首先，从公司自身性质来看，企业风险投资支持的创业公司年龄更小，所处发展阶段更早期，企业风险投资更倾向于投资资金需求较大的创业公司；其次，从公司所处行业的角度来看，企业风险投资青睐于研发支出较大、风险较高的行业。

因此，相较于传统的风险投资，企业风险投资支持的公司更年轻，未来不确定性更高，可以排除"企业风险投资选择创新水平更高、更成熟的公司进行投资"这一假设。

表 10-7　企业风险投资与创业公司发展阶段 [①]

因变量	是否获得 CVC 支持
公司性质	
公司年龄	−0.016***
	(4.97)
所处轮次	−0.034***
	(3.52)
前一轮融资金额	−0.011***
	(2.59)
行业性质	
研发支出	0.034***
	(3.83)
行业风险	0.053***
	(2.99)
已有投资者的声誉	是
控制变量	是
样本量	26 359

注：计量结果括号内为稳健性标准误，***、**、* 分别表示 1%、5%、10% 的显著性水平。

总之，在尽可能剔除企业风险投资"选择最具创新性的公司上市、选择投资更成熟的公司"这些因素后，我们发现企业风险投资影响所投公司创新水平的处置效应依然存在，换句话说，企业风险投资具备特殊的能力来帮助创业公司更好地开展创新活动。

---

① Chemmanur Thomas, Elena Loutskina and Xuan Tian. Corporate venture capital, value creation, and innovation [J]. *The Review of Financial Studies*, 2014, 27: 2 434–2 473.

CVC 的具体作用机制

通过上文的分析，我们发现企业风险投资比传统的风险投资在培育所投公司创新方面更胜一筹。这其中的内在原因值得我们进行更深层次的探索。

结合现有的文献，我们提出以下两个猜想：一是企业风险投资帮助所投公司与母公司，甚至其他被投资的公司在技术上建立纽带和战略协同，这些技术纽带和战略协同能够帮助公司更好地开展创新活动（Robinson，2008；Fulghieri 和 Sevilir，2009）；二是企业风险投资的失败容忍度更高，从而更能激励所投公司从事长期的有风险的创新研发。

"技术纽带"猜想

Fulghieri 和 Sevilir 文章（2009）中曾指出，为了加快创新生产，保持竞争优势，公司在特定情况下会由自身生产转为从外部获取创新。类似的，Robinson（2008）发现，相比内部进行漫长而艰难的研发，公司更喜欢通过建立战略联盟，从其他盟友处获得相关技术，在"巨人的肩膀"上进行深层次的特有创新。这样的案例在现实生活中有很多，比如已于 2017 年 11 月在纽约上市的中国互联网公司搜狗，自 2013 年获得腾讯投资后，便将其搜索业务与腾讯旗下的"搜搜"合并，获取腾讯在搜索领域的相关业务与技术，以完善自身的产品。可见，初创公司依靠企业风险投资的母公司能够提高自身创新效率。从企业风险投资的角度来讲，由于受到母公司业务的熏陶，投资团队对某一行业的经验非常丰富，对相关技术的理解也比一般的投资人更深刻，因此也就能够更加专业地指导所投公司开展这一领域的创新活动。

为了从实证的角度探索技术纽带对公司创新水平的影响，我们将基准回归中的"是否为 CVC"变量拆分成两个哑变量，分别是"CVC 投资且建立技术纽带"（若公司获得企业风险投资的支持，且与其中至少一家母公司处于同一行业，该变量取值 1，否则为 0）和"CVC 投资但未建立技术纽带"（公司获得企业风险投资的支持，且没有与其中任何一家母公司处于同一行业，该变量取值 1，否则为 0）。在保持其余控制变量不变的情况下，我们用普通最小二乘法再次对全体样本进行回归分析，结果如下表所示：

表 10-8　CVC 支持创新的机制：技术纽带[①]

因变量	上市前专利数量 （1）	上市后专利数量 （2）
CVC 投资且建立技术纽带（β_1）	0.444***	0.622***
	（3.34）	（3.83）
CVC 投资但未建立技术纽带（β_2）	0.147	0.310**
	（1.50）	（2.48）
控制变量	是	是
固定效应	是	是
样本量	1834	1834

注：计量结果括号内为稳健性标准误，***、**、* 分别表示 1%、5%、10% 的显著性水平。

从上表可以看到，系数 β_1 显著大于 β_2。因此，与母公司建立技术纽带，能够帮助所投公司在上市前（上市后）的专利数量增加 44.4%（62.2%）。尽管被企业风险投资支持但未与母公司建立技术纽带的公司，其上市前的创新表现并没有显著地优于被传统风险投资支持的公司，但其上市后的专利产出数量却高于 IVC 支持公司的 31%。

可见，技术纽带能够促进被投公司的创新水平的提升，并且是企业风险投资激励所投公司创新的一个可能途径。

"失败容忍"猜想

除了技术纽带，另外一个可能的机制是，企业风险投资的管理团队深知创新活动的漫长、艰难与不确定性（Holmstrom，1989），正所谓"失败是成功之母"，他们相信给予被投公司更多的耐心和等待，会对其创新产品的研发有正面的强化作用。Manso（2011）指出，创新研发过程需要开展足够多的实验，因此失败的可能性也就更高，投资者对失败较高的容忍度能够为研发人员提供更多的时间与机会，来实现最终的突破。[②]

正如我们前文所讲，企业风险投资的属性使得其失败容忍度更高。这主要体现在三个方面：企业风险投资较长的基金周期能够保证创业公司有足够的时间进行漫

[①] Chemmanur Thomas, Elena Loutskina and Xuan Tian. Corporate venture capital, value creation, and innovation [J]. The Review of Financial Studies, 2014, 27: 2 434–2 473.

[②] Ederer 和 Manso 在 2013 年通过实验证明了对初期阶段失败的容忍，对长远阶段成功的奖励，是激励创新的最优薪酬机制。

长的创新研发；投资团队薪酬对创业公司的业绩和创新成果并不敏感；企业风险投资不以投资的财务回报为第一目标。

为了从数据层面说明企业风险投资的失败容忍度确实高于传统风险投资，我们延续之前的方法，以风险投资基金对失败公司的平均投资时间来衡量其对失败的容忍度。我们计算出 VentureXpert 中的所有风险投资基金的失败容忍度，并进行分组对比。结果如表 10-9 所示。可以看出，企业风险投资的平均失败容忍度是 2.62 年，传统风险投资的平均失败容忍度是 2.46 年，二者相差两个月（0.165×12=2），并且这个差异显著存在。

表 10-9 CVC 与 IVC 的失败容忍度分组对比 [1]

失败容忍度（单位：年）	CVC	IVC	差异
平均值	2.623	2.458	0.165***
中位数	2.291	2.214	0.077***

注：计量结果括号内为稳健性标准误，***、**、* 分别表示 1%、5%、10% 的显著性水平。

接下来，我们利用双差法研究了失败容忍度对创业公司创新水平的影响，结果如下表所示：

表 10-10 失败容忍度与公司创新 [2]

	上市前专利数量	上市后专利数量
双重差分结果	0.238*** （4.51）	0.514*** （7.24）

注：计量结果括号内为稳健性标准误，***、**、* 分别表示 1%、5%、10% 的显著性水平。

从上表不难发现，风险投资基金失败容忍度的增加确实会导致被投资公司在上市前与上市后的创新产出的显著提升。从而验证了我们的第二个猜想：由于企业风险投资失败容忍度更高，从而使被投资公司的创新表现更好。

---

[1] Chemmanur Thomas, Elena Loutskina and Xuan Tian. Corporate venture capital, value creation, and innovation [J]. *The Review of Financial Studies*, 2014, 27: 2 434–2 473.

[2] Chemmanur Thomas, Elena Loutskina and Xuan Tian. Corporate venture capital, value creation, and innovation [J]. *The Review of Financial Studies*, 2014, 27: 2 434–2 473.

企业风险投资的中国经验证据

企业风险投资的起源与发展

中国的风险投资市场整体起步较晚。1999 年 7 月，上海第一百货商店股份有限公司对视美乐公司投资 250 万元，是中国上市公司从事风险投资活动的第一个案例。根据私募通数据库的统计，中国的企业风险投资自 2007 年开始比较活跃，自 2007 年之后与传统风险投资的增长保持一致，如图 10-3 所示。2015 年后，受资本寒冬的影响，传统风险投资的投资事件有所减少，而企业风险投资的投资事件仍然缓慢增长，2015 年达到 756 起。

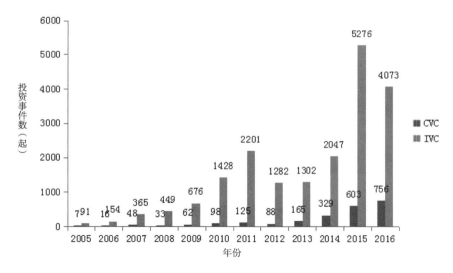

图 10-3　中国 IVC 与 CVC 投资事件年度分布[①]

根据 IT 桔子的报告[②]，截至 2016 年，中国十大企业风险投资如表 10-11 所示。三大互联网巨头百度、阿里巴巴、腾讯的投资数量分别达到 92 起、170 起、336 起。中国的企业风险投资与美国一样，主要服务于母公司的战略规划。

---

① 图片来源：《2016 年企业风险投资发展报告》；数据来源：私募通数据库。
② https://mp.weixin.qq.com/s?__biz=MjM5MjQ2NzA2Mg==&mid=2649491266&idx=1&sn=d4657c506720649878a0add5a000b8d4&chksm=bebd765b89caff4df89da09589cd02d197692c20f587694df4fd3269bb32147fcba5e3b8318b&mpshare=1&scene=1&srcid=0205bGtq0A3jCARstPND0Sjm#rd。

表 10-11　中国前十位 CVC 榜单[①]

	2016 年投资数	2015 年投资数	2014 年投资数	2013 年及以前投资数	投资总数
腾讯	84	110	70	72	336
阿里巴巴	32	58	42	38	170
京东	25	54	9	2	90
百度	17	30	17	28	92
小米科技	16	23	35	8	82
奇虎 360	15	29	42	48	134
中国平安	15	35	31	25	106
星河互联	15	23	6	2	46
好未来	15	17	12	2	46
新浪微博	13	23	27	40	103

腾讯公司的投资总数远远高于其他公司。2017 年 11 月 8 日，被腾讯投资的搜狗公司在美国纽约证券交易所上市，这笔投资不仅为腾讯的互联网业务带来了合作伙伴（前文已经提到，搜狗将其搜索业务与腾讯旗下的"搜搜"合并），也创造了巨额的财务回报。除了搜狗，腾讯于 2015 年 1 月和 8 月两次参与投资我们熟知的订餐平台——饿了么，并将相关服务接入微信的公众号与小程序中，利用微信的众多用户推广饿了么的产品。此外，腾讯还投资了京东、滴滴、每日优鲜等知名互联网相关行业的公司。

阿里巴巴往往投资两类公司：一是与自身业务相近的公司，比如苏宁、魅力惠等；二是能够整合进入阿里生态圈的公司，比如美团、新浪微博、美国的 snapchat 等。

百度投资的公司数量虽然明显少于腾讯和阿里巴巴，但每一笔投资都是大手笔，并且对所投公司的业务发展鼎力相助。比如，2011 年 6 月，百度以 3.06 亿美元投资去哪儿网，之后迅速将去哪儿网的旅游业务整合到百度搜索的页面中；2014 年 12 月，腾讯的滴滴和阿里巴巴的快的进入大战，百度斥 6 亿美元投资美国的打车软件 Uber，此后，百度地图中接入 Uber 叫车功能，Uber 在支付选项中接入百度钱包。

---

① 资料来源：IT 桔子。

根据 2017 年 11 月 4 日的数据，腾讯市值 34 955.88 亿人民币，阿里巴巴市值 4 634.05 亿美元，总和约 1 万亿美元。2017 年年内，这两家公司的市值增长接近 5 000 亿美元，而中国十个估值最高的创业公司估值加起来才 1 243 亿美元，仅相当于阿里、腾讯市值涨幅的 1/4①。这些创业公司多集中于互联网、人工智能等高科技领域，BAT 公司借助其行业和资本的优势，大量投资其中，无论对自身还是创业公司的发展都十分有益，并能够在未来创造可观的经济增长点。

我们从表 10-11 的榜单中还可以看到，从事企业风险投资业务的公司中，也有一部分非上市公司的身影，包括小米科技、星河互联等。近几年，除了上市公司，上市前的成熟企业，甚至创业企业也逐渐加入 CVC 的大军中。

迷你案例
MINI CASE

找钢网布局产业链

找钢网是目前中国最大的钢铁全产业链 B2B 平台，成立于 2012 年初，也是我国双创企业进行私募股权投资的典型代表。找钢网作为一家成功的创业创新企业，由于自身的成功模式，吸引着其他行业的公司争相效仿。同时，找钢网凭借自身的行业经验优势，能够快速甄别潜力项目，对这些企业进行专业指导，从而在产业链上更加"游刃有余"。2015 年，找钢网成立了自己的企业风险投资部门——胖猫创投。

胖猫创投主要关注与找钢网产业链具有协同作用的战略级投资项目。找钢网凭借自身的优势资源，使所投创业团队在取得资金的同时还能获得经验分享，利用互联网思维和工具实现创业公司转型升级，从而成为行业改革者。胖猫创投投资的行业多为 B2B 行业，其中"找"字辈 B2B 平台"备受青睐"，比如"找油网""找五金""找玻璃""找砖车""找焦网"。此外，云计算、SaaS 和工业 4.0 也是胖猫创投的主投方向。

2015 年 7 月，"找油网"获得胖猫创投 520 万人民币的天使轮投资，事后"找油网"创始人吕健总结，"选择找钢网作为投资人是创业后做的最正确的决定之一"。2017 年 8 月，"找油网"已经完成 3 180 万美元的 B 轮融资。

---

① 来自安邦咨询每日经济第 5535 期报道。

研究现状

当前中国学者对企业风险投资的研究还比较少。孙健和白全民（2010）的研究发现，中国的企业风险投资与美国的三大特点基本一致，同样能够促进所投公司创新产出。万坤扬（2015）利用中国上市公司从事企业风险投资的数据，深入研究了这一类风险资本对科技创新和价值创造的影响机制。他发现在不同的企业风险投资项目治理结构下，投资者对创业公司创新影响的机制并不相同。具体来说，当母公司为控股型上市公司时，所投创业公司组合多元化与创业公司创新水平呈现倒 U 型关系；当母公司为非控股型上市公司时，所投创业公司组合多元化与创业公司创新水平呈现 U 型关系。因此，上市公司应结合自身特点，保持所投项目一定程度上的多元化，以促进被投公司的创新产出。

我和我的研究团队在 2017 年 12 月发布了我国第一份全面的关于中国 CVC 行业发展现状的调研报告：《2017 中国 CVC 行业发展报告》。在这份报告中，我们系统地梳理了全球和中国 CVC 投资发展的历史与现状。通过将近一年对 20 多家 CVC 的实地调研，我们选取了 6 家具有典型意义的 CVC 做出案例分析。这份报告的发布，填补了我国在 CVC 业界研究上的空白。

中国学者对企业风险投资及其与科技创新关系的研究目前仍远落后于美国学术界，这主要有以下几方面的原因：第一，中国的企业风险投资起步较晚，运行机制还不成熟；第二，中国的专利数据库中缺乏对引用次数的统计，导致在创新层面的研究更多使用研发支出作为关键变量，这一变量对创新的衡量效果稍逊于专利数与引用次数。未来，针对中国特殊的资本市场、法律法规，而展开中国企业风险投资促进科技创新机制研究尤为重要。

本章小结

本章分析了企业风险投资这种特殊形式的风险投资基金的特点与发展现状，并且对比研究了企业风险投资与传统风险投资对所投企业创新活动的不同影响。本章要点总结如下：

- 企业风险投资拥有周期长、兼顾母公司战略规划、薪酬机制对所投公司业绩不敏感等特点；
- 企业风险投资支持的公司往往与母公司以及其他被投资公司建立战略联盟；
- 企业风险投资的失败容忍度更高；

- 企业风险投资支持的公司在上市前后的创新表现都优于传统风险投资支持的公司；
- 中国的企业风险投资起步晚，但发展很快，未来潜力较大。

参考文献

[1] Henry W Chesbrough. Making sense of corporate venture capital [J]. *Harvard Business Review*, 2002, 3: 4–11.

[2] Gary Dushnitsky and Zur B Shapira. Entrepreneurial finance meets corporate reality: Comparing investment, practices and performing of corporate and independent venture capitalists [J]. *Strategic Management Journal*, 2010, 31: 990–1 017.

[3] Gary Dushnitsky and Michael J Lenox. When do incumbents learn from entrepreneurial ventures? [J]. *Research Policy*, 2005, 34: 615–39.

[4] Florian Ederer and Gustavo Manso. Is pay–for–performance detrimental to innovation? [J]. *Management Science*, 2013, 59: 1 496–513.

[5] Paolo Fulghieri and Merih Sevilir. Organization and financing of innovation, and the choice between corporate and independent venture capital [J]. *Journal of Financial and Quantitative Analysis*, 2009, 44: 1 291–1321.

[6] Gary Dushnitsky and Michael J Lenox. When does corporate venture capital investment create firm value? [J]. *Journal of Business Venturing*, 2006, 21: 753–772.

[7] Paul A. Gompers, Anna Kovner and Josh Lerner. Specialization and success: Evidence from venture capital [J]. *Journal of Economics & Management Strategy*, 2009, 18: 817–845.

[8] Paul A. Gompers and Josh Lerner. The Determinants of Corporate Venture Capital Success: Organizational structure, incentives, and complementarities——Concentrated Corporate Ownership [M]. Chicago: *University of Chicago Press*, 2000: 17–54.

[9] Thomas Hellmann and Manju Puri. Venture capital and the professionalization of start–up firms: Empirical evidence [J]. *Journal of Finance*, 2002, 57: 169–197.

[10] Bengt Holmstrom. Agency costs and innovation [J]. *Journal of Economic Behavior*

and *Organization*, 1989, 12: 305–327.

[11] Vladimir I Ivanov and Fei Xie. Do corporate venture capitalists add value to start-up firms? Evidence from IPOs and acquisitions of VC-backed companies [J]. *Financial Management*, 2010, 39(1): 129–152.

[12] Josh Lerner. The architecture of innovation: The economics of creative organizations [J]. Cambridge: Harvard Business Review Press, 2012.

[13] Josh Lerner, Morten Sorensen, and Per Stromberg. Private equity and long-run investment: The case of innovation [J]. *Journal of Finance*, 2011, 66: 445–477.

[14] Laura Lindsey. Blurring firm boundaries: The role of venture capital in strategic alliances [J]. *Journal of Finance*, 2008, 63:1 137–1 168.

[15] Ian C MacMillan, Edward Baer Roberts, Val Livada, et al. Corporate venture capital (CVC) seeking innovation, and strategic growth: Recent Patterns in CVC Mission, Structure and Investment [M]. Washington D. C.: National Institute of Standards and Technology, U.S. Department of Commerce, 2008.

[16] David T Robinson. Strategic alliances and the boundaries of the firm [J]. *The Review of Financial Studies*, 2008, 21: 649–681.

[17] 万坤扬. 公司创业投资对技术创新和价值创造的影响机制研究: 基于上市公司的实证分析 [D]. 浙江大学博士学位论文, 2015.

[18] 田轩等. 2017年中国CVC行业发展报告，2017.

下篇
宏观制度篇

FINANCE
AND
INNOVATION

本篇主要关注宏观制度层面的各种因素对企业创新的影响。本篇更多聚焦于对跨国数据进行分析，主要包括金融市场发展、国外机构投资者与资本市场的开放、政策稳定性以及制度创新（特别是国有企业改革和国有企业民营化）与企业创新等专题。

第 11 章关注金融市场的发展水平对企业创新的影响，具体分析了资本市场与信贷市场发展水平影响创新的不同机制。此章重点讨论了我于 2014 年发表在 *Journal of Financial Economics* 的文章"金融发展与创新：基于跨国证据"，通过对 32 个发达和发展中国家的跨国样本分析，我们发现一个国家的资本市场越发达，所在国家的企业创新产出越多。但是，一个国家的信贷市场越发达，对企业创新的抑制作用越强，尤其对依赖外部资本的行业和高科技行业。

第 12 章关注国外机构投资者和资本市场开放对于企业创新的影响。金融的自由化，即国家资本市场开放程度，会影响境外投资者参与境内的资本投资，进而影响企业的创新能力。本章重点讨论我于 2017 年发表在 *Journal of Financial and Quantitative Analysis* 上的文章"国外机构投资者促进企业创新"。通过对除美国外 26 个经济体的研究，我们发现国外机构投资者通过监督、保险和知识溢出渠道促进企业创新。我的另外一篇合作论文利用世界 51 个发达与发展中经济体的数据，发现资本市场开放之后，对外部股权融资依赖度高的行业显示出更高的创新水平。

第 13 章关注政策和政策的稳定性对企业创新的影响。企业创新通常伴随高风险和不确定性，创业企业更易受到政策环境的影响，因此稳定的政策对于创新生态系统至关重要。本章重点讨论我于 2017 年发表在 *Journal of Financial and Quantitative Analysis* 上的文章"什么更影响创新？——政策还是政策不确定性"。通过分析 43 个国家的跨国数据，我们发现国家的政策对于企业创新影响不大，但是政策的不确定性会很大程度抑制企业创新。

第 14 章关注以中国股权分置改革为代表的民营化对企业创新的影响。本章重点讨论我的合作工作论文"民营化的影响——基于股权分置改革"。我们发现股权分置改革后，国有上市公司平均每年多 11.5% 的发明专利。民营化创造了更加公平的竞争环境，使社会主义各种所有制结构更加紧密地结合，一方面促进金融市场良性发展，同时提升了微观企业的创新能力。

第 11 章
金融市场的发展：股权市场与信贷市场

经济发展带来的金融市场发展能够通过资金、人力、技术等因素影响企业创新活动，企业创新水平的提高又会反过来促进国家经济的增长。金融发展对实体经济的影响一直是学者和政府关心的问题。很多人把美国经济的崛起部分归因于华尔街和美国强大的金融系统，正是在华尔街和强大的金融系统的推动下，美国成长出了一大批创新型的企业，这些创新型企业革命性地引领了行业发展，推动社会变革与经济持久增长。研究显示资本市场的发展对于高科技企业和依赖外部融资企业的创新水平有显著正向的影响，然而信贷市场的发展则对上述企业的创新有负向的影响。本章重点分析资本市场和信贷市场的发展对企业创新的影响及其作用机制。

股权市场和信贷市场

在 2017 年 7 月的全国金融工作会议中，国家主席习近平指出，金融是国家重要的核心竞争力，是实体经济的血脉，要把金融服务实体经济作为根本的出发点和落脚点。健全的资本市场作为金融发挥作用的舞台，在优化资源配置、降低融资成本、防范金融风险、助力实体经济发展等方面扮演着重要的角色。

在资本市场中，债务融资和股权融资一直是主流的融资渠道。然而，纵观我国 2002 年以来的社会融资结构（图 11-1），我们可以发现，债务融资和股权融资的结构极不均衡，虽然新增人民币贷款的占比每年均有下降，但占比规模依旧在 50% 以上，而股权融资占比的平均值约为 3%。社会融资规模结构也反映出在我国金融市场中，信贷融资仍然是主要的融资渠道，股权融资的份额非常低，资本市场发展极其不均衡。

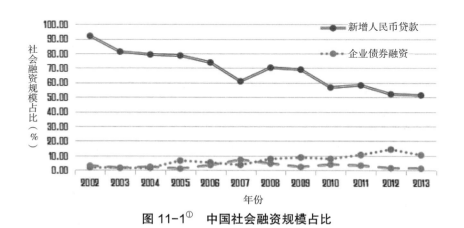

图 11-1①　中国社会融资规模占比

债务融资和股权融资作为两种不同的融资渠道，具有不同的属性，二者不同的特征对企业融资和生产决策将会产生什么样的影响？债务融资和股权融资对企业创新进而对经济增长又会起到什么样的作用呢？在回答这些问题之前，让我们首先看一下债务融资和股权融资的不同特征。

股权市场融资

股权市场融资是一种直接的融资方式，企业直接通过公开发行股票等方式进行融资，通过股权融资，企业让渡部分所有权给投资者，所融资金作为企业所有者权益的一部分，企业无需偿还融资款项和利息。

股权融资具有如下特征：首先，Brown, Fazzari 和 Petersen（2009）指出，股权融资的投资者享受股票价格上涨的所有收益，并且，股权融资不需要提供担保品和抵押物，当公司需要再融资的时候，股权融资不会增加企业的财务困境。其次，股权市场

---

① 数据来源：万德资讯。

能够产生特别有效的信息,这些信息对金融创新具有重要的作用。Grossman（1976）认为,在理性预期的情况下,投资者能从均衡价格中提取相关但包含噪音的信息。因而,股权市场融资提供了一种机制——在投资者放弃对自己储蓄的所有权时,仍然能够感到放心和舒服。此外,股权市场能够促进股票价格的反馈效应。这些反馈信息能够提供关于公司投资前景的信息,进而影响公司管理层的投资决策。

信贷市场融资

信贷市场融资是指企业向银行、非银行金融机构贷款,或者发行债券进行融资,所融资金构成企业债务,增加企业杠杆,并需要定期偿还利息和本金,可能增加企业财务困境的风险。

债务融资有如下几个特征:首先,债务融资不具有股权融资的价格反馈效应,2011年美国金融协会主席拉詹教授和2014年美国金融协会主席津加莱斯教授指出,由于缺少价格信号,企业可能会继续给那些具有负收益的公司进行贷款融资。其次,债务融资需要提供一定的担保和抵押品。

经济学家小传
MINI BIOGRAPHY

拉古拉迈·拉詹（Raghuram Govind Rajan,1963年2月－）,美国著名经济学家,主张让金融市场发挥更大的作用。他的论文"金融发展让世界变得更危险了吗?",在金融危机之后,被认为是有先见之明。在论文中,拉詹指出金融行业经理人被鼓励"为追求极大利益而冒着产生严重不良后果的风险"。这些风险被称为尾部风险。但或许最重要的问题是银行是否能够在尾部风险出现的时候向金融市场提供流动性,降低风险对实体经济的影响。

拉詹教授目前任职于芝加哥大学布斯商学院,是伯格鲁恩研究所21世纪理事会的成员。在2003年,拉詹教授获得首届费希尔·布莱克

奖（Fischer Black Prize）。在 2003 年至 2006 年期间，拉詹教授是国际货币基金组织的首席经济学家和研究主任。2011 年，拉詹担任美国金融协会主席。同时，他也是 2013 年至 2016 年间印度央行的第 23 位行长。2003 年，美国金融协会授予拉詹"40 岁以下做出杰出贡献的金融研究者"的荣誉。在 2016 年，拉詹教授被《时代》杂志评为"世界上最具影响力的 100 人"。

经济学家小传
MINI BIOGRAPHY

路易吉·津加莱斯（Luigig Zingales，1963 年 2 月 —），美国著名经济学家，2003 年德国伯纳基奖（German Bernacer Prize）欧洲 40 岁以下宏观金融领域的最佳经济学家奖得主。在 2012 年，他被《外交政策》杂志提名为《外交政策》全球前 100 名思想家，因为他"提醒了我们保守主义经济学过去是什么样子"。

津加莱斯教授因《从资本家手中拯救资本主义》和《人民的资本主义》这两本书而广受关注，认为自由市场是对人类社会和社会改善最有益的经济组织形式。自由市场只有在政府的规范和支持下才能发挥作用。然而，政府会受到既得利益集团的影响，通过自由市场来保护既得利益集团的经济地位而牺牲公众利益。因此，社会必须采取行动，"从资本家手中拯救资本主义"——即采取适当的措施，保护自由市场不受强大的既得利益集团的影响，建立真正的自由竞争市场。同时，他认为，美国经济面临的巨大威胁是裙带资本主义，建议引导民粹主义的愤怒，减少攫取费用并增加竞争的机会。此外，他提倡改革，比如提高经济数据的透明度。

津加莱斯教授目前任职于芝加哥大学布斯商学院，他担任过 2014 年美国金融协会主席，是资本市场监管委员会的成员。

第11章 金融市场的发展：股权市场与信贷市场

两种机制假说：外部融资依赖、高科技密集行业

Solow（1957）指出，创新对一国经济的长期发展具有重要作用。为鼓励创新，我国制订了"创新驱动发展战略"，同时提出"大众创业、万众创新"的口号。但是美国著名经济学家，2016年诺贝尔经济学奖得主霍姆斯特朗教授（1989）指出：创新具有周期长，不确定性高、异质性风险大等特点，是失败风险很高的项目。因此，发展良好的金融市场会降低企业融资成本、提高资源配置效率，同时增强对经理人的监督、降低企业信息不对称程度，进而促进企业创新。

Schumpeter（1911）指出，金融市场的发展对一国的创新具有重要作用，但是缺少具体的实证研究。金融市场作为提供资金融通的场所，主要的融资渠道包括股权融资和债务融资，二者不同的特性会对企业创新产生什么样的影响呢？同时，在不同的行业中，技术的密集度也不一样。因此，研究信贷市场和股权市场对不同行业创新的影响极具意义，也可以填补这方面的研究空白。关于信贷市场和股权市场对行业创新的影响，我们提出两种不同的机制假说。

"外部融资依赖机制"假说

一直以来，金融市场最重要的功能是克服逆向选择和道德风险的问题。Rajan和Zingales（1998）在他们开创性的文章中指出，金融市场通过向那些依赖外部融资的企业提供较低成本的资金来促进经济增长。金融市场在经济发展中扮演着重要的角色，但是，股权融资和债务融资对于企业具有不同的融资成本，因此对创新活动的影响也不尽相同。

在对股权市场的分析中，我们发现，股权市场的特征可能更加有助于促进外部融资依赖行业的创新。首先，股权融资存在风险和收益共享机制，不会增加企业的财务困境，进而会鼓励企业进行创新；其次，投资者可以从市场的均衡价格中提取有效信息，这可以引导投资者在股权市场进行投资，进而便于企业融资；此外，股价中包含的信息能够及时被反馈给投资者。Allen和Gale（1999）指出，鉴于创新项目所获得的信息较少，容易对项目的前景进行误判。但是，股权市场的价格反馈机制，能够帮助和影响管理层进行投资决定。通常来说，外部融资依赖度高的行业通常会有更多的投资机会，但是这些投资机会的信息含量较少，而发展良好的股权市场能

够更好地支持创新项目，进而促进资源的有效配置。

相对于股权融资来说，债务融资不存在像股权融资那样的价格反馈机制。同时，债务融资一般需要有担保品和抵押物。创新型企业很难满足债务融资的条件。首先，创新型企业的经营情况并不稳定，这使它们可能无法产生稳定的现金流去偿还银行债务。其次，创新型企业进行的研发投资一般是无形资产和人力资本投资，有形资产的缺少会限制创新型企业进行债务融资。对于喜欢有大量有形资产进行抵押的银行来说，创新型企业的上述特征可能会导致银行拒绝贷款。

因此，根据以上分析，我们提出了第一个机制假说：对于外部融资依赖度高的企业来说，股权市场的发展能够促进创新，而信贷市场的发展则会抑制创新。

迷你案例
MINI CASE

山水水泥债务违约，黑衣骑士乘虚而入

2015年11月，山水水泥发布公告称无法于当月12日取得足够资金偿付境内债务，公司将提出清盘申请。这笔违约的境内债务为山水水泥集团子公司山东山水水泥集团发行的超短期融资券（"15山水SCP001"），该券本金规模20亿元，于11月12日到期。由于山水水泥的高额债务违约，建设银行、招商银行等均对其发出函件，要求立即偿还贷款。同时这也导致山水水泥的其他优先票据和中期票据在二级市场大幅下跌。

而山水水泥的第一大股东天瑞集团随后发布公告称，不同意山水水泥的清盘申请。自2015年年初，同为国内水泥企业的天瑞集团就开始大量购买山水水泥股票，并在4月成为山水水泥的第一大股东。虽然天瑞集团并未公告过大量增持山水水泥股份的目的，业内人士推测由于天瑞集团与山水水泥的目标市场存在重叠，天瑞集团突然发难意在乘机控制山水水泥。果然，在同年12月山水水泥的股东大会中，天瑞集团得到董事会的2个席位，成功控制了山水水泥。

"高科技密集行业机制"假说

King 和 Levine（1993）指出金融市场的一个重要功能是帮助投资者分散风险。高科技密集企业一般从事新产品的设计、研发和引进工作，或者采用创新性的生产过程，而原始或者集成的创新充满了不确定和高风险性。因此，高科技密集型企业往往风险更高。

高科技密集型行业具有高风险的特性，而股权市场恰恰能够助力这些行业的发展。首先，股权市场能够根据风险进行定价，高风险的资产一般具有高收益性，比如创新行业。其次，股权市场能够给创新型行业里的明星公司的股票以较高的价格，进而鼓励这些行业进行创新。Kapadia（2006）发现，投资者一般偏好科技行业里的成功公司的股票，像微软和谷歌，因为这类企业虽然风险高，但是也给投资者较高的回报。虽然信贷市场也能为行业融资，但是由于信贷行业天生的保守特性，信贷市场会规避高风险和高失败的项目，再加上信贷对有形资产抵押的偏爱，使其更钟情于保守行业，而对具有较高比例的无形资产和较低比例的有形资产的高风险的创新行业避而远之。信贷对创新行业的回避，不仅是因为信贷市场的风险规避偏好，另一方面是因为高科技行业的公司通常具有信息不对称特征，存在严重的代理问题，而信贷市场缺乏有效的监督能力。与股权融资不同，借贷融资不能规避研发中的逆向选择和道德风险问题，其原因在于，一方面，拿到借款的企业可能不会从事那些高风险、高回报的研发；另一方面，技术投资是一项很难衡量的无形资产，如果公司的管理人是公司股东，技术投资会在很大程度上面临代理问题。

根据以上分析，我们得出了第二个假说：对于高科技密集行业的企业，股权市场发展能够促进企业的创新，而信贷市场则相反。

迷你案例
MINI CASE

股权融资促进高科技型企业创新

特斯拉汽车自 2010 年在美国 IPO 以来，数次增发股票为新型电动汽车的开发及生产进行募资。据财报披露，特斯拉的研发投入在 2011 至 2013 年间一直维持在 2

亿美元左右，自 2014 年起研发投入有了显著增长，2014/15/16 年的研发投入分别为 4.7/7.2/8.3 亿美元。现在，特斯拉已经生产 Tesla Roadster、Tesla Model S、Tesla Model X 及 Tesla Model 3 四款电动汽车。除已经停产的 Roadster 之外，根据特斯拉 2017 年三季度的财报，Model S 和 Model X 的净订单数和交付数都达到历史新高，生产最新型汽车 Model 3 的速度也在逐步提高，对其进行量产的计划将于 2018 年一季度实现。特斯拉在资本的驱动下，创新成绩得到了市场的认可，上市至今特斯拉股价涨幅超过 1600%。

金融市场与企业创新

我和香港大学两位副教授 Po-Hsuan Hsu 以及 Yan Xu，在 2014 年发表在 Journal of Financial Economics 的文章"金融发展与创新：基于跨国证据"中，对上面的两种可能的机制假说进行了验证。

在对跨国样本的选择中，我们以 USPTO 记录的各个国家及地区的专利数量为依据。对于专利较少的经济体，我们予以删除。同时，由于中国不在 2008 版 UNIDO 的工业统计数据库中，因为我们后续研究需要使用这个数据库，所以中国也从我们的研究对象中被删除。在进行这些筛选之后，我们的面板数据覆盖了全球 32 个经济体。

创新的度量数据主要来自 NBER 数据库。截至文章写作始点，数据库的数据覆盖时间为 1976 年至 2006 年。在本文中，选择行业为制造业，根据标准工业分类（SIC）的前两位，涵盖制造业中的 SIC 编码为 20—39 的子行业。制造业中的各个专利的发明对象为个人或者非政府机构。在确定专利的选择范围之后，我们使用五个指标来衡量创新能力。

第一个衡量指标是给定的国家和行业中专利申请数量，用专利的申请年作为专利的衡量年份。由于仅用专利数量不能区分重大发明和增量技术发现，所以我们增加第二个衡量指标——专利引用次数。虽然专利引用次数能够很好地衡量专利的质量，但同时被引专利的分布也很重要，因此，我们的第三个和第四个衡量指标是专利的原创性和专利的普遍性。专利的原创性是指专利是否引用大量不同技术类别中的其他专利，专利的普遍性是指专利是否被不同技术类别中的专利大量引用。第五个衡量指标为行业整体研发支出。由于研发支出数据有限，导致我们的样本数量很小并且不具有代表性,因此,我们主要关注前四个指标。

通过对数据的描述性统计,我们发现发达国家,如美国、日本、德国、法国、英国等国家,创新水平遥遥领先,而新兴市场国家,如巴西、印度、俄罗斯等国的创新水平则相对较低。但是我们也应该注意到,我们是用其他国家在美国的专利申请数量和美国本土的专利水平进行对比,这就可能存在如 Rajan 和 Zingales（1998）的论文中提到的本土偏见的问题。因此,我们将美国的各项创新指标作为基准值,将其他国家各个行业的创新衡量指标和美国对应行业的创新指标之比作为我们的被解释变量,即采用各个国家对美国的相对指标作为我们的衡量基准。

在上述衡量创新的指标中,美国的各个指标值都居于第一位。通过对 20 个样本行业的描述性统计,我们发现电子和其他电气设备和部件（SIC36）、工业和商业机械及计算机设备（SIC35）、化工及相关产品（SIC28）是发明专利最多的行业,平均每个国家每年的专利数量分别为 1 228、1 166、1 164。同时,这些行业的专利具有较高的专利引用次数、原创性和普遍性。将 32 个经济体的 20 个行业的不同年份的创新指标进行混合描述性统计,我们发现,专利数量、专利引用次数、原创性和普遍性的均值分别为 5.7%、5.0%、4.9%、5.4%。

映射方法介绍

将 USPTO 技术分类映射到 SIC 分类

在美国的专利申请过程中,USPTO（美国专利商标局）不要求申请人提供专利相应的 SIC（标准产业分类）代码。但是,SIC 代码对于相关研究至关重要。而美国专利商标局采用的却是三位技术分类,分类的依据是技术而不是最终的产品。两种指标的差异激发了很多学者建立索引表将专利的三位技术分类映射到 SIC 代码。但是,学者的努力却受陈旧数据的限制而成效甚微。尽管 USPTO 的技术评估与预测办公室提供了一份索引表,但是这份索引表采用的是1972年的SIC代码,因此产业普及率十分有限。

因此,我们在 Kortum and Putnam（1997）和 Silverman（2002）建立的映射概念的基础上,采用美国上市公司的专利分类分布提出新的映射方法。具体方法如下:首先,我们计算样本期间（1976—2006 年）上市公司在每一个技术分类中的专利（专利数量、专利引用次数、原创性、普遍性）和 SIC 代码的分布情况,并计算每一个 SIC 代码在相应的技术分类中的百分比。然后根据每一个 SIC 代码在不同技术分类中的百分比，计算基于 SIC 代码行业的专利情况（专利数量、专利引用次数、原创性、普遍性）。

具体映射数据可以在我的个人学术网站上免费下载，访问网站请扫描右侧二维码。

在我们的研究中衡量金融发展的数据来自世界发展指标和全球发展融资（WDI/GDF）数据库，根据 Rajan 和 Zingales（1998）的观点，衡量一国金融发展的指标为股票市场的资本额和国内信贷额的总和占国内生产总值（GDP）的比重。由于我们的研究对象分别是股权市场和信贷市场，因此，我们参照早期的做法，分别采用股票市场的资本额与 GDP 之比和国内信贷额与 GDP 之比来衡量股权市场和信贷市场的发展程度。除去美国，不同国家的股票市场和信贷市场发展程度不一，股票市值占 GDP 的比重在 0.136 到 1.774 之间，信贷总额占 GDP 的比重在 0.282 到 2.548 之间。平均值来看，股票市值占 GDP 的比重为 0.767，信贷总额占 GDP 的比重为 0.951。

之后，我们采用面板数据来分析金融市场发展对外部融资依赖行业创新的影响。我们在回归中加入了各个子行业在制造业增加值中所占的份额、子行业在对美国的出口总额中所占份额作为控制变量，同时，控制国家年份固定效应和行业固定效应，回归模型如下：

$$\text{国家行业创新产出}_{i,j,t+1} = \alpha + \beta_1 \times \text{股权市场}_{i,t} \times \text{外部融资依赖}_j + \beta_2 \times \text{信贷市场}_{i,t} \times \text{外部融资依赖}_j + \gamma \times \text{控制变量}_{i,j,t} + \text{固定效应} + \varepsilon_{i,j,t+1} \quad (11-1)$$

其中，α 为截距项，β_1、β_2、γ 为系数，ε 为随机扰动项，下标 i 代表国家，下标 j 代表行业，下标 t 代表年份。

变量"外部融资依赖"衡量行业对外部融资的依赖程度，为行业的资本支出和研发费用之和在扣除营运现金流之后占资本支出和研发费用总和的比例。基础回归结果如表 11-1 所示：

表 11-1　外部融资依赖与企业创新 [①]

分表 A

	专利数量	专利引用次数	原创性	通用性
股权市场 × 外部融资依赖	0.013**	0.012**	0.011**	0.008*
	(0.006)	(0.005)	(0.004)	(0.004)
控制变量	是	是	是	是
固定效应	是	是	是	是
样本量	7 548	7 548	7 548	6 814

分表 B

	专利数量	专利引用次数	原创性	通用性
信贷市场 × 外部融资依赖	−0.115**	−0.077**	−0.051*	−0.066
	(0.058)	(0.033)	(0.026)	(0.042)
控制变量	是	是	是	是
固定效应	是	是	是	是
样本量	7 434	7 434	7 434	6 700

分表 C

	专利数量	专利引用次数	原创性	通用性
股权市场 × 外部融资依赖	0.047***	0.033***	0.026***	0.025**
	(0.018)	(0.010)	(0.009)	(0.011)
信贷市场 × 外部融资依赖	−0.128**	−0.087**	−0.059**	−0.073
	(0.062)	(0.035)	(0.028)	(0.044)
控制变量	是	是	是	是
固定效应	是	是	是	是
样本量	7 354	7 354	7 354	6 620

注：计量结果括号内为稳健性标准误，***、**、* 分别表示1%、5%、10% 的显著性水平。

从上述回归结果，我们可以看到，对于外部融资依赖度高的行业来说，股权市

[①] Hsu Po-Hsuan, Xuan Tian and Yan Xu. Financial development and innovation: Cross-country evidence [J]. *Journal of Financial Economics*, 2014, 112(1): 116−135.

场的发展水平和行业的专利数量、专利引用次数、原创性以及普遍性均呈现正相关的关系,而信贷市场发展则与之相反。

面板回归结果表明,股权市场的发展能够促进外部融资依赖行业的创新,而信贷市场的发展则相反。因而,回归结果支持我们的第一个假说。

下面,我们采用面板回归分析金融市场发展对高科技密集型行业创新的影响。在回归模型的设定和变量的选取上,除了把我们感兴趣的变量由"外部融资依赖"变为"高科技密集"之外,其余的控制变量和固定效应与外部融资依赖的模型一致。回归模型如下:

$$国家行业创新产出_{i,j,t+1} = \alpha + \beta_1 \times 股权市场_{i,t} \times 高科技密集_j + \beta_2 \times 信贷市场_{i,t} \times 高科技密集_j + \gamma \times 控制变量_{i,j,t} + 固定效应 + \varepsilon_{i,j,t+1} \quad (11-2)$$

其中,α 为截距项,β_1、β_2、γ 为系数,ε 为随机扰动项,下标 i 代表国家,下标 j 代表行业,下标 t 代表年份。

在回归模型中,变量"高科技密集"衡量行业的高科技密集程度为行业每年的研发费用的增加值。回归结果如表 11-2 所示:

表 11-2 高科技密集度与企业创新[①]

分表 A

	专利数量	专利引用次数	原创性	通用性
股权市场 × 高科技密集	0.014***	0.014***	0.011***	0.010**
	(0.005)	(0.004)	(0.004)	(0.005)
控制变量	是	是	是	是
固定效应	是	是	是	是
样本量	7 548	7 548	7 548	6 814

分表 B

	专利数量	专利引用次数	原创性	通用性
信贷市场 × 高科技密集	-0.085***	-0.055***	-0.021*	-0.059***
	(0.016)	(0.016)	(0.012)	(0.018)

① Hsu Po-Hsuan, Xuan Tian and Yan Xu. Financial development and innovation: Cross-country evidence [J]. *Journal of Financial Economics*, 2014, 112 (1): 116–135.

（续表）

	专利数量	专利引用次数	原创性	通用性
控制变量	是	是	是	是
固定效应	是	是	是	是
样本量	7 434	7 434	7 434	6 700

分表 C

	专利数量	专利引用次数	原创性	通用性
股权市场 × 高科技密集	0.038***	0.030***	0.018***	0.028***
	（0.007）	（0.006）	（0.005）	（0.007）
信贷市场 × 高科技密集	-0.096***	-0.063***	-0.026**	-0.067***
	（0.016）	（0.017）	（0.013）	（0.020）
控制变量	是	是	是	是
固定效应	是	是	是	是
样本量	7 354	7 354	7 454	6 620

注：计量结果括号内为稳健性标准误，***、**、* 分别表示 1%、5%、10% 的显著性水平。

从上述的实证结果中，我们看到，对于高科技密集型的行业来说，股权市场发展水平和行业的专利数量、专利引用次数、原创性以及普遍性均呈现正相关的关系，而信贷市场发展和行业的专利数量、引用次数、原创性以及普遍性均呈现负相关的关系。

回归的结果表明，股权市场发展能够促进高科技密集型行业的创新，而信贷市场则会抑制高科技密集型行业的创新。回归结果验证和支持我们的第二个假说。

稳健性检验

为保证结果的稳健性，我们进一步验证在采用不同的模型设定和替代变量的情况下的结果。

1. 同时控制国家和行业固定效应

在上述的回归结果中，我们同时控制了国家和时间固定效应，然而我们不能排除每个国家无法观测但一直存在的行业异质性对行业创新水平的影响。因此，我们同时控制国家和行业固定效应，分别采用"外部融资依赖"和"高科技密集"作为我们的中间变量进行回归分析，回归结果如表11-3所示：

表11-3 外部融资依赖、高科技密集与企业创新（1）[①]

分表A

	专利数量	专利引用次数	原创性	通用性
股权市场 × 外部融资依赖	0.006***	0.005***	0.004***	0.007***
	（0.001）	（0.001）	（0.001）	（0.001）
信贷市场 × 外部融资依赖	-0.004***	-0.011***	-0.006***	-0.006***
	（0.001）	（0.002）	（0.002）	（0.002）
控制变量	是	是	是	是
固定效应	是	是	是	是
样本量	7 354	7 354	7 354	6 620

分表B

	专利数量	专利引用次数	原创性	通用性
股权市场 × 高科技密集	0.005***	0.003***	0.004***	0.002***
	（0.001）	（0.001）	（0.001）	（0.001）
信贷市场 × 高科技密集	-0.004***	-0.010***	-0.010***	-0.012***
	（0.001）	（0.002）	（0.002）	（0.003）
控制变量	是	是	是	是
固定效应	是	是	是	是
样本量	7 354	7 354	7 354	6 620

注：计量结果括号内为稳健性标准误，***、**、*分别表示1%、5%、10%的显著性水平。

在控制了国家和行业固定效应后，股权融资依然能够促进外部融资依赖度高和高科技密集行业的创新，而债务融资则相反。稳健性检验结果说明，股权融资对行业的促进作用和债务融资对行业的抑制效应普遍存在于每一个行业中。

2. 国家层面聚类标准误

接下来，我们观察当在国家层面而不是在国家和行业层面上聚类标准误时，结果是否仍然稳健。回归结果如表11-4所示，分析进一步支持我们的结果是稳健的。

[①] Hsu Po-Hsuan, Xuan Tian and Yan Xu. Financial development and innovation: Cross-country evidence [J]. *Journal of Financial Economics*, 2014, 112(1): 116-135.

表 11-4　外部融资依赖、高科技密集与企业创新（2）①

分表 A

	专利数量	专利引用次数	原创性	通用性
股权市场 × 外部融资依赖	0.047**	0.033**	0.026**	0.025**
	（0.022）	（0.015）	（0.012）	（0.011）
信贷市场 × 外部融资依赖	-0.128***	-0.087**	-0.059**	-0.073***
	（0.045）	（0.039）	（0.028）	（0.023）
控制变量	是	是	是	是
固定效应	是	是	是	是
样本量	7 354	7 354	7 354	6 620

分表 B

	专利数量	专利引用次数	原创性	通用性
股权市场 × 高科技密集	0.038**	0.030**	0.018***	0.028**
	（0.018）	（0.011）	（0.006）	（0.011）
信贷市场 × 高科技密集	-0.096***	-0.063***	-0.026**	-0.067***
	（0.024）	（0.020）	（0.010）	（0.017）
控制变量	是	是	是	是
固定效应	是	是	是	是
样本量	7 354	7 354	7 354	6 620

注：计量结果括号内为稳健性标准误，***、**、* 分别表示 1%、5%、10% 的显著性水平。

3. 衡量金融市场发展的替代变量

衡量金融市场发展程度有不同的指标，在我们的主回归中，主要采用的是 Rajan 和 Zingales（1998）的做法。因此，我们进一步检验，当采用其他衡量金融市场发展的指标时，结果是否仍然稳健。在指标的选取上，我们将衡量股权市场发展的指标换为股票市场交易价值对国内生产总值的比重，回归结果如表 11-5 所示：

---

① Hsu Po-Hsuan, Xuan Tian and Yan Xu. Financial development and innovation: Cross-country evidence [J]. *Journal of Financial Economics*, 2014, 112(1): 116-135.

表 11-5 外部融资依赖、高科技密集与企业创新（3）①

分表 A

	专利数量	专利引用次数	原创性	通用性
股权市场 × 外部融资依赖	0.057***	0.026**	0.014**	0.008**
	(0.015)	(0.013)	(0.010)	(0.012)
信贷市场 × 外部融资依赖	-0.132***	-0.074***	-0.045*	-0.057**
	(0.027)	(0.028)	(0.023)	(0.029)
控制变量	是	是	是	是
固定效应	是	是	是	是
样本量	7 354	7 354	7 354	6 620

分表 B

	专利数量	专利引用次数	原创性	通用性
股权市场 × 高科技密集	0.033***	0.024**	0.003	0.017*
	(0.010)	(0.010)	(0.007)	(0.010)
信贷市场 × 高科技密集	-0.094***	-0.058***	-0.014	-0.062***
	(0.020)	(0.020)	(0.014)	(0.019)
控制变量	是	是	是	是
固定效应	是	是	是	是
样本量	7 354	7 354	7 354	6 620

注：计量结果括号内为稳健性标准误，***、**、* 分别表示 1%、5%、10% 的显著性水平。

实证结果表明，与主回归相比，除了专利的原创性这一指标之外，其他指标系数的回归结果依然稳健，但是结果较弱。针对这种现象，我们认为原因可能来自代理变量自身的局限性。

4. 衡量高科技密集程度的替代变量

在主回归中，我们使用"外部融资依赖"和"高科技密集"这两个经济机制变量来识别金融市场发展对行业创新的影响。衡量外部融资依赖程度的代理变量是广为接受并在很多研究中多次使用的标准代理变量。但是衡量高科技密度程度的代理变量却不具有标准性。为了确保结果不受所选择的变量的影响，我们参照

---

① Hsu Po-Hsuan, Xuan Tian and Yan Xu. Financial development and innovation: Cross-country evidence [J]. *Journal of Financial Economics*, 2014, 112(1): 116–135.

Griliches(1981);Hall, Jaffe, Trajtenberg(2005);Hall, Thoma 和 Torrisi(2007)的做法,分两步构建行业的高科技密集度指标。第一步:计算每一家企业的市值对公司总资产的比率,然后取对数。同时,计算每家公司近五年研发支出总额占五年总资产的比重。用相同行业内所有的企业作为我们的样本,然后将对数值对连续五年的研发支出比率进行回归,所得的系数估计值就是当年的行业高科技密度值。第二步:我们取样本期间的每个行业的高科技密集度的中位数作为变量"高科技密集"的取值。将"高科技密集"带入回归模型中,实证结果如表 11-6 所示,结果依然稳健。

表 11-6 外部融资依赖、高科技密集与企业创新(4)[①]

	专利数量	专利引用次数	原创性	通用性
股权市场 × 高科技密集	0.011**	0.003**	0.006*	0.002**
	(0.005)	(0.002)	(0.003)	(0.001)
信贷市场 × 高科技密集	-0.017*	-0.005***	-0.008*	-0.003***
	(0.009)	(0.002)	(0.004)	(0.001)
控制变量	是	是	是	是
固定效应	是	是	是	是
样本量	7 354	7 354	7 354	6 620

注:计量结果括号内为稳健性标准误,***、**、* 分别表示 1%、5%、10% 的显著性水平。

5. 在技术分类层次上的创新变量

本章在此之前的全部回归中,我们均依据 SIC 的分类方式对行业进行分类,鉴于 USPTO 的专利分类依据的是三位技术分类。因此,选用以三位技术分类为标准的创新变量也十分合理。采用 Acharya 和 Subramanian(2009);Acharya, Baghai 和 Subramanian(2014)的做法,首先,计算 32 个经济体中 428 个行业中的每一个行业的加总专利数量、专利引用次数、原创性和普遍性,然后计算每个行业的专利(专利数量、专利引用次数、原创性和普遍性)占相应的美国专利的比重。同样,我们对经济机制变量和控制变量也做类似的处理,实证结果如表 11-7 所示,结果依旧稳健。

---

① Hsu Po-Hsuan, Xuan Tian and Yan Xu. Financial development and innovation: Cross-country evidence [J]. *Journal of Financial Economics*, 2014, 112(1): 116-135.

表 11-7　外部融资依赖、高科技密集与企业创新（5）[1]

分表 A

	专利数量	专利引用次数	原创性	通用性
股权市场 × 外部融资依赖	0.059***	0.030***	0.042**	0.005
	(0.018)	(0.013)	(0.016)	(0.021)
信贷市场 × 外部融资依赖	-0.089***	-0.037***	-0.044***	-0.033*
	(0.030)	(0.013)	(0.011)	(0.019)
控制变量	是	是	是	是
固定效应	是	是	是	是
样本量	63 620	62 138	52 628	34 812

分表 B

	专利数量	专利引用次数	原创性	通用性
股权本市场 × 高科技密集	0.622**	0.796**	0.477*	0.389
	(0.294)	(0.395)	(0.255)	(0.270)
信贷市场 × 高科技密集	-1.988***	-2.386***	-1.679***	-1.528***
	(0.474)	(0.691)	(0.456)	(0.381)
控制变量	是	是	是	是
固定效应	是	是	是	是
样本量	63 620	62 138	52 628	34 812

注：计量结果括号内为稳健性标准误，***、**、* 分别表示 1%、5%、10% 的显著性水平。

在上述一系列稳健性检验中，对不同的模型设定和替代变量来说结果均是稳健的，这进一步验证了股权融资对外部融资依赖度高和高科技密集型行业的创新具有显著的促进作用，而债务融资则对上述行业的创新有抑制作用。

---

[1] Hsu Po-Hsuan, Xuan Tian and Yan Xu. Financial development and innovation: Cross-country evidence [J]. *Journal of Financial Economics*, 2014, 112(1): 116-135.

第 11 章 金融市场的发展：股权市场与信贷市场

中国金融市场

伴随着中国经济的改革，在过去数十年的发展中，中国资本市场从无到有，从小到大，资本市场层次逐渐增加，金融产品的种类日益丰富。中国境内上市公司的总市值从 1993 年 1 月的 1 507 亿元跃升至 2013 年 12 月的 24 万亿元，流通市值 20 年增加近 158 倍（如图 11-2 所示）。

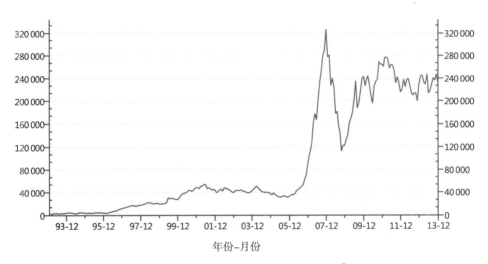

图 11-2　中国境内上市公司总市值[①]

为了帮助中小企业或科技型中小企业更好地进行融资，我国在主板市场的基础上，交易所相继引进了中小板和创业板。2012 年引入的全国中小企业股份转让系统（俗称"新三板"）则进一步促进了资本市场多层次体系的建设。同时，融资融券交易机制的引入以及股指期货和国债期货等产品的推出，丰富了资本市场的交易机制和产品种类。

我国的资本市场成立至今不到 30 年发展十分迅速，但是，与发达国家的资本市场相比，我国的资本市场规模较小，资本市场的开放和国际化程度较低。

资本市场的出发点和立足点是服务实体经济，促进国民经济增长。而创新是促进经济增长的重要动力，高科技密集型企业在创新中扮演着重要的角色。目前，在中国经济步入新常态，产业结构亟须转型升级，经济增长需要新动能的情况下，观

---

① 数据来源：万德资讯。

察资本市场发展对行业创新的影响显得尤为必要。因此，资本市场对我国企业创新的影响是一个值得关注的议题。

2014年我们在对全球32个经济体进行研究时，发现股权融资能够促进行业创新，而债务融资则会抑制行业创新。同时，股权融资能更好地促进高科技密集型行业的创新。但是由于数据的局限性，我们的研究样本中没有中国。由于中国的资本市场的独特性，我们对全球32个经济体的研究结论可能不完全与中国的实际情况相吻合。因此，针对中国的情况需要进行具体分析。

在对中国社会融资规模、结构的分析中，我们发现，相对于每年非金融企业的股票融资金额，非金融企业每年新增贷款额在数量上占有绝对的优势。这说明，在中国，银行信贷仍是企业融资的主要方式，股权市场的融资功能并没有得到充分的发挥。这种现象对我国企业的创新又会产生什么样的影响呢？

国内的一些学者就资本市场对企业创新的影响进行了相关研究。张一林等（2016）发现，银行贷款很难促进企业创新，而股权融资能够促进创新，但是，股权融资的长期性和资金使用的信息的不对称性，可能会对股东利益造成损害。因此，在发展股权融资时，构建良好的制度环境以保护投资者的利益就显得尤为必要。李汇东等（2013）利用2006年至2010年披露研发费用的非金融类A股上市公司作为研究对象，发现政府补贴能够显著促进企业创新；其次是股权融资，而债权融资的促进效应则不明显，这说明上市公司的融资结构能够影响企业的创新。张璇等（2017）利用2005年世界银行对中国120个城市的企业投资与经营环境的调查数据进行实证研究，发现融资约束会显著抑制企业的创新活动，指出建立完善金融体系的必要性，认为只有发挥市场在资源配置中的作用，才能更好地促进企业创新。在对相关文献的梳理中，我们发现，关于国内金融市场发展对企业创新影响的研究中，结论基本与我们的研究结果相一致，即股权融资能够促进企业创新，债务融资则会抑制企业创新。结合中国当前的社会融资规模和结构：包括银行贷款在内的间接融资占据主导地位，股权融资的比重很低，社会融资结构发展不平衡等情况，上述的研究结果对中国的资本市场建设以及创新具有很强的指导意义。因此，从上述的研究结果看，优化社会融资结构，促进股权市场的健康发展，构建多层次的资本市场对促进企业创新具有深远的影响。

第 11 章　金融市场的发展：股权市场与信贷市场

新兴市场国家金融市场与企业创新

在上文的分析中，我们从行业角度对 32 个经济体的融资行为与行业创新的关系进行了实证分析，发现股权市场融资对行业创新有促进作用，而债务融资则相反。但是，从微观层面上看，对一个企业来说，尤其是对新兴市场国家的中小企业来说，影响企业本身进行创新的因素又有哪些呢？融资能不能从微观层面影响企业的创新呢？

Ayyagari 等（2011）指出，在发展中国家，中小企业是重要的价值创造者，然而，由于数据缺失，关于新兴市场国家企业创新的研究还比较少。同时，相对于在美国上市的大公司，新兴市场国家企业的经营环境也有所不同。因此，关于对大型公司创新的研究结果对这些小企业的适用性也值得商榷。

鉴于新兴市场国家中小企业对 GDP 的贡献度以及创新对一国经济发展的重要作用，Ayyagari, Demirgüç-Kunt, Maksimovic 在其 2011 年发表在 *Journal of Financial and Quantitative Analysis* 的文章"新兴市场国家企业创新：融资角色、治理与竞争"中，对新兴市场国家的中小企业融资和公司创新的关系进行验证。数据来自世界银行企业调查数据库，样本涵盖 47 个新兴市场国家的 19 000 多家企业，样本调查的时间为 2002、2003 和 2004 年中的任意一年。

在衡量技术创新方面，新兴市场国家和发达国家存在很大差异。新兴市场国家的多数企业很少有能力进行前沿的技术创新活动。它们虽然也会进行一部分原始创新，但是在很大程度上是引进和吸收发达国家的技术来进行创新，即模仿创新，比如，采用发达国家的新的产品制造方法、新产品或者新的组织形式等。鉴于新兴市场国家在创新方面很大程度上是引进和模仿发达市场国家的技术，因此它们本身很少有尖端发明产生。因此，在衡量新兴市场国家的创新水平时，不能简单只用新发明来衡量其创新水平。鉴于此，作者采用十项指标来衡量企业的创新活动。前八项是衡量企业创新活动的单个指标：（1）搭建新的主要产品生产线；（2）升级已有的生产线；（3）引进新技术，技术引进的标准是改变了主要产品的生产方式；（4）新建一家工厂；（5）和国外合伙人联合开设合资企业；（6）获取新的特许权协议；（7）外包一项主要的产品生产活动，这项生产活动以前在国内进行；（8）以前外包的生产活动现在转回国内生产。除了上述八个衡量公司创新的单个指标之外，作者还构建了另外两个衡量创新的指数,分别是"总创新指数"和"核心创新指数"。"总创新指数"是加总公司上述八项创新活动得到的综合指数;"核心创新指数"是加总公司的新产品线、新技术和更新现有产品线活动得到的指数。

其次,在衡量外部融资活动时,采用的"外部融资"变量为在新投资的项目中,外部资金所占的比重。这些外部资金基本来自银行,Beck 等(2008)指出,对新兴市场国家的中小企业来说,银行融资是最主要的外部融资方式,因此这些国家普遍缺少发展良好的股权市场或者其他以市场为基础的融资渠道。同时,为了进一步观察银行融资,作者采用了另外两个变量——"银行融资"和"银行贷款"——来刻画银行融资的使用。"银行融资"为新投资的项目中来自当地和国外商业银行的资金比重,"银行贷款"为一个哑变量,如果公司有银行贷款或者透支贷款,取值为 1,否则为 0。同时,作者还控制了外币借贷的比重。

采用 Logit 模型进行分析,回归模型如下:

$$\text{企业创新活动}_{i,j,k} = \alpha + \beta_1 \times \text{外部融资}_{i,j,t}(\text{银行融资}_{i,j,k} \text{或银行贷款}_{i,j,k}) + \beta_2 \times \text{外币份额}_{i,j,k} + \gamma \times \text{控制变量}_{i,j,k} + \text{固定效应} + \varepsilon_{i,j,k} \qquad (11-3)$$

其中,α 为截距项,β_1、β_2、γ 为系数,ε 为随机扰动项,下标 i 代表企业,下标 j 代表行业,下标 k 代表国家。

实证结果如表 11-8 所示。从实证结果中,我们发现,外部融资和企业创新之间有显著的正相关关系,外部融资对新生产线、升级生产线、建立新厂、设立合资企业都有显著的促进作用。银行融资也对生产线升级、建立新厂、设立合资企业起到显著的促进作用。此外,我们也可以看到,"银行贷款"变量和所有的指标都是显著正相关的,说明银行贷款能够促进新兴市场国家的中小企业的创新。此外,企业的创新水平和一国的外币借款份额也是正向相关的。

需要指出的是,由于数据的限制,实证研究结果只能得到外部融资和企业创新之间是一种正向的相关关系,但是不能做出类似"企业外部融资能够促进企业创新"这样的因果推断。

表 11-8　外部融资和新兴市场国家企业创新 ①

因变量	新生产线	升级生产线	新技术	建立新厂	合资企业	特许权协议	外包主要业务	回收外包业务	核心创新指数	总创新指数
外部融资	0.002**	0.003***	-0.000	0.003***	0.003***	0.001	0.001	0.001	0.001*	0.002**
	(0.001)	(0.001)	(0.001)	(0.001)	(0.001)	(0.001)	(0.001)	(0.002)	(0.001)	(0.001)
银行融资	0.001	0.004***	0.001	0.003***	0.004***	0.002	0.001	0.001	0.002**	0.003***
	(0.001)	(0.001)	(0.001)	(0.001)	(0.001)	(0.001)	(0.001)	(0.001)	(0.001)	(0.001)
银行贷款	0.199**	0.418***	0.261***	0.567***	0.281***	0.442*	0.164*	0.353***	0.315***	0.394***
	(0.083)	(0.123)	(0.056)	(0.090)	(0.093)	(0.099)	(0.094)	(0.092)	(0.075)	(0.080)
外币份额	0.005***	0.003***	0.001	0.006***	0.010***	0.005***	0.003***	0.003***	0.003***	0.005***
	(0.001)	(0.001)	(0.001)	(0.001)	(0.002)	(0.002)	(0.001)	(0.001)	(0.001)	(0.001)
控制变量	是	是	是	是	是	是	是	是	是	是
固定效应	是	是	是	是	是	是	是	是	是	是

注：计量结果括号内为稳健性标准误，***、**、* 分别表示1%、5%、10%的显著性水平。

① Hsu Po-Hsuan, Xuan Tian and Yan Xu. Financial development and innovation: Cross-country evidence [J]. Journal of Financial Economics, 2014, 112 (1): 116–135.

本章小结

本章分析了金融市场发展对行业创新的影响及其传导机制。本章要点总结如下：

- 金融市场发展对整个行业的创新具有促进作用；
- 股权融资和债务融资对行业创新的影响不同，股权融资能够促进外部融资依赖行业的创新而债务融资则会抑制行业创新；
- 股权融资能够促进高科技密集型行业的创新，债务融资则会抑制这些行业的创新；
- 对于缺少发展良好的资本市场的新兴市场国家的企业来说，银行贷款是一种不错的外部融资方式；
- 金融市场的发展，尤其是股权融资市场的发展，对一国的创新至关重要。

参考文献

[1] Viral V Acharya, Ramin P Baghai, et al. Wrongful discharge laws and innovation [J]. *The Review of Financial Studies*, 2013, 27: 301－346.

[2] Acharya, Viral V and Krishnamurthy V. Subramanian. Bankruptcy codes and innovation [J]. *The Review of Financial Studies*, 2009, 22(12): 4 949－4 988.

[3] Allen, Franklin, and Douglas Gale. Diversity of opinion and financing of new technologies [J]. *Journal of Financial Intermediation*, 1999, 8(1－2): 68－89.

[4] Meghana Ayyagari, Asli Demirgüç-Kunt, et al. Firm innovation in emerging markets: the role of finance, governance, and competition [J]. *Journal of Financial and Quantitative Analysis*, 2011, 46(6): 1 545－1 580.

[5] Bravo-Biosca and Albert. Essays on innovation and finance [D]. Thesis, 2007.

[6] James R Brown, Gustav Martinsson, et al. Do financing constraints matter for R&D? [J]. *European Economic Review*, 2012, 56(8): 1 512－1 529.

[7] James R Brown, Steven M Fazzari, et al. Financing innovation and growth: Cash flow, external equity and the 1990s R&D boom [J]. *The Journal of Finance*, 2009, 64(1): 151－185.

[8] Griliches and Zvi. Market value, R&D, and patents [J]. *Economics Letters*, 1981, 7:

183–187.

[9] Grossman and Sanford. On the efficiency of competitive stock markets where trades have diverse information [J]. *The Journal of Finance*, 1976, 31(2): 573–585.

[10] Bronwyn H Hall and Josh Lerner. The financing of R&D and innovation [M]. *Handbook of the Economics of Innovation*, 2010, 1: 609–639.

[11] Bronwyn H Hall, Adam Jaffe, et al. Market value and patent citations [J]. *RAND Journal of Economics*, 2005, 36(1):16–38.

[12] Bronwyn H Hall, Grid Thoma, et al. The market value of patents and R&D: Evidence from European firms. Working paper, 2007.

[13] Holmstrom and Bengt. Agency costs and innovation [J]. *Journal of Economic Behavior and Organization*, 1989, 12(3): 305–327.

[14] Po–Hsuan Hsu, Xuan Tian, et al. Financial development and innovation: Cross–country evidence [J]. *Journal of Financial Economics*, 2014, 112(1): 116–135.

[15] Kapadia and Nishad. The next Microsoft? Skewness, idiosyncratic volatility, and expected returns. Working paper, 2006.

[16] King, Robert G and Ross Levine. Finance, entrepreneurship and growth [J]. *Journal of Monetary Economics*, 1993, 32(3): 513–542.

[17] Robert G King and Ross Levine. Finance and growth: Schumpeter might be right [J]. *The Quarterly Journal of Economics*, 1993, 108(3): 717–737.

[18] Kortum, Samuel and Jonathan Putnam. Assigning patents to industries: tests of the Yale technology concordance [J]. *Economic Systems Research*, 1997, 9(2): 161–176.

[19] Levine and Ross. Finance and growth: theory and evidence [M]. *Handbook of Economic Growth*, 2005, 1, part a (05): 865–934.

[20] Lubos Pastor and Pietro Veronesi. Technological revolutions and stock prices [J]. *The American Economic Review*, 2009, 99(4): 1 451–1 483.

[21] Raghuram G Rajan and Luigi Zingales. Financial dependence and growth [J]. *The American Economic Review*, 1998, 88(3): 559–586.

[22] Raghuram G Rajan and Luigi Zingales. Financial systems, industrial structure, and growth [J]. *Oxford Review of Economic Policy*, 2001, 17(4): 467–482.

[23] Brian S Silverman. Technological Resources and the Logic of Corporate Diversification [M]. *New York Routledge Press*, 1999.

[24] Solow R. Technological change and the aggregate production function [J]. *Review of Economics and Statistics*, 1957, 39: 312–320.

[25] Stiglitz and Joseph E. Credit markets and the control of capital [J]. *Journal of Money, Credit and Banking*, 1985, 17(2): 133–152.

[26] 李汇东, 唐跃军, 左晶晶. 用自己的钱还是用别人的钱创新?——基于中国上市公司融资结构与公司创新的研究 [J]. 金融研究, 2013, 2: 170–183.

[27] 张璇, 刘贝贝, 汪婷, 李春涛. 信贷寻租、融资约束与企业创新 [J]. 经济研究, 2017, 52: 161–174.

[28] 张一林, 龚强, 荣昭. 技术创新、股权融资与金融结构转型 [J]. 管理世界, 2016, 11: 65–80.

第 12 章
国外机构投资者与资本市场的开放

机构投资者是管理长期储蓄的专业化金融机构[①]，包括银行、保险公司、信托公司、主权基金等。由于机构投资者具备资金、技术及信息优势，能够做出相对理性的决策，因此一般认为，机构投资者能够促进证券市场的稳定发展。随着跨国资本流动强度的增加，国外机构投资者在一国经济中发挥着日益重要的作用。本章重点分析国外机构投资者对企业创新的影响及其传导机制。

国外机构投资者

在证券市场的诞生之初，主要参与者为个人投资者。自 20 世纪 70 年代以来，美国证券市场中投资者机构化的趋势快速发展，机构投资者所占比例从 70 年代的 30%，迅速攀升至 90 年代的 70%。资金实力的壮大和市场地位的上升使得机构投资者在资本市场履行着愈发重要的监督职能，同时更加积极地参与到公司治理中去。

---

① 见《新帕尔格雷夫货币与金融词典》。

国外机构投资者的监督功能

现代企业实行所有权和控制权分离的制度。由于公司投资人和管理者利益不完全一致,在投资者处于信息劣势、不能对管理者进行完全监督的情况下,管理者有动机为了自身利益,做出有损于投资者利益的行为,由此造成的投资人利益受损现象,是公司金融所研究的"委托-代理"问题中最为常见的一种。

2016年诺贝尔经济学奖获得者Oliver Hart和Bengt Holmstrom等,对现代企业由于"所有权与控制权分离"而产生的问题进行了深入而广泛的研究。他们的一个重要结论是:要使公司管理者以企业和股东的利益最大化为目标经营企业,行之有效的手段之一是加强委托人(也即公司投资人)对代理人(也即公司管理者)的监督。

证券市场的主要参与者包括个人投资者和机构投资者。个人投资者缺乏对上市公司进行监督的专业知识和有效信息,同时"搭便车"的心理倾向严重,往往疏于监督公司管理层。相对于分散的个人投资者,机构投资者有更多的专业能力和信息优势对公司管理者进行监督,以减少因代理问题而产生的损失。同时,由于机构投资者往往是公司的大股东,且常以长期持有股权为目的,公司治理水平对其能否取得理想的投资收益有着重要的影响,因此更有动机去履行监督的职能。国外机构投资者不仅具有上述本土机构投资者的诸多特征,在独立性和组合分散度等方面更具优势,因此被认为是更加积极的监督者。

国外机构投资者的治理作用

除了发挥上述的监督作用,机构投资者发挥作用的另一种方式是主动参与到公司的治理中去,强化对公司管理者的激励,进而提升公司的绩效与价值。Holmstrom指出,在多次重复博弈的情况下,竞争、声誉等隐性激励机制能够发挥激励代理人的作用。因此,作为公司股东的机构投资者,通过积极参与公司治理,有效监督公司运作,能够使公司和自身的利益得到更好的保障。

机构投资者主动参与公司治理的典型案例是1985年的"德士古事件"。德士古是美国大型石油公司之一,又称得克萨斯石油公司。当时,该公司为了反击并购,采用了"绿票讹诈"(Greenmail)措施。绿票讹诈又称溢价回购,由green(美元的别称)和blackmail(讹诈)两个词结合而来,指的是一些投资者大量购买目标公司的股票,企图加价出售给公司的收购者,或者是以更高的价格把股票卖回给公司以避免这部分股份被公司收购者所持有,是常见的反收购策略之一。但是,投资德士古公司的公共养老基金对该措施表示反对,它们共同组建了机构股东顾问委员会,通过支持股东决议的形式,阻挠公司管理层的反敌意收购措施。"德士古事件"标志着"机构投资者积极主义"的兴起。

迷你案例
MINI CASE

加州养老基金 CalPERS 参与公司治理

作为目前美国第一大、世界第三大公共雇员养老基金,美国加州公共雇员养老基金(California Public Employees' Retirement System,简称 CalPERS)一直是完善公司治理机制的有力推动者。它每年都要从三个方面对持股公司的绩效进行评估:过去三年的股权收益;股票市值增加值;董事会构成、董事薪酬与持股、管理层与反并购工具。

统计数据显示,62 家被 CalPERS 评估为较好的公司,其平均股价此前五年为标准普尔指数的 89%。而在之后五年却超过标准普尔指数 23%。平均每年给 CalPERS 带来 1.5 亿美元的回报。CalPERS 每年都给公司治理方面表现突出的公司与个人颁奖,曾经获得此奖项的公司包括时代华纳、苹果、通用汽车等全球知名企业。

然而,也有学者认为,机构投资者参与公司治理并不会对公司产生显著的积极影响,其作用是无效甚至负面的。这种观点的形成基于利益冲突理论、战略联盟理论和实证研究结果。一方面,利益冲突理论认为,由于机构投资者和公司管理者之间存在其他形式的利益关系,他们被迫在公司治理过程中给高管投票;另一方面,战略联盟理论提出,机构投资者发现他们能够从与高管的合作中获利,这种合作就大大降低了机构投资者对公司管理层的监督作用;与此同时,大量实证研究表明,机构投资者参与公司治理的效果并不明显。因此,无论是利益冲突理论、战略联盟理论,还是实证研究结果都预言公司价值与机构投资者的持股比例呈现负相关关系。

国外机构投资者的知识溢出效应

机构投资者拥有强大的信息收集能力,不仅能够获取公开信息,还可以通过调研等渠道获得公司隐含信息;同时专业背景又赋予了机构投资者出色的信息处理能力和对各类信息的解释优势。机构投资者因而被认为能够起到完善市场定价机制、提高市场定价效率、减少异常波动的作用。机构投资者所掌握的信息、知识甚至技能,会通过其投资偏好和交易行为传递到市场上,并通过其商业网络进行传播,产生广泛的知识溢出效应。

与本土机构投资者相比,国外机构投资者的投资组合覆盖范围更广,可以跨国进行资产配置。庞大的商业网络使其在本国和外国、企业和投资人之间发挥着信息传递的桥梁作用,由此而产生的正外部性更加明显。

迷你案例
MINI CASE

KKR 改善天瑞水泥的公司治理

寻找一家初具规模但远非完美的目标企业,在公司治理方面对其进行有效干预,以提升其价值,获得超额利润——这是美国杠杆收购巨头 KKR(Kohlberg Kravis Roberts & Co. L.P)的投资之道。

2007 年 9 月 17 日,KKR 正式宣布进军河南,投资于民营企业天瑞水泥有限公司。KKR 在与天瑞的合资合同中明确了保护少数股东权益的国际化公司治理约定,改进了管理层的长期激励方案,充分体现了 KKR 长期以来注重风险控制,并将管理层和现有股东利益充分挂钩的投资原则。

入股同时,KKR 为天瑞安排了一笔相当于 3.35 亿美元的人民币和美元双币种银团融资,以摩根大通银行为牵头行,国内银行加入者则包括建设银行和中信银行(三家银行投资额占比分别为:11.48%,0.11%,0.97%)。上述银团贷款首先置换了天瑞此前来自银行的约 11 亿元短期贷款,并且新增了固定资产和流动资金贷款,用于新建项目建设、并购和企业运营。其利率较中国央行基准贷款利率下浮 10%,贷款期限为五年到八年。

KKR 与天瑞水泥联姻后的种种举措表明,兼具专业性和独立性的国外机构投资者正在将先进的公司治理理念和行业知识带入中国。

根据 FactSet 统计，在美国以外的全球市场中，国外机构投资者投资份额占比超过 50%。反观我国，伴随着资本市场的飞速发展，金融"脱媒化"进程的不断推进，机构投资者逐渐成为我国资本市场的中坚力量，由机构投资者等多元主体参与的外部治理机制在公司治理中的作用也日益凸显。

在机构投资者参与公司治理这一话题上，国内外学者进行了细致而深入的研究。纵观理论发展的脉络，学界对机构投资者参与公司治理的态度由最初的消极转变为积极，但对机构投资者会如何影响公司治理绩效却存在争议。同时，在中国背景下，如何借鉴发达国家资本市场的历史经验与制度安排，促进资本市场机构投资者的健康发展，推动其以多种方式和途径参与到公司治理中去，进而充分发挥其对市场的稳定作用，是近年来业界给予广泛关注的议题。因此，对机构投资者，特别是国外机构投资者的监督和治理角色展开研究，无论是在学术界还是在实践中都具有重要的参考价值。

国外机构投资者与企业创新

由于国外机构投资者的监督功能、治理作用和知识溢出效应，可以预期国外机构投资者会对企业创新起到促进作用。Aghion, Van Reenen 和 Zingales（2013）通过理论分析和实证研究发现，机构投资者的确能够促进企业创新。除了具备传统机构投资者的共同特征外，国外机构投资者还具有一些独特性质，如更加独立于本地管理层、持有更加多元化的股票组合等，因此在对上市公司的监督过程中更具特长和优势。具体而言，国外机构投资者对企业创新的正面作用可以通过监督渠道、保险渠道和知识溢出渠道实现。

经济学家小传
MINI BIOGRAPHY

约瑟夫·熊彼特（Joseph Schumpeter，1883 年 2 月 –1950 年 1 月），美国著名

经济学家。熊彼特出生于奥匈帝国摩拉维亚省（今捷克境内），1901年至1906年在维也纳大学攻读法学和社会学，1906年获法学博士学位，其后移居美国，一直任教于哈佛大学，是一位影响深远的美籍奥地利政治经济学家。

熊彼特被誉为"创新理论"的鼻祖。1912年，他发表了《经济发展理论》一书，提出了"创新"及其在经济发展中的作用，轰动了当时的西方经济学界。《经济发展理论》创立了新的经济发展理论，即经济发展是创新的结果。熊彼特的代表作有《经济发展理论》《资本主义、社会主义与民主》《经济分析史》等，其中《经济发展理论》是他的成名作。

近年来，熊彼特在中国声名日隆，特别是一谈到"创新"，熊彼特的"五种创新"理念时常被人引用和提及，几乎到了"言创新必言熊彼特"的程度。不仅仅是中国，作为"创新理论"和"商业史研究"的奠基人，熊彼特在西方世界的影响也正在被"重新发现"。据统计，熊彼特提出的"创造性毁灭"，在西方世界的被引用率仅次于亚当·斯密的"看不见的手"。

三种假说

首先，由于外界无法观测到公司管理层的所有行动，管理层对于企业内部经营活动具有信息优势，这种信息不对称所带来的道德风险使得管理层有动机逃避责任，拒绝风险。由于创新性项目通常投入大、风险高，管理层有充分动机去降低在创新性项目中的投资。更有甚者，管理层会擅自挪用公司资源用作私人用途，如装饰奢华的办公室、购置高尔夫会员卡等，在创新性项目中的投入就会因此减少。此时，机构投资者的重要作用就凸显出来：它们可以以监督者的身份，积极参与公司治理，减少管理层的道德风险，避免公司资源浪费，从而增加公司价值。Gillan 和 Starks（2003）的研究表明，由于国外机构投资者相对独立的地位，它们与本土管理层的利益关联更少，利益冲突更小，因此是比本土机构投资者更为理想的监督者，在公司治理过程中也发挥着更为重要的作用。这一观点在 Aggarwal, Erel, Ferreira 和 Matos（2011）的文章中得到证实。他们发现：国外机构投资者在其所投资的世界各地的公司中，都起到了至关重要的监督作用。因此，我们可以预期，国外机构投资者的监督功能会督促公司管理层在长期、极具价值同时带有风险的创新活动中增加投资，从而促进企业创新。国外机构投资者这种促进企业创新的渠道被称为"监督渠道"。

其次，Manso（2011），Ederer 和 Manso（2013）的研究表明，能够促进创新的最优合约设计应该对项目初期的失败有充分容忍度，并且对项目长期的成功给予足够的激励。Aghion 等（2013）研究发现，如果激励机制和合约设计不能充分促进创新，机构投资者可以进行有效干预。当早期创新项目遭遇失败时，机构投资者可以通过在合约或激励机制中为管理层提供保险，来减轻管理层对自身职业发展和声望的担忧。与本土机构投资者相比，国外机构投资者持有更加分散的投资组合，在世界各国均有资产配置，因此对创新项目投资失败的容忍度更高，也更有可能为管理层对创新的投资提供保障。可以预期，国外机构投资者对创新失败的容忍能够有效促进企业创新。我们把此种国外机构投资者促进企业创新的渠道称为"保险渠道"。

最后，创新项目会产生新知识，因此对创新项目的投入也是对知识的投入，新知识的产生能够产生正外部性，也即溢出效应，能够使投入者以外的人群受益。国外机构投资者通过其庞大的商业网络，在国内外企业和投资人之间搭建沟通与合作的桥梁，从而促进知识传播，产生知识溢出效应。与此同时，它们还能够通过跨境并购交易，促进知识的跨国传播与企业的创新活动。综上所述，国外机构投资者不仅可以通过自身的商业网络，还可以通过跨境并购促进知识的广泛传播，进而提高所投资企业创新活动成功的可能性。这种渠道被称为"知识溢出渠道"。

实证研究

我和新南威尔士大学博士生 Hoang Luong，新南威尔士大学教授 Fariborz Moshirian 和 Bohui Zhang，以及乐卓博大学助理教授 Lily Nguyen 于 2017 年发表在 Journal of Financial and Quantitative Analysis 上的文章"国外机构投资者促进企业创新"，通过对美国以外的 26 个经济体在 2000 年至 2010 年间创新活动的研究，为以上各假设提供了经验证据，验证了国外机构投资者在促进企业创新方面所发挥的关键作用。

现有的关于企业创新的跨国研究大多利用 Worldscope 数据库所提供的公司研发支出数据，或者使用 USPTO 提供的在美注册专利数据。两种来源均有局限：研发投入数据虽然可以衡量企业对创新活动的投资，却难以描述创新活动的成果，同时，许多公司在财务报告中没有提供研发投入数据，却并不意味着该公司没有进行任何研发活动。对于 USPTO 数据，非美国企业大多不会选择在美国专利商标局注册专利，因此该数据不适合作为跨国企业创新活动的衡量指标。本研究使用了汤森路透旗下的 Derwent World Patents 数据库，涵盖了世界诸多国家的公司专利与引用情况，是各国研发投入数据的有力补充。同时，由于本数据库涵盖了世界各地商标局的专利数据，也解决了仅采用美国专利商标局数据对各国专利数低估的问题，是对世界各国的企业创新活动一个更为精确和理想的度量。在 DWPI 数据库中，我们可获取关于专利授予人、专利申请号、申请时间、申请国家、授予时间、授予国家和引用量等多种信息。

基于以上信息，我们构建了两种度量企业创新活动的指标：一是一家企业在一年所申请且最终被授予的专利数；二是企业所拥有专利的引用量。前者衡量了企业创新活动的数量，而后者衡量了企业创新活动的质量。由于不同行业间创新性活动有着本质性的不同，高新技术行业创新强度普遍高于一般工商行业，因此，我们还对专利数量和引用次数进行了行业标准化处理，并解决了专利数据中的截断（truncation）[①]、重复和右偏问题。

参照现有文献，例如 Gompers 和 Metrick（2001）；Aggarwal 等（2011）中的方法，我们构建了机构投资者持股指标。具体而言，我们将公司在一年中最后一天被非本国机构持有的股权比例记为当年该公司的"国外机构投资者持股比例"。对该指标的描述性统计结果显示，发达国家的国外机构投资者持股量和国内机构投资者大体相当，发展中国家国外机构投资者持股比例显著高于本国机构投资者。

除了主要的自变量"国外机构投资者持股比例"和主要的因变量"专利数量""专利引用次数"，我们还引入了公司层面和国家层面的控制变量。公司层面的控制变量包括公司规模、公司年龄、无形资产投资、资本性支出、杠杆率、利润率、成长性、内部人员持股量等控制变量。国家层面的控制变量包括 Park（2008）提出的专利保护指标（PINDEX）；Kaufmann, Kraay 和 Mastruzzi（2011）提出的法制指数和政府治理指数；资本市场发展程度、经济发展程度、进出口等其他可能影响创新活动的变量。

我们运用普通最小二乘法，在控制行业、国家和时间固定效应后，得到国外机

[①] 截断问题有两种表现形式：（1）专利只有在被授予后才会出现在数据库中，因此在数据库截止年限前仍在申请却尚未被授予的专利存在缺失。DWPI 数据截止日期为 2015 年，为解决此类截断偏误，我们将研究的时间窗口定为 2010 年前，留出 5 年专利审批的时间。（2）越早申请的专利，由于其存在时间更长，被引用的次数比后期申请的专利天然偏多，为解决此类截断偏误，我们将专利的被引用量依据技术组（technology group）进行标准化。

构投资者持股量与企业创新之间的关系，回归模型如下：

$$企业创新产出_{i,j,t} = \alpha + \beta \times 国外机构投资者持股比例_{i,j,t-1}$$
$$+ \gamma \times 控制变量_{i,j,k,t} + 固定效应 + \varepsilon_{i,j,t} \tag{12-1}$$

其中，α 为截距项，β、γ 为系数，ε 为随机扰动项，下标 i 代表企业，下标 j 代表行业，下标 k 代表国家，下标 t 代表年份。

我们发现，"国外机构投资者持股比例"与企业创新产出之间存在显著的正相关关系：当公司的国外机构投资者持股比例从分布的第一个四分位点上升到第三个四分位点时，企业的专利数量提高 5.6%，每个专利的引用次数提高 7.8%，结果在经济上具有显著意义。此后，我们又进行了一系列稳健性检验：数据库中的日本和中国台湾地区的公司数量远大于其他经济体，因此我们对剔除了这两个经济体后的数据重新进行了回归分析，结果仍然显著；我们把一家公司国外机构投资者持股比例 5%以上的情况记为 1，其他情况记为 0，在引入该虚拟变量后的回归中，企业专利数量、引用次数与国外机构投资者持股量之间的正相关关系仍然显著。

表 12-1 国外机构投资者持股比例与企业创新[①]

	专利数量	专利数量	专利引用次数	专利引用次数
国外机构投资者 持股比例	0.010*** (0.003)	0.008*** (0.003)	0.014*** (0.004)	0.011*** (0.004)
国内机构投资者 持股比例	−0.010*** (0.002)	−0.001 (0.001)	−0.012*** (0.003)	−0.001 (0.002)
时间固定效应	是	是	是	是
公司固定效应	否	是	否	是
行业固定效应	是	否	是	否
国家固定效应	是	否	是	否
样本数	30 008	30 008	30 008	30 008

注：计量结果括号内为稳健性标准误，***、**、* 分别表示 1%、5%、10% 的显著性水平。

---

① 表格数据来源于 Luong H, F Moshirian, N Lily, X Tian and B H Zhang. How Do Foreign Institutional Investors Enhance Firm Innovation [J]. *Journal of Financial and Quantitative Analysis*, Forthcoming. 以下各表同。

因果推断

以上结果虽然证实了企业创新成果与国外机构投资者持股比例之间的相关关系，但无法证明二者之间存在因果关系。一方面，可能存在一只"看不见的手"同时影响着企业创新和国外机构投资者的持股比例，这只手同时与因变量——企业创新成果，以及自变量——国外机构投资者持股比例呈正相关（或负相关），回归结果表现出来就是企业创新成果与国外机构投资者持股比例之间呈正相关关系。看不见的手的存在使我们无法得出"国外机构投资者持股比例越高企业创新水平越高"的结论，这种问题被称为"遗漏变量"问题。另一方面，我们观察到因变量与自变量呈正相关关系的可能原因是企业创新成果的增加，吸引了更多的国外机构投资者去投资该公司，这种问题被称为"反向因果"问题。"遗漏变量"和"反向因果"是公司金融研究中时常遇到并需要重点解决的"内生性问题"。

为了解决可能存在的"内生性问题"，我们采用了双重差分法和工具变量法进行研究。

双重差分法的原理是基于自然实验得到的数据，结合"有与无"和"前与后"的双重差异，通过建模将政策影响的真正结果有效分离出来。双重差分法是经济学、金融学研究中解决内生性问题的有效手段之一。

2003年，美国国会通过了《就业与增长税收减免协调法案》（Jobs and Growth Tax Relief Reconciliation Act，简称 JGTRRA），将股息红利税从原有的38.6%降至15%，该法案适用于所有住所所在地在美国或者与美国有税收协议的国家。未与美国签订税收协议的国家，如巴西、新加坡等，仍保持原有的税率不变。JGTRRA 法案的通过构成了社会科学研究中一个理想的准自然实验场景。首先，法案的通过几乎不可能是由于外国公司创新产出的变动所导致的，我们可以将其视为一个纯粹"外生"的冲击。其次，法案导致了国外机构投资者持有非美国公司股票量的外生变动，却没有直接影响这些公司的创新活动。因此，如果经过双重差分处理后，仍能观察到企业创新产出和国外机构投资者持股比例之间的正相关关系，就可以得出因果推断，从而解决内生性问题。

我们选取实验组公司的标准是 JGTRRA 法案通过前1年内，公司住所所在地在法案所影响到的国家，同时进行过分红。对照组是住所所在地不在法案所影响到的国家，但也曾分红的公司。如此一来，我们得到了包含1 693家公司的实验组和228家公司的对照组。通过倾向匹配得分法，我们为每个对照组公司匹配了5家实验组公司。由于法案直接对美国机构投资者产生影响,我们将所有国外机构投资者区分为美国和非美国两类。我们还增加了两个创新增长指标,包括专利数量的增长和被引用次数的增长,时间区间为法案通过前3年内,以备后文中平行趋势检验的需要。

双重差分法能够解决内生性问题的前提是平行趋势,即实验进行前,实验组和对照组在研究所关注的指标上有相同的趋势。本研究中,我们关注企业创新成果,平行趋势假设就要求实验组公司和对照组公司在法案通过前的创新增长指标趋势大体相当。为此,我们先后进行了三项诊断性测试,结果均确认了实验组和对照组在法案通过前创新指标平行趋势的存在,确保了双重差分法的有效性。

表 12-2 双重差分法结果

	实验组	对照组	实验组-对照组	t 值
	实验后-实验前	实验后-实验前	双重差分估计	双重差分估计
专利数量	0.178	0.079	0.099***	2.215
	(0.047)	(0.035)		
专利引用次数	0.205	0.082	0.123***	2.849
	(0.054)	(0.033)		

注:计量结果括号内为稳健性标准误,***、**、* 分别表示1%、5%、10% 的显著性水平。

此后,我们分别展开单变量和多变量双重差分研究,比较实验组和对照组在法案通过前3年和通过后3年创新成果的变化情况。结果发现,实验组与对照组公司相比,在法案通过后专利数量和被引用次数分别有11%和14%的增长。此外,为保证结论的有效性和可靠性,我们还进行了多项稳健性检验,比较了分红公司与未分红公司的表现,对比了国外机构投资者是否来自美国的情形,排除了政策预期对结果的影响。

由于双重差分法仍无法完全解决内生性问题,例如,Desai 和 Dharmapala(2011)研究发现,JGTRRA 法案通过后,美国机构投资者增加了在能够得到税收优惠国家的资产配置比重,由此可知,JGTRRA 法案通过后国外机构投资者占比和企业创新成果之间的正相关关系可能是由机构投资者组合调整导致,而不是企业创新活动真正的增强,这就对我们结论的稳健性构成了挑战。因此,除了双重差分法之外,我们还使用了工具变量法来处理内生性问题。

工具变量法的原理是在回归方程中加入一个满足相关性（与内生解释变量相关）和外生性（与扰动项不相关）的工具变量，从而得到回归系数的一致估计量。工具变量选择的标准是与模型中解释变量高度相关，但却不与随机误差项相关。

在本研究中，理想的工具变量应该与国外机构投资者持股比例显著相关，却与企业创新产出无关。参照 Aggarwal 等（2011）的研究方法，我们选取明晟指数（Morgan Stanley Capital International，简称 MSCI）成分股每年的变化，作为与国外机构投资者持股比例变化相关的工具变量。从 1987 年开始发布的明晟指数由 45 个指数组成，涵盖了全球 85% 以上的可流通股票资产。Ferreira 和 Matos（2008）、Leuz 等（2010）研究发现，公司加入明晟指数后，其国外机构投资者持股比例会显著上升。我们增加一个表示指数成分股的虚拟变量，如果一个公司的股票在某一年是明晟指数成分股，则该公司在该年份的虚拟变量值记为 1，否则为 0。将虚拟变量加入两阶段最小二乘回归方程后，我们发现企业创新产出与国外机构投资者持股比例之间仍然存在正相关关系。

值得注意的是，虽然通过相关性检验，我们建立了工具变量与内生解释变量之间的相关关系，但是对工具变量的另一要求：与扰动项无关，我们却无法通过计量手段来验证。现有经济理论和实证研究均无结论显示本文的工具变量和扰动项相关。

表 12-3　加入明晟指数工具变量法

	第一阶段	第二阶段		第一阶段	第二阶段	
	国外机构投资者持股比例	专利数量	引用次数	国外机构投资者持股比例	专利数量	引用次数
明晟指数	4.331***			2.141***		
	(0.314)			(0.130)		
国外机构投资者持股估计量		0.076***	0.084***		0.037***	0.046***
		(0.022)	(0.024)		(0.009)	(0.013)
固定效应	是	是	是	是	是	是
控制变量	否	是	是	是	否	否
F 值	<0.001			<0.001		
样本数	30 008	30 008	30 008	30 008	30 008	30 008

注：计量结果括号内为稳健性标准误，***、**、* 分别表示 1%、5%、10% 的显著性水平。

监督渠道、保险渠道、知识溢出渠道

在成功建立企业创新产出与国外机构投资者持股比例之间的因果关系后,我们试图探究其中的作用机制。根据假设和已有文献,我们重点关注监督渠道、保险渠道和知识溢出渠道三种作用机制。

监督渠道

由于现代企业所有权与控制权分离所产生的代理问题,企业管理层或出于对短期回报的关注,或出于对自身利益的考虑,有动机对风险低的日常项目进行过度投资,却对有挑战的创新项目投资不足。

机构投资者对管理层的监督是缓解管理层短视问题的一个有效手段。与个人投资者相比,机构投资者拥有强大的信息收集和信息分析能力,能够更好地扮演企业外部监督者的角色。然而,并不是所有机构投资者均会积极主动地参与企业监督。Bushee(1998)将机构投资者分为长期投资者和短期投资者,前者会缓解管理层短视问题,后者反而会加剧管理层的短视问题。Chen 等(2007)的研究结果显示,长期投资者会更加积极地收集关于所投公司的信息,短期投资者虽持有公司股票,但在参与公司治理方面并不积极。

基于以上分析,我们将国外机构投资者分为两类:长期投资者和短期投资者。可以料想,二者在促进企业创新方面发挥的作用有所差异。

研究中,我们将持股期超过一年的投资者称为长期投资者,持股期不超过一年的投资者称为短期投资者。将二者分组进行回归后发现,长期国外机构投资者持股比例的增加对企业创新产出有显著的促进作用,短期国外机构投资者的作用并不显著,印证了我们关于监督渠道的假设。

通常情况下,相比银行信托、保险公司等非独立机构投资者,我们认为独立的机构投资者,如共同基金、私募基金等,能够更好地发挥监督的作用。将国外机构投资者按照独立性进行分组回归后,我们发现,独立国外机构投资者对企业创新产出影响显著,非独立者并无明显作用,同样证实了对监督渠道的假设。

表 12-4　监督渠道

	专利数量		专利引用次数	
	独立	长期	独立	长期
国外机构投资者持股比例	0.008*** (0.003)	0.008*** (0.003)	0.011*** (0.004)	0.011*** (0.004)
国内机构投资者持股比例	−0.001 (0.001)	−0.001 (0.001)	−0.000 (0.002)	−0.001 (0.002)
固定效应	是	是	是	是
样本数	30 008	30 008	30 008	30 008

注：计量结果括号内为稳健性标准误，***、**、* 分别表示 1%、5%、10% 的显著性水平。

保险渠道

经济学和心理学文献显示，现有的按绩效支付薪酬的激励机制能够有效激励常规性工作，但在激励创新性工作方面却并未取得理想效果。这是因为创新通常是一件长期而高风险的活动，需要对失败的高度容忍，对短期绩效的过分重视反而不利于创新活动的开展（Holmstrom, 1989；Ederer 和 Manso, 2013）。Aghion 等（2013）研究发现，在机构投资者存在的情况下，由于业绩因素而导致的美国企业管理层的更换减少，该结果与本研究的预期一致：机构投资者能够降低管理层对自身职业发展和声誉的担忧，鼓励他们将更多的资源投入到可能失败却长期有益的创新项目中。Ederer 和 Manso（2013）提出，如果随时受到由于业绩不够理想而被解约的威胁，公司管理者投入创新项目的动机将大大降低。由此，我们可以设想，如果国外机构投资者的存在，降低了管理者的更换频率和薪酬对业绩的敏感度，则我们可以说，国外机构投资者对公司管理者起到了保护作用，减少了他们由于可能的创新失败所遭受的惩罚。

为了验证以上猜想，我们从 BoardEx 数据库收集了 CEO 更换数据，并参照 Hartzell 和 Starks（2003）的研究构建了 CEO 报酬数据，分别将"管理层变动"与"管理层现金报酬"作为因变量；将公司资产"回报率变动""国外机构投资者持股比例""资产回报率变动"和"国外机构投资者持股比例"的交叉项作为自变量进行双重差分检验。结果显示，交叉项前系数显著为正。同理，我们将"回报率变动"

变量换为公司"财富变动"与"管理层现金报酬"进行回归,交叉项前系数显著为负。表明国外机构投资者的存在的确缓解了管理层对自身职业发展和声誉的担忧,进而验证了上述保险渠道假设。

表 12-5　保险渠道

因变量	管理层变动	管理层现金报酬	管理层总报酬
国外机构投资者持股比例 × 回报率变动	0.001** (0.000)		
国外机构投资者持股比例 × 财富变动		-0.018** (0.007)	-0.027** (0.012)
固定效应	是	是	是
样本数	755	785	785

注:计量结果括号内为稳健性标准误,***、**、* 分别表示 1%、5%、10% 的显著性水平。

知识溢出渠道

除了监督职能和保障作用,国外机构投资者还能够通过商业网络对知识、信息乃至专业技能进行传播,进而促进所投企业的创新活动。社会网络所带来的知识溢出效应对创新活动的影响在诸多研究中得到验证。例如,Faleye, Kovacs 和 Venkateswaran (2014) 的研究结果显示,CEO 的社交网络会对企业创新产生正面作用。知识除了可以通过商业网络传递,还可以通过企业的并购交易传播。Ferreira 等 (2010) 提出,国外机构投资者是跨境并购的主要驱动力,它们是跨国公司之间的桥梁,可以降低成本,促进信息传递。Guadalupe 等 (2012) 的研究得到了类似的结论,他们发现:在被国外公司收购后,本国公司更可能通过吸收技术、吸取国外经验、参与国外市场来进行创新。由此可知,知识溢出效应是国外机构投资者促进企业创新的另一渠道。

如果知识溢出渠道成立,我们应该会观察到,来自创新程度更高的国家的机构投资者,能够在促进被投企业创新中发挥更加显著的作用。同时,考虑到一国的治理水平对该国企业创新水平可能的影响,我们将国外机构投资者按照来源国创新水平高、低分成两组。双重差分结果显示,来源国创新水平越高,国外机构投资者对企业创新的正面作用更大,与预期一致。

表 12-6　知识溢出渠道

	专利数量		专利引用次数	
	专利/GDP	专利/人口	专利/GDP	专利/人口
高创新国家的国外机构投资者持股比例	0.007*** (0.004)	0.009*** (0.003)	0.011*** (0.005)	0.012*** (0.004)
低创新国家的国内机构投资者持股比例	0.014 (0.009)	0.001 (0.025)	0.018 (0.011)	0.015 (0.033)
固定效应	是	是	是	是
样本数	30 008	30 008	30 008	30 008

注：计量结果括号内为稳健性标准误，***、**、* 分别表示 1%、5%、10% 的显著性水平。

综上所述，我们证实了国外机构投资者能够对企业创新带来显著的正面影响，并验证了该影响通过监督渠道、保险渠道和知识溢出渠道产生作用。

金融市场的开放

资本市场自由化指一国扩大资本市场开放程度，减少对国外投资者和跨国资本流动的各类限制，允许更多国外投资者参与本国经济发展。在 19 世纪末到 20 世纪初的 30 多年里，各国资本市场，特别是股票市场的自由化对世界经济产生了深远影响。Bekaert, Harvey 和 Lundblad（2005）的研究显示，资本市场自由化每年为全球带来 1% 的 GDP 的增长。然而，资本市场自由化如何对提高生产率产生促进作用目前尚未得到解释。我和新南威尔士大学教授 Fariborz Moshirian 和 Bohui Zhang 以及香港中文大学助理教授 Wenrui Zhang 在合作的文章中提出了这样一个观点：资本市场自由化通过推动技术创新，促进经济增长。

我们采用固定效应识别的方法，利用世界 51 个发达与发展中经济体的数据，发现资本市场开放之后，对外部股权融资依赖度高的行业显示出更高的创新水平。开放后的资本市场为企业提供了更加充足的资金支持，减少了企业的资金约束。同时，随着资本市场开放而来的人力资本和国外技术流入，共同推动了一国企业创新水平的提升。

本章小结

本章分析了国外机构投资者对企业创新的影响及其传导机制。本章要点总结如下：

- 作为资本市场的重要参与者，国外机构投资者兼具监督功能、治理作用和信息传递作用；
- 国外机构投资者能够通过监督渠道、保险渠道和知识溢出渠道促进企业创新；
- 资本市场的开放对企业创新活动有正面影响，为我国逐步放松国外准入提供了理论支持和实证依据。

参考文献

[1] V V Acharya and K V Subramanian. Bankruptcy codes and innovation [J]. *The Review of Financial Studies*, 2009, 22: 4 949－4 988.

[2] P Aghion, N Bloom, R Blundell, R Griffith and P Howitt. Competition and innovation: An inverted－U relationship [J]. *Quarterly Journal of Economics*, 2005, 120: 701－728.

[3] P Aghion, P Howitt, and S Prantle. Patent rights, product market reforms, and innovation [J]. *Journal of Economic Growth*, 2015, 20: 223－262.

[4] P Aghion J Van Reenen, and L Zingales. Innovation and institutional ownership [J]. *American Economic Review*, 2013, 103: 277－304.

[5] R Aggarwal, I Erel, M Ferreira and P Matos. Does governance travel around the world? Evidence from institutional investors [J]. *Journal of Financial Economics*, 2011, 100: 154－181.

[6] G Bekaert, C Harvey and C Lundblad. Does financial liberalization spur growth? [J]. *Journal of Financial Economics*, 2005, 77: 3－55.

[7] B J Bushee. The influence of institutional investors in myopic R&D investment behavior [J]. *Accounting Review*, 1998, 73: 305－333.

[8] X Chen, J Harford and K Li. Monitoring: Which institutions matter? [J]. *Journal of Financial Economics*, 2007, 86: 279－305.

[9] K H Chung and H Zhang. Corporate governance and institutional ownership [J]. *Journal of Financial and Quantitative Analysis*, 2011, 46: 247－273.

[10] F Ederer and G Manso. Is pay for performance detrimental to innovation? [J].

Management Science, 2013, 59: 1 496 – 1 513.

[11] Faleye T Kovacs and A Venkateswaran. Do better – connected CEOs innovate more? [J]. *Journal of Financial and Quantitative Analysis*, 2014, 49: 1 201 – 1 225.

[12] V W Fang, M Maffett and B Zhang. Foreign institutional ownership and the global convergence of financial reporting practices [J]. *Journal of Accounting Research*, 2015, 53: 593 – 631.

[13] M A Ferreira, M. Massa and P. Matos. Shareholders at the gate? Institutional investors and cross – border mergers and acquisitions [J]. *The Review of Financial Studies*, 2010, 23: 601 – 644.

[14] M A Ferreira and P Matos. The colors of investors' money: The role of institutional investors around the world [J]. *Journal of Financial Economics*, 2008, 88: 499 – 533.

[15] S L Gillan and L T Starks. Corporate governance, corporate ownership and the Role of institutional investors: A global perspective [J]. *Journal of Applied Finance*, 2003, 13: 4 – 22.

[16] P A Gompers and A Metrick. Institutional investors and equity prices [J]. *Quarterly Journal of Economics*, 2001, 116: 229 – 259.

[17] Z Griliches, A Pakes and B H Hall. The value of patents asindicator of inventive activity. NBER Working Paper, 1988.

[18] B H Hall, A B Jaffe and M Trajtenberg. The NBER patent citation data file: Lessons, insights and methodological tools. NBER Working Paper No. 8498, 2001.

[19] B H Hall and J Lerner. *The Financing of R&D and innovation* [J]. Elsevier, 2010.

[20] O D Hart. The market mechanism as an incentive scheme [J]. *Bell Journal of Economics*, 1983, 14: 366 – 382.

[21] J C Hartzell and L T Starks. Institutional investors and executive compensation [J]. *Journal of Finance*, 2003, 58: 2 351 – 2 374.

[22] J He and X Tian. The dark side of analyst coverage: The case of innovation [J]. *Journal of Financial Economics*, 2013, 109: 856 – 878.

[23] B Holmstrom. Agency costs and innovation [J]. *Journal of Economic Behavior and Organization*, 1989, 12: 305 – 327.

[24] P H Hsu, X Tian and Y Xu. Financial development and innovation: Cross – country

evidence [J]. *Journal of Financial Economics*, 2014, 112: 116–135.

[25] B Jaffe, M Trajtenberg and M S Fogarty. Knowledge spillovers and patent citations: Evidence from a survey of inventors [J]. *American Economic Review*, 2000, 90: 215–218.

[26] D Kaufmann, A Kraay and M Mastruzzi. The worldwide governance indicators: Methodology and analytical issues [J]. *Hague Journal on the Rule of Law*, 2011, 3: 220–246.

[27] H Luong, F Moshirian, N Lily, X Tian and B H Zhang. How do foreign institutional investors enhance firm innovation [J]. *Journal of Financial and Quantitative Analysis*, Forthcoming.

[28] G Manso. Motivating innovation [J]. *Journal of Finance*, 2011, 66: 1823–1860.

第 13 章
政策不明朗惹的祸：政策稳定与创新

企业创新投资与常规投资不同，需要长期投资，同时伴随着高风险和高不确定性，因此创新更易受到政策环境的影响。企业创新投资的长期性需要稳定的政策支持，政出多门，朝令夕改，政策模糊、矛盾等会严重影响投资者的长期投资意愿，不利于形成稳定预期，使企业和投资者更偏好短期收益。因此，政策稳定预期对于创新生态系统来说至关重要。究竟是政策本身还是政策的不确定性影响了企业创新意愿和风险投资？其又是如何影响企业创新意愿和风险投资的呢？这些问题是本章关注的重点。

实物期权、政府购买视角下的政策不确定性

政治家和监管机构会根据经济政治等因素不断调整相关政策，从而影响企业的经营环境。不管是政策施行的时间、政策具体内容还是政策潜在影响等，这些因素的不确定性都会冲击商业活动。政策不确定性产生的负外部性会对企业的经营决策产生影响，Dixit 和 Pindyck（1994）指出其影响对象首当其冲的就是企业投资，通过对创新的影响进而对经济增长产生负面影响。2016 年美国总统大选以后，全球经济金融格局面临的最大不确定性就是特朗普政策的不确定性。特朗普凌晨两点睡不着

觉，于是就发推特告诉世界他的想法，全世界都不知道他会怎么做，不知道他的政策对全球会产生什么影响。于是全球市场开始猜测，这从根本上冲击了全球经济和金融的稳定，并产生了一系列不确定性。最直接的证据就是特朗普不确定性对美国利率水平预期的影响。在大选前，美国十年期国债利率水平预期在 2% 左右，呈正态分布。但特朗普当选后，这一预期急剧上升且高度集中，预期达到了 3% 左右，引起市场的巨幅波动。由于政策不确定性对微观企业活动和宏观经济运行均会造成深远影响，关于政策不确定性的研究受到了学术界、业界和政策制定者的广泛关注。

经济学家小传
MINI BIOGRAPHY

阿维纳什·迪克西特（Avinash K. Dixit，1944 年 8 月 −），印度裔美国著名经济学家。迪克西特教授于 1963 年分别获得数学和物理学的学士学位，一个偶然的机会，迪克西特对经济学产生浓厚的兴趣，并于 1968 年获得麻省理工学院经济学博士学位，从此开启了迪克西特教授在经济学领域璀璨的学术道路。

迪克西特教授首次采用数学模型对规模经济的产品种类、数量和消费者效用函数的最优关系进行分析，创建了"迪克西特－斯蒂格利茨"模型（D−S 模型）。该模型不仅解释了消费者的多样化偏好和厂商差别化产品垄断生产的报酬递增性，而且为新贸易和增长理论提供了理论框架，为该领域的研究发展作出奠基性的贡献。

从 1989 年以来，迪克西特教授一直在普林斯顿大学担任教授，1992 年当选为美国艺术和科学研究院院士；2001 年任计量经济学会会长；2002 年任美国经济学会副主席，2008 年任学会主席；2005 年获选美国国家科学院院士。2016 年，印度政府颁发第二大城市荣誉市民给迪克西特教授。

他撰写了一系列著作，其中不乏经济学相关研究领域的名著或经典教科书。他和麻省理工学院经济和金融学教授 Robert Pindyck 联合出版专著《不确定性下的投资》，是运用实物期权理论研究投资的开山之作,被誉为"与生俱来的经典之作"。

经济学研究中,我们通常说的政策不确定性,是指涵盖货币、财政政策以及宏观监管等经济政策带来的不确定性。通常有两种度量方法,早期学者,例如 Julio 和 Yook(2012)认为,政策不确定性主要由政治不确定性导致,这些学者大多采用总统选举、地方政府行政长官选举周期所带来的政治风险作为政策不确定性的衡量指标。Baker, Bloom 和 Davis(2016)将包含"经济""政策""不确定性"三个关键词的新闻数量作为衡量经济政策不确定性的指标(BBD 指数)。两种指标从不同的层面反映了政策的不确定性。用选举作为衡量政治不确定性的指标侧重于政治周期所导致的不确定性,而 BBD 指数则反映更加一般化的经济政策不确定性,比如财税政策、货币政策等。这些政策不确定性在影响市场环境的同时,也会对企业的投资意愿产生重大影响。本章中,我们将集中探讨政策不确定性对企业最重要的投资活动之一——研发投资以及企业技术创新的影响。

基于实物期权视角下的政策不确定性

传统期权理论认为,期权合约赋予持有人在未来某一时点以之前约定价格买卖标的资产的权利(Black 和 Scholes,1973)。布莱克-斯科尔斯模型(B-S 模型)推导证明了期权价值与期权到期日前的不确定性是正相关的,和期权持有人的行权意愿是负相关的。Dixit 和 Pindyck(1994)是将期权理论引入企业经营活动(如投资)的先驱者,也是实物期权领域的奠基人。他们将实物资产的投资机会视为一种选择期权,该种期权的标的资产为基础设施、土地资源、人力资本、研发专利等。这些非标准化资产没有公开市场可供交易,专用性较强,流动性较差。这些特征决定了企业对实物资产投资具有不可逆性,当面对政策不确定性时,企业改变投资决策存在很高的调整成本。

因此,政策不确定性会从两个维度减少企业投资:(1)如果投资项目的不可逆性很高,政策不确定性的突然上升会导致企业推迟对该项目的投资,直到政治环境重新明朗。企业资本密集度越高(即非流动性资产占比越高),资产专用性越强,购买资产的沉没成本越高,资产清算价值越低,投资的不可逆性越强,企业受到政策不确定性的冲击越大。(2)企业受到政策不确定性的影响还取决于其是否有能力推迟投资，因为政策不确定性会增加企业拖延当期投资的期权价值，但如果企业拖延投资的成本很高，那么企业无疑会减少这种高成本的拖延行为，这种现象在竞争激烈的行业中比较常见。因此，企业所在行业竞争越激烈，政策不确定性对企业投资的影响越小。

中国经济发展进入新常态后，面临增长速度换挡期、结构调整阵痛期和前期刺激政策消化期的三期叠加，经济体制和金融市场尚不完善，中国特色社会主义经济体制的建立仍处于摸着石头过河的阶段，因此政策难免存在不稳定性。政策的频繁扰动无疑会给宏观经济发展和微观企业经营活动带来干扰。美国2011年至2012年期间，政策不确定性的提高导致了超过1%的GDP的经济损失和100万就业岗位缩减[1]。同时也被学术界认为是导致2008年经济危机后经济复苏缓慢和企业"投资断崖"的元凶[2]。

基于政府购买视角的政策不确定性

除实物期权视角这一作用渠道外，政策不确定性还通过政府购买渠道影响企业经营活动。例如，Gulen和Ion（2016）通过实证研究发现，市场越依赖政府购买，公司受到政策不确定性的影响越明显。这说明作为政策制订者，政府决策导致的政策不确定性也会通过政府购买这一市场渠道影响企业销售利润从而影响企业投资决策。除此之外，Nguyen和Phan（2017）通过对美国1986年到2014年的公司并购投资活动的研究发现，营业利润主要依赖政府购买的一些行业，比如国防、医疗健康等行业的并购投资行为受到政策不确定性影响更大。这些研究都表明，政府购买是政策不确定性影响企业经营活动的一个重要作用渠道。

政策倾向性假说 VS. 政策不确定性假说

创新对驱动国家经济长期增长，提升国家综合实力具有重大意义。虽然在企业和市场层面如何激励创新受到了学术界的广泛关注和研究，但从政策层面研究如何激励创新尚处于空白阶段。政策会改变创新型企业运营的经济环境，从而影响企业的投资活动以及创新产出，最终决定一个国家的创新实力。2013年的全球创新指数

---

[1] http://www.wsj.com/articles/SB10001424127887323789704578443431277889520。

[2] https://www.wsj.com/articles/SB10001424127887324595904578123593211825394。

（Dutta 和 Lanvin，2013）衡量了一个国家的综合创新实力。在这个多维度的综合指标中，排在前两位的最重要的衡量指标就是政策稳定性和政府效率。由此可见，在宏观层面，政策的稳定性对提升国家创新实力具有至关重要的作用。在不同的政策环境下，追求利润最大化的企业的创新行为也会不同。例如，技术创新也分为劳动节约型和资本节约型两类，在领导人选举这种政治走势不明朗的时刻，企业决策者往往会仔细琢磨自己的研发投入是否适合未来的经济环境——"哪个党派会赢得大选呢？""下一任的领导者是谁？会施行什么方向的政策？""我们公司还是先静观其变，别把投资打水漂了"。在政策高度不确定时期，上市公司普遍面临创新不足的问题。因此，研究如何有效激励企业创新也尤为重要。

政策倾向性假说

我们提出两种假说——政策倾向性假说和政策不确定性假说，并建立理论和实证模型验证假说是否符合现实环境。政策倾向性假说认为是政策本身影响了创新活动。我们基于世界银行对政策的划分标准，将国家政策分为左倾和右倾。例如，右倾的政府会实施更加有利于劳动节约型的创新政策，如人工智能科技创新，左倾政府则相反。同时也可以将政策划分为保守型政策和激进变革型政策，保守派政府往往更倾向于激励传统型行业（如石油、天然气等能源行业）的创新活动，激进派政府往往不会激励传统行业的创新。因此，在政策倾向性假说下，执政者的政治偏好往往会抑制某些特定行业的创新活动。

政策不确定性假说

政策不确定性假说认为并不是政策本身，而是政策制定过程中的不确定性抑制了企业创新活动。以 Bernanke（1983）为先驱，学者们建立了大量理论模型论证政策不确定性与不可逆的投资决策之间的关系。他们证明，如果投资决策不是完全可逆的，政策不确定性的提高会增加企业决策者推迟投资这一选择期权的价值，企业投资会变得愈发谨慎。法国著名经济学家，2014 年诺贝尔经济学奖得主梯若尔教授指出：因为创新活动是对未知世界的探索和开拓，需要企业对流动性较差的无形资产的大量投资，因此推迟企业研发投资的选择期权的价值会更加珍贵（Aghion 和 Tirole，1994）。

经济学家小传
MINI BIOGRAPHY

让·梯若尔(Jean Tirole,1953年8月-),法国著名经济学家,2014年因其在市场的力量和监管领域的研究而荣获诺贝尔经济学奖,被誉为当代"天才经济学家"。他研究的重点是银行与金融、博弈论、行为经济学。

1976年让·梯若尔在法国巴黎理工大学获得工学学士学位,两年获得巴黎大学决策数学博士学位,1981年获得美国名校麻省理工学院的经济学博士学位,导师是2007年诺贝尔经济学奖得主,当今名扬天下的机制设计理论大师Eric Maskin。梯若尔毕业后先作为研究员工作,而后从1984年到1991年作为经济学教授任职于麻省理工学院。1992年让·梯若尔回到法国图卢兹大学,并于1994年筹备组建法国图卢兹大学产业经济研究所,该产业经济研究所已经成为欧洲最好的经济学研究中心。让·梯若尔为法国乃至整个欧洲经济学的振兴做出了卓越的贡献。从1995年以来,他一直担任法国图卢兹大学产业经济研究所所长,同时兼任麻省理工学院的访问教授。

让·梯若尔于1998年担任经济计量学会会长,2001年担任欧洲经济协会主席。让·梯若尔获奖无数,其中最高荣誉当属诺贝尔经济学奖。这位瘦高身材、目光敏锐的法国绅士对经济学有着惊人的直觉,并且良好的数学背景让他拥有可以运用数学方法发现规律并形成经典理论的优势。他开创性地把博弈论和信息经济学分析方法引入产业组织理论体系。让·梯若尔发表过200多篇学术文章,在经济学领域里纵横驰骋,研究成果涉及产业组织理论、博弈论和行为经济学。他还出版过十本专著,包括《产业组织理论》和与弗登伯格合著的经典之作《博弈论》,此书对世界著名大学研究生的博弈论教育产生了重要影响。

同时,选举产生的政府倾向对高风险、高不确定性的探索性创新活动的成功与否起着至关重要的作用。因此,在政策不确定性较高的政治背景下,企业拖延研发投资的期权价值更加弥足珍贵。例如，如果在美国大选中，左倾政党上台，往往会倾向于补贴太阳能和风能行业的创新活动；如果是右倾政党上台，石油和天然气行业的水力压裂技术创新则会更加受到政府青睐。考虑到大选带来的不确定性，美国能源公司往往等到大选尘埃落定后，基于新当权政府的政策倾向决定究竟是投资于新能源行业的太阳能电池还是投资于石油天然气行业的水力压裂技术创新。因此，与上文提到的政策倾向性假说相反，政策不确定性假说更加强调选举期间或者黑天鹅事件导致的政策不确定性激增抑制企业的创新冲动。

迷你案例
MINI CASE

政策不确定性导致美国经济复苏缓慢

金融危机后美国经济陷入衰退，虽然从 2011 年以来已经缓慢复苏，但各种指标依然疲软。同时 2012 年受"财政悬崖"的不确定性影响，企业投资变得非常谨慎，投资数据很不乐观，衡量经济活力的设备和软件投资这一传统指标开始出现自金融危机以来的首次停滞，企业对房产类资产的投资已经开始下降。受这些指标的影响，近半数的美国前四十大企业宣布接下来将要减少投资，这对于美国经济的复苏来说可谓雪上加霜。

美国政府正在考虑采取税法调整方案来避免财政悬崖。但民主、共和两党在是否向富人阶层增税等问题上分歧依旧，双方无法就避免"财政悬崖"的方案达成一致，谈判陷入僵局。企业对政府达成既能避免增加税收，又能削减开支以解决"财政悬崖"的方案缺乏信心。美国企业担心，如果无法解决"财政悬崖"问题，将削弱投资者信心，蚕食企业利润，美国经济将会无法避免地重新陷入衰退。面对不断上升的不确定性，企业高管也纷纷表示他们正在减缓或者推迟大项目的投资以维持利润水平。

美国福陆公司董事长兼首席执行官 David Seaton 表示"如果不确定性不能被排除，那么出于对未来的担忧，公司将保有更多的现金以保证能够应付可能出现的更糟糕的情况，手持现金持续观望，尽量避免投资打水漂的情况。"

政策不确定性与企业创新

我和香港科技大学教授 Utpal Bhattacharya、香港大学两位副教授 Po-Hsuan Hsu 和 Yan Xu，在于 2017 年发表在 *Journal of Financial and Quantitative Analysis* 的文章"什么更影响创新？——政策还是政策不确定性"中便对以上两个可能的假说进行了验证。

在文章中，创新的度量数据主要来自 HBS 专利发明者数据库和 NBER 专利数据库。我们仍然从创新产出数量和质量两个维度进行测度，选择申请且最终被授予的专利数量以及专利的引用次数作为指标，文章主要用专利申请年作为专利的测度年份。为了更加全面地度量企业的创新产出活动，我们在文中用本行业的专利被引用次数度量该行业的创新产出质量。同时我们也采用了专利原创性、专利引用排名本行业前 25% 的专利数量、专利引用排名本行业后 25% 的专利数量、专利引用标准差、开创性专利数量、探索性专利数量等指标进一步刻画创新产出的质量。由于专利的研发通常需要一个较长的时间，文章将目标年的政策环境因素对应该行业一年后的创新产出变量进行回归，并且采用行业–国家–年份三维面板数据，样本包含全球 43 个主要经济体。

政策环境相关数据主要来自世界银行的政治体制数据库（Keefer，2010）。我们将执政党政策倾向划分为左倾和右倾。如果当年该国举行换届大选，我们定义政策不确定性变量为 1，否则为 0。在样本中，澳大利亚和丹麦选举频率最高（每三年举行一次大选）。我们选取 GDP 年度增速作为重要的控制变量，数据来自世界发展指标和全球金融发展数据库。

我们首先利用普通最小二乘法对政策环境与行业创新之间的关系进行了回归分析，在回归中加入了 GDP 增速、本年度创新等控制变量，同时对行业国家联合固定效应以及年份固定效应进行了控制。基本回归模型如下：

$$国家行业创新产出_{i,j,t+1} = \alpha + \beta_1 \times 大选_{i,t} + \beta_2 \times 政策倾向_{i,t} + \gamma \times 控制变量_{i,j,t} + 固定效应 + \varepsilon_{i,j,t} \quad (13\text{-}1)$$

其中，α 为截距项，β_1、β_2、γ 为系数，ε 为随机扰动项，下标 i 代表国家，下标 j 代表行业，下标 t 代表年份。

因变量国家行业创新产出$_{i,j,t+1}$表示在 $t+1$ 年国家 i，行业 j 的创新产出，包括专利数量、专利质量、专利原创性、专利引用排名本行业前 25% 的专利数量、专利引用排名本行业后 25% 的专利数量、专利引用标准差、开创性专利数量、探索性专利数量等指标。大选$_{it}$是一个虚拟变量，如果当年该国举行换届大选，该变量取值为 1，否则为 0，代表政策不确定性程度。政策倾向$_{it}$表示政策左倾或右倾程度。我们还控制了 GDP、同年的创新产出、行业国家联合固定效应，以及年份固定效应。基础回归的结果如表 13-1 所示。

表 13-1 政策不确定性与企业创新（OLS）[①]

因变量	专利数量（1）	专利引用次数（2）	原创性（3）	专利数量（前 25%）（4）	专利数量（后 25%）（5）	专利引用（标准差）（6）	探索性创新（7）	实用性创新（8）
选举	−0.018**	−0.035*	−0.018**	−0.023**	−0.005	−0.032*	−0.013**	−0.007
	(−2.511)	(−0.172)	(−2.559)	(−2.367)	(−0.638)	(−1.822)	(−2.228)	(−0.583)
政策左倾	0.006	0.033	0.008	−0.008	0.007	−0.009	0.004	0.016
	(0.626)	(1.627)	(1.025)	(−0.948)	(0.724)	(−0.480)	(0.451)	(1.187)
固定效应	是	是	是	是	是	是	是	是
样本量	25 060	25 060	25 060	25 060	25 060	20 240	25 060	25 060

注：计量结果括号内为 T 值，***、**、* 分别表示 1%、5%、10% 的显著性水平。

从回归结果我们可以发现，控制了国家和行业联合固定效应以及年份固定效应以后，43 个经济体在大选后 1 年都面临着不同程度（1.8%—3.5%）并且显著的创新活动下降。这一下降体现在专利的数量和专利的质量上。另外我们也发现，政策倾向变量系数不显著，这说明政策本身（左倾或者右倾）对创新活动的影响并不显著。

相较于大选后 1 年专利引用量至少下降 1.8%，引用量前 25% 的专利数量下降更加明显，平均下降 2.3%，但是引用量后 25% 的专利数量的系数不显著。这说明大选带来的政策不确定性对创新活动的影响是非对称的，对于有着广泛影响力的创新活动有更强的抑制作用，由此进一步证实了政策不确定性不仅会影响创新数量也会影响创新质量。选举同时减少了专利引用的标准差，这说明政策不确定性降低了创新活动的风险偏好程度。我们对探索性创新和实用性创新的分析结果也与之前的分析一致。我们发现大选带来的不确定性显著抑制了探索性创新这种具有高影响力的创新活动，而对于实用性创新这种边际贡献较小的创新活动，没有显著的影响。

---

① Utpal Bhattacharya, Po-Hsuan Hsu, Xuan Tian and Yan Xu. What Affects Innovation More: Policy or Policy Uncertainty? [J]. *Journal of Financial and Quantitative Analysis*, 2017, 52(5): 1 890–1 898.

普通最小二乘法回归结果表明，是选举带来的政策不确定性而不是政策本身影响了创新活动。受不确定性影响的企业会生产更少和更不具有影响力的发明专利，以及投资原创程度较低的研发项目。同时，大选导致公司更加偏好低风险的创新项目，这无疑导致了低质量的创新产出——更少的有影响力和开创性的专利。相比于前人研究（Julio 和 Yook，2012；Gulen 和 Ion，2016）专注于分析政策不确定性对投资的影响，我们进一步检验政策不确定性对创新数量和质量的影响，以及对创新主体的风险偏好的影响。总体而言，基准回归的结果支持上文的政策不确定性假说，即政策不确定性显著不利于企业开展创新活动。

因果关系检验

当然我们还不能直接将上文的结果解释为因果关系，因为可能会遗漏同时与大选和企业创新相关的变量，从而使上文的回归结果有偏误。为解决这一潜在的内生性问题，我们在文章中采用了势均力敌的选举事件和分样本回归的方法进行了进一步的分析。

首先，总统选举比议会选举的外生性更强。总统选举存在着很强的周期性，并且选举时间沿袭历史且相对固定。势均力敌的总统选举第二个优点在于，它们能够更好地衡量政策不确定性，因为选票接近的选举结果更加不可预测。因此，如果我们发现势均力敌的总统选举与随后的创新活动存在很强的负相关性，从某种程度我们可以认为选举带来的政策不确定性与创新存在着因果关系。如果选举中获胜的候选人只以小于 5% 的微弱优势领先于第二名候选人，我们定义该国该年份的选举为势均力敌的选举。该变量是一个哑变量，选举势均力敌时取值为 1，否则为 0。基于上述定义，我们的样本中一共有 11 次势均力敌的选举活动。

我们依然沿用表 13-1 中 OLS 回归的做法，不同的是，我们将表 13-1 中的选举变量替换为势均力敌的选举变量。在表 13-2 中，我们发现了与表 13-1 相似的结论。势均力敌的选举后 1 年，专利数量下降了 4.6%，专利引用次数下降了 15%。这一下降效应明显强于一般的选举活动，无疑说明势均力敌的选举所带来的更高的政策不确定性，更加不利于企业创新。

基于上述事件的实证结果如下表所示：

表 13-2 政策不确定性与企业创新（势均力敌的选举）[①]

因变量	专利数量	专利引用次数	原创性	专利数量（前25%）	专利数量（后25%）	专利引用（标准差）	探索性创新	实用性创新
	（1）	（2）	（3）	（4）	（5）	（6）	（7）	（8）
势均力敌的选举	-0.046*	-0.151*	-0.018	0.013	-0.033	-0.097**	-0.044*	0.047
	(-1.805)	(-1.928)	(-0.853)	(0.552)	(-0.908)	(-2.088)	(-1.730)	(0.752)
政策左倾	0.006	0.032	0.008	-0.008	0.007	-0.009	0.004	0.016
	(0.619)	(1.632)	(1.034)	(-0.952)	(0.714)	(-0.436)	(0.441)	(1.197)
固定效应	是	是	是	是	是	是	是	是
样本量	25 060	25 060	25 060	25 060	25 060	20 240	25 060	25 060

注：计量结果括号内为 T 值，***、**、* 分别表示 1%、5%、10% 的显著性水平。

通过分析上表，虽然我们没有发现势均力敌的选举活动对专利的原创性，以及引用分布的左端或者右端有显著影响，但是我们观察到在势均力敌的选举结束后 1 年，引用的标准差显著下降了。更重要的是，势均力敌的选举活动对实用性创新并没有显著的影响，但对探索性创新有显著的不利影响。这些结果共同表明，当大选结果难以预测，政策不确定性升高时，企业会减少对无形资产的投资，开展质量较低同时风险也较低的创新活动，承担更少的由创新活动高不确定性带来的风险，因此也拥有更少的探索性专利。这些结果都指向了同一个结论：政策不确定性只通过选举活动来影响企业创新。同时，我们也检验了不管是左倾政策还是右倾政策都对创新活动没有显著影响，这一结果也与表 13-1 是一致的。

其次，我们采用两组分样本检验来进一步排除可能存在的内生性问题。第一组分样本回归我们检验种族多元化程度如何调节政策不确定性对创新活动的作用。通常在政治经济学研究中，种族分布被视为与政治演变和经济增长无关的外生变量。我们认为种族多元化程度增强了政策不确定性对企业创新活动的不利影响。首先，种族多元化程度越高的国家，政治环境也往往更多极化，不利于形成对某项经济政策的社会共识（Easterly 和 Levine，1997）。第二，Knack 和 Keefer（1997）发现种族越集中的国家享有更多的社会资本（例如，社会信任程度会更高）。第三，Connor（1994）认为民族主义是导致社会暴力和叛乱行为的根源。最后，La Porta 等（1999）和 Radio

---

[①] Utpal Bhattacharya, Po-Hsuan Hsu, Xuan Tian and Yan Xu. What Affects Innovation More: Policy or Policy Uncertainty? [J]. *Journal of Financial and Quantitative Analysis*, 2017, 52(5): 1 890-1 898.

Miquel（2007）认为种族多元化社会，当权的领导人会实施歧视性的种族策略来稳固他所代表的种族利益和权威。因此，一个社会的种族矛盾越激烈，诚信程度越低，不公平现象和暴力行为越普遍，政治选举更有可能导致创新活动的显著减少。

表 13-3 政策不确定性与企业创新（分样本回归 1）[①]

分表 A： 最多数种族人口比例（高）

因变量	专利数量（1）	专利引用次数（2）	原创性（3）	专利数量（前25%）（4）	专利数量（后25%）（5）	专利引用（标准差）（6）	探索性创新（7）	实用性创新（8）
选举	−0.013	−0.031	−0.005	−0.025	0.018	−0.014	−0.014	0.012
	（−0.885）	（−0.831）	（−0.332）	（−1.121）	（1.206）	（−0.388）	（−1.006）	（0.647）
固定效应	是	是	是	是	是	是	是	是
样本量	8 040	8 040	8 040	8 040	8 040	5 590	8 040	8 040

分表 B： 最多数种族人口比例（低）

因变量	专利数量（1）	专利引用次数（2）	原创性（3）	专利数量（前25%）（4）	专利数量（后25%）（5）	专利引用（标准差）（6）	探索性创新（7）	实用性创新（8）
选举	−0.037**	−0.089**	−0.042***	−0.028*	−0.025	−0.019	−0.027*	−0.029
	（−2.277）	（−2.228）	（−3.105）	（−1.832）	（−1.426）	（−0.461）	（−1.809）	（−1.507）
控制变量	是	是	是	是	是	是	是	是
固定效应	是	是	是	是	是	是	是	是
样本量	6 220	6 220	6 220	6 220	6 220	4 294	6 220	6 220

注：计量结果括号内为 T 值，***、**、* 分别表示 1%、5%、10% 的显著性水平。

基于此，我们构建了两组指标来衡量种族集中程度。第一组指标是最多数种族的人口比例（Keefer 和 Knack，2002），第二组指标是基于不同种族占比的赫芬达尔指数（Alesina 等，2003）。我们把样本根据指标大小分为高（高于 70 百分位）、低（低于 30 百分位）两组。通过比较高低两组分样本中政策不确定性对创新活动影响的大小，我们能够较好地排除一些可能存在的内生性问题。

[①] Utpal Bhattacharya, Po-Hsuan Hsu, Xuan Tian and Yan Xu. What Affects Innovation More: Policy or Policy Uncertainty?[J]. *Journal of Financial and Quantitative Analysis*, 2017, 52(5): 1 890–1 898.

表 13-4 政策不确定性与企业创新（分样本回归 2）[①]

分表 A： 赫芬达尔指数（高）

因变量	专利数量 (1)	专利引用次数 (2)	原创性 (3)	专利数量（前 25%） (4)	专利数量（后 25%） (5)	专利引用（标准差） (6)	探索性创新 (7)	实用性创新 (8)
选举	−0.014	−0.046	−0.007	−0.024	0.016	−0.033	−0.014	0.007
	(−1.184)	(−1.425)	(−0.568)	(−1.174)	(1.285)	(−1.032)	(−1.220)	(0.419)
固定效应	是	是	是	是	是	是	是	是
样本量	8 920	8 920	8 920	8 920	8 920	6 477	8 920	8 920

分表 B： 赫芬达尔指数（低）

因变量	专利数量 (1)	专利引用次数 (2)	原创性 (3)	专利数量（前 25%） (4)	专利数量（后 25%） (5)	专利引用（标准差） (6)	探索性创新 (7)	实用性创新 (8)
选举	−0.044**	−0.094**	−0.045***	−0.031*	−0.023	−0.035	−0.034**	−0.032
	(−2.454)	(−2.151)	(−3.181)	(−1.907)	(−1.269)	(−0.846)	(−1.985)	(−1.595)
控制变量	是	是	是	是	是	是	是	是
固定效应	是	是	是	是	是	是	是	是
样本量	5 940	5 940	5 940	5 940	5 940	4 112	5 940	5 940

注：计量结果括号内为 T 值，***、**、* 分别表示 1%、5%、10% 的显著性水平。

表 13-3 和表 13-4 分别对 43 个经济体的样本基于最多数种族占比和赫芬达尔指数进行分样本检验，我们发现在高种族占比和高赫芬达尔指数的分样本中，选举对创新活动的影响并不显著。但是在低种族占比和低赫芬达尔指数的分样本中，选举活动的影响却显著为负。分样本的结果表明在种族多元化的经济体中，政策不确定性对创新活动的抑制作用较种族单一的国家更加明显。在这些国家，换届选举带来的结果的不确定性和政治的不明朗性会更加突出，企业家对未来的政治走势更加无法看清，因而也就越发不敢冒风险去追求企业创新。这一结果加强了我们对政策不确定性和创新活动的因果关系推断。如果创新活动与政策不确定性的关系是由遗漏变量所驱使的，那么这个遗漏变量的影响应该和种族多元化相一致。然而，现实情况中我们很难找到一个遗漏变量既和种族多元化相关，又与创新活动和政策不确定性相一致。因此，在很大程度上，我们可以推断政策不确定性和创新存在着因果关系。

[①] Utpal Bhattacharya, Po-Hsuan Hsu, Xuan Tian and Yan Xu. What Affects Innovation More: Policy or Policy Uncertainty? [J]. *Journal of Financial and Quantitative Analysis*, 2017, 52 (5): 1 890-1 898.

创新激励与创新密集型行业

通过上文的分析，我们发现在全球 43 个经济体中都存在政策不确定性而不是政策本身对创新活动的不利影响。那么政策不确定性究竟怎样伤害了公司的创新活动呢？我们对此问题进行了进一步的研究。我们发现政策或者政策不确定性主要通过人才流动和行业受政策影响敞口两个渠道来影响创新活动，如下图所示。

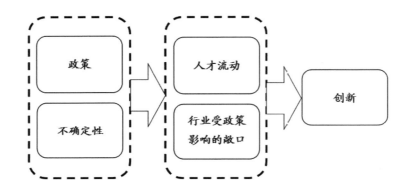

图 13-1　政策及政策不确定性影响创新的作用渠道

对创新者的激励

首先，我们从创新活动的主体——发明人的创新动机的角度出发，试图对政策不确定性的影响进行分析。因为人口规模在我们的研究期间相对稳定，所以我们可以采用发明人的数量衡量创新动机。我们在国家－行业－年份的数据层面计算专利发明家的总数量。只要个体有专利发明，我们就将其视作发明人。

在表 13-5 中，我们发现，选举带来的政策不确定性严重抑制了一年以后发明家的创新动机。在我们逐步加入 GDP 增速、当期发明家数量这些控制变量后，结果依然十分显著。但对于政策本身，我们并没有得到稳健的结果。这说明是政策不确定性而不是政策本身通过抑制发明人的创造动力，减少了创新活动的数量，降低了创新活动的质量。

表 13-5　政策不确定性与发明人流动[①]

因变量	发明人			
	（1）	（2）	（3）	（4）
选举	−0.020*	−0.020*	−0.020*	−0.020*
	（−1.855）	（−1.922）	（−1.919）	（−1.916）
政策右倾			−0.022**	
			（−2.130）	
政策左倾				0.017
				（1.477）
控制变量	是	是	是	是
固定效应	是	是	是	是
样本量	24 360	24 360	24 360	24 360

注：计量结果括号内为 T 值，***、**、* 分别表示 1%、5%、10% 的显著性水平。

综上所述，政策不确定性会通过影响创新人才流动影响一个国家的创新活动。在二战期间，由于战争因素给德国经济政治环境带来很大的不确定性，一些著名的犹太裔科学家为了免遭纳粹迫害，追求更稳定的工作环境和更优越的工作待遇，纷纷移民到较晚参战因此本土也较少受到战争影响的美国进行创新活动，这种人才流动加剧了德国创新实力的衰落和战后美国科技实力和综合国力的崛起。

创新密集型行业

如果政策不确定性不利于开展创新活动，那么我们应该观察到，那些创新密集型或者高科技行业受到政策不确定性的影响会更显著。我们构建了一个创新密集型行业和选举活动的交互项来检验这一假说。我们基于 Acharya 和 Subramanian（2009）的方法构建创新密集程度变量。行业的创新密集程度代表了行业的创新动力。如果该行业的创新活动在该年全国所有行业中排名前 30%，我们将其定义为创新密集型行业，该行业的"密集程度"指标取值为 1，否则为 0。在表 13-6 中，我们还进一步控制了国家行业联合固定效应和国家年份联合固定效应。创新密集度和选举的交互项是我们最重要的解释变量，它反映了政策不确定性对不同行业创新活动的异质性影响。

---

① Utpal Bhattacharya, Po-Hsuan Hsu, Xuan Tian and Yan Xu. What Affects Innovation More: Policy or Policy Uncertainty? [J]. *Journal of Financial and Quantitative Analysis*, 2017, 52(5): 1 890−1 898.

表 13-6 不同行业之间的政策不确定性与企业创新 ①

因变量	专利数量（1）	专利引用次数（2）	原创性（3）	专利数量（前 25%）（4）	专利数量（后 25%）（5）	专利引用（标准差）（6）	探索性创新（7）	实用性创新（8）
选举 × 创新强度	−0.022***	−0.035**	−0.026***	0.003	−0.007	−0.026**	−0.015**	−0.018*
（T 值）	（−3.193）	（−2.416）	（−4.488）	（0.403）	（−0.858）	（−2.023）	（−2.103）	（−1.959）
创新强度	0.027***	0.062***	0.031***	0.029***	0.037***	0.021*	0.031***	0.018***
（T 值）	（3.443）	（3.792）	（5.882）	（3.863）	（5.163）	（1.835）	（4.149）	（2.721）
固定效应	是	是	是	是	是	是	是	是
样本量	25 060	25 060	25 060	25 060	25 060	20 110	25 060	25 060

注：计量结果括号内为 T 值，***、**、* 分别表示 1%、5%、10% 的显著性水平。

从上表可以发现，在除了专利引用前/后 25% 数量这两列中，创新密集型行业和选举的交互项的系数不显著，在其他所有模型中创新密集度和选举的交互项的系数均显著为负。这显示科技行业的创新活动更容易受到政策不确定性的冲击。由于加入了国家行业联合固定效应和国家年份联合固定效应，一些随时间变化的行业国家特征都被控制住，这进一步表明我们构建的模型是有效并且无偏的。

中国的经验证据

我们 2017 年的研究发现在全球 43 个经济体（不包括中国）中，政策不确定性会通过影响企业的创新动机从而对企业的创新产生负面影响。然而中国尚处于经济发展转型阶段，市场制度不够完善。政府一方面作为政策的制订者和市场环境的监管者，另一方面又掌握着市场重要资源的分配权利，这进一步扩大了政策环境对企业经营活动的影响。由于新兴转轨国家的制度环境不完善造成的外部不确定性，企业必须时刻关注政府提供的动态性制度安排所带来的市场机会和政策机会，并进行企业决策调整（陈德球等，2016）。在此背景下，研究如何建立合理的制度环境，

---

① Utpal Bhattacharya, Po-Hsuan Hsu, Xuan Tian and Yan Xu. What Affects Innovation More: Policy or Policy Uncertainty?[J]. *Journal of Financial and Quantitative Analysis*, 2017, 52(5): 1 890–1 898.

降低市场参与主体——企业，在创新过程中遇到的不确定性风险并进一步激励企业创新显得尤为重要。

在研究中国市场中政策不确定性对企业经营活动所起作用的学者中，一部分学者通过研究创新的投入过程——投资，分析政策不确定性如何影响企业的投资活动。李凤羽和杨墨竹（2015）使用 BBD 指数衡量政策不确定性，发现政策不确定性对企业的投资行为会产生抑制作用，并且这种抑制作用受到企业投资不可逆程度、学习能力、所有权性质、机构持股比例以及股权集中度等因素影响。饶品贵等（2017）发现政策不确定性高时，企业投资显著下降，但是投资效率反而提高，这一效应对那些受政策影响大的企业群体更为明显。罗知和徐现祥（2017）指出，面对政策不确定性，我国企业投资行为表现出明显的所有制偏向，即国有企业选择跟进，而非国有企业选择等待，甚至在短时间内减少投资。

迷你案例
MINI CASE

政策不确定性打乱恒天然投资布局

对于奶制品产品，2013 年国家食品药品监督管理总局等九部委陆续出台相关意见，要求"婴幼儿配方奶粉生产企业须具备自建自控奶源"，知名牧场集团恒天然的建设步伐也不得不随之调整。恒天然集团是全球最大的乳制品出口商，占全球乳品贸易的 1/3，同时也是世界第六大乳制品生产商。为符合政策要求，恒天然和雅培合伙在山东准备构建醇源有机牧场以期健全本地供应链体系。醇源牧场项目分为三步走，2016 年开始，2018 年竣工。然而 2016 年 10 月，监管部门又出台了新的政策：配方注册制。政策要求，自 2018 年 1 月 1 日起境内生产销售和进口的婴幼儿配方奶粉需进行注册管理，每个厂商最多保留三个配方系列。国外企业配方往往多于三个，如何进行销售将是它们亟待解决的问题。不仅国外的企业有压力，国内的企业也倍感压力。国内知名品牌"伊利""贝因美"等产能巨大。配方制度使市场格局重新洗牌，市场竞争的白热化导致行业普遍竞相杀价甩货，乳制品市场价格持续走低，预期销售利润的不确定性增大。这直接导致原本计划于 2018 年竣工的醇源牧场项目延期动工。该项目"存在问题"一栏显示："鉴于国家最近修订了婴幼儿配方奶粉注册的相关法规，并且乳制品产业政策在修订中，导致奶制品加工项目延期动工"。此外，大量品牌将由于此新政的颁发不得不退出市场，或者慌忙调整自己的步伐。不得不说，频繁出台的监管政策在清理整顿市场的同时，也让企业不得不在原计划的轨道中不断调整以适应新的政策。而这无疑在某种程度上延缓了企业投资项目的开展。

另一部分学者则研究政策不确定性对企业创新产出的影响。郝威亚等（2016）基于实物期权理论，发现随着经济政策不确定性的提高，企业会推迟研发投入决策，从而抑制企业创新，并进一步从不同融资约束和不同性质企业角度验证政策不确定性对创新的作用机制。陈德球等（2016）基于政治关联的视角分析政策不确定性如何影响企业创新效率。他们发现由市委书记的变更引发的政策不确定性会降低企业的投资效率，并且这种影响对于有政治关联的企业作用更加明显。佟家栋和李胜旗（2015）从微观产品的视角研究了贸易政策不确定性对中国出口企业产品创新的影响。结果表明：入世后，贸易政策不确定性的降低显著提高了中国出口企业的产品创新。

中国经济正处于转型时期，基于这一背景下的政策不确定性与企业创新之间关系的研究较少，研究结果支持了政策不确定性假说而不是政策倾向性假说。其中大部分研究仍是基于实物期权理论进行分析。而与美国市场不同的是，中国市场由于上市公司股权结构相对集中，国有企业占据主导地位，政府对市场的宏观调控较多，因此有较多的文献基于所有权性质以及政治关联角度分析政策不确定性对微观企业经营活动的影响。

政策不确定性与 VC 投资

如前文所述，尽管研究发现政策不确定性抑制了企业的外部投资和内部研发投资行为，阻碍了企业创新。但是，大部分研究仍然是基于上市公司等公开市场，对于非公开市场投资活动的研究仍处于空白阶段。在私募市场中，风险投资作为企业融资的重要渠道，对国家经济发展和创新创业活动有重要作用。自 1999 年以来，美国超过 60% 的上市公司在种子期就曾接受风险投资的资金支持。在公开市场上，我们发现政策不确定性抑制了企业投资和创新活动，那么在非公开市场上政策不确定性对 VC 的投资行为和投资绩效又有什么样的影响呢？

为了填补上述研究空白,我和我的学生叶恺蕾(目前在美国北卡罗来纳大学教会山分校金融学博士项目就读)基于1987年至2015年的VentureXpert数据库中风险投资数据,分析了政策不确定性如何影响风险投资行为和投资结果。对于风险投资,我们主要考虑了四组指标:(1)公司是否受到VC投资;(2)公司受到VC投资总金额;(3)公司受到多少家VC投资;(4)公司受到平均每家VC投资的金额。衡量政策不确定性的指标沿用美国BBD指标。加入其他影响公司投资的控制变量,并控制相关固定效应后,我们发现,政策不确定性与风险投资显著负相关,这种负相关效应在第二季度逐渐消失。另外我们还做了两个稳健性检验来排除可能存在的遗漏变量问题。第一,加入一系列宏观环境的控制变量,用以控制一些宏观经济层面而非政策层面的不确定性和外部投资机会因素;第二,采用二阶段回归的方法来处理BBD指数可能存在的测量误差问题。

首先,在控制了一系列代表宏观经济不确定性以及投资机会等宏观经济因素之后,我们的结果依然十分显著。这说明宏观经济环境因素不会影响我们的结果。

其次,我们还进一步考虑BBD指数是否存在测量误差从而影响我们的基准回归结果。我们采用了二阶段回归的方法来排除这种可能性。首先,由于美国经济环境和加拿大经济环境具有高度的相关性,我们在第一阶段回归中,将美国政策不确定性作为因变量,将加拿大政策不确定性作为自变量,并控制了一系列美国宏观经济因素,计算出第一阶段的残差,该残差能够比较好地排除政策不确定性指标中一些宏观经济因素导致的测量误差(Gulen和Ion,2016)。因此我们用残差作为第二阶段衡量政策不确定性的指标能够更准确地度量政策不确定性对风险投资的真实影响效应。二阶段回归结果说明,排除了测量误差的政策不确定性会导致风险投资在投资初创企业时更加谨慎,甚至在短时间内减少投资。

同样,我们还不能放心地将上述结果直接解释为因果关系,因为风险投资本身可能为了在投资活动中获利去参与并且影响政治决策,所以存在因果倒置的问题。为了解决此内生性问题,我们采用美国州层面的选举活动作为外生冲击,采用双重差分的方法分析选举活动导致的政策不确定性会如何影响VC投资行为。双重差分回归的结果显示,选举以及选举后两季度的系数显著为负,表明政策不确定性确实可以显著降低风险投资。

我和我的同事清华大学五道口金融学院助理教授刘碧波以及我的博士学生李响最新的工作论文"政策不确定性如何影响P2P投资",研究了政策不确定性如何影响美国互联网金融平台 Prosper 上投资者的投资行为。我们从供给和需求两个渠道分析政策不确定性如何影响 P2P 投资。我们的研究发现，政策不确定性确实导致了投资者投资意愿的下降，而不是因为投资机会的减少导致市场上达到均衡的投资行为的减少。

本章小结

本章分析了政策不确定性对企业创新的影响及其传导机制。本章要点总结如下：

- 对企业创新而言，政策不确定性对实体经济具有真实影响；
- 政策不确定性能够通过影响投资的实物期权价值和政府购买影响企业的投资行为；
- 总统大选或者议会选举带来的政策不确定性阻碍了企业创新，对发明者的激励和行业本身的技术密集程度是两个潜在作用机制；
- 经济政策不确定性（用 BBD 指数衡量）不利于风险投资行为，从而降低了风险投资绩效；
- 政策环境的稳定对促进企业创新具有重要作用。

参考文献

[1] Acharya Viral V and Subramanian Krishnamurthy V. Bankruptcy codes and innovation [J]. *The Review of Financial Studies*, 2009, 22(12): 4 949 – 4 988.

[2] Aghion Philippe and Tirole Jean. The management of innovation [J]. *The Quarterly Journal of Economics*, 1994, 109(4): 1 185 – 1 209.

[3] Akey Pat. Valuing changes in political networks: Evidence from campaign contributions to close congressional elections [J]. *The Review of Financial Studies*, 2015, 28(11): 3188 – 3223.

[4] Alesina Alberto, Devleeschauwer Arnaud, Easterly William, et al. Fractionalization [J]. *Journal of Economic Growth*, 2003, 8(2): 155 – 194.

[5] Baker Scott R, Bloom Nicholas, Davis Steven J. Measuring economic policy uncertainty [J]. *The Quarterly Journal of Economics*, 2016, 131(4): 1 593 – 1 636.

[6] Bernanke Ben S. Irreversibility, uncertainty, and cyclical investment [J]. *The Quarterly Journal of Economics*, 1983, 98(1): 85 – 106.

[7] Bhattacharya Utpal, Hsu Po – Hsuan, Tian Xuan, et al. What affects innovation more:

policy or policy uncertainty? [J]. *Journal of Financial and Quantitative Analysis*, 2017, 52: 1 – 33.

[8] Bilbao‐Osorio Beñat, Dutta Soumitra and Lanvin Bruno. The Global Information Technology Report 2013[C]. Proceedings of the World Economic Forum, 2013.

[9] Black Fischer and Scholes Myron. The pricing of options and corporate liabilities [J]. *Journal of Political Economy*, 1973, 81 (3): 637 – 654.

[10] Bonaime Alice A, Gulen Huseyin and Ion Mihai. Does policy uncertainty affect mergers and acquisitions? [J]. Working paper, 2016.

[11] Connor Walker. *Ethnonationalism* [M]. Wiley Online Library, 1994.

[12] Dixit Avinash K and Pindyck Robert S. *Investment Under Uncertainty* [M]. Princeton: Princeton university press, 1994.

[13] Easterly William and Levine Ross. Africa's growth tragedy: policies and ethnic divisions [J]. *The Quarterly Journal of Economics*, 1997, 112(4): 1 203 – 1 250.

[14] Grenadier Steven R. Option exercise games: An application to the equilibrium investment strategies of firms [J]. *The Review of Financial Studies*, 2002, 15(3): 691 – 721.

[15] Gulen Huseyin and Ion Mihai. Policy uncertainty and corporate investment [J]. *The Review of Financial Studies*, 2015, 29(3): 523 – 564.

[16] Julio Brandon and Yook Youngsuk. Political uncertainty and corporate investment cycles [J]. *The Journal of Finance*, 2012, 67(1): 45 – 83.

[17] Kim Hyunseob and Kung Howard. The asset redeployability channel: How uncertainty affects corporate investment [J]. *The Review of Financial Studies*, 2016, 30(1): 245 – 280.

[18] Knack Stephen and Keefer Philip. Does social capital have an economic payoff? A cross‐country investigation [J]. *The Quarterly Journal of Economics*, 1997, 112(4): 1 251 – 1 288.

[19] La Porta Rafael, Lopez‐de‐Silanes Florencio, Shleifer Andrei, et al. The quality of government [J]. *The Journal of Law, Economics, and Organization*, 1999, 15(1): 222 – 279.

[20] Nguyen Nam H and Phan Hieu V. Policy uncertainty and mergers and acquisitions [J]. *Journal of Financial and Quantitative Analysis*, 2017, 52(2): 613 – 644.

[21] Padró i Miquel Gerard. The control of politicians in divided societies: the politics of fear [J]. *The Review of Economic Studies*, 2007, 74(4): 1 259 – 1 274.

[22] Rodrik Dani. Policy uncertainty and private investment in developing countries [J]. *Journal of Development Economics*, 1991, 36(2): 229 – 242.

[23] Snowberg Erik, Wolfers Justin and Zitzewitz Eric. Partisan impacts on the economy: Evidence from prediction markets and close elections [J]. *The Quarterly Journal of Economics*, 2007, 122(2): 807 – 829.

[24] Solow Robert M. Technical change and the aggregate production function [J]. *The Review of Economics and Statistics*, 1957, 312 – 320.

[25] Stock James H and Watson Mark W. Disentangling the channels of the 2007 – 2009 recession [J]. Working paper, 2012.

[26] Xuan Tian and Kailei Ye. Does political uncertainty affect venture capital? [J]. Working paper, 2016.

[27] 陈德球, 金雅玲, 董志勇. 政策不确定性, 政治关联与企业创新效率 [J]. 南开管理评论, 2016, 19(4): 27 – 35.

[28] 郝威亚, 魏玮, 温军. 经济政策不确定性如何影响企业创新?——实物期权理论作用机制的视角 [J]. 经济管理, 2016, (10): 40 – 54.

[29] 李凤羽, 杨墨竹. 经济政策不确定性会抑制企业投资吗?——基于中国经济政策不确定指数的实证研究 [J]. 金融研究, 2015, (4): 115 – 129.

[30] 罗知, 徐现祥. 投资政策不确定性下的企业投资行为: 所有制偏向和机制识别 [J]. 经济科学, 2017, (3): 88 – 101.

[31] 饶品贵, 岳衡, 姜国华. 经济政策不确定性与企业投资行为研究 [J]. 世界经济, 2017, 40(2): 27 – 51.

[32] 佟家栋, 李胜旗. 贸易政策不确定性对出口企业产品创新的影响研究 [J]. 国际贸易问题, 2015, (6): 25 – 32.

第 14 章
制度创新与企业创新：国企改革之路

企业是技术创新的主体，技术创新将促进国家发展、民族进步。股权分制改革的实践经验告诉我们，国有企业只有实现投资者利益趋同、信息充分流动、致力于长期价值的实现，才能激发自身的创新潜力。研究发现股权分置改革成为国有企业和民营企业创新增长的分水岭，使国有企业创新活力得以释放。股权分置改革后，国有上市公司相比民营上市公司平均每年多产出 11.5% 的发明专利。创造公平竞争环境，引导国有企业和民营企业的合作交流，实现社会主义多种所有制结构的紧密结合，是我国继续改革和创新的有力保障。本章重点分析股权分置改革带来的金融市场发展以及对企业创新的影响。

中国渐进式的经济改革之路取得了巨大成功。自 2010 年始，中国已经成为世界第二大经济体，同时，国有经济成为国民经济的主导力量。2016 年中央所属企业创造的增加值占全国 GDP 的 8.2%。国有企业在许多重点领域掌握了核心技术，如在十九大报告中提到的天宫、蛟龙、天眼、悟空、墨子、大飞机六项重大科技成果，国有企业都在其中担负着重要任务。国有企业的改革与发展贯穿中国经济改革的始终，关乎中国经济转型的成败。十九大报告用 100 余字做出了未来国企改革发展的部署，"要完善各类国有资产管理体制，改革国有资本授权经营体制，加快国有经济布局优化、结构调整、战略性重组，促进国有资产保值增值，推动国有资本做强做优做大，有效防止国有资产流失。深化国有企业改革，发展混合所有制经济，培育具有全球竞争力的世界一流企业。"通过梳理国有经济改革与发展历程，我们探索了未来国企创新之路，同时，我们需要认真思考、回答如下几个问题：

- 政府与市场的关系如何发展变化？国企的生产力能否得到改善？
- 资本市场在国企民营化道路中究竟发挥了什么作用？
- 国企改革中如何改进最重要的激励与信息问题？政府如何扮演"帮助之手"或是"掠夺之手"的角色？政府在授权经营与信息成本之间如何权衡决策？
- 国企创新表现如何？如何做强国企，释放创新活力？

国有企业改革的初步探索

国企改革历程

Jefferson 和 Su 在 2006 年的研究中将中国国企改革进程划分为四个相互关联的阶段。第一阶段是大批非国有企业的出现；第二阶段是在已经成型的国有企业体系中实行管理控制权改革，例如通过合同责任制加强对管理人员的激励；第三阶段是非国有资本进入国有企业，改变了国有企业的资产结构；第四阶段即所有制改革，通常是从国有或集体所有制企业转变成现代所有制企业——这一阶段可以视为前三个阶段改革的结果。

在 20 世纪 80 年代中期之前，中国企业所有制改革主要是通过非国有企业进入市场来实现的，这些非国有企业主要有三种类型：一是企业集体所有制企业，尤其是 80 年代的乡镇企业（TVE）的扩张；二是个体户，数量迅速飙升；三是合资企业，这些合资企业的外资主要来自亚太经合组织，从境外直接投资参与合资企业的组建，这类企业的结构重组代表了中国工业体系新进企业的重要部分，并在与国内其他类型企业竞争中，激发了国有企业的改制与变革。

20 世纪 80 年代中期，为了加强和厘清国有企业经营者的激励和奖励制度，企业合同责任制被引入国有企业管理中。政府对国有企业控制权进行了从政府监管机构到企业的重新分配，并在管理人员、职工委员会、企业党委之间横向分配管理权。

国有企业经理就具体条款与政府签订合同。经理负责实现包括销售额、盈利、资产保值增值等承诺目标，并依据合同获得报酬。Yao（2004）发现企业合同责任制的一个问题是经理人权责条款的不对称：经理会因其成功得到奖励，却不会受到对其失败的惩罚。因此，合同责任制提高了经理与员工的激励，但对企业生产力的提高作用十分有限。

接下来租赁合同被引入国有企业管理中：经理通过向政府缴付固定比例的利润来租赁经营国有企业。由于经理可以从企业外部招聘，采用租赁合同的一个直接的后果是民营企业家可以进入并管理国有企业。除承包和租赁外，我国还采取了其他改革措施，其中公司合并最为突出。最初，政府限制国有企业的合并只能在国有企业之间进行。然而，随着企业可以公开上市进行股权交易，这些限制逐渐被打破。第一例私人股本入股国有企业发生在 1986 年的三家广州国有企业中，这三家企业的雇员购买了每家企业总资产的 30%。大型国有企业改制的第一个案例发生在 1988 年 8 月，沈阳汽车公司通过向公众发行股票改制为沈阳金杯汽车股份有限公司。

1990 年深圳证券交易所和上海证券交易所的成立，使国有企业可以广泛向公众发行股票。然而，为防止国家丧失对上市国有企业的控制权，政府实施了一些限制措施，例如，要求公司保证一定比例的股票不得出售。真正的民营化是在邓小平 1992 年年初南方视察之后开始的。与许多改革举措一样，民营化始于地方，地方国有企业民营化最重要的动力是国有部门积累了大量债务亟待解决。在小城市，由于经济规模较小，问题就更为突出，如山东省诸城市，150 家市管企业中，103 家处于亏损状态，亏损总额为 1.4 亿元，相当于当年政府收入的 1.5 倍（Zhao，1999）。广东省顺德在 1992 年民营化启动时也处于同样的状况。地方对此的解决方案是小型国有企业民营化，但顺德和诸城更为激进，几乎所有的国有企业和集体所有制企业都被民营化。1995 年经过调查和多轮讨论，中央政府出台"抓大放小"的政策，对于 500 到 1 000 家大型国有企业采取控制和限制权力，小规模国有企业被租赁或出售。"抓大放小"一方面使政府集中力量抓好一批大型国有企业和集团，使其发挥稳定经济、参与国际国内市场竞争和贯彻国家产业政策等的骨干作用，另一方面放开搞活国有小企业，使其在市场竞争中发展壮大。

1997 年，500 家大型国有企业占国有企业总资产的 37%，企业所得税和利润占比分别为 46% 和 63%，控制 500 家最大的企业意味着控制了国有经济中最大的一块。从 1994 年开始，改制开始遍布整个国家。改制方式除了已有的两种方法：承包、租赁以外，新的方式如出售国有企业给私人、职工持股、公司合并、上市、内外部治理重组和破产都被应用其中。以国际标准衡量，改制才是真正民营化的开始。

在我国企业中，所有制分类与资产所有权结构之间的联系已经变得越来越不稳定。在20世纪末期，大中型企业中，国有企业和非国有企业数量各占一半，但1 417家国有企业申报的资产中只有少部分为国有，而1 935家非国有企业则申报了大部分资产为国有。这种不合常理的现象在各类所有制中均有出现，给中国企业所有制分类体系带来疑问。改制的一个目的也是消除企业的"红帽子"。红帽子企业看上去像集体企业而实际上是私营企业，1998年3月，政府发布了一项指令，要求所有红帽子企业在1998年11月前脱帽。

乡镇企业的产权一度并没有明确的定义，乡镇企业的所有者是企业家、政府或者二者兼有，但并没有明晰的产权。乡镇企业的快速成长曾一度让一些专家认为，乡镇企业对新古典主义的明确所有权定义提出挑战（Weitzman和Xu等，1994）。然而，由于乡镇企业在20世纪90年代增长放缓，相关领域研究人员开始承认模糊的产权会带来问题。同时国有企业和乡镇企业也有预算软约束的问题（Zhang，1998）。由于地方政府承担了一定数量的乡镇企业累积的不良贷款，因此地方政府早已经意识到这一问题。地方政府之间的财政竞争是中国地方国有企业民营化的主要原因（Li，Li和Zhang，2000），而金融危机进一步导致政府寻求制度的变化（North和Weingast等，1989）。

在20世纪90年代中期，即根据Su和Jefferson(2006)的说法，上述三个过程，即新企业的进入、控制权的改革以及资产结构的变化，给深化重组带来压力。与此同时，由于亚洲金融危机和中国加入世界贸易组织的努力，不良贷款的积累和政府对金融稳定的关注加大了企业重组的压力。为了避免改革风险，政府在20世纪90年代中期颁布了三次重组政策。第一个是下岗政策，根据Rawski(2002)的研究，在20世纪90年代，国有工业企业的4 400万工人中有大约600万人下岗。通过消除国有企业员工铁饭碗的保证，使国企体制改革在制度上更加可行。接下来又颁布了两项企业改革政策，分别是对多数国有企业的改革任务和强化股权实验。

在"抓大放小"的口号下，中国政府要求全国范围内规模最大的300家国有企业实现转型。作为这一倡议的一部分，朱镕基总理给亏损的国企规定了严格的3年期限，要求它们在此期间实现现代企业制度，并扭亏为盈。国有和集体所有制企业对这一要求作出回应，所有制改革企业数量迅速增加。尽管在1993年股份制试点被引入，但直至 1997 年到 1998 年的重组计划之后，股权转换才受到大部分国有企业的广泛响应。1997 年，中国共产党第十五届代表大会将股份制改革作为中国企业重组的核心。

从 1997 年到 2001 年，国有企业的注册数量下降了近一半。根据 Fan(2002) 的研究，在这段时间里，有超过 70% 的小型国企被民营化或重组。然而，国有企业的转型并不局限于小型企业。从 1997 年到 2001 年，大中型国有企业的数量从 14 811 家减少到 8 675 家，大中型股份制企业的数量从 1 801 家增加到 5 659 家。此外，改革过程扩展到集体所有制企业，包括以其超群竞争力而闻名的乡镇企业。Li 和 Rozelle(2000) 发现，农村地方政府所有的公司中，有超过 50% 的公司将股份部分或全部转让给私人股东。改革过程甚至在规模最大、最成功的集体所有制企业中也广泛存在。大中型公有制企业减少了 35%，从 1998 年的 3 613 家减少到 2001 年的 2 465 家。

Fisman 和 Wang(2014)发现上世纪 90 年代以来，国有企业改制工作逐步开始实行。许多国有企业通过重组、联合、兼并、出售、租赁、承包经营、合资、转让国有资产和股份制、股份合作制等多种形式进行改制。国有非流通股票没有在交易所内交易，所有权的转让可以通过私下谈判转让。因为涉及出售国有资产，出售时需要经监管机构批准。这些"谈判转让"造成了寻租的可能性。对于大量的公开上市公司的非流通股份，国有企业的管理人员负责谈判股份转让的价格，这就造成了潜在买家贿赂经理人以换取低价转售股票的可能性，公司不得不承受低价的出售。在这一过程中，国有资产流失严重。

综上所述，在 20 世纪 90 年代末三个因素：新的进入和竞争、加强管理控制，以及非国有资产的积累，为国有企业的转型创造了条件。

国企改制的决定因素

针对国企民营化和所有权转换的决定因素和影响的研究中，Yusuf 等 (2005) 通过对 1996 年到 2001 年 5 个城市、7 个行业的 736 家公司的调查和研究发现：重组后外资所有、改制国企和非国有企业都提高了生产率。然而，当作者使用固定效应控制潜在的内生性和选择偏差时，发现重组的影响并不稳健。尽管他们没有找到有力的统计证据表明重组会导致生产率提高，但他们的调查提供了在重组后企业得到改进的证据，这些改进包括引进新生产技术。然而，由于技术收购需要既定的吸收能力，这一发现也符合那些效率最高的公司会被选择进行改革的假说。

Song 和 Yao(2004) 对 1995 年至 2001 年 11 个城市的 683 家企业进行了调查。他们发现，国有企业盈利能力相对较弱，重组对单位成本和生产率几乎没有影响。与之前的作者一样，他们发现引入固定效应降低了相关估计的统计显著性。Xu 等人 (2005) 采用了 1997 年和 1998 年对 1 634 家企业的调查数据。他们发现如果管理者在劳工雇佣上拥有更多灵活性，企业治理机制在所有权和控制权之间取得更好的一致性，以及外资拥有更高的所有权，那么改制后的企业就会表现得更好。此外作者发现，具有分散的所有权和经营自主权的企业绩效较差。由于这项研究是基于单个横截面的，作者无法控制企业的异质性。因此，这些研究都没有发现稳健的证据来证明在避免选择偏差和内生性问题的情况下，企业重组会提高绩效。

Su 和 Jefferson(2006) 调查了中国大中型企业的所有权改革的决定因素，发现企业所有权改革的可能性随着公司的盈利能力和生产力以及公司面临竞争的激烈程度的增加而增加。通过对被选择进行民营化的企业特征的思考，作者论证了研究我国国有企业民营化过程中纠正选择偏差和处理内生性问题的必要性。与 Xu 等 (2005)、Lin 和 Zhu(2001) 的研究类似，Sun 和 Jefferson 同样聚焦于股权改革有效性的调查数据，他们将注意力集中在调查反应上，而不是估计改革对绩效的影响。作者报告说，尽管 34% 的受访者认为内部管理机制得到改善，23% 的人声称拥有更清晰的产权，但只有 11% 的人表示，重组导致了绩效的显著改善。不同于国企改制的研究，Li 和 Rozelle(2000) 研究了江苏和浙江省 168 个乡镇企业的样本，其中 88 家已被民营化。作者发现，过渡时期的成本似乎降低了企业民营化的效率，但私营企业的生产率在民营化后两年或更长时间内将会提高。

总之，关于中国企业所有制改革的研究表明，在改革过程中控制选择性偏差和内生性十分重要，因为政府选择民营化的企业可能高于或低于平均水平，这将导致结果在横截面中看起来稳健，但当控制固定效应时就会模糊不清。此外，乡镇企业的经验表明，调整成本也应计入民营化过程的成本。

国企改制效果

表 14-1 企业所有者类型比例

所有者类型 [比例]	1994 年	2001 年
国有	15 533 [67.9%]	8 675 [37.9%]
集体所有	4 068 [17.8%]	2 465 [10.8%]

（续表）

所有者类型 [比例]	1994 年	2001 年
港澳台所有	967 [4.2%]	2 271 [9.9%]
外资所有	1 041 [4.6%]	2 675 [11.7%]
股权所有	961 [4.2%]	5 659 [24.7%]
私人	7 [0.0%]	984 [4.3%]
其他境内机构	293 [1.3%]	149 [0.7%]
总数	22 870 [100.0%]	22 878 [100.0%]

表 14-1 摘自 Su 和 Jefferson(2006) 的文章，表中显示了从 1994 年到 2001 年，中国大中型企业所有权状况的变化。如表所示，国有企业和集体所有制企业的比例显著下降，而其他所有权类型企业的比例大幅增长。评估所有权变更有意义的一种方法是比较已经处在一个或另一个所有权分类中的企业的业绩。

表 14-2 企业业绩回归结果

因变量	单位劳动力增加价值	单位资本增加价值	利润率
资产/劳动力	0.580	−0.420	
	(164.763)	(119.419)	
集体所有	0.308	0.308	−0.054
	(24.005)	(24.005)	(4.983)
港澳台所有	0.342	0.342	−0.038
	(16.404)	(16.404)	(2.161)
外资所有	0.563	0.563	0.118
	(26.914)	(26.914)	(6.741)
股权所有	0.428	0.428	0.118
	(40.585)	(40.585)	(13.31)
其他境内机构	0.315	0.315	−0.065
	(9.398)	(9.398)	(2.297)
私人	0.509	0.509	−0.108
	(19.609)	(19.609)	(4.942)
国有资产比例	−0.046	−0.046	0.004
	(31.394)	(31.394)	(3.257)
港澳台资及外资比例	0.062	0.062	−0.008
	(23.786)	(23.786)	(−3.571)

（续表）

因变量	单位劳动力增加价值	单位资本增加价值	利润率
固定效应	是	是	是
样本量	96 908	96 908	87 820

注：计量结果括号内为 T 值。

表 14-2 比较了不同所有制企业的业绩，即通过每单位劳动力增加价值衡量劳动力生产率，增加价值除以固定资产的净值衡量资本生产率。为了评估所有权的重要性，回归模型包括所有权哑变量，还包括对资产组合的衡量，即国有资产的比例、港澳台资及外国资产的合计比例，以及资产劳动力比率。如表 14-2 所示，给定企业的所有权分类，企业的非国有资产组合大大增加了公司的预期业绩。

这些结果衡量了现有所有权结构对企业业绩的影响，其意义是有限的。首先，进行所有制改革和未进行改革的企业质量差别可能源于选择偏差，因为被选择进行所有制改革的国有企业可能不是典型的现存国有企业。如果被选择的国有企业在改革之前的表现就高于平均水平，那么其改革后的任何质量优势都可能只是反映了选择高质量企业进行改革的倾向。其次，由于内生性，可能存在管理质量之类被忽略的变量同时与解释变量和被解释变量相关，引起系数估计的误差。最后，在改革之后，企业可能需要时间来适应新的管理安排，并实现与企业的劳动力、资产构成和产品组合变化相关的效率改进，所以在改革之后，民营化带来的收益可能只出现在改革一个或多个年份后。

表 14-3　企业资本比例回归结果

因变量	利润率（普通最小二乘法）	利润率（工具变量法）
业绩	−0.159	−0.159
	(−63.01)	(−62.57)
所有者类型（连续变量）	0.008	0.011
	(2.78)	(4.02)
所有者类型（哑变量）	0.009	0.016
	(3.18)	(5.73)
非国有资产比例	0.086	
	(12.74)	

（续表）

因变量	利润率（普通最小二乘法）	利润率（工具变量法）
非国有资产比例的工具变量		0.183
		(8.18)
非国有资产比例对数	0.022	0.033
	(7.72)	(8.39)
1996 年	−0.002	−0.003
	(−1.26)	(−1.51)
1997 年	−0.004	−0.005
	(−1.91)	(−2.57)
1998 年	−0.002	−0.004
	(−1.10)	(−1.93)
1999 年	−0.000	−0.003
	(−0.22)	(−1.70)
样本量	20 716	20 716

注：计量结果括号内为 T 值。

表 14–3 中的结果验证了所有制改革的三个影响路径——改革的直接影响、持续的影响，以及非国有资产的增长。这些对中国企业的投入要素组合改革的影响表明，我们对盈利能力受到改革影响的估计可能对所选的度量方式很敏感。因此，用资本收益率来作为盈利指标，所有制可以通过所有三个路径提高企业盈利能力，并且结果是显著的。

对于民营化的效果也有学者进行了分析（Bai 等，2005）。研究样本中的企业在 1998 年全部为国有企业。在 1999 年至 2003 年间，它们在不同的时间和程度上被民营化。为了控制企业中观察不到并且不随时间变化的特性，检验使用了公司固定效应模型。此外，作者将 1999 年至 2002 年间进行民营化和直到 2003 年才进行民营化的国有企业的业绩进行了比较，把 2003 年改制的国有企业作为参照组，利用这些企业在改制前的特征，比较分析 1999 年至 2002 年改制的国有企业的改制效果。因变量是职工人数对数、财务费用率和销售利润率。关键的自变量是衡量民营化程度和关于国有企业隶属于政府关系（中央、省、市、县）水平的虚拟变量。

研究发现，对县属或市属国有企业，职工人数对数和财务费用率随着民营化程度的加深而减少。对央属或者省属国有企业，职工人数对数和财务费用率随着民营化程度的加深而增加。对其他的指标也有相同的发现，隶属于县、市政府的国有企业销售利润率随着民营化显著提升，但隶属于省政府或中央政府的国有企业并没有显著提升。

以上的有关不同类型国有企业民营化的结果都支持了以下观点：我国针对计划经济中的政府集中控制，采取这种渐进式转轨是既能够维护社会稳定同时还可以保护企业的经营环境。

资本市场与国企民营化

在我国经济改革的过程中，股票发行是国企实现民营化的重要形式。1990 年，中国仅有 8 家企业在当年公开上市，而截至 2017 年 12 月 2 日，市场共有 3 447 家 A 股上市公司和 96 家 B 股上市公司。上市公司市值也从 1990 年的 8 100 万元人民币增长到 62 万亿元。近 2/3 上市公司不同程度地由政府持股和控制。政府所持有上市公司股票并不能随意交易。除政府持股外，上市公司还有三种股份：法人股、个人股（A 股）和外资股（B 股）。

1993 年 4 月，国务院颁发《股票发行与交易管理暂行条例》，要求国有股的交易需要从相关机构得到批复，但没有出台相关实施细则。规定指出当时出于对公有制为主体的理解，并且中国证券市场仍然处于试验阶段，政府对国有股流通问题采取搁置的办法是在特殊的历史时期朝着既定方向稳步推进时最小代价的路径选择。

股权分置指 A 股上市公司分为流通股和非流通股，除了持股成本的差异和流通权不同之外，这两种股份具有相同的权利。股权分置改革之前非流通股禁止在二级市场交易，只允许在特定的机构下并且通过相关的监管机构批复才能进行交易，流通股对二级市场和公众投资者开放。

流通股和非流通股并存的现象为中国证券市场独有，其起源可以追溯到 1978 年的企业所有制改革。当时，两种企业所有制在国内并存：全民所有制和集体所有制。全民所有制的企业贡献占中国工业总产值的 78%。在 20 世纪 80 年代早期，政府制定了一系列改革措施以提高国有企业的生产力，通过向企业放权让利来增强企业的活力。然而，这不能从根本上解决计划经济带来的所有制结构的问题，从而使得早期经济改革成果有限。

1990 年，上海证券交易所和深圳证券交易所的成立是我国经济改革进程的一个里程碑。国有企业可以通过交易所向机构和个人投资者发行可流通股本。此时的民营化仅在部分国有企业中进行，上市流通的国有企业的股票占其中的一部分。国有非流通股无法上市自由买卖,于是在民营化进程中形成了股权分置结构。国有股以及 IPO 发行之前的法人股、个人股和外资股被禁止在二级市场上交易。这种限制被明确写在公开招股说明书里或者公开宣布。只有新股 IPO、现金增发和配售股可以在股票交易所进行交易。

国有股减持

1999 年 9 月,中国共产党的第十五次中央委员会第四次全体会议通过中国共产党关于国有企业改革和发展的重要决定:必须大力促进国有企业的体制改革、机制转换、结构调整和技术进步。为了满足国有企业改革发展的资金需求,减轻国有企业福利负担和完善社会保障机制,我国开始进行国有股减持的探索性尝试。然而,减持的前提是"在不影响国家控股的前提下,适当减持部分国有股"。

1999 年 12 月,国有股配售试点启动。中国证监会确定冀东水泥、天津港、太极集团等 10 家单位为国有股配售预选单位,在这些单位进行试点并优先配送给现有股东。但是由于销售价格和市场期望之间存在巨大落差,使得上证综指和深圳成指在短短 25 天里下降了 7.3% 和 6.8%,其中两家公司的配售戛然而止。

2001 年 6 月 12 日,国务院颁布《减持国有股筹集社会保障资金管理暂行办法》,办法的核心是第五条,即凡国家拥有股份的股份有限公司(包括在境外上市的公司)向公众投资者首次发行和增发股票时,均应按融资额的 10% 出售国有股。最受争议的是第六条,即"减持国有股原则上采取市场定价方式",把高价减持和首发、增发"捆绑"起来。13 只首发新股和 3 只增发新股实施了国有股减持。在短短 4 个月内,两市下跌了 30%。2001 年 10 月 22 日,证监会紧急叫停《减持国有股筹集社会保障资金管理暂行办法》。

市场的反应为什么会如此巨大?市场投资者担心国有股减持会打开二级市场新增和增发的闸门,从而损害投资者的利益而没有补偿措施,因此引起了投资者的不满。2001 年 11 月 14 日中国证监会网站刊登信息,公开征集国有股减持的具体操作方案。

Calomiris, Fisman 和 Wang(2010)将 B 股作为参照组,对国有股减持进行了研究。在 2001 年 7 月 24 日,四家上市企业宣布它们的政府持有股份将在 A 股市场出售。这个消息的市场反响并不好。消息发布之后 3 天,B 股大盘下跌了 10.5%,暗示了市场对政府部分持股的公司未来盈利降低的预期。分析结果显示政府持股比例越大的公司,价值下跌越多。2002 年 6 月 23 日,政府宣布取消了出售政府持股的计划,市场对此产生了积极的反应。消息发布之后 3 天，B 股大盘上升了 12.7%。由于 B 股与 A 股市场是分开的，研究政府宣布的消息引起 B 股价格的波动，可以避免 A 股价格的波动中由市场内可交易 A 股数量增加所引起的部分。

表 14-4 国有股减持事件 CAR 结果

	(1)	(2)	(3)
政府持有比例	−0.055***	−0.053***	−0.031***
	(0.017)	(0.017)	(0.016)
机构持有比例	−0.074***	−0.072***	−0.046**
	(0.026)	(0.025)	(0.022)
政治联系	0.014*	0.014**	0.012**
	(0.007)	(0.007)	(0.006)
控制变量	是	是	是
行业固定效应	是	是	是
样本量	214	214	214

注：计量结果括号内为稳健性标准误，***、**、* 分别表示 1%、5%、10% 的显著性水平。

表 14-4 展示了宣布出售政府持有股份以及宣布取消出售这两个事件的合并数据，对取消计划的事件 2 使用负 CAR[−1,1]。第（2）（3）列，是分别使用未调整回报 CAR[−1,1] 以及两日回报 CAR[0,1] 的结果，均发现政府控股份额与回报率的负相关关系。

表 14-5 经济特区的影响

	(1)	(2)	(3)
政府和机构持有比例	−0.053***	−0.063***	−0.044**
	(0.017)	(0.018)	(0.022)
政治关联	0.014**	0.010	0.010
	(0.007)	(0.007)	(0.008)
经济特区		−0.019***	0.009
		(0.006)	(0.017)
政府和机构持有比例 × 经济特区			−0.069**
			(0.034)

（续表）

	(1)	(2)	(3)
政治关联 × 经济特区			0.045***
			(0.014)
行业固定效应	是	是	是
样本量	214	214	214

注：计量结果括号内为稳健性标准误，***、**、* 分别表示 1%、5%、10% 的显著性水平。

为了研究国有企业获得政府相关优惠（或支持）的可能来源，Calomiris, Fisman 和 Wang（2010）采用了经济特区作为指标。表 14-5 第（2）列展示了包含经济特区直接影响的结果，经济特区变量系数 −0.019，在 1% 的水平显著，说明处在经济特区的企业的事件回报率比不在经济特区的企业要低 1.9%。在第（3）列，加入了政府和机构持有比例 × 经济特区的交互项，该变量在 1% 水平上显著，系数估计值为 −0.069，政府和机构持有比例的直接影响为 −0.044，政治关联 × 经济特区的系数是 0.045，在 1% 水平上显著。这与投资者期待政治关联在国有股减持之后更有价值的观点相一致。

股权分置改革

股权分置不能适应资本市场改革开放和稳定发展的要求，股权分置早已成为中国证券市场的一块"心病"，股权分置在很多方面制约了资本市场的规范发展和国有资产管理体制的根本性变革。中国政府逐渐意识到如果不能解决由计划经济带来的股权分置问题，深化国企改革和市场自由化便是泡影。股权分置改革启动了国有股的市场流通自由化过程，以消除非流通股和流通股的流通制度差异。2004 年 1 月 31 日颁布的《关于推进资本市场改革开放和稳定发展的若干意见》，为资本市场新一轮改革和发展奠定了基础。2005 年 4 月 30 日中国证监会颁布《关于上市公司股权分置改革试点有关问题的通知》，股权分置改革试点工作宣布正式启动。基于以前的经验，这次改革并没有直接向公众投资者出售国有股，而是非流通股转为流通股的时候给予流通股股东以补偿来进行。

股权分置改革要求多于三分之二的非流通股股东同意改革方案，非流通股股东考虑流通股股东的利益给予补偿。改革的方案采取流通股股东和非流通股股东协商的机制，希望以此来寻找利益的平衡点。此次改革在公平协商、共同信任和独立决定的原则上进行，每个公司可以针对自己的状况制订自己的方案，即由上市公司股东自主决定解决方案，并没有标准的价格和方案。方案的核心是对价的支付，即非流通股股东向流通股股东支付一定的对价，以获得其所持有股票的流通权。对价可以采用股票、现金等各方共同认可的形式，试点大多选择了送股或加送现金的方案，但也出现了创新的方案，如缩股、权证等。接到流通股股东积极的反馈意见以后，公司组织专门股东会议对预设方案进行投票。公司提供信息系统进行在线投票，投票当天流通股冻结。如果参会流通股股东表决三分之二以上通过，改革方案将递交到证监会。证监会批复通过后，改革方案生效。这一规定赋予了流通股股东很强的话语权。

为了稳定股票市场，每家公司的改革方案包含了一个 12 个月的非流通股股票限售期，即非流通股股东持有的非流通股股份自获得上市流通权之日起，至少在 12 个月内不得上市交易或者转让。另外，12 个月期满后，出售数量占该公司股份总数的比例在之后 12 个月内不能超过 5%，在之后的 24 个月内不能超过 10%。如果出售超过 1% 的股本需要提前 2 个交易日发表声明。

Cai 等人（2007）的论文介绍了中国国有企业民营化，即非流通股改革的背景、过程和市场反应。他们有如下发现：（1）民营化项目导致经济上适度和统计上显著的累积异常回报为 4.34%。（2）民营化计划使流通股股股东获得巨大的持有收益率，短期持有收益率达到 54.29%，中期持有收益率达到 78.22%，两者都显著不等于零，市场指数的净持有收益率具有经济和统计意义。（3）民营化方案刺激市场活性化，增加波动性和流动性。（4）虽然个别股票与市场的变动不显著，但价格效率在短中期都有提高。

股权分置改革中的对价

靳庆鲁和原红旗（2006）的论文对股权分置改革中影响非流通股股东支付对价的基本因素进行了研究，考察了对价是否反映公司的盈利和风险这些基本面的因素。实证结果表明：在股改中，对价的确反映了公司的盈利能力和风险，公司的盈利能力和盈利质量越高，非流通股股东支付的对价越低；股票回报率风险越高，非流通股股东支付的对价越高。但是，盈利和风险这些基本信息在对价中的反映主要是由机构投资者的参与所导致，即机构投资者参与程度越高，盈利能力和风险反映到对价之中的能力越强，表明机构投资者在对价谈判中考虑了公司信息的基本面，而在非机构投资者为主的公司中，对价则主要依据非基本面的信息。Firth 等人（2010）

对股权结构改革的研究同样涉及影响非流通股股东支付对价的因素。他们发现，政府持股(非流通股的主要所有者)对最终的补偿比率有积极的影响。相比之下，共同基金所有人(流通股的主要机构所有者)对补偿比率，尤其是国有企业的补偿比率有消极影响。这些证据与预测一致，即国有股东有动力迅速完成改革，并对共同基金施加政治压力令它们接受条款。

Li等人（2011）研究了中国的股权民营化过程中市场摩擦的消除是否与效率提高有关。他们发现规模与风险分担的收益以及由于所有制改革而带来的更多股票对市场的价格影响正相关，其研究突出了风险分担在中国股权民营化过程中的作用。

股权分置改革与公司治理

靳庆鲁、原红旗（2008）的另一篇论文构建了中国上市公司治理指数，以截至2006年7月31日已经完成股权分置改革(以下简称股改)的890家公司作为研究样本，考察了在股改对价的确定过程中，流通股东是否考虑了公司治理水平的因素。研究结果发现：公司治理水平高的公司，流通股股东会要求较低的对价水平；同时，对于大股东和机构投资者降低对价水平，侵害中小投资者利益的"合谋"行为，公司治理水平高的公司能够显著地降低这种"合谋"带给中小投资者的不利影响。研究结论和以往文献一致，公司治理能够降低对中小股东的剥削，投资者能够对公司治理进行适当的定价。

Chen等人（2012）发现中国上市公司的平均现金持有量在股权分置改革后大幅下降。对于那些在改革前管理能力较弱的公司和面临更多财务压力的公司来说，现金持有量的降幅更大，股改也大大降低了企业的平均储蓄率。研究结果表明，改革消除了重大市场摩擦，使控股股东和小股东能更好地相互协调，并减轻企业金融约束。另外，改革对私营企业现金管理策略、投资策略、融资策略等的影响不同于国有企业。

表14-6 股权分置改革对企业的影响

	(1)	(2)
股权分置改革	−0.0274***	−0.0483***
	(2.75)	(3.82)
国企	−0.00276	−0.0165
	(0.26)	(1.49)

（续表）

	(1)	(2)
股权分置改革 × 国企	0.0317***	
	(2.92)	
股权分置改革 × 考虑时间因素	否	否
控制变量	是	是
样本量	8 898	8 898

注：计量结果括号内为 T 值，***、**、* 分别表示 1%、5%、10% 的显著性水平。

表 14-6 的第（1）列展示了 Chen 等人（2012）的主要研究结果，即股改对企业的影响。股改变量系数为 –0.0274，在 1% 水平显著，在满足运营和投资需要的现金持有量之后，股改导致了公司多余现金的减少。这个影响具有经济学意义，–0.0274 代表样本的改革前平均现金持有量 23.5% 在改革后减少了 11.7%。在第（2）列中加入了股权分置改革与国有企业的交互项，股权分置改革和交互项变量的系数分别是 –0.0483 和 0.0317，都在 1% 水平上显著。说明民营企业在改革后现金持有量减少了 18.6%，国企减少了 7.3%。

表 14-7　股权分置改革影响

	(1)	(2)	(3)	(4)	(5)
股权分置改革	–0.0682***	–0.0460***	–0.478***	–0.109***	–0.594***
	(3.94)	(3.61)	(3.84)	(6.99)	(4.72)
股权分置改革 × 监管	0.0673				0.0448
	(1.59)				(1.00)
股权分置改革 × 代理冲突		–0.0494**			–0.0519**
		(2.22)			(2.34)
股权分置改革 × 规模		0.0206***		0.0231***	
		(3.45)		(3.89)	
股权分置改革 × 年份				0.0113***	0.0110***
				(6.62)	(6.26)
股权分置改革 × 国企	0.0333***	0.0324***	0.0206*	0.0297***	0.0245**
	(3.03)	(2.97)	(1.88)	(2.82)	(2.22)
控制变量	是	是	是	是	是
样本量	8 385	8 394	8 394	8 394	8 385

注：计量结果括号内为 T 值，***、**、* 分别表示 1%、5%、10% 的显著性水平。

表 14–7 前两列包括了改革前代理冲突，第（3）（4）列包括了改革前融资约束，第（5）列包括了所有变量。第（1）列，国企分置改革 × 监管交互项的系数为 0.0673，在 11% 水平显著，表示监管变量由平均数增加 1 个标准差（0.124），重组对现金持有量的影响会减少 3.6%。类似的，在第（2）列，股权分置改革 × 代理冲突的系数是 –0.0494，说明代理冲突变量增加 1 个标准差（0.312），重组影响将从 11.7% 增加到 18.3%。第（3）（4）列证实了"股改前融资约束限制较为严重的公司在重组中现金持有量的减少更大"，股权分置改革 × 规模的系数是 0.0206，股权分置改革 × 年份的系数是 0.0113。说明规模减少 1 个标准差（0.916）时，改革后企业现金持有会减少 19.7%；年份减少一个标准差（3.782）时，改革后企业现金持有会减少 29.9%。第（5）列含有所有前述变量，结果大致相同，除了股权分置改革 × 监管交叉项的系数不再轻微显著。

表 14-8　企业所有者类型比例

	全样本	全样本	国企	国企	非国企	非国企
	(1)	(2)	(3)	(4)	(5)	(6)
经营现金流量	0.516***	0.465***	0.522***	0.454***	0.471***	0.471***
	(18.77)	(21.28)	(16.86)	(19.35)	(8.03)	(8.91)
股权分置改革 × 经营现金流量	–0.112***	–0.114***	–0.101**	–0.0932**	–0.0938	–0.143**
	(2.87)	(3.46)	(2.15)	(2.31)	(1.17)	(2.02)
股权分置改革	–0.00727	–0.00892	–0.00367	0.00663	0.0202	0.000450
	(0.58)	(0.81)	(0.27)	(0.63)	(1.01)	(0.02)
控制变量	否	是	否	是	否	是
样本量	6584	6573	4698	4695	1876	1868

注：计量结果括号内为 T 值，***、**、* 分别表示 1%、5%、10% 的显著性水平。

表 14-8 第（1）列，经营现金流量系数为 0.516，表示中国上市公司平均储蓄了超过股改前 50% 的现金流。第（2）列加入了控制变量，调整后 R^2 增加了一倍，但是系数变化不大，例如股权分置改革 × 经营现金流量的系数。第（3）至（6）列分别表示国企和非国企的结果，第（3）列表示国企现金储蓄率从重组前的 0.522 降低到 0.421，降幅 19%。加入控制变量的第（4）列和全样本[第（2）列]的结果接近。第（6）列显示重组前储蓄率在 47.1% 左右，股改后两列的储蓄率均有下降，在 5% 水平显著。

表 14-9 股改对企业业绩影响（1）

	资产收益率	资产收益率
股权分置改革	0.0169***	0.0148***
	(5.25)	(3.60)
国企		−0.0111**
		(2.17)
股权分置改革 × 国企	0.0034	
	(0.93)	
控制变量	是	是
样本量	7 521	7 511

注：计量结果括号内为 T 值，***、**、* 分别表示 1%、5%、10% 的显著性水平。

表 14-9 中将总资产收益率作为因变量，第（1）列国企改革的系数是 0.0169，第（2）列中股权分置改革和股权分置改革 × 国企的系数分别是 0.0148 和 0.0034，说明国企和民营企业在股改后都经历了显著的业绩提升。业绩提升也具有经济学意义，改革前总资产收益率平均为 4.26%，第（3）列的系数表示股改后业绩提升接近 40%。

表 14-10 与表 14-11 为 Liao 等人（2014）的研究成果。通过表 14-10 可以看出，股改完成后，国有企业与非国有企业在收入、利润、资产、员工规模及人均收入、利润方面均显著增加，相对于非国有企业，国有企业总收入、资产与雇员规模和资本支出增长更加明显。

表 14-10 股改对企业业绩影响（2）

	增加/减少	中位数变化	非国有企业	国有企业	差值（国有企业和非国有企业）
产出、雇员和资本支出					
收入	779/253***	0.73***	0.57***	0.84***	0.27***
	(0.000)	(0.000)	(0.000)	(0.000)	(0.000)
利润	681/334***	0.45***	0.44***	0.50***	0.05
	(0.000)	(0.000)	(0.000)	(0.000)	(0.176)
资产	850/182***	0.81***	0.62***	0.98***	0.35***

（续表）

	增加/减少	中位数变化	非国有企业	国有企业	差值（国有企业和非国有企业）
	(0.000)	(0.000)	(0.000)	(0.000)	(0.000)
雇员人数	606/424***	0.13***	0.02***	0.19***	0.17***
	(0.000)	(0.000)	(0.001)	(0.000)	(0.000)
资本支出	317/556***	−2.76***	−3.87***	−2.04***	1.83*
	(0.000)	(0.000)	(0.000)	(0.000)	(0.063)
生产效率					
人均收入	703/327***	0.41***	0.41***	0.41***	0.01
	(0.000)	(0.000)	(0.000)	(0.000)	(0.968)
人均利润	579/434***	0.17***	0.19***	0.15***	−0.04
	(0.000)	(0.000)	(0.000)	(0.000)	(0.131)
资产收益率	507/523	−0.06	0.27*	−0.17	−0.44**
	(0.309)	(0.863)	(0.060)	(0.177)	(0.023)

注：计量结果括号内为 T 值，***、**、* 分别表示 1%、5%、10% 的显著性水平。

从表 14-11 可以看出，与非国有企业类似，无论是国有持股比例高组还是低组样本，公司收入、利润、资产与雇员规模、人均收入和利润在股改后均显著增加；相对于非国有企业，国有持股比例高组的公司总收入、资产与雇员规模、资本支出均显著提高。

表 14-11 股改对企业业绩的影响（3）

	私营	国有（低）	国有（中）	国有（高）	国有（高）−私营
产出、雇员和资本支出					
收入	0.47***	0.60***	0.74***	0.92***	0.44***
	(0.000)	(0.000)	(0.000)	(0.000)	(0.000)
利润	0.45***	0.34***	0.60***	0.51***	0.05

（续表）

	私营	国有（低）	国有（中）	国有（高）	国有（高）－私营
	(0.000)	(0.000)	(0.000)	(0.000)	(0.216)
资产	0.64***	0.61***	0.93***	1.13***	0.50***
	(0.000)	(0.000)	(0.000)	(0.000)	(0.000)
雇员人数	0.00***	0.09***	0.17***	0.16***	0.16***
	(0.018)	(0.000)	(0.000)	(0.000)	(0.010)
资本支出	−6.28***	−2.76***	−3.58***	−1.12*	5.16***
	(0.000)	(0.000)	(0.000)	(0.000)	(0.002)
生产效率					
人均收入	0.38***	0.33***	0.39***	0.53***	0.14
	(0.000)	(0.000)	(0.000)	(0.000)	(0.283)
人均利润	0.20***	0.14***	0.16***	0.18***	−0.02
	(0.000)	(0.000)	(0.000)	(0.000)	(0.331)
净资产收益率	0.48	1.66***	0.67	0.1	−0.37
	(0.450)	(0.004)	(0.163)	(0.679)	(0.644)
资产收益率	0.26	0.32**	−0.07	−0.59*	−0.85*
	(0.398)	(0.029)	(0.497)	(0.073)	(0.087)

注：计量结果括号内为 T 值，***、**、* 分别表示 1%、5%、10% 的显著性水平。

国企激励与信息

政府干预

国有企业为全民所有，每一位公民都是名义上的所有者，但实际上无法履行所属财产权利，政府成为行使全民所有财产权利的代理。但是，政府不是法人，因此，国有变为抽象意义上的全民所有。自改革开放开始，国企效率低下和非国有经济的进入引起市场竞争的加剧，导致国企改革势在必行。通过逐步获得企业自主经营权，国企激励不足问题得到一定程度的缓解，但是，国企承载社会多任务的目标依然存在。因此，政府对国企的干预——无论是中央国企还是地方国企，非上市国企还是国有控制的上市公司——都成为我国转轨经济的重要特征之一。

维护稳定是政府的政治任务和目标之一。提高生产效率和维护社会稳定，对社会发展、经济稳定前行至关重要。非国有企业由于产权激励，使它将经营和管理企业的重心放在提高生产效率和企业经营能力上。部分国有企业由于在生产上获得的激励不足，所以并不介意在企业中保留剩余劳动力。

Bai，Lu 和 Tao（2006）的理论分析认为：首先，为维护社会稳定，政府要求部分国有企业必须肩负维护社会稳定的重任。第二，由于多任务处理，国有企业的财务表现不可避免地要比非国有企业差。这不仅是因为国有企业必须将资源用于维护社会稳定，也因为政府给予它们激励比较小，国有企业动力不足。第三，当社会稳定水平较高时，政府应加快民营化。

国有企业的激励

国有企业面临着与两种内部利益冲突有关的组织成本，即与政府（所有者）试图进行干预公司有关的政治成本，以及与管理者试图从公司攫取财富相关的代理成本。

正如 Qian(1996) 所指出的，国有企业管理人员获得权力的基本原因是为了政府减少干预，从而降低公司的政治成本。虽然上市的国企在上市后被重组为股份制公司，但政府仍然是控股股东，并保留了董事会的控制权 (Fan 等，2007) 和任命关键管理人员的权利，比如董事长和总经理 (Qian, 1996)。对上市国有企业拥有控制权的政府官员，往往会以牺牲外部股东利益为代价，追求自己的私人政治目标。例如，政府可能强迫公司建立公共基础设施，缴纳更多的税款，或者在当地提供额外的就业，以缓解财政和就业问题。

除了降低政治成本外，给予国企经理权力还可能会激发权力激励并提高生产率。国企的所有者政府机构，有时由于缺乏足够的专业知识和信息而面临决策限制，从而分配给国企管理者一些决策权。然而，部分得到权力的部分管理者可以从国企中获得大量的收益，从而导致严重的代理成本。这是因为，与私企不同，有些国企并没有一个"真正的"所有者来关心公司的利益。

国企委派制与信息

Williamson (1985) 指出一个多部门的公司，总部专门负责在不同部门中分配人力和资本，而把本地活动的决策权留给各部门的管理人员。这一观点得到了 Jensen

和 Meckling(1992) 的支持，他们展示了这样的委派可以提高效率，因为它可以同时安排当地的知识（传递知识需要成本）和决策权，并为当地的管理者提供高效激励。Stein(2002) 进一步证明，当从部门经理向总部传递信息成本很高的时候，公司更有可能采用分散的决策结构而不是层次结构。

一个自然出现的问题是，企业总部如何确保切实地进行权力下放？简单地指示部门经理做出决定是不够的，因为事后放弃/干预对总部经理来说很容易，而对部门经理来说成本高昂。研究表明，传递信息的成本是影响权力下放可靠性的关键因素。例如，Cremer(1995) 证明，在距离较近的关系中，较低的信息成本会降低总部不进行干预的动机。这削弱了部门经理做决定的动机，从而导致适得其反的活动。在委派管理者增加代理人激励的模型中，Aghion 和 Tirole(1997) 研究表明，得到授权的管理者可能会牺牲总部的利益而依照利己主义行事。因此总部是否会委派管理者，取决于总部对于代理人的计划和收集信息的成本的了解程度：如果总部负责人了解情况，其将保留权力；反之，其将授权给代理人，同时保留权限。Prat(2005) 进一步区分了总部可以取得的关于代理的两类信息，即关于代理行为的后果和行为本身的信息。Prat 研究表明，总部对一个行为的后果（如绩效）的认识促进了授权，而关于行为的透明度的信息（如日常决策）会阻碍委派——如果总部能够观察到代理人的活动，那么代理人就会有动机以一种循规蹈矩的方式行事。然而，Baker (1992) 以及 Rajan 和 Wulf (2006) 发现了反例，即美国大型联合企业随着时间的推移越来越多地采用分散结构，总部会给部门经理更多的决策权力。

Fan，Wong 和 Zhang（2013）发现了国有企业金字塔形结构的一个解释原因：将公司与政治干预分隔开。虽然中间层级使管理者与金字塔顶端的拥有者隔绝开来，这样就产生了代理费用，但这样可以减少国家干预造成的政治费用。其他条件相同的情况下，政府和管理层之间最佳的权力分配比例是使得边际代理费用等于边际政治费用。其实证研究基于人工收集的 742 家当地政府所有的中国企业数据，结果与假设一致。

国企技术创新

国有经济在我国国民经济中的重要行业和关键领域占据着重要地位。与社会主义市场经济相适应的现代国有企业，成为经济的主体力量之一。国有企业在为国家积累财富，为社会提供产品和服务。在科技创新中，北斗系统、蛟龙号、高速列车等军工、民用领域的重大创新不断证实国有经济在民族发展中的重要地位。国有企业坚定践行国家战略，担当社会责任，是我国社会主义建设的中流砥柱，是推动经济发展，维护社会稳定，保障国家安全的重要力量。

随着改革的深入开展与经济结构的自然调整，改革开放把创新、创业的地位推到了一个历史新高。在此环境下，国有企业无疑将面临严峻挑战。过去，集中优势做大事的同时，也带来国有企业产权不明、责权不清、多重代理问题严重、效率低下等问题。这些问题严重制约了国有企业效能的发挥。改革开放的实践证明，唯有深化国企改革，激发其创新能力，才能保证国有企业在科技兴国战略中起到应有作用、为社会主义市场经济的建设发展保驾护航、添砖加瓦。

民营化与企业创新

创新驱动与国有企业改革无疑是本轮改革中需要重点解决的问题。Tan, Tian, Zhang 和 Zhao (2017) 利用 2005 年中国资本市场上重要的股权分置改革来揭示股权结构改革与创新之间的因果关系，及形成这种关系的内在机理。在实际研究中，界定国有股权变化对实体经济，尤其是对创新的影响是非常具有挑战性的工作。首先，大量的国有企业股权变化并不常见，而股权分置改革恰恰提供了这样的机会。股权分置改革中，所有的上市公司，包括国有和民营，都必须把所有非流通股转换为流通股，从而造成了股权结构的巨大转变。其次，传统上通过上市发行实现国有股权结构变更的通常是一些大型国有企业，很难为其找到相匹配的类似国有企业；而股权分置改革中涉及的上市民营企业同样是规模较大，并且是民营企业中比较优秀的个体。这种比较更能客观刻画出国有企业股权结构的变化对其科技创新带来的决定性影响。

在股改过程中，国有企业的股权构成经历了结构性的转变。研究样本显示，国有企业大股东持股比例从股改前到股改后第 4 年，由 49.3% 下降到 39.5%。绝对持股量降低了 9.8%，相对持股量降低了约 19.87%。我们的研究揭示了此次重大股权结构变化对国有企业的创新所带来的影响。

我们的研究采用双重差分法，发现股权结构变化对国有企业创新起到了决定性的影响。股改后，股权结构的变化导致国有企业发明和实用新型专利总量和发明专利数量分别比民营企业多增长了 13.4% 和 11.5%。

中国企业创新的度量

依据专利法，中国专利主要有三种类型：发明、实用新型和外观设计。发明，是指对产品、方法或者其改进所提出的新的技术方案，与美国的实用专利类似；实用新型，是指对产品的形状、构造或者其结合所提出的适于实用的新的技术方案，与欧洲和日本的实用新型专利类似；外观设计，是指对产品的形状、图案或者其结合以及色彩与形状、图案的结合所做出的富有美感并适于工业应用的新设计。

显而易见，三种类型专利的创新性差异显著。发明专利技术创新性最高，而外观设计仅是产品外形的改造，技术含量最低。因此，我们将上市公司（包括子公司、联营公司和合营公司）申请并被最终授予的发明和实用新型专利总数作为创新产出数量的度量标准，而将发明专利数量作为创新质量的度量标准。

在将专利数据和上市公司匹配时，Tan, Tian, Zhang 和 Zhao (2017) 按专利申请年度而非最终授予年度进行匹配。另外，为降低数据偏度的影响，对专利数量加 1 然后取对数。

"控股股东和少数股东利益冲突"机制

Grossman 和 Hart（1998）、Shleifer 和 Vishny（1997）指出，控股股东和少数股东之间存在利益冲突，控股股东会以少数股东利益为代价，获取控制权私利。股改前，国有企业面临更大的股东利益冲突。国有企业的控股股东或非流通股股东，无法获取股价升值收益，因此，没有动力投资短期投入大但是有长期价值的项目，而创新恰恰是这种项目。同时，国有企业承担更多的行政负担，如提高就业水平和促进地方经济增长。从公司自身角度而言，投资创新活动与少数股东利益并不一致。此外，国有企业控股股东同样可能直接剥削少数股东利益，比如进行利益输送和关联交易。

股改完成后，非流通股股东在支付兑价后获得股票的流通权，可以在锁定期结束后出售股票，从而获得股票升值收益。因此，控股股东和少数股东利益趋于一致，控股股东进行创新投资，提高公司价值的激励增加。对国有企业控股股东而言，他们在股改前拥有更多的是非流通股，而民营企业控股股东在股改前拥有相当数量的流通股，因此，可以预期，股改降低控股股东和少数股东之间利益冲突，促进企业进行创新投资的效应在国有企业中更加明显，特别是在股改前利益冲突更严重的企业中，股改促进企业创新的效应会更显著。

股改后，国有企业控股股东与少数股东利益趋于一致，国有企业创新数量和质量显著增加，降低股东利益冲突，协同控股股东与其他股东之间的利益关系，是股改提振国有企业创新的内在机制。

"市场信息效率"机制

股改促进企业创新的第二种可能机制是通过提高股价信息效率。股价信息含量低，缺乏信息效率会阻碍企业创新。一方面，资本市场不成熟时，市场价值发现功能受限，投资者没有获取个体公司信息的动力。这样，创新研发的价值得不到市场的充分认可和发现（Bhattacharya 和 Ritter，1983；Stein，1988）。因此，创新公司面临严重的价值低估问题。另一方面，股改前，相关企业的大部分股票为非流通股（约占 2/3），非流通股的流动性几乎为零。资本市场无法通过这些非流通股得到有效的信息。对于非流通股比例更高的国有企业而言，流通股股东无法判断企业的管理层能力和企业业绩，不能对管理层实施有效的监督（Gupta，2005）。而管理层也无法为自己的经营决策从资本市场中得到及时有效的信息回馈。"全流通"成为以上问题可能的解决方案。

Gupta（2005）对印度的研究表明，通过证券市场把国有企业部分转让给私营部门会提高国有企业的信息效率，企业的盈利能力和生产力因此会显著提高。股权分置改革后，非流通股的市场价值得以体现，降低了信息不对称，提高了股价信息含量，因此会促进企业创新。依此逻辑，股改前股价信息度低的企业创新将增加更多。

股改后，国有企业股价信息度显著提高，创新数量和质量显著增加，股价信息含量提高是股改促进国有上市公司创新的有效内在机制。

本章小结

本章回顾了国企改革的简要历程、资本市场在国企改革中的作用、国企治理中的关键问题及包括创新绩效在内的国企改革成效等，本章要点总结如下：

- 国企改革事关整个经济改革的成败，我们采取循序渐进的方法；
- 政府在国企改革中需要解决合理界定政府与市场关系的问题；
- 资本市场在国企改革探索中发挥重要作用，使国企的激励与信息问题得到极大改进；
- 国企在关键技术领域的创新取得重要成功，整体创新产出水平在不断提高。

参考文献

[1] Bai C E, Lu J and Tao Z. The multitask theory of state enterprise reform: Empirical evidence from China [J]. *The American Economic Review*, 2006, 96(2): 353 – 357.

[2] Bai C E, Lu J and Tao Z. How does privatization work in China?[J]. *Journal of Comparative Economics*, 2009, 37(3): 453 – 470.

[3] Cai J, Li Y and Xia L. What will privatization bring: The non – tradable share issue reform in China [J]. 2007.

[4] Calomiris C W, Fisman R and Wang Y. Profiting from government stakes in a command economy: Evidence from Chinese asset sales [J]. *Journal of Financial Economics*, 2010, 96(3): 399 – 412.

[5] Chen Q, Chen X, Schipper K, et al. The sensitivity of corporate cash holdings to corporate governance [J]. *The Review of Financial Studies*, 2012, 25(12): 3 610 – 3 644.

[6] Fan J P H, Wong T J, Zhang T. Institutions and organizational structure: The case of state – owned corporate pyramids [J]. *The Journal of Law, Economics, and Organization*, 2013, 29(6): 1 217 – 1 252.

[7] Fisman R and Wang Y. Corruption in Chinese privatizations [J]. *The Journal of Law, Economics, & Organization*, 2014, 31(1): 1 – 29.

[8] Firth M, Lin C and Zou H. Friend or foe? The role of state and mutual fund ownership in the split share structure reform in China [J]. *Journal of Financial and Quantitative Analysis*, 2010, 45(3): 685 – 706.

[9] Jefferson G H and Su J. Privatization and restructuring in China: Evidence from shareholding ownership, 1995 – 2001[J]. *Journal of Comparative Economics*, 2006, 34(1): 146 – 166.

[10] Li K, Wang T, Cheung Y L, et al. Privatization and risk sharing: Evidence from the split share structure reform in China [J]. *The Review of Financial Studies*, 2011, 24(7): 2 499 – 2 525.

[11] Liao L, Liu B and Wang H. China's secondary privatization: Perspectives from the split – share structure reform [J]. *Journal of Financial Economics*, 2014, 113(3): 500 – 518.

[12] Megginson W L and Netter J M. From state to market: A survey of empirical studies

on privatization [J]. *Journal of Economic Literature*, 2001, 39(2): 321–389.

[13] Tan Y, Tian X, Zhang X, et al. The real effects of privatization: Evidence from China's split share structure reform [J]. 2017.

[14] Yao Y. Government commitment and the outcome of privatization in China[C]// Governance, Regulation, and Privatization in the Asia-Pacific Region, NBER East Asia Seminar on Economics, Volume 12. University of Chicago Press, 2004: 251–276.

[15] 靳庆鲁, 原红旗. 公司治理与股改对价的确定 [J]. 经济学, 2008, 8(1).

[16] 靳庆鲁, 原红旗. 股改对价反映了公司的盈利和风险吗?[J]. 中国会计与财务研究, 2006 (4): 1–46.